Este es un libro que invita a pensar sobre la fe repensar la teología y la espiritualidad a la luz de la Palabra, encarando los desafíos que la realidad actual le plantea al creciente, vigoroso y dinámico movimiento pentecostal. De acuerdo al argumento del autor, como en toda experiencia humana se trata de aprender y desaprender, para volver a aprender bajo el soplo del Espíritu de Vida.

Dr. Darío Lopez, Ph. D, Oxford, Centre for Mission Studies.

En Espíritu Santo y fuego es un libro de fundamentos. El autor ha contribuido un excelente tratado teológico que estoy seguro enriquecerá la teología pentecostal latinoamericana. Es un libro que todo seminarista, pastor y estudioso de la Biblia debe leer.

Dr. Juan Valdés, Doctor en Apologética, Souther Evangelical Seminary.
Apologista internacional y co-autor de *100 Preguntas sobre Dios*.

He estado siguiendo la trayectoria del joven pastor-teólogo Jorge Canto Encalada por casi dos años desde que nos conocimos por las redes sociales. Este, su primer libro, demuestra su amplio conocimiento de autores que abarcan un gran rango de tradiciones cristianas a través de los siglos. Jorge logra exprimir el jugo de esta gran variedad de fuentes y destilarlo en una copa la cual puede ser entendida y disfrutada por cualquier persona que desea conocer más acerca de la Persona y obra del Espíritu Santo. Escribe de una manera a la vez académica y entendible (el español es mi segundo idioma, y lo pude comprender perfectamente). Jorge es un gran ejemplo de lo que llamo "pentelectual", un erudito con profundo conocimiento que arde con el fuego espiritual en sus huesos.

Rev. Brian Roden, North Little Rock, Arkansas, EEUU.
Master of Arts in Theological Studies.

El viento sopla por donde quiere, sí, pero ¿realmente lo oímos silbar? En este fascinante libro, el pastor y teólogo Jorge Canto Encalada, joven promesa de la teología pentecostal latinoamericana, nos desafía a escuchar "el silbido apacible" del Espíritu. El autor, una inusual, pero valiosa especie de académico con corazón de pastor nos presenta de forma erudita (y a la vez entendible por el cristiano de a pie) la experiencia del bautismo en el Espíritu Santo como una realidad integral en todo creyente, una que todos estamos llamados experimentar, vivir y disfrutar. Recomiendo la lectura de este libro ¡Personalmente lo he disfrutado muchísimo y ocupará un sitio de honor en mi colección personal y en mis clases del seminario bíblico! ¡Enhorabuena por el surgimiento de este joven erudito pentecostal!

Pastor Fernando Ernesto Alvarado, El Salvador.
Licenciado en Estudios Teológicos, actualmente completando la Maestría en Divinidades en MITS.

Ser pentecostal es creer en la vigencia de la experiencia de los reunidos en el aposento alto el día de Pentecostés narrado en Hechos 2. Es sostener que las manifestaciones carismáticas no cesaron, sino que son parte integral del evangelio de Jesucristo para la iglesia de todos los tiempos. Incluye una teología del Espíritu Santo que privilegia su revelación sobrenatural y sus milagros, prodigios y sanidades como parte integral del culto y la vida del creyente y ministro del Señor. La pentecostalidad en un líder aporta seguridad a la iglesia; pero en un joven da esperanza. Celebramos por ello la publicación del libro: *En Espíritu Santo y fuego* de Jorge Canto Encalada, ministro del Concilio Nacional de las Asambleas de Dios, lleno del Espíritu Santo, con suficiencia doctrinal y experiencial con la persona y la obra del Consolador que el Señor delegó para guiar a la iglesia a toda la verdad. Bienvenida esta obra literaria y su aportación a la edificación del cuerpo de Cristo.

Dr. José Saucedo Valenciano, Palaú, Coahuila.
Asambleas de Dios México.

A través de esta obra, Jorge revaloriza los distintivos propios del movimiento que más ha influenciado al cristianismo en el último siglo, agregando con este trabajo elementos hermenéuticos sólidos y necesarios. Este libro se puede definir como técnico, de referencia, en el cual el estudioso de cualquier tradición encontrará aportes significativos, y que además le ayudará a entender las bases epistemológicas de la fe pentecostal. También es una obra apologética, que desarrolla magistralmente la defensa del "evangelio completo". La riqueza bibliográfica utilizada le permite aportar desde la patrística, pasando por una exquisita variedad de autores de diferentes tradiciones, para llegar a eruditos recientes y vigentes. Su lista de autores pentecostales es notable, demostrando con ello su hábito de gran lector e investigador. Tampoco teme usar los idiomas originales, agregando la rigurosidad exegética necesaria para el tipo de obra que propone. El autor explica simbolismos, paralelismos, temas complejos como la subsecuencia o el siempre polémico evidencialismo glosolálico. Por momentos su trabajo se convierte en teodicea, a veces es un trabajo filosófico, en otros es un testimonio vivo de sus propias experiencias. Como buen pentecostal, el autor utiliza algunos pasajes para narrar su propia historia, pues la hermenéutica del Espíritu afirma: "no podemos callar lo que hemos visto y oído". Una fe que se vive, que a veces sufre y llora, pero que por sobre todo, infunde victoria, fortaleza y esperanza. Quienes conocemos a Jorge esperamos con entusiasmo este libro, el cual, debo confesar, supera las expectativas previstas. Creo que esta obra representa la "punta de lanza" de la nueva camada de teólogos pentecostales latinoamericanos, quienes están aportando desde la siempre difícil periferia, pero con lucidez, honestidad y sin transar su herencia.

Profesor Elías Chavez Bascuñan, Bachiller en Estudios Teológicos.
Licenciado en Estudios Teológicos CET. Los Ángeles, Chile.

Ante la escasez de teólogos pentecostales latinoamericanos, emerge el estigma que nos señala como pragmáticos. El cesacionismo procedente de la Iglesia protestante de la primera hora, generó una fuerte tendencia hasta principios del siglo XX, cuando surge la experiencia espiritual en forma masiva. Los ataques del fuego amigo obligaron al joven pueblo de los desarraigados a hallar fundamentos bíblicos coherentes. Hoy, cuando el abismo entre pentecostales y anti-pentecostales es difícil de advertir, la madurez nos permite incursionar de manera profunda y sin temores en la verdad de Dios acerca del fervor apasionado que lleva más de un siglo encendido. Jorge Canto Encalada investigó sin reservas el tema. Se internó en la discusión de la *imago Dei* para arribar a la tesis lucana. Tenemos en nuestras manos el tratado, tal vez, más profundo en la lengua española sobre la fe del fuego. Sin dudas, esta obra se hallará como prominente en los estantes de teología pentecostal.

Prof. Edgardo Muñoz. Profesor internacional.
Río de la Plata, Argentina.

EN ESPÍRITU SANTO Y FUEGO

UNA FE PENTECOSTAL INTEGRAL

JORGE CANTO ENCALADA

EDITORIAL CLIE
C/ Ferrocarril, 8
08232 VILADECAVALLS
(Barcelona) ESPAÑA
E-mail: clie@clie.es
http://www.clie.es

© 2025 por Jorge David Canto Encalada.

«*Cualquier forma de reproducción, distribución, comunicación pública o transformación de esta obra solo puede ser realizada con la autorización de sus titulares, salvo excepción prevista por la ley. Diríjase a CEDRO (Centro Español de Derechos Reprográficos) si necesita fotocopiar o escanear algún fragmento de esta obra (www.conlicencia.com; 917 021 970 / 932 720 447)*».

© 2025 por Editorial CLIE. Todos los derechos reservados.

EN ESPÍRITU SANTO Y FUEGO
ISBN: 978-84-19779-56-4
Depósito legal: B 22104-2024
Teología cristiana
Pneumatología
REL067090

Impreso en Estados Unidos de América / *Printed in the United States of America*

25 26 27 28 29 /TRM/ 9 8 7 6 5 4 3 2 1

Acerca del autor

Jorge David Canto Encalada es ministro, pastor, maestro y escritor nacido en Mérida, Yucatán México el 8 de diciembre de 1993. Con padres pastores pentecostales, creció en una iglesia evangélica pentecostal de las Asambleas de Dios, en donde a los 9 años fue bautizado con el Espíritu Santo en un evento para niños de escuela bíblica llamado: "su poder en mí". A partir de esa vivencia, desde esa corta edad hubo una lucha por entender la experiencia sobrenatural en él, en sus hermanos y los demás los cristianos y cómo estas se presentan en las Escrituras.

Jorge, a los 19 años deja su ciudad natal Mérida para radicar en la Ciudad de México, donde concluye una licenciatura en ingeniería en audio y producción de música contemporánea. Sin embargo, regresa a la ciudad que lo vio nacer en el 2017 para continuar sus estudios ministeriales y levantar obra evangelizando. Actualmente, se encuentra casado con Vanessa Borges Cen y estudiando una mestría en divinidades en la Facultad de Teología de las Asambleas de Dios en América Latina. Jorge se encuentra pastoreando y enseñando en diferentes instituciones educativas cristianas, así como presentando conferencias de temas teológicos de pneumatología.

AGRADECIMIENTOS

Primero, quiero expresar mi gratitud a mi Dios, Señor creador de los cielos y la tierra, quien tuvo a bien llamarme por su gracia y entregar a su Hijo precioso por mí cuando no lo merecía. Por siempre estaré agradecido con el Espíritu eterno quien me movió a escribir este material.

En segundo lugar, deseo agradecer a mi hermosa y preciosa esposa, mi morenita, Vanessa Borges, quien ha estado a mi lado en todo momento en mi ministerio, predicando a mi lado, consolándome, y animándome a terminar esta obra, sin su amor y cariño, esto no sería posible.

También doy las gracias a mis amados padres, Jorge Canto Hernández, secretario general de las Asambleas de Dios en México y Susana Encalada Cáceres, pastora de la iglesia Nueva Jerusalén en Mérida, Yucatán, por ser mis guías, mis consejeros y quien han velado por mí desde pequeño. Si no fuese por ellos, nunca me hubiese interesado en la enseñanza de la Palabra y la escritura teológica. Han sido mi motor y mi ánimo para seguir buscando la santidad y perseguir la meta de la vida eterna.

De igual forma, honro la vida de mi mentora Donna Bustos, decana académica de la Facultad de Teología de las Asambleas de Dios, dado que ella fue la que más influenció en mí para amar la obra del Espíritu y buscar más de su llenura. Gracias a Dios por su vida, pues siendo una misionera en México, ha impactado la vida y educado a cientos de estudiantes suyos para permanecer en Jesús y en su preciosa obra.

Por último, pero no menos importante, les agradezco a mis amigos de Teología Pentecostal, un grupo de pensadores que conocí en las redes sociales, pero que se han hecho mis amigos entrañables con los que he tenido las mejores conversaciones teológicas de mi vida. Cada palabra de aliento, ánimo y buenos deseos, lograron que este proyecto se completase.

Bendito sea nuestro Dios, Padre de nuestro Señor Jesucristo por permitirme ver "En Espíritu Santo y fuego" terminado. Un sueño hecho realidad.

Dedicado a Yeihson Alcocer Pérez.
Amigo, hermano, ministro y compañero de milicia.
Que descanse en paz.

06/12/22

ÍNDICE

PRÓLOGO 17
INTRODUCCIÓN 25

CAPÍTULO 1. Una antropología pentecostal 31
Interpretaciones de la *Imago Dei* 33
   Interpretación tradicional 33
      Aspectos generales 33
      El libre albedrío por la *Imago Dei* 38
      El dualismo antropológico en la ontología humana 61
   Interpretación a la luz del contexto de Medio Oriente 74
      Una breve comparación entre el relato creacional y la
      literatura del antiguo Cercano Oriente 75
      Imagen y semejanza: una aclaración de los términos a la luz
      de la literatura del antiguo Cercano Oriente 78
   La *Imago Dei* a la luz de Pentecostés 79
   Juan 20:22 como preludio de Pentecostés 80
   La comisión es dada por medio de la revelación de conversión ... 89
   Pentecostés, una inversión de Babel y la entrega del Espíritu de
      profecía 91
   Pentecostés: la edificación de un nuevo templo 100
      Paralelos del periodo intertestamentario y el Antiguo
      Testamento 100
      Pentecostés, ¿un nuevo Sinaí? 104
      Jesús como paradigma vocacional de la Iglesia 110
Excursus. Un quiasmo canónico 116
Conclusión 123

CAPÍTULO 2. Una apologética pentecostal **125**
   El pentecostalismo no nace del vacío 132
   El desafío de los carismáticos de la Tercera Ola 142
      Imprecisiones en la explicación de Dunn con respecto a la
         experiencia de Samaria 144
         La fe de los samaritanos no era genuina 144
         La avaricia de Simón el mago es muestra de que su fe
            era defectuosa 150
         Otras opiniones sobre los samaritanos 155
      Excursus: la conversión, purificación inicial (o posicional)
         y el Nuevo Pacto en Lucas 157
      Sam Storms y "El lenguaje del cielo" 170
         Crítica a la terminología y la subsecuencia pentecostal 171
         Crítica al motivo de transferencia del Espíritu en la
            imposición de manos 179
         La experiencia de los efesios, ¿conversión o efusión
            profética posterior? 187
            Excursus: la impredecible obra del Espíritu 192
         Crítica a la necesidad de las lenguas 198
            Excursus: ¿glosolalia o xenolalia? 206
   La apologética de Lucas en Hechos 217
      El género literario de Lucas y el discurso forense energizado
         por el Espíritu 217
      Bautizados en el Espíritu para la defensa y la inconformidad 220
      Una señal de precaución para los pentecostales 233
   Conclusión 238

CAPÍTULO 3. Una integración pentecostal **241**
   La glosolalia, una degustación de lo por venir 251
      Dos eras que se traslapan 251
      Excursus: una teología de la cruz en lugar de una teología de la
         gloria 261
      Gemidos indecibles 266
   El bautismo en el Espíritu Santo como experiencia santificadora 277
      Opinión de algunos teólogos pentecostales 278
      Una pequeña encuesta en Yucatán 280
      Breve historia de la perspectiva de la santificación en el
         pentecostalismo clásico 283
         Pentecostalismo de Santidad 284
         Pentecostalismo de Obra Consumada 289
         Evaluación de ambos puntos de vista 292

ÍNDICE

    El Espíritu de Santidad en los Evangelios y en Hechos 298
        El "bautismo" en fuego anunciado por Juan el Bautista,
        ¿juicio o bendición? 298
        Lenguas de fuego en Isaías. Una teofanía santificadora 307
        El reflejo ético de "los llenos del Espíritu" de Hechos 309
Conclusión. El bautismo en el Espíritu Santo, una realidad
integral en todo creyente 312

CONCLUSIÓN 319
BIBLIOGRAFÍA 327

PRÓLOGO

Cuanta alegría me dio que mi amigo, el ministro Jorge Canto Encalada, mi amigo "Coco", pensara en mí para prologar su libro. Es un autor pentecostal que ha emergido con una mentalidad de base y de academia, preocupado por dar una contribución a la teología pentecostal sobre el Bautismo del Espíritu y sobre la llamada "Llenura del Espíritu Santo".

Al igual que otros seminaristas jóvenes encontró, mientras estudiaba teología en busca de respuestas a la doctrina del Espíritu Santo y de la pneumatología pentecostal, que las opciones académicas eran muy limitadas. La experiencia pentecostal responde más a lo que se recibe, lo que se siente, lo que se experimenta, que a lo que se racionaliza o se estudia. Lo escrito por Stanley M. Horton, de Asambleas de Dios, es una compilación de escritos por varios autores pentecostales, pero no es una teología completa. Myer Pearlman en su Teología Bíblica y Sistemática, nos ofreció a los de tradición pentecostal, una teología de base para entender lo que creemos y afirmamos en nuestras verdades fundamentales.

El autor se acerca al análisis ontológico, donde trata sobre la "imago dei" en el ser humano con la perspectiva de San Agustín y de Martín Lutero. Su posición es que el ser humano en su estado caído y abrumado por sus pasiones humanas, todavía posee la imagen de Dios. Es decir, que el ser humano en su condición depravada, posee la facultad de poder salvarse, siempre y cuando la revelación divina llegue hasta este (Juan 6:46). Por eso dice el autor del presente libro: "La imagen divina por sí sola lamentablemente no es suficiente, la salvación depende de la voluntad de Dios e inicia en él".

En la soberanía divina el autor la describe así: "La soberanía divina no encuentra contradicción con que exista un deseo de salvación de Dios hacia los incrédulos (Ezequiel 33:11; 1 Timoteo 2:4; 2 Pedro 3:9) aunque la mayoría de ellos no serán salvos ni le reconocerán y tendrán que ser condenados".

Mi amigo Jorge Canto Encalada, nos habla de la gracia preveniente y preventiva, la gracia cooperativa y operativa, donde aborda la teología de la definición de la gracia dada por Agustín de Hipona y otros destacados teólogos del pasado.

La postura de la doble gracia, la irresistible y la resistible, para el calvinista es una elección soberana de Dios que tiene que ver con la elección de quien será salvo o no será salvo; contrasta con la postura arminiana que muestra el deseo de Dios de salvar a todos los seres humanos, aunque muchos de esto resistan la obra convincente del Espíritu Santo en el proceso de la salvación.

En este caso, el autor nos hace recordar a todos aquellos que compartimos con las Asambleas de Dios en sus postulados teológicos lo que el libro Teología Bíblica y Sistemática por Myer Pearlman nos enseña:

"Pearlman sostenía en la gracia preveniente llamándola una ‹atracción› o ‹gracia cooperativa› lo cual es un distintivo totalmente arminiano: La conversión es una actividad humana, del hombre, pero también constituye un efecto sobrenatural en el sentido de que se trata de la reacción del hombre a la fuerza atrayente de la gracia y la Palabra de Dios. De manera que la conversión se produce mediante la cooperación armónica de las actividades divinas y humanas".

Excelente el análisis que hace de las veces que el Señor Jesucristo le impartió del Espíritu Santo a los discípulos, preparándolos para diferentes etapas de los ministerios apostólicos de estos.

Como el Cristo resucitado - Entonces Jesús les dijo otra vez: Paz a vosotros. Como me envió el Padre, así también yo os envío. Y habiendo dicho esto, sopló, y les dijo: Recibid el Espíritu Santo. A quienes remitiereis los pecados, les son remitidos; y a quienes se los retuviereis, les son retenidos (Juan 20:21-23).

Como el Cristo ascendido - Y fueron todos llenos del Espíritu Santo, y comenzaron a hablar en otras lenguas, según el Espíritu les daba que hablasen (Hechos 2:4).

Para fortalecer su argumento el compañero Jorge Canto nos cita al padre capadocio Gregorio de Niza:

"[Los discípulos de Cristo] pudieron recibir [el Espíritu] en tres ocasiones: antes de ser glorificado por la pasión, después de ser glorificado por la resurrección y después de su ascensión... Ahora bien, el primero de ellos lo manifiesta: la curación de los enfermos y la expulsión de los espíritus malignos, y también lo hace la respiración sobre ellos después de la resurrección, que fue claramente una inspiración divina. Y así también la distribución actual de las lenguas ardientes. Pero el primero lo manifestó indistintamente, el segundo más expresamente, este presente más perfectamente, ya que ya no está presente solo en energía sino ... sustancialmente, asociándose con nosotros y habitando en nosotros" (Sobre pentecostés, oración 41.11).

La comparación y el contraste que el autor Jorge Canto Encalada hace con las lenguas de Babel y las lenguas de Pentecostés, me trajo a la memoria cuando hace décadas el Dr. Cecilio Arrastía le tocó predicar en la instalación de mi mentor el Dr. José A. Caraballo, "El Príncipe del Púlpito Hispano de Nueva York", en la Iglesia Presbiteriana "La Trinidad" en Brooklyn. El Dr. Arrastía tomó con toda intención homilética como base textual de su exposición, las lenguas de Babel y las lenguas de Pentecostés.

Mi mentor y amigo, el Dr. José A. Caraballo que había sido Vice Supt. del Distrito Hispano del Este de las Asambleas de Dios, fue de tradición pentecostal de pioneros, antes de abrazar la tradición presbiteriana. Un mensaje como aquel era para que este supiera que ahora de pastor pentecostal pasaba a ser pastor presbiteriano, un corte del cordón umbilical de su tradición pentecostal. Yo estaba presente, el Dr. Cecilio Arrastía me había dado clases, mi reacción pentecostal se hizo notar cuando el día domingo posterior prediqué en nuestra congregación un sermón titulado: "Babel Versus Pentecostés". Que luego se lo entregué al Dr. Cecilio Arrastía, "El Príncipe del Púlpito Latinoamericano". ¡Una osadía de un joven predicador! A continuación mis notas sermonarias de lo que prediqué por el año 1981, y que mi amigo Coco me hizo recordar:

BABEL VERSUS PENTECOSTÉS

«Ahora, pues, descendamos, y confundamos allí su lengua, para que ninguno entienda el habla el compañero» (Génesis 11:7).

«Y fueron todos llenos del Espíritu Santo, y comenzaron a hablar en otras lenguas, según el Espíritu les daba que hablasen» (Hechos 2:4).

INTRODUCCIÓN: Los críticos de las lenguas habladas por los creyentes pentecostales y otros grupos carismáticos, afirman que las lenguas de Pentecostés fueron idiomas y dialectos (Hechos 2:7-11). Es cierto, en el griego se usa la palabra «glossa» unas cincuenta veces, y siempre se traduce lengua o lenguas. Aparentemente, «glossa» parece referirse a idiomas humanos. Aunque también indica el órgano físico de la boca, así como describe a grupos étnicos (léase Apocalipsis 5:9; 7:9; 14:6). Pero Pablo emplea este término, «glossa, para señalar o identificar, además, la expresión oral estática producida por el Espíritu Santo (1 Corintios 12:10, 28, 30; 14:2, 4, 5, 6, 39). En este mensaje compararemos las lenguas de Babel y las de Pentecostés, y el resultado del hablar lenguas en el creyente.

I. Las lenguas de «Babel»:
   1. Trajeron confusión.
   2. Fueron una maldición divina.
   3. Dividieron la raza humana.
   4. Contestaron al orgullo y a la vanidad humana.

II. Las lenguas de «Pentecostés»:
   1. Se entendían.
   2. Fueron de bendición.
   3. Unieron a los creyentes.
   4. Contestaron al ruego y a la oración de los creyentes.
   5. Llamaron la atención de los inconversos.

III. Las lenguas extáticas en el creyente:
   1. Evidencian que ha sido bautizado «con» el Espíritu Santo.
   2. Lo ayudan en la oración (1 Corintios 14:2).
   3. Sirven de señal a los inconversos (1 Corintios 14:22).
   4. Hay lenguas de «señal» y lenguas de «don».
      A. El que tiene la señal se edifica a sí mismo.
      B. El que recibe el don edifica a otros creyentes.
      C. El don de lenguas, acompañado por el don de interpretaciones, hace entendible el mensaje inspirado por Dios (1 Corintios 14:4-5).

CONCLUSIÓN: «En la ley está escrito: En otras lenguas y con otros labios hablaré a este pueblo; y ni aun así me oirán, dice el Señor» (1 Corintios 14:21; compárese con Isaías 28:11-12 y Deuteronomio 28:49) Amén".
(Kittim Silva. *Bosquejos para Predicadores Vol. II*. Publicado por Editorial CLIE. Villadecavalls, (Barcelona, España).

Volviendo al libro de mi colega Jorge Canto Encalada, se evidencia la gran preocupación que este siente por su tradición pentecostal y por aquello que nosotros creemos en relación con el Espíritu Santo, la salvación, el Bautismo con el Espíritu Santo y la llenura del Espíritu Santo; para

Prólogo

luego abocarse sobre estos temas y hacer aclaraciones teológicas frente a posiciones teológicas, para dejarnos ver que él como un joven ministro, autor, teólogo, quiere responder a lo que nosotros como pentecostales de experiencia no necesitamos explicar o dar muchas razones, porque dejamos todo al asunto de la fe que va por encima de la razón.

Amigo Jorge Canto Encalada, "Coco" para tus amigos, tengo que darte gracias por defender lo que ya nosotros no defendemos, y nos basta con solo creerlo. En las nuevas generaciones de jóvenes pentecostales, los llamados mileniales o post mileniales, se nota que necesitan que se les enseñe sobre el arminianismo y el calvinismo, porque ha resurgido entre muchos una tendencia neo calvinista, que los está llevando a alejarse de su identidad pentecostal y a la vez los calvinistas los distancian de su identidad calvinista.

Esa continuidad, ese puente que construyes entre el Evangelio de Lucas y el libro de Hechos, como una Teología Lucana con énfasis en la pneumatología pentecostal que lleva a la recepción del Espíritu Santo, a la visión mundial, a la misión de evangelizar y la asignación de hacer obra misionera; le da a tu libro un toque misionológico, de compromiso con la Gran Comisión y la continuación del ministerio de Cristo por medio de su Iglesia, como Heraldo de las Buenas Nuevas.

Un dato muy importante es como el autor del presente libro, vincula la entrega de la Ley o la Torah, con el Día de Pentecostés, ayudándonos a ver el Pentecostés experimentado por la primera iglesia en su contexto de la Torah con fines polémicos para reflejar que el Espíritu de profecía reposa sobre la Iglesia. El autor Jorge Canto nos dice al particular:

"Es deducible, que a partir de los Jubileos las nociones de conmemorar la entrega de la Torah en la fiesta de las semanas se haya desarrollado paulatinamente hasta ser la comprensión oficial después del año 70. Lo anterior se atestigua al darnos cuenta que en la literatura rabínica, los primeros en hacer el cálculo de Pentecostés como conmemoración de la entrega de la Ley en Sinaí fueron José ben Halaftá (150 d. C) y después Eleazar Ben Pedath (270 d. C)".

En la Dodeka o llamado de los Doce Discípulos o apóstoles, Jesús vio a un Israel espiritual, pero en el envío de los 70 discípulos, con las mismas instrucciones que a los primeros, Jesús vio, según Jorge Canto Encalada, el alcance a las 70 naciones gentiles según se concebía como el mundo gentil en la antigüedad.

Otra temática que ha tambaleado a muchos jóvenes, aun ministros de años de experiencia, es sobre el cesacionismo. Muchos de los autores y predicadores que nos exponemos en sus mensajes y escritos, por ejemplo

John McArthur, son cesacionistas, y esto ha puesto duda en algunos jóvenes de sus posiciones de continuacionistas, de que creemos en la manifestación del Espíritu Santo con los dones y que estos no cesaron con la muerte de Juan el último de los apóstoles.

El autor del presente libro, Pbro. Jorge Canto Encalada, responde con la espada de Goliat en su mano en contra de la posición de los cesacionistas:

"Esto no quiere decir que tales manifestaciones se reduzcan a solo una cuestión de ‹validación' de la obra cristiana que fue dada para cierto tiempo pasado y que no tenga nada que ver con nosotros en nuestros días. Tal interpretación está lejos de ser coherente con todo el relato del Nuevo Testamento donde la obra milagrosa de Jesús también tiene que ver con el amor y la caridad. Además, Pablo cree que la Iglesia disfruta de los carismas en espera de la Parousía (1 Cor 13:10); hasta ese momento, los dones del Espíritu siguen siendo importantes y necesarios para que la asamblea cristiana sea edificada. Si en algún modo el poder del Espíritu tiene la intención de validar la obra apostólica, entonces los creyentes de hoy también deben ser investidos con la promesa para ser profetas competentes de los últimos días desde la perspectiva de Lucas (Hch 2:39). Nada, entonces, nos debe llevar a inferir que este texto es una proposición a favor del cesacionismo pues de ninguna forma esta idea es concebida por el autor de Hebreos".

A todos aquellos que proclaman una "Teología de la Gloria", el autor les responde con este argumento:

"Los Corintios, ya sea con alguna ‹escatología exageradamente consumada' o con el deseo de reflejar la gloria de un rey, por medio de la sabiduría y la glosolalia, pecan de la misma manera que los ‹teólogos de la gloria'. Así, los neo corintios de nuestros días, con una altivez por el don que Dios les ha dado, pretenden que el creyente puede escapar del sufrimiento de este mundo y lograr una utopía carismática que lo aleje de las vicisitudes".

Algo que me encantó de su libro, es cuando cita a su propio padre, el Pbro. Jorge Canto Hernández, mi amigo personal, autor, predicador, teólogo, que declaró estas palabras:

"Así Jorge Canto Hernández dice sobre su ‹teoría del ridículo' en el ámbito carismático: Por ello las lenguas y las profecías, además de diversos dones, dejan en ridículo cada faceta de la élite almidonada evangélica, así como al propio individuo. Cuando el Espíritu Santo ha zarandeado el orgullo personal... existe arrepentimiento... cultos preciosos, sanidades, milagros... existe avivamiento". Para Pablo, de la misma manera, los glosólalos no tienen nada de qué jactarse, sino de reflejar su debilidad e inaptitud frente a un Dios grande, que como a israelitas bajo la mano del Faraón, esperan su redención y la manifestación de su Rey en un mundo caído lleno de maldad".

Esta otra cita del autor Jorge Canto Encalada, que cautivó mi atención y nos pone a pensar sobre nuestra experiencia pentecostal es:

> Simon Chan nos aclara ello: Supongamos que alguien tuvo una experiencia de glosolalia. El consejo dado por el evangélico probablemente sería así: "Acabas de recibir uno de esos 'refrigerios' que Dios ocasionalmente envía sobre nosotros... Gracias a Dios por el don de lenguas, pero no te limites a él, busca también los otros dones, especialmente aquellos que edificarán la iglesia". El pentecostal, por otro lado, probablemente aconsejaría así: "Tu experiencia indica que Dios tiene la intención de guiarte a un caminar más profundo con él. Pero esto es solo el comienzo. Si usas el don fielmente como parte de tu vida de oración, encontrarás que es una vía para profundizar aún más tu caminar con Dios. Habrá otras sorpresas a medida que avances, como una nueva audacia para compartir tu fe, o el descubrimiento de la capacidad de ministrar a otros que nunca pensaste que fuera posible. Pero no te preocupes por los regalos. Continúa cultivando tu caminar con Dios usando el camino que Él ha abierto para ti".

Mi amigo el ministro Jorge Canto Encalada responde a la temática de la depravación humana, doctrina que es uno de los baluartes del calvinismo, citando al el erudito pentecostal Craig S. Keener que declara: "La Biblia a menudo se dirige a nuestra incapacidad para aprehender la verdad divina. Aunque los teólogos entre y dentro de varias tradiciones debaten sobre la naturaleza y el alcance de la depravación total, las Escrituras son claras en cuanto a que la depravación humana afecta nuestra capacidad de percibir la verdad divina. Algunos describen esta depravación como corrupción de la razón; otros especifican una caída de la voluntad que resiste a la verdad divina. Aún otros, incluyéndome a mí, dudarían de que la voluntad y la razón se desenreden tan fácilmente".

Solo he presentado al lector algunas extrapolaciones de las muchas áreas que abarca el autor del presente libro, con una mente atinada teológicamente, y con una extensa investigación bibliográfica sobre los pro y los contra del Bautismo con el Espíritu Santo y la Llenura del Espíritu Santo, viendo estas acciones espirituales como necesarias en el alcance de la santidad y en el cumplimiento del alcance de las misiones.

Mi amigo Jorge, en su libro, logra tomar una postura apologética y de defensa al movimiento pentecostal, algo que tenemos que aplaudir. Sé que este libro producto de investigaciones y de experiencias tenidas, ayudará al lector para apreciar más su tradición pentecostal. Y a los que no son de tradición pentecostal les ayudará a que puedan apreciar el Movimiento Pentecostal como una experiencia que el Espíritu Santo trajo sobre la Iglesia del siglo XX y que ha demostrado la pasión, la evangelización y la obra de extensión de la misma.

Dr. Kittim Silva Bermúdez
Autor y líder conciliar

INTRODUCCIÓN

En un bello pequeño poblado de Yucatán, México, donde todos los hogares están envueltos de un hermoso color amarillo y la suave brisa del Mayab golpea las aspas de las veletas en las alturas, se encuentra Izamal. El pueblo mágico era un lugar perfecto para las fotografías que mi esposa, Vanessa y yo protagonizaríamos para el famoso "Save the Date" (guarda la fecha) de nuestra boda. Con la emoción a flor de piel en cada pose romántica de dos jóvenes enamorados, los bellos paisajes y las coloniales calles no eran una suficiente distracción para apartarnos la mirada de uno y de otro por la inminente consumación de nuestro amor que se concretaría a unos pocos días ante la ley y, lo más importante, ante nuestro Dios.

Izamal es famoso por tener un suntuoso convento construido por Fray Diego de Landa, y misioneros franciscanos en 1549. Es una de las edificaciones más importantes y majestuosas de Mesoamérica.[1] Nuestro fotógrafo no dudó en invitarnos a hacer algunas tomas en aquel recinto religioso. Como se podría esperar de un lugar relacionado con la cristiandad, los textos bíblicos a lo largo de los antiguos pasillos estaban cerca de cada columna, aunque uno de ellos llamó mi atención. Exigiendo cuidado de las instalaciones de parte de los visitantes, se amenazaba a todo aquel que profanare el santuario con ser destruido con base en 1 Corintios 3:17: *Si alguno destruye el santuario de Dios, Dios le destruirá a él; porque el santuario de Dios es sagrado.*[2]

---

[1] http://www.yucatan.gob.mx/?p=izamal.
[2] Desconozco de que versión sea la cita que vi en ese lugar, sin embargo, coloco la de la Biblia de Jerusalén por ser aceptada por los católicos romanos en el contexto latinoamericano.

Mi mente –familiarizada mucho con la teología y la exégesis bíblica– no tuvo reparos en sentirse incómoda por la forma en que ese texto estaba siendo tratado e interpretado (aunque no dejé que me quitará el gozo por mi amada y las fotografías). Para Pablo en aquel contexto, el templo de Dios es su Iglesia, es decir, cada persona que forma parte de la comunidad redimida por Cristo a través del Espíritu Santo que habita en todos los integrantes de ella. Eso se aclara enseguida en el texto aludido: *y vosotros sois ese santuario*. La advertencia no tiene nada que ver con rayar algún recinto sagrado, sino en herir al Cuerpo de Cristo, que es labranza y edificio de Dios (1 Cor 3:9). Sin afán de justificar el vandalismo y la profanación de localizaciones religiosas de ningún tipo, la doctrina de la Reforma protestante del "Sacerdocio de todos los creyentes" se hizo eco en mi corazón ese día pues contrasta con la visión Católica romana del laicado y el clero.

En un gran número de ocasiones, parece que la Iglesia no se da cuenta que es tan valiosa para Cristo, que, como Espíritu bautizador entronizado en los cielos, dispensó y dispensa al Espíritu Santo sobre todo aquel que ponga lealtad en él para que sean la morada de Dios y el lugar donde su presencia se manifestase, tanto individual, como corporativamente. El teólogo anglicano Michael Bird, tiene razón cuando dice que "no es exagerado decir que el principal error de la Iglesia Católica romana fue reemplazar el Espíritu con la iglesia cuando se trataba de mediación de la salvación de Cristo al individuo".[3] En la visión evangélica del ministerio, cada creyente es un sacerdote delante de Dios que puede servirle y acercarse al trono de la gracia sin intermediario alguno más que Cristo. La barrera de separación entre los laicos y clérigos, al menos en ideal, no debería ser pronunciada, o a lo mucho, existir por cuestiones administrativas, pero de ningún modo ontológicas.

Podemos decir, que los pentecostales, sostuvieron y sostienen el estandarte de la Reforma del "Sacerdocio de todos los creyentes" por el énfasis del poder del Espíritu Santo sobre la vida de los discípulos de Jesús. Lamentablemente, he notado que, en el transcurso de los años, en Latinoamérica estamos experimentando algo que llamo "la sofisticación" del pentecostalismo. La rigidez de un sistema cerrado a las nuevas generaciones, la idolatría e incondicionalidad a ciertos líderes populistas junto con un esnobismo mezquino que adopta toda moda pasajera, ha destruido gran

---

[3] Michael F. Bird, *Evangelical Theology: A biblical and systematic introduction, Second Edition* (Grand Rapids, Michigan: Zondervan Academic; 2020), 693.

parte de nuestra valiosa identidad como pueblo del Espíritu. El Dr. Darío López, teólogo pentecostal latinoamericano, dice algo que parece cada vez más cierto en las iglesias pentecostales de México y América Latina:

> Los cultos de las iglesias pentecostales siempre han sido cultos participativos en los cuales todos los creyentes pueden cantar, predicar, dar testimonio y orar públicamente. En las iglesias carismáticas y neocarismáticas los cultos son dirigidos por los "especialistas". Las prédicas se parecen más a conferencias masivas orientadas a subir la "autoestima" de los fieles, se recorta la participación de ellos en el púlpito (los cantos especiales, los testimonios o las oraciones), y los cantos parecen ser una suerte de gimnasia colectiva que los desconecta de la realidad en la que viven.[4]

Cada vez –como aquellos constructores franciscanos del convento de Izamal– parecemos preocuparnos más por los rayones a la infalible institución, o, una postura corporal equivocada dentro del templo, que lo que realmente vale: las personas que están a nuestro lado que se han hermanado por el Espíritu de amor. No importa si es en Jerusalén o en Gerizim, tampoco si es en un auditorio ornamentado con la mejor iluminación, pantallas, humo y una excelente banda que ameniza el servicio, o en algún patio polvoriento de una región marginada, el Espíritu Santo dispensado por el Mesías actuará de manera poderosa donde se le invoque y se le permita tomar el control sobre los adoradores en Espíritu y en verdad, sean pobres, blancos, latinos, anglosajones, asiáticos, altos, bajos, hombres o mujeres.

Es obvio que, si todos los cristianos son sacerdotes delante de Dios, todos ellos también, están llamados a ministrar al Señor sea cual sea su vocación. La pregunta es, ¿cómo son capacitados para llevar a cabo tan encomiable labor profética? ¿Será con una capacitación de una semana impartida por un especialista con su presentación de PowerPoint o Canva? ¿Se necesitará pagar alguna escuela de profetas auspiciada por el súper apóstol en turno de la ciudad? Como Pablo solía decir: ¡De ninguna manera! Para algunas congregaciones, estas son formas legítimas de capacitar a la Iglesia, sin embargo, olvidan que el Señor Jesucristo entregó la mejor capacitación cuando los primeros cristianos esperaban en Jerusalén, y ese

---

[4] Darío López Rodríguez, *Pentecostalismo y misión integral: Teología del Espíritu, teología de la vida* (Lima, Perú: Ediciones Puma, 2014).

fue el don del Espíritu para la testificación mundial (Hch 1:8), o también llamado, "bautismo en el Espíritu Santo" (Hch 1:5). Así que, mientras la doctrina protestante del Sacerdocio de todos los creyentes nos dice que todo cristiano está llamado al ministerio, los pentecostales damos un paso más allá y declaramos que todos ellos necesitan una experiencia sinigual para ser capacitados y tener las herramientas para ese ministerio, y eso se alcanza al ser bautizados con el Espíritu Santo.

El presente tratado es un intento por articular una teología pentecostal integral usando como eje central de toda la obra la doctrina pentecostal del "bautismo en el Espíritu Santo" como una efusión pneumatológica subsecuente y "distinta" a la justificación o regeneración posicional. Aun cuando existen otros telones de fondo para analizar la vida y eclesiología de los pentecostales, he decidido basarme en la proposición teológica anterior, ya que, como ha dicho el teólogo pentecostal, Frank D. Macchia, el bautismo en el Espíritu Santo es el distintivo central de todo el espectro del pentecostalismo global.[5] Este deseo surge de observar la carencia de material académico en español acerca del tema, que por lo menos, pueda ser robusto, coherente y actualizado con el fin de ayudar a los pentecostales hispanohablantes a entender sus propias experiencias a través de las Escrituras y su teología.

Este libro está dividido en tres extensos capítulos que tienen el fin de proporcionar rigurosidad a la doctrina pentecostal clásica del bautismo espiritual de una manera integral. En la primera parte se analiza una antropología cristiana desde las Escrituras, la tradición cristiana y a la luz de Pentecostés, esto con el fin de poder dar una explicación de las implicaciones de la efusión profética del Espíritu para que los seres humanos sean restaurados en su vocación de administrar la creación y reflejar la gloria de Dios a través del encuentro teofánico del don pentecostal.

En la segunda parte, se ofrece una perspectiva más minuciosa de cómo este evento es diferente al injerto al pacto y puede evocar una vida carismática con el fin de la proclamación del evangelio, por lo que se presenta una apologética pentecostal basada en el libro de los Hechos y en la estructura literaria de la narrativa lucana. También se contestan ciertas objeciones que dan algunos teólogos carismáticos de hoy con respecto a la subsecuencia y diferenciación del bautismo en el Espíritu Santo desde la

---

[5] Frank D. Macchia, *Bautizado en el Espíritu: una teología pentecostal global*. (Miami, Florida: Editorial Vida, 2008), 24-25.

perspectiva pentecostal, no sin prescindir de hacer un llamado de advertencia a la erudición de esta tradición con algunos de sus énfasis.

Finalmente, el tercer apartado busca recuperar el motivo santificador del bautismo en el Espíritu Santo, concepto casi olvidado por los académicos actuales del pentecostalismo clásico más conocidos y hacer una síntesis del don pentecostal a la luz de Lucas, Juan y Pablo, para mantener un equilibrio sano que involucre a todo cristiano a mirarse a sí mismo como importante en el drama de redención y de utilidad para los propósitos de Dios dirigiéndose a la era venidera de la Nueva Creación, dirección que tiene muy en cuenta el presente libro.

Como toda teología, este documento no pretende ser de ningún modo infalible ni busca hallar algún hilo negro perdido por la gran tradición cristiana que nos antecede. Sin embargo, sí tiene el fin de ser un promotor del diálogo entre distintas tradiciones cristianas. No aspira tampoco ser un libro para todos, ya que suelen utilizarse tecnicismos y algunas visiones teológicas complejas que para el lector casual pueden ser difíciles de comprender. Sin embargo, le motivo a no desanimarse en su lectura pues se ha tratado de mantener un estilo accesible y ameno al mismo tiempo que académico. En algunas secciones narro mis propias experiencias de vida para aterrizar algunos puntos de la discusión.

Además, es de conocimiento general que toda obra teológica parte con presupuestos, y es deshonesto negar los propios. Debido al propio contexto de su servidor, el enfoque de este tratado está dirigido hacia el pentecostalismo clásico, quizá de una línea más evangélica norteamericana en cuanto a lo doctrinal, pero sin escatimar algunas proposiciones de misión integral y latinoamericanas, junto con perspectivas del pentecostalismo global. En México, las Asambleas de Dios han sido ciertamente influenciadas por la teología evangélica de Norte América, a diferencia de otras regiones de América Latina donde la misión integral ha permeado de manera más profunda. Esto no quiere decir, claro, que los aportes holísticos del pentecostalismo sudamericano y del cono sur sean ignorados, por el contrario, son bienvenidos para equilibrar una visión pentecostal evangélica que podría muy fácilmente tener sesgos importantes y reduccionismos innecesarios.

Con todo, este libro primeramente está dirigido a estudiantes de seminario o maestría, y a profesores de estos, que quieran presentar una perspectiva pentecostal de la pneumatología. Los errores en el documento son responsabilidad sola y únicamente del escritor. Sin más, esperamos que puedan disfrutar de "En Espíritu Santo y fuego" y sean incentivados a ser llenos una vez más, del Consolador Divino, fuente de existencia cristiana, el poder revelador del evangelio y la Tercera Persona de la Trinidad que dirige a la Iglesia hacia la Nueva Creación que se manifestará cuando Cristo venga por segunda vez. Amén.

Capítulo 1

UNA ANTROPOLOGÍA PENTECOSTAL

La tarea real de ejercer el poder para transformar el entorno terrenal en un mundo sociocultural complejo que glorifique al creador (el llamado mandato cultural) es, por lo tanto, una tarea santa, una vocación sagrada, en la que la raza humana como imagen de Dios en la tierra manifiesta algo del propio señorío del Creador sobre el cosmos.[6]

J. Richard Middleton

Si la meta de un libro es la presentación de una visión pentecostal clásica sobre el bautismo en el Espíritu Santo como una investidura de poder, ¿por qué entonces hablar de la imagen de Dios?, ¿la clase de temas como la antropología no le competen a la teología sistemática?, ¿por qué un pentecostal debería darle importancia a dicho tópico aparentemente alejado de la narrativa lucana del libro de los Hechos? Con respecto al tema de la teología sistemática, es innegable el poco papel que los pentecostales han tenido en la sistematización de sus creencias. Un ejemplo es el reciente post en el blog del sobresaliente profesor y teólogo Roger Olson, quien mencionó con emoción el encontrarse con lo que podría ser la primera teología sistemática pentecostal. Hablando de su niñez y vida universitaria como pentecostal clásico, describe su profunda decepción por el adoctrinamiento que recibía en lugar de un estudio crítico de la teología en esa

---

[6] J. Richard Middleton, *A New Heaven and New Earth: Reclaiming Biblical Eschatology* (Grand Rapids, Michigan: Baker Academic, 2014) 44.

etapa de su vida. Sin embargo, ante la triste realidad por la que decidió desistir del pentecostalismo, después de tantos años, encuentra un libro sobresaliente del prolífico escritor Frank Macchia "Lenguas de fuego: una teología sistemática de la fe cristiana". Olson resalta como punto positivo su contenido "imparcial" en ciertas temáticas candentes y controvertidas con respecto a la espiritualidad pentecostal; incluso expresa que es un material alabado por otros, con una argumentación ecuánime y con una actitud de diálogo.[7] Solo nos queda agradecer a Dios de que actualmente la teología pentecostal ha madurado y ha sido elogiada por atreverse a entrar a una conversación en entornos más variopintos e interdenominacionales.

Debo confesar que no puedo dejar de sentirme identificado con Olson. En mis tiempos de seminarista no teníamos muchas opciones para estudiar teología sistemática desde una perspectiva pentecostal. Recuerdo que me fue encomendado un ensayo acerca del concepto teológico del hombre según las Escrituras y no tardé en recurrir a nuestro libro de texto, un compilado de ensayos y escritos de diferentes autores editados por el gran teólogo asambleísta Stanley M. Horton; sin demeritar su trabajo (que por cierto admiro), es claro que no se trataba de una teología sistemática en forma. Los ensayos podrían verse inconexos unos de otros y ciertamente la explicación conceptual de varios términos era ecléctica. No quiero decir que el eclecticismo sea malo *per se*, la teología pentecostal se ha caracterizado por esta libertad heurística, como plantea Wolfgang Vondey: "En el corazón de los primeros avivamientos [pentecostales] se encontraba una espiritualidad, típicamente transmitida de forma ritual; el pentecostalismo estaba marcado por una doxología *ad hoc* más que por una teología sistemática y dogmática".[8] Empero la poca o nula explicación a la luz de pentecostés en esos ensayos de teología se podía entrever.

La preferencia doxológica ha obligado al pentecostalismo a solo retomar pensamientos escolásticos, protestantes y de otras tradiciones con sus propias problemáticas contextuales sin atreverse a aportar la perspectiva propia que refleje su espiritualidad. Un ejemplo es el apartado de la antropología que me sirvió para escribir mi ensayo. Todo se traducía a una cuestión de debate (cabe recalcar, una explicación muy breve), entre el monismo,[9] dualismo y

---

[7] Roger E. Olson, "The First Real Pentecostal Systematic Theology?". Patheos, 2022, consultado el 2 de marzo del 2023. https://www.patheos.com/blogs/rogereolson/2022/09/the-first-real-pentecostal-systematic-theology/.

[8] Wolfgang Vondey, *Teología pentecostal: viviendo el evangelio completo* (Salem, Oregón: Publicaciones Kerigma, 2019), 13.

[9] El monismo antropológico es la postura que niega que exista una dualidad

tricotomía –debates necesarios, pues creo que el monismo es insostenible a la luz de la Escritura y la tradición, además de perjudicial al llegar a caer en un materialismo saduceo–, pero que llegan a ser insuficientes en una teología sistemática que bebe de una teología bíblica. ¿Qué pasa con el concepto de la imagen de Dios en los seres humanos? Es verdad, las teologías pentecostales lo mencionan; pero ¿qué pasaría si lo miráramos a la luz de Pentecostés?, ¿podría aquello ayudarnos a articular una mejor comprensión de lo que es la espiritualidad en Cristo?, o más interesante aun, ¿podríamos sustentar una visión de bautismo en el Espíritu Santo como una obra subsecuente o diferente a la regeneración en base a la antropología bíblica? Eso es lo que examinaremos a lo largo de este capítulo deseando alentar a articular una antropología arraigada en las Escrituras, pero con una cosmovisión pentecostal por derecho propio.

INTERPRETACIONES DE LA *IMAGO DEI*

La imagen de Dios ha sido un tema en el que no todos los cristianos están de acuerdo. Las palabras para imagen (heb. *ṣĕ·lĕm*, צֶלֶם) y semejanza (heb. *dᵉmûṯ*, דְּמוּת) de Génesis 1:26 han sido interpretadas de distintas maneras por teólogos cristianos que nos han antecedido, incluyendo algunos pentecostales. Podemos decir que en el debate actual encontramos dos grandes perspectivas: la interpretación ontológica y la funcional. Ambas serán importantes para nuestro propósito de analizar la antropología a la luz de Pentecostés.

Interpretación tradicional: aspecto ontológico

Aspectos generales

El aspecto ontológico de la imagen de Dios resalta la capacidad del hombre de razonar, de poseer un libre albedrío, de tener una responsabilidad moral delante de Dios y de la existencia de alguna realidad metafísica además de la corporalidad. Algunos pentecostales definen la esencia del ser

---

alma/cuerpo en el ser humano. Lo único que hay es la materialidad del cuerpo; no existe una realidad metafísica distinta. Las almas de los difuntos no van a un lugar intermedio, ya que para el monista no existe un estado incorpóreo.

humano de esta manera. Myer Pearlman expone que la *Imago Dei* significa que el hombre se hizo en semejanza de Dios en carácter y personalidad;[10] pese a que habla del aspecto funcional del dominio en la creación, la argumentación aprovecha en enfatizar el carácter moral, la razón y la capacidad para ser inmortal. Por otra parte, Guy Duffiel y Nathaniel M. Van Cleave la describen como la capacidad que Dios da para razonar abstractamente, crear, innovar, de elegir como un agente libre (a diferencia de los animales que siguen su instinto), y de comunicarse con Dios.[11] Aunque el dominio en la creación, para Duffiel y Cleave está relacionado con lo que Dios infundió en Génesis 1:28-31 y Salmo 8:4-9 el tema es tratado como una insinuación que los textos presentan y no es muy abordado. Timothy Munyon en el libro de teología sistemática editado por Stanley M. Horton, indica que la imagen de Dios "tiene que ver con nuestra naturaleza moral-intelectual-espiritual. En otras palabras, la imagen de Dios en la persona humana es algo que somos, y no algo que tenemos o hacemos".[12]

Es entendible que algunos de los autores pentecostales americanos tengan esta perspectiva de interpretar la imagen de Dios; ella es la que ha permeado en el pensamiento cristiano por siglos y sobre todo por el teólogo que sentó las bases de la teología occidental, san Agustín de Hipona, que, si bien no negaba las características funcionales de portar la imagen, sin duda enfatizó más el aspecto ontológico. En su tratado sobre la Trinidad afirma que el hombre fue creado con tres atributos porque Dios es Trino:

> El hombre a 'imagen' por razón de una semejanza imperfecta, y por tanto, a 'nuestra imagen' para que el hombre sea imagen de la Trinidad, no igual a la Trinidad como el Hijo al Padre, sino acercándose a ella, como se ha dicho, por una especie de semejanza, del mismo modo que la cercanía, no de lugar sino de una especie de imitación.[13]

La memoria, la mente y la libre voluntad son una tríada característica que el hombre posee como ser creado a imagen y semejanza por la Trinidad.

---

[10] Myer Pearlman, *Teología Bíblica y Sistemática* (Miami, FL: Editorial Vida, 1992), 83.

[11] Guy P. Duffield y Nathaniel M. Van Cleave, *Fundamentos de Teología Pentecostal* (San Dimas, CA: Foursquare Media, 2006), 137.

[12] Stanley M. Horton, ed., *Teología sistemática: Una perspectiva pentecostal* (Miami, FL: Editorial Vida, 1996), 253.

[13] Augustine of Hippo, *The Trinity*, ed. Hermigild Dressler, trad. Stephen McKenna, vol. 45, The Fathers of the Church (Washington, DC: The Catholic University of America Press, 1963), 241.

San Agustín defiende la visión de la pluralidad en la unidad divina en Génesis por medio de la frase "hagamos al hombre" que relaciona con la peculiar criatura humana. Tomás de Aquino concuerda con Agustín con lo que respecta a la semejanza imperfecta, que para el Aquinate se trataría de una analogía: "Siendo Dios el agente universal, y el principio de todo ser, y no estando contenido en ningún género, ni en ninguna especie; las criaturas se le parecen, no bajo el concepto del género y de la especie, sino según cierta analogía".[14] La criatura se parece a Dios, pero Dios no es semejante a la criatura. En cuanto a la relación con la Trinidad y la imagen de Dios, Aquino dice: *Imago Trinitatis in anima attenditur quidem in potentiis ut in radice, sed completive in actibus* (La imagen de la Trinidad se encuentra en el alma en cuanto a su raíz, pero se realiza más completamente en los actos de las potencias del alma). Esto quiere decir que la imagen de Dios en nosotros debe consistir en lo que es más noble y alto en nuestro poder, que es la mente.[15] Con respecto a la parte inmaterial del cuerpo, san Agustín dice: "Ciertamente, no todo lo que en la criatura ofrece semejanza con Dios se ha de llamar su imagen, *sino el alma sola*, a la que únicamente Él es superior. Solo ella lleva su impronta, sin que entre ambos exista criatura alguna intermedia".[16] El énfasis agustiniano y escolástico del alma y la mente en la imagen de Dios será algo que los autores modernos compartirían, sin embargo, a diferencia de los anteriores, para los modernistas tal atributo quedaría intacto pese a la caída.

Los pensadores de la modernidad postularon que la imagen de Dios está muy relacionada con el atributo que es *sine qua non* de la especie humana en la cosmovisión modernista: "La razón". Abogaban que el ser humano porta la imagen divina por tener conciencia de sí mismo y pensar, a diferencia de otras criaturas como los animales. Esta idea puede encontrar sus orígenes en René Descartes, un dualista brillante quien creía que la adquisición de conocimiento venía por la existencia de la conciencia: una sustancia desapegada por completo de la materialidad. Por medio de la glándula pineal, la razón situada en el alma podía controlar las funciones

---

[14] R. P. Manuel Mendía y R. P. Pompilio Diaz with Santo Tomás de Aquino, *Suma Teológica*, trad. Hilario D. Abad de Aparicio, vol. 1, Summa Theologica (Español) (Madrid: Nicolás Moya, 1880–1883), 34.

[15] Leo J. Elders, *Conversaciones teológicas de Santo Tomás de Aquino* (San Rafal: Argentina, 2008), 218.

[16] Thomas C. Oden, ed, *La Biblia comentada por los padres de la Iglesia, Antiguo Testamento 1: Génesis 1-11* (Madrid, España: Editorial Ciudad Nueva, 2003), 91.

del cuerpo. Para Descartes existía una relación entre la mente –*res cogitans*– y la máquina corporal –*res extensa*–[17]. El libre albedrío es posible porque el ser humano es un ente moral porque tiene una razón que le permite escoger entre posibilidades: "tenemos un libre albedrío que nos permite abstenernos de creer lo que es dudoso y, de este modo, impide que erremos",[18] "resulta para el hombre una gran ventaja el poder actuar por medio de su voluntad, es decir, libremente; esto es, de modo que somos en forma tal los dueños de nuestras acciones que somos dignos de alabanza cuando las conducimos bien".[19] La forma racionalista de entender la revelación de Dios permeó en la teología evangélica fundamentalista del siglo XX que presentaban los teólogos escritores de *The Fundaments*, como Charles Hodge, B.B Warfield, James Orr, entre otros que sostenían el método inductivo para interpretar la Biblia y la teoría del sentido común:

> ¿En qué consiste, pues, esa imagen o semejanza? Ciertamente, en lo que es inalienablemente humano: el cuerpo como templo del Espíritu Santo (la "casa terrena" de 2 Cor 5:1), *y el espíritu racional, inspirador e insuflado*. De ahí que la personalidad del hombre, que lo une a lo que está arriba y lo separa de lo que está abajo, lo constituya en un ser aparte: *una criatura racional, autoconsciente y autodeterminada*, destinada por su Creador a la comunión consigo mismo.[20]

Incluso, algunos de ellos argumentaban que la interpretación funcional de la *Imago Dei* que describe al hombre como apto para el dominio de la creación era una idea de los arminianos o socinianos, lejos de lo que la Escritura enseñaba realmente: "Tampoco podemos aceptar la interpretación de los antiguos socinianos y de algunos remonstrantes, según la cual la imagen de Dios consistía en el dominio sobre todas las criaturas, a lo que se hace referencia en Gn 1:28".[21]

Aunado a la facultad de la razón como característica imprescindible de la *Imago Dei*, debemos considerar, aunque no necesariamente aceptar,

---

[17] Francisco López Muñoz y Francisco Pérez Fernández, "El legado neurofísico del cartesianismo": Scielo, 2022, consultado el 3 de marzo del 2023. https://scielo.isciii.es/scielo.php?script=sci_arttext&pid=S0211-57352022000100003.

[18] René Descartes, *Principia Philosophiae*: 1:6 (Ciudad de México: Universidad Autónoma de México, 1987), 24.

[19] Descartes, *Principia*: 1:37, 42.

[20] J. I. Marais, «Anthropology», ed. James Orr et al., *The International Standard Bible Encyclopedia* (Chicago: The Howard-Severance Company, 1915), 146.

[21] *Ibid*, 145.

un argumento que mantiene una interpretación ontológica o sustancial de la imagen de Dios basado en la revolución cognitiva de algún homínido presentado por el apologista William Lane Craig aunque la ortodoxia evangélica tiene el derecho de prescindir de él. Su tesis defiende que gracias a la arqueología se han encontrado pruebas que demuestran la capacidad cognitiva de ciertos homínidos en una etapa remota de la historia humana. La tecnología y la escritura primitiva reflejan características que todos los *homo sapiens* modernos poseen "pensamiento abstracto, planificación profunda, innovación conductual, económica y tecnológica, comportamiento simbólico".[22] La primera pareja de homínidos a la que fue infundada la imagen de Dios y presenta una revolución cognitiva podría rastrearse al *homo heidelbergensis,* un ancestro común del *homo sapiens* y los neandertales. Craig rechaza la interpretación funcional reduccionista de Middleton que interpreta la imagen divina como solamente la de representar a Dios en el mundo y ejercer dominio:

> Ahora bien, ciertamente los eruditos del A. T., están en lo cierto al considerar que el hombre tiene este deber y papel real en la tierra, ya que se le asigna claramente en Gn 1:26-27. Pero ese hecho no implica por sí mismo que la imagen de Dios solo abarque esa función. El deber real del hombre puede ser, más bien, el rol que Dios le ha dado para cumplir. Middleton, sin embargo, insiste en que la función real o el propósito de la humanidad en 1:26 no es un mero complemento, separable de alguna manera de la esencia o naturaleza del hombre... la conclusión... es exagerada.[23]

Lo que la visión de Craig deja entrever es el concepto prevaleciente del aspecto sustancial de la *Imago Dei* a pesar de los años y una perspectiva teísta evolucionista.

En síntesis, la visión ontológica de la imagen de Dios no niega la funcionalidad de ella, sin embargo, da primacía a las facultades metafísicas que el ser humano comparte (aunque no de la misma manera) con Dios; tales como la moralidad, la inteligencia y la libre voluntad. A la par, una llamada de precaución debe hacerse con las teorías más tradicionales en occidente de la imagen de Dios. La conciencia y la razón no pueden

---

[22] William Lane Craig, *El Adán histórico: Una exploración bíblica y científica* (Salem, Oregón: Publicaciones Kerigma, 2021), 262.

[23] Craig, *El Adán histórico,* 340.

agotar el significado de *Imago Dei*, aunque claro que se tratan de componentes subyacentes de ella. Las personas con discapacidades mentales no cabrían dentro de la definición de humano si ese fuera el caso. Poseer la imagen divina es un estatus que trasciende el razonamiento. Tanto un embrión como alguna persona con síndrome de Down son personas creadas a imagen de Dios y su semejanza.

Aunque creo que una parte muy importante de la *Imago Dei* son las implicaciones misionales del hombre como representante de Dios, aspectos como el libre albedrío, la responsabilidad moral y la existencia del alma no se pueden pasar por alto ni negar. Tal perspectiva como la otra nos ayudarán a articular una antropología pentecostal.

El libre albedrío por la Imago Dei

Parte de la interpretación sustancial de la imagen divina en la humanidad es la discusión de la libre voluntad. Como pentecostales compartimos el dualismo en las tesis de Descartes, su devoción a Dios y su defensa del libre albedrío, sin embargo, también desechamos su compromiso con Platón (al igual que Agustín) tan característico que puede insinuar una separación radical entre el cuerpo y el alma perdiendo el holismo hebreo del que el cristianismo bebió. De igual manera somos cautelosos con su énfasis en la razón como una sustancia autónoma que puede liberarse de todo prejuicio contextual para llegar al conocimiento tal como el relato Socrático de la mayéutica, en la que el alumno por medio de preguntas puede dar a luz la razón, como si toda la verdad pueda nacer del individuo. Junto al teólogo suizo Karl Barth, creemos que el conocimiento salvador solo puede venir de la revelación del evangelio y la persona de Jesucristo, quien es la revelación máxima de Dios Padre. Con esto no negamos algún grado de objetividad como algunos deconstruccionistas, pero sostenemos la necesidad de la revelación cristocéntrica para conocer la verdad evangélica.

Por otro lado, el libre albedrío siempre ha jugado un papel importante en la tradición cristiana y tiene una relación orgánica/lógica con el hecho de que el ser humano posea la imagen de Dios desde una perspectiva ontológica. Actualmente los pensadores naturalistas y los partidarios del nuevo ateísmo niegan que poseamos un alma que permita al hombre pensar y tomar decisiones. Este es el caso del reconocido e influyente historiador judío y ateo Yuval Noah Harari, quien tiene la convicción de que el hombre es un animal más sin importancia:

Los últimos 200 años las ciencias de la vida han socavado completamente dicha creencia [del alma]. Los científicos que estudian los mecanismos internos del organismo humano no han encontrado *el alma* del que se habla. Argumentan cada vez más que el comportamiento está determinado por hormonas, genes y sinapsis, y no por *el libre albedrío*; las mismas fuerzas que determinan el comportamiento de los chimpancés, los lobos y las hormigas. Nuestros sistemas judiciales y políticos intentan barrer en gran medida estos descubrimientos inconvenientes bajo la alfombra. Pero, con toda franqueza, ¿cuánto tiempo más podremos mantener el muro que separa el departamento de biología de los departamentos de derecho y ciencia política?[24]

Si todo se trata de una cuestión genética, dice Harari, no hay nada de malo en comportarnos según nuestros genes nos han determinado a actuar, incluso si transgredimos el código moral demasiado "occidental", que, dicho sea de paso, para los posmodernos más radicales, solo es una construcción cultural y no universal. Estos "idealistas" entienden que los seres humanos no nos diferenciamos de otros organismos en lo más mínimo. Hemos tenido éxito en la construcción de civilización por el solo hecho de aprender a cooperar los unos con los otros a diferencia de los animales, los neandertales u algún otro homínido pariente, "el factor crucial de la conquista humana fue su capacidad de conectar entre sí a muchos seres humanos… Homo sapiens es la única especie en la tierra capaz de cooperar de manera flexible en gran número".[25] Así mismo, los actos que tradicionalmente han sido condenados como la homosexualidad son totalmente justificados. Tiene sentido, ¿no es así?, si un chimpancé muestra un comportamiento homosexual y nosotros los humanos –libres de un Dios que pide cuentas–, al no tener algún atributo especial que nos ponga por encima de ellos, podemos transferir ese comportamiento a nuestra tribu sin problema alguno. Quien se oponga, termina siendo un retrógrada religioso, dualista y que impide el florecimiento humano. Me pregunto qué pasaría si imitamos a los peces guppy de mi estanque; las madres se alimentan de sus propios alevines sin remordimiento. O más relacionado con el actual feminismo radical, que las mujeres "liberadas" imiten a una viuda negra que durante el apareamiento devora a los pequeños machos.

---

[24] Yuval Noah Harari, *Sapiens, de animales a dioses: Breve historia de la humanidad* (Barcelona, España: Penguin Random House, 2014), 311.
[25] Harari, *Homo Deus: Breve historia del mañana* (Miguel Hidalgo, Ciudad de México: Penguin Random House Grupo Editorial, 2020), 151-152.

No obstante, los pentecostales no creemos que la libertad de escoger sea contingente a nuestros genes como si las personas seamos un algoritmo programado, ni tampoco (a diferencia de otros movimientos protestantes) que la caída del relato bíblico haya destruido por completo la imagen de Dios que nos permite tener la capacidad para una libre elección. Martín Lutero fue uno de los que propuso esta tesis de la negación del libre albedrío y la *Imago Dei* en los hombres y mujeres caídos. En su comentario de Génesis con respecto a la creación del hombre a la imagen de Dios, niega que el ser humano siga poseyendo tal atributo: "Me temo que, dada la pérdida de esta imagen por el pecado, no podemos entender esto en ninguna medida".[26] Para Lutero, si la imagen de Dios que Adán portaba era lo que Agustín y sus posteriores seguidores interpretaron, entonces tal interpretación es errónea. El problema del reformador con el santo de Hipona y aquellos influenciados por él, es su descripción de la entrega de la imagen divina como una impartición de rasgos divinos tales como la razón, la conciencia y la libre voluntad. Si Lutero rechazó la noción aristotélica heredada de Tomás de Aquino y la escolástica medieval acerca la cena del Señor con la transubstanciación, también desestimaría toda insinuación a Aristóteles y su causa eficiente[27] en el relato bíblico Génesis:

> Los médicos restantes siguen en general a Agustín, que mantiene la clasificación de Aristóteles: que la imagen de Dios es la potencia del alma, la mente y la voluntad... Esto es lo que sostienen: Dios es libre; por lo tanto, puesto que el hombre es creado a imagen de Dios, él también tiene una memoria, mente y voluntad libre... A partir de aquí se concluyó que el libre albedrío cooperó como la causa anterior y eficiente de la salvación. No es diferente la afirmación de Dionisio, aunque más peligrosa que la anterior, cuando dice que a pesar que los demonios y los seres humanos cayeron, sin embargo, sus dotes naturales, como la mente, memoria, voluntad, etc., se mantuvieron irreprochables. Pero si esto es cierto, se deduce que por los poderes de su naturaleza el hombre puede lograr su propia salvación.[28]

La visión pesimista del ser humano que el reformador defendía no debería ser del todo desechada. Lutero vivía en un tiempo donde el optimismo

---

[26] Martín Lutero, *Luther on the creation: Commentary on Genesis Vol. I.* (Minneapolis, Minn: Lutherans in all lands Co.: 1904), 306.
[27] "A partir de la cual el cambio o el reposo del cambio comienza primero" Aristóteles, *Metafísica*, V, cap. 2.
[28] Lutero, *Commentary on Genesis*, 302-306.

antropológico había tomado un protagonismo desmedido y la imagen bíblica de la iniciativa amorosa de Dios se había casi perdido. Además, no es menos verdad que el apóstol Pablo describe que el estado del incrédulo es de perdición y depravación (Cf. Rm 3:9-18; Ef 2:1-3). Incluso el teólogo y predicador inglés del siglo XVIII, John Wesley –quien ha ejercido gran influencia en el pentecostalismo con su perfeccionismo y con su arminianismo– aceptaba sin vacilación la verdad bíblica de la condición humana esclavizada al mal. En un sermón titulado "El pecado original", Wesley describe el concepto homólogo como clave para separar al cristianismo de las filosofías paganas:

> Este es, por lo tanto, el primero y enorme punto distintivo entre el paganismo y el cristianismo. El primero reconoce que muchas personas están infectadas por muchos vicios, y que han nacido con la inclinación hacia ellos, pero suponen, sin embargo, que en algunos la bondad natural equilibra en gran medida al mal. El otro declara que todos los humanos *son concebidos en pecado y formados en maldad* (Cf. Sal 51:5), que por tanto hay en *todos una mente carnal que es enemistad contra Dios, que no se sujeta a la ley de Dios, ni tampoco puede.* (Cf. Rm 8:7) y que de tal manera infecta toda su alma que, en su estado natural, *no mora en él, en su carne, ninguna cosa buena* (Cf. Rm 7:18); sino que *todo designio de los pensamientos del corazón de ellos era el mal, solamente el mal,* y ello continuamente.[29]

Por si fuera poco, Wesley va un paso más allá replicando el pensamiento de Lutero y otros teólogos protestantes. El hombre a causa de la caída ha perdido por completo la imagen de Dios: "Las Escrituras previenen que por la desobediencia de un hombre todos fueron constituidos pecadores; que en Adán todos mueren, mueren espiritualmente, habiendo perdido la vida y *la imagen de Dios*".[30] Y si no era suficientemente claro, la definición

---

[29] John Wesley, *El pecado original* en *Sermones de John Wesley, Tomo II* (Lima, Perú: Instituto de Estudios Wesleyanos – Latinoamérica, 2016), 70.

[30] John Wesley, El pecado original, 62. Wesley creía en tres aspectos de la imagen de Dios en los seres humanos: La 'imagen natural' se refiere a sus facultades racionales; la 'imagen política', al dominio sobre la creación; y la 'imagen moral', a la santidad y justicia (la que más daño obtuvo por la caída). Wesley sostenía que esta imagen está profundamente corrompida o distorsionada en su totalidad, lo que podría matizar su afirmación sobre la pérdida de la imagen original, además de la actividad universal de la gracia preveniente para que el humano responda. Sin embargo, es importante considerar el contexto y el lenguaje de la época para interpretar sus palabras de manera adecuada. Según

de lo que el hombre es, como destituido de la gloria del Creador, podría ser sorprendente e inesperada para el lector moderno que puede sentirse en las nubes de una gran civilización y avance social. El hombre no regenerado no es solo hijo de Satanás, sino que porta su imagen: "Hasta aquí somos portadores de la imagen del Diablo y caminamos en sus pasos".[31]

Es bien conocida la relación de Wesley con los pietistas luteranos, ellos decidieron ser mentores de aquel joven inexperto en los caminos del Señor al inicio de su ministerio. Incluso se habla de la experiencia de "corazón ardiente" en el que el padre del metodismo cambió su vida: aquellos pietistas leían una porción del comentario de Lutero acerca de la carta paulina a los Romanos y la historia relata que, al escuchar la lectura, aquel tizón arrebatado de las llamas,[32] entregó su existencia por entera a Cristo. Con esto en mente, es probable que su idea de la imagen de Dios haya sido causada por la influencia luterana implícita de los pietistas. El pietismo alemán bebió de Johann Arndt, un teólogo luterano del siglo XVII quien escribió el material que motivaría a Philipp Jakob Spener a realizar las primeras reuniones de creyentes no conformistas de la Iglesia luterana. El título del tratado era "Cristianismo auténtico", que pretendía ser un tratado sobre el "sincero arrepentimiento, la verdadera fe y la vida santa del cristiano". En él encontramos la misma idea de Lutero y Wesley:

> La caída de Adán fue la desobediencia a Dios... Pero mientras trabajaba en ello para elevarse a sí mismo, *él fue despojado de aquella imagen divina* que el creador le había concedido tan generosamente... Fue así como en su interior el ser humano se volvió como el mismísimo Satanás, adquiriendo su *semejanza* en el corazón; porque ahora ambos habían cometido el mismo pecado, ambos se habían rebelado contra la majestad del Cielo. El ser humano *ya no exhibe una imagen de Dios, sino la del diablo*... De modo que, habiendo perdido aquella imagen celestial... él es completamente terrenal, sensual y animal. Porque el diablo, con la intención de *imprimir* su imagen en el ser

---

Wesley, los seres humanos ahora reflejan la imagen de Satanás y, en algunos casos, incluso la imagen de las bestias, dada la corrupción del alma humana. Sea metáfora o no, el asidero bíblico para dichas afirmaciones no es visible y puede llevar al mal entendimiento de la antropología bíblica.

[31] *Ibid*, 67.

[32] John Wesley vivió un incendio al ser un niño y fue rescatado por la providencia divina según sus fuentes biográficas.

humano, los fascinó tan profundamente... que el hombre le permitió sembrar en su alma aquella aborrecible semilla, a la que desde entonces se le llama "semilla de serpiente".[33]

Lutero criticó fuertemente las especulaciones agustinianas con respecto a la imagen divina como una tríada donde coexisten la memoria, mente y la libre voluntad como análogas a la Divina Trinidad. Sin embargo, a pesar de su gran retórica y su fiereza argumentativa, el reformador no se dio cuenta que las Escrituras indican que el hombre aún posee la imagen divina a pesar del estado de caos que desató su desobediencia. La Palabra de Dios no está de acuerdo con su decisión teológica de arrebatar del hombre tal bendición. Wesley con todo y sus grandes aportes revolucionarios, se equivocó al decir que las personas al venir al mundo poseen la imagen de Satanás, aseveración que no encontramos en los Escritos Sagrados. Arndt haciendo un correcto llamado por el celo hacia la santidad y la revelación divina, introduce un término como el de "la semilla de serpiente" que en ninguna parte de la Biblia se adjudica a la imagen de Dios; lo que es peor, el origen de tal pensamiento parece poder rastrearse hasta los gnósticos valentinos los cuales se conocían por ser acérrimos enemigos del pensamiento cristiano que los Padres de la iglesia defendían con su vida.[34]

Muy por el contrario, a lo anterior, las Escrituras –pese a la caída– siguen firmes con respecto a la responsabilidad humana de portar la imagen. En el relato del diluvio no es casualidad que el mandamiento repetido de Génesis 1:28 sea insertado justo después de que Noé y su familia salieran del arca: *Mas vosotros fructificad y multiplicaos; procread abundantemente en la tierra, y multiplicaos en ella* (Gn 9:7). Habían sobrevivido una inundación cataclísmica de purificación y como seres humanos debían llenar la tierra y someterla piadosamente porque la tarea de Adán todavía no se había completado. Un versículo antes el Señor revela que muy a pesar de la impiedad prediluviana, los seres humanos son especiales porque llevan consigo la imagen de Dios a pesar de las iniquidades que luego se relatarán: *El que derramare sangre de hombre, por el hombre su sangre será derramada; porque a imagen de Dios es hecho el hombre* (9:6). La ley de Talión tendrá sentido para la que fuere descendencia de Noé.

---

[33] Johann Arndt, *Cristianismo auténtico*, 2:1 (Barcelona, España: Editorial Clie, 2014), 21-22.
[34] Al decir esto no quiero invalidar todos los grandes aportes de su teología. En todo debemos discernir y colar. Creo que son mucho más cosas buenas que malas en estos grandes antepasados espirituales nuestros.

La abundancia de la maldad y violencia anterior habían estancado el plan de Dios de llenar la tierra de su gloria a través de sus administradores humanos, de ahora en adelante se habrían de tomar medidas drásticas para que las trasgresiones no excedieran y frustren el plan divino: el hombre o mujer que asesine a otro ser humano no quedará impune, se pagará ojo por ojo y diente por diente (Éx 20:13) porque las personas siguen poseyendo la imagen de su Creador. Es por eso que algunos maestros judíos de la línea más liberal,[35] vieron aquí un código moral que todo gentil que quisiera salvarse podría guardar –sin adherirse a la Torah– las "siete leyes de las naciones" o "las leyes noájidas" que representan un llamado a toda la creación como cumplimiento de lo encomendado a Adán. La trama nos muestra que la intención de Dios al decretar el diluvio no era exterminar a la raza humana, sino todo lo contrario, al rescatar a una familia justa y exterminar a aquellos que denigraban su propia imagen, los propósitos de la humanidad quedarían vigentes para la posteridad.[36]

---

[35] Craig S. Keener, *Comentario del contexto cultural de la Biblia: Nuevo Testamento* (El Paso, Texas: Editorial Mundo Hispano, 2003), 364. Las leyes de las naciones muy posiblemente tengan relación con el decreto del concilio de Jerusalén en Hechos 15:19-20: *Por lo cual yo juzgo que no se inquiete a los gentiles que se convierten a Dios, sino que se les escriba que se aparten de la contaminación de los ídolos, de fornicación, de ahogado y sangre*. La prohibición alimenticia parece ser una clara alusión con el mandato a Noé en Génesis 9:4-5. ¿Quiere decir esto que Jacobo estaba comprometido con los judíos más liberales? En absoluto. Según Hechos solo la proclamación de Jesús trae el resultado de la salvación (4:12). Que el Nombre esté a la vista aquí es sencillo de entender y muy claro; la profecía de Joel que Pedro utiliza en su primer sermón ilustra que cualquier criatura que invocare el nombre del Señor sería salva (Hch 2:21; Cf. Jl 2:28-32). El paralelismo entre YHWH y Jesús es innegable; ahora la gente conocerá el nombre de Dios y lo proclamará como Señor de su vida. Las obras y sistemas éticos de todo tipo quedan excluidos por la irrupción de la nueva creación (Gá 4:3). La ley de las naciones sin la fe en Jesús es vana, pero es útil para reflejar que el que está en Cristo llevará una integridad moral.

[36] A partir del llamado de administración de la creación con Noé (Gn 9:7) y el pacto noénico (9:9-17) empezamos a ver cómo Dios levanta un nuevo Adán para cumplir su plan con la humanidad empezando desde cero después de una etapa de juicio que relaciona a la nada existencial de las aguas en las que el Espíritu se movía con las aguas diluvianas. Noé sería el representante de Dios en esta nueva etapa como hombre justo y fiel administrador, y todo parecía que iba en marcha, lamentablemente, Noé falla como Adán lo hizo: se embriaga y olvida su pudor pecando delante de Dios (9:21). Después de la rebeldía de Babel, el juicio es manifestado al dispersar a las personas con diferente lengua; el Señor otra vez llamaría a otro representante a su imagen y haría un nuevo pacto con él, Abraham en medio de un pueblo idólatra recibe la promesa de que su descendencia sería la simiente esperada que sería luz a todos los pueblos haciéndose eco de la llenura fructífera en toda la creación. (Gn 15:4-6; 17:6;

Pero Génesis 9:6-8 no es la única referencia a seres humanos caídos que aún portan la imagen de Dios. Santiago, el hermano del Señor, escribió en su epístola ética la necesidad de reflejar una vida llena de fe genuina. En una sección dice que los creyentes no debemos maldecir a otros, pues esto equivaldría a una contradicción; no pueden salir dos tipos de agua de una misma fuente (Stg 3:11-12), ni tampoco debe salir de nuestra boca con la que exaltamos a Dios maldición (v. 10). Antes de esas exhortaciones surge la verdad teológica de las que derivan los llamados al buen comportamiento: *Con ella* [la boca] *bendecimos al Dios y Padre, y con ella maldecimos a los hombres* (gr. *tous antropous,* τοὺς ἀνθρώπους), *que están hechos* (gr. *gegonotas,* γεγονότας) *a la semejanza de Dios* (gr. *kath' homoísin teou,* καθ' ὁμοίωσιν θεοῦ) (v. 9). La palabra *gegonotas* es un verbo participio perfecto, el tiempo perfecto tiene la cualidad de describir acciones pasadas que tienen repercusiones en el presente; otras traducciones especifican más

---

22:17-18). Israel amplifica el pacto abrahámico con la era de la gran teocracia dirigida por el pacto sinaítico (Éx 19-24) y su renovación en la llanura de Moab (Dt 1-39). Pero Israel no es solo es un pueblo, representa a Adán como el hijo de YHWH (Éx 4:22; Is 54:13) y su escogido para alumbrar las naciones llevando la manifestación de Dios (Dt 7:6; Éx 19:4-6; Sal 135:4; Is 41:8-9; 43:10; 44:1-2; 45:4; Am 3:2); el tabernáculo y templo refleja el santuario edénico lleno de utensilios como la Menorá con manzanos y flores (Éx 37:17-24) al igual que toda la representación de la obra salomónica con palmeras y flores abiertas (1 R 6:29-34); los querubines del propiciatorio del arca del pacto son una posible alusión a la protección en el Edén por parte de estos seres (Éx 25:18-22; Cf. Gn 3:24). Sin embargo, Israel falla rindiendo pleitesía a otros dioses por lo que es exiliado a Babilonia como juicio; la descripción que hace Jeremías refleja la misma situación de caos en un lugar sin moradores; una desolación cósmica a causa de la maldad donde en los cielos no hay luz y todos los montes tiemblan (Jr 4:23-28). A través de lo anterior, podemos ver que lo que refleja la narrativa bíblica es el estado de exilio en que se encuentra la humanidad a causa del pecado, no hay nadie que pueda ser un buen representante de Dios, todos pecan, todos fallan; sin embargo, en medio de la incertidumbre se presenta el Adán definitivo que cumple el pacto y demandas además que es representante de su pueblo y muere por sus pecados siendo justificado al resucitar. El Mesías, hijo de Dios e hijo de Adán (Lc 3:38), Jesús de Nazaret, cumple el pacto davídico y empieza un nuevo éxodo de salvación a través de su obra y la manifestación de su reino; el nuevo pacto (Jr 31:33). La imagen divina se ve plenamente en él, ya que es humano, pero también verdaderamente Dios: No es una réplica más, es la "imagen del Dios invisible" (Col 1:15) en "él habita *corporalmente* toda la plenitud de la Deidad" (Col 2:9). Cristo, el postrer Adán (1 Cor 15:45), puso fin al fracaso y nos da ahora su victoria y lo esencial para ser una nueva creación: el Espíritu Santo. Los pactos de Dios nos muestran la importancia de lo que implica ser portadores de la imagen divina. Para una reflexión más profunda del tema, véase: Peter J. Gentry & Stephen J. Wellum, *God's Kingdom trough God's Covenants: A concise Biblical Theology* (Wheaton, Illinois: Crossway, 2015).

el tiempo pasado como la "Traducción al Lenguaje Actual": *que Dios hizo parecidos a él mismo;* o "la Nueva Traducción Viviente": *A quienes Dios creó a su propia imagen.* Sin embargo, algunas siguen el tenor de la Reina Valera 60, que fue citada anteriormente como una acción pasada de Dios sobre Adán pero que sigue reflejándose en cada ser humano. La "Nueva Versión Internacional" dice: *creadas a imagen de Dios*; "La Biblia de Las Américas": *que han sido hechos a la imagen de Dios.* Por otro lado, es evidente el paralelismo con Génesis 1:26 de la LXX: Καὶ εἶπεν ὁ Θεός, Ποιήσωμεν ἄνθρωπον κατ' εἰκόνα ἡμετέραν καὶ καθ' ὁμοίωσιν. La preposición *kat'* (καθ': según o a) se encuentra en Santiago junto con el sustantivo en acusativo singular femenino *homoísin* (ὁμοίωσιν: semejanza; similitud): "según (o a) semejanza". No hay por qué hacer una sobre exégesis y decir que aquí no encontramos el término *eikon* que apunta más al concepto de "imagen" (Cf. Col 1:15). Más adelante observaremos que ambos términos tienen relación aun con sus sutiles diferencias. En todo caso, el término de la creación del hombre y su atributo infundido en él está a la vista y es la razón de por lo que algunas muy buenas traducciones han preferido utilizar el término en castellano de "imagen" en vez de una traducción más literal como Reina Valera 60 que ha optado por semejanza. Además, es verdad que Santiago no utiliza el mismo verbo *poiésomen* (Ποιήσωμεν: hagamos) de la LXX. No obstante, *poieō* (ποιέω: hacer) pudo haber sido la mejor opción para los traductores de la Septuaginta debido al paralelo y la similitud de abarque del significado con la palabra hebrea *asah* (עשׂה)[37] que se encuentra en el relato de Génesis del texto masorético. Otra razón por la que sabemos que Santiago se inspira de la narración creacional es su perspectiva del hombre como gobernante de la creación; él nos dice que al portar la semejanza con Dios, el ser humano ha podido sojuzgar la tierra y dominar a los demás seres inferiores como los animales: *Porque toda naturaleza de bestias, y aves, y de serpientes, y de seres del mar, se doma y ha sido domada por la naturaleza* (gr. *physei*, φύσει) *humana* (3:7). La palabra *physis* (φύσις) es importante para nuestro propósito, denota a la categoría a los que los humanos pertenecen tal como el sentido griego común que contrastaba a "todo tipo de bestia" y a la "naturaleza humana", que también tiene paralelismos con el judaísmo helenístico.[38] Santiago presenta al género

---

[37] *The Lexham Analytical Lexicon to the Greek New Testament* (Logos Bible Software, 2011).
[38] Helmut Köster, «φύσις, φυσικός, φυσικῶς», ed. Gerhard Kittel, Geoffrey W. Bromiley, y Gerhard Friedrich, *Theological dictionary of the New Testament* (Grand Rapids, MI: Eerdmans, 1964–), 275.

humano como superior a los animales por poseer la imagen y semejanza con Dios, lo que explica la hazaña universal de poder tener potestad sobre un amplio número de seres, aun los que se encuentran aparentemente fuera de su dominio como en el mar. El dirigente de la iglesia en Jerusalén nos dice en sus palabras: ¡Evidentemente el hombre ha tenido éxito rotundo! ¡Pues claro, porta la imagen de Dios!, pero parece que no ha podido con un órgano tan pequeño, su terrible lengua que se inflama por el infierno. Tal cuestión es irónica y digna de vergüenza porque el ser humano porta la imagen divina, pero esa imagen no tiene el mismo estado que en el jardín del Edén, es por eso que es necesario nacer de nuevo, o en las palabras de Santiago nacer por *la palabra de verdad, para que seamos primicias de sus criaturas* (1:18). En síntesis, la visión de Santiago es que el hombre, aun en un estado caído y con una naturaleza sujeta a pasiones posee la imagen de Dios. Douglas Moo acierta al decirnos que Jacobo puede estar aludiendo a la práctica judía común: "Los rabinos enseñaban que no se debía decir: 'Maldito sea mi prójimo, porque eso es maldecir a alguien que está hecho a imagen de Dios' (*Comentario Midrásico al Génesis 24* [sobre Gn 5:1])".[39]

Hasta aquí hemos comprobado que todo ser humano, incrédulo o creyente sigue portando la imagen de Dios, y, por ende, la humanidad es el objeto del amor general de Dios. Incluso el teólogo reformado Luis Berkhof sostenía la bondad de Dios hacia los incrédulos a pesar de su desobediencia; lo describe de la siguiente manera:

> Él ama a sus criaturas racionales por su propio bien o, para expresarlo de otro modo, en ellos Él se ama a sí mismo, sus virtudes, su obra y sus dones. Él ni siquiera retira su amor completamente del pecador en su pecaminoso estado actual, aunque el pecado de este es una abominación ante Él, en vistas de que Él reconoce incluso en el pecador su imagen y semejanza.[40]

El ser humano es racional por la imagen estampada en él, de hecho, la corrupción extendida en la imagen de Dios no niega que el hombre pueda hacer cosas buenas y viables moralmente, Dios incluso puede alegrarse de que los impíos hagan lo correcto. La cuestión, sin embargo, es que ante la

---

[39] Douglas J. Moo, *Comentario de la Epístola de Santiago* (Miami, Florida: Editorial Vida, 2009), 317.
[40] Louis Berkhof, *Teología Sistemática*, trad. Cristian Franco (Bellingham, WA: Editorial Tesoro Bíblico, 2018).

relación rota con el Creador (Rm 3:23) qué tanto el pecado ha afectado la *Imago Dei*. Conocemos bien las discusiones teológicas acerca del tema que han separado a cristianos por siglos en la iglesia occidental: Agustín y su controversia con Pelagio; el concilio de Orange donde el semipelagianismo de Juan Casiano fue condenado; el tratado de Lutero en contra de Erasmo de Róterdam, "De servo arbitrio"; la interpretación calvinista de la doble predestinación de los escolásticos reformados junto con Beza y Gomarus que Jacobo Arminio y los remostrantes rechazaron; todos son ejemplos de los acalorados debates con respecto a qué grado de entendimiento y voluntad, los seres humanos tienen después de la caída. Creo que un evangélico que afirme la primacía de la Escritura por sobre todo debería sostener una antropología que acepte la condición humana postcaída como enredada a una inclinación al pecado. Incluso el erudito pentecostal Craig S. Keener sostiene la depravación como un serio problema del que el hombre debe ser rescatado:

> La Biblia a menudo se dirige a nuestra incapacidad para aprehender la verdad divina. Aunque los teólogos entre y dentro de varias tradiciones debaten sobre la naturaleza y el alcance de la depravación total, las Escrituras son claras en cuanto a que la depravación humana afecta nuestra capacidad de percibir la verdad divina. Algunos describen esta depravación como corrupción de la razón; otros especifican una caída de la voluntad que resiste a la verdad divina. Aún otros, *incluyéndome a mí*, dudarían de que la voluntad y la razón se desenreden tan fácilmente.[41]

Las palabras del teólogo anglicano Michael Bird con respecto a lo que él considera que significa ser "calvinista", o lo que es ser más puntualmente heredero de la reforma protestante en su amplio espectro son esclarecedoras: "la gente se atraganta. Se atraganta en pecado. Son atragantados hasta la muerte. Y el Dios que es rico en misericordia toma la iniciativa de salvar a las personas de la pena, el poder e incluso la presencia de este pecado".[42] Digo que me parece esclarecedor porque este no es solo un distintivo de la tradición calvinista; basta para el lector escudriñar el sermón del arminiano John Wesley *El pecado original* para desmentirlo;

---

[41] Craig S. Keener, *Hermenéutica del Espíritu: Leyendo las Escrituras a la luz de Pentecostés* (Salem, Oregón: Publicaciones Kerigma, 2017), 230.

[42] Bird, *Evangelical Theology*, 30. Agradezco a mi amiga Orfa Pérez que me ayudó a traducir este párrafo a un significado más fiel. Bird es un australiano que suele expresasrse de manera peculiar.

Wesley ve al ser humano en su estado natural como totalmente depravado e incapacitado para salvarse a sí mismo. Aunque algunos teólogos del pentecostalismo global han pretendido seguir un sinergismo que suele ser más optimista con la naturaleza humana, en mi caso opto por ser fiel a la herencia arminiana que el movimiento tiene (el arminianismo más ortodoxo ya sea clásico o wesleyano siempre ha sostenido la depravación del hombre).[43] De ningún modo es antibíblico pensar que los seres humanos se encuentren en tal condición; esa es la experiencia de todos los días para cualquier persona que sale a las calles o ve el noticiero; la experiencia que se revela en las Escrituras.

El Nuevo Testamento nos muestra una ceguera general en los seres humanos que no los hace discernir las cosas del Espíritu; eso es lo que dice Pablo: *pero el hombre natural no percibe las cosas que son del Espíritu de Dios, porque para él son locura, y no las puede entender, porque se han de discernir espiritualmente* (1 Cor 2:14). Existe una predisposición de las personas a causa de la idolatría a no ser gratos con Dios y en cambio, practicar hechos aborrecibles, antinaturales y complacerse con ellos pues están decididos a ignorar la verdad de Dios intencionalmente a pesar de su testimonio en el libro de la naturaleza (Rm 1:18-31). El hombre moderno del siglo XIX-XX podía jactarse de su avance tecnológico, industrial y social, sin embargo, se encontró con las atrocidades de una Primera Guerra Mundial y con un Holocausto hambriento de sangre que terminó por derrocar esa idea utópica del ideal racionalista; hasta ese momento la razón bien articulada podía ser la portadora de una verdad sin sesgos y sin preconcepciones que atrasen el avance del triunfo humanista; no obstante tal ideal terminó siendo un mito y nos dio luz de que tan bajo podemos llegar a pesar de tener una mente que posee inteligencia. Pablo, es pesimista porque es realista, haciendo una combinación rabínica de diferentes Salmos y partes de la Escritura (hilados por el mismo tema), nos dice algo importante acerca de todos nosotros los hombres y mujeres que nacen en Adán:

¿Qué pues? ¿Somos [los judíos] mejores que ellos? De ninguna manera: pues ya hemos acusado a judíos [en el capítulo 2] y a gentiles [en

---

[43] En el 2015 las Asambleas de Dios se adhirieron a un entendimiento soteriológico arminiano; véase: "Una respuesta de las Asambleas de Dios a la teología reformada". Asambleas de Dios, 2015, consultado el 9 marzo de 2023. https://ag.org/es-ES/Beliefs/Position-Papers/Reformed-Theology-Response-of-the-AG-Position-Paper.

el capítulo 1], que todos están bajo pecado. Como está escrito: No hay justo, ni aun uno; no hay quien entienda, no hay quien busque a Dios. Todos se desviaron, a una se hicieron inútiles; no hay quien haga lo bueno, no hay siquiera uno. Sepulcro abierto es su garganta; con su lengua engañan. Veneno de áspides hay debajo de sus labios; su boca está llena de maldición y de amargura. Sus pies se apresuran para derramar sangre; quebranto y desventura hay en sus caminos; y no conocieron camino de paz. No hay temor de Dios delante de sus ojos.[44]

La cita de Isaías que Pablo toma es del capítulo 59, donde se refleja el dolor del profeta por ver cómo el pecado ha hecho a su pueblo separarse de su hacedor, y peor aún, ocultar sus rostros para no escuchar (v. 2). Las manos de los judíos en tiempos de Isaías estaban cubiertas de sangre (v. 3) y aquellos por muy religiosos que fueran, metafóricamente incubaban huevos de serpientes (v. 5), daban a luz la iniquidad (v. 4; Cf. St 1:15). Incluso aunque podemos conocer la revelación del Señor para una vida santa y el bienestar espiritual, nuestra carne no puede ni quiere someterse a su ley porque sus designios son en contra de ella (Rm 8:7). Para empeorar las cosas, el problema humano no tiene que ver únicamente con el sesgo cognitivo y herencia pecaminosa, sino también con las fuerzas espirituales hostiles que buscan alejarlos del Dios que los creó y alientan a las comunidades, ciudades y naciones a rebelarse contra él, formando cosmovisiones que atentan en contra de sus estatutos y que lamentablemente llevan consigo a generaciones a la ignorancia, fomentan una cultura de oposición y odio a quien los formó del barro. El apóstol dice acerca de los no creyentes que no aman la verdad: *Pero si nuestro evangelio está aún encubierto, entre los que se pierden está encubierto; en los cuales el dios de este siglo cegó el entendimiento de los incrédulos, para que no les resplandezca la luz del evangelio de la gloria de Cristo, el cual es la imagen de Dios* (2 Cor 4:3-4). Los hijos de desobediencia –quienes fuimos nosotros también– están bajo la influencia del *príncipe de la potestad del aire, el espíritu que opera* en ellos (Ef 2:2). La corriente de este mundo de la que el apóstol Pablo habla es contraria a Dios, todos los que la siguen, siguen a Satanás y están *muertos en pecados y delitos* (v. 1). La revelación bíblica nos muestra la hostilidad del ser humano hacia Dios, que su corazón piensa continuamente el mal y que no desea buscar la vida.

---

[44] Romanos 3:9-18.

Jesús dijo que nadie podía llegar a él si el Padre no le trajere primero (Jn 6:44); la imagen divina por sí sola lamentablemente no es suficiente, la salvación depende de la voluntad de Dios e inicia en él. Recuerdo estar viajando con unos amigos por carretera con el fin de compartir en un evento para la juventud, mi amigo reprodujo en su auto un *playlist* de Spotify con los grupos musicales de adoración del momento. De repente, la letra de una canción me desconcertó y me hizo parar la plática tan amena y divertida, realmente era una letra que no se basaba en las Escrituras: "Si tú, oh, Señor, no me hubieras amado; si tú, oh, mi Dios, no hubieras mandado a tu Hijo a morir, a pesar de eso, oh, Señor, yo te amaría". Me sentí seriamente frustrado porque tal parece que el evangelicalismo moderno a veces suele ignorar un concepto tan básico como el de la gracia de Dios, y peor aun, un pasaje bíblico tan claro que rompe toda barrera de jactancia o mérito en nuestro rescate del pecado: *Nosotros le amamos a él, porque él nos amó primero* (1 Jn 4:19). David expresó bien este sentimiento cuando clamaba al Señor por su liberación y escudo, en su debilidad humana nada podía lograr, sin embargo, se regocijaba en la mano de YHWH quien lo ayudaría y lo sostendría, al final de su alabanza exclama: *La salvación es de YHWH; sobre tu pueblo sea tu bendición* (Sal 3:8). La salvación humana depende de la soberanía de Dios y de su iniciativa.

Ahora bien, hemos de tener cuidado con esta declaración para no mal interpretarla. La soberanía bíblica nunca enseña una doble predestinación donde Dios por el puro afecto de su voluntad elije arbitrariamente a unos para salvación y a otros para condenación. Tampoco defender la soberanía divina implica que tengamos una visión medieval donde el señor feudal jamás se rebajaría a dialogar con sus vasallos cuando se sintiese ofendido por estos. La soberanía del Padre puede verse plenamente en Jesús, quien siendo en forma de Dios, *no estimó el ser igual a Dios como cosa a que aferrarse, sino que se despojó de sí mismo, tomando forma de siervo, hecho semejante a los hombres* (Flp 2:6-7). El Dios encarnado, mirando con dolor a Jerusalén dijo: *¡Jerusalén, Jerusalén, que matas a los profetas y apedreas a los que te son enviados! ¡Cuántas veces quise juntar a tus hijos, como la gallina junta sus polluelos debajo de las alas, y no quisiste!* (Mt 23:37). Este mismo Jesús no toma un ariete para tumbar la puerta del corazón de su Iglesia como si se tratase de algún agente del FBI, sino más bien toca y llama: *He aquí, yo estoy a la puerta y llamo; si alguno oye mi voz y abre la puerta, entraré a él, y cenaré con él y él conmigo* (Ap 3:20). La soberanía divina no encuentra contradicción con que exista un deseo de salvación de Dios hacia los incrédulos (Ez 33:11; 1 Tm 2:4;

2 P 3:9) aunque la mayoría de ellos no serán salvos ni le reconocerán y tendrán que ser condenados. Esta buena voluntad del Creador hacia sus criaturas nos da luz de sostener junto con Keener que la ceguera humana corporativa no es impenetrable.[45]

El Espíritu Santo que procede del Padre y del Hijo tiene la tarea de convencer al mundo *de pecado, de justicia y de juicio* (Jn 16:8). Toda esta obra habla del llamado general a que la gente se arrepienta, se convierta a Cristo y sea regenerada, como diría D. A. Carson: Esta obra de convicción del Paráclito es, por tanto, misericordiosa: está pensada para que los hombres y mujeres del mundo reconozcan su necesidad, se vuelvan a Jesús y dejen de ser "el mundo".[46] La alusión a juicio sin embargo tiene una connotación especial que devela algo sobre la imagen de Dios. Satanás, el dios de este mundo, sujetó a servidumbre a toda la raza humana (Hb 2:15), su imperio de la muerte ha influenciado a los seres humanos para rendirle culto a las potestades y principados además de promover una constante lucha unos con otros y en contra de Dios. El enemigo espiritual ha hecho a los humanos olvidar su dignidad con tal de satisfacer una falsa creencia de que son dueños de sí mismos e inflamar su autosuficiencia. Sin embargo, el Espíritu Santo ahora anuncia a los hombres que tal malévolo rey ha sido exhibido y su compañía sentenciada como a reos de muerte (Col 2:15), Jesús dice que su Espíritu convence de juicio porque este príncipe del mundo *ha sido juzgado* (Jn 16:11).

El escritor de Hebreos nos ayuda a abrir el panorama con respecto a esto. Después de hacer una comparación entre Cristo y los ángeles da una declaración enigmática: *Porque no sujetó a los ángeles el mundo venidero, acerca del cual estamos hablando* (2:5). El mundo venidero, la nueva creación la heredarán los humanos que son pueblo de Dios y no los ángeles; Pablo de hecho revela en 1 Corintios 6 que los hijos de Dios los juzgarán. Luego el hagiógrafo introduce el Salmo 8:4-6 que describe la dignidad del hombre como creado a imagen y semejanza y su labor como administración de la creación:

¿Qué es el hombre, para
que te acuerdes de él,

---

[45] Keener, *Hermenéutica del Espíritu*, 232.
[46] D. A. Carson, *The Gospel according to John*, The Pillar New Testament Commentary (Leicester, England; Grand Rapids, MI: Inter-Varsity Press; W.B. Eerdmans, 1991), 537.

o el hijo del hombre, para
que le visites?
Le hiciste un poco menor
que los ángeles
Le coronaste de gloria y honra,
y le pusiste sobre las
obras de tus manos;
Todo lo sujetaste bajo sus pies.[47]

El autor está convencido que, a pesar del ideal edénico del salmista, ciertamente el hombre aún no tiene todo sujeto a él (2:8). Sin embargo, en el versículo 9 encontramos la luz en medio de la triste realidad: *Pero vemos a aquel que fue hecho un poco menor que los ángeles, a Jesús, coronado de gloria y de honra, a causa del padecimiento de la muerte, para que por la gracia de Dios gustase la muerte por todos*. Cristo siendo representante de la humanidad cumple las palabras de David al morir como sacrificio vicario por sus semejantes humanos, acción que lo llevó a la gloria y lo coronó como el primogénito de muchos hermanos (Rm 8:29), y el primogénito de entre los muertos (Col 1:18). La realidad mesiánica inaugurada le ha arrebatado a Satanás el dominio que tenía de los seres humanos, Jesús por su muerte destruyó *al que tenía el impero de la muerte, esto es, el diablo* (Hb 2:14) y ahora le devuelve la dignidad a todos aquellos que creen en su nombre y son leales a su reino. Este es el mensaje del Espíritu Santo; esta obra es un anuncio que llama a la humanidad a reconciliarse con Dios y gobernar junto con el Mesías con vara de hierro en la nueva creación (Ap 2:27).

Por ende, sostenemos que tal llamado de Dios es universal y genuino para todo ser humano que porta su imagen. El que aún portemos la semejanza con el Creador nos muestra que el pecado no es propio de la naturaleza humana, es *contra naturam y contra rationem*. Lamentablemente, algunas posturas teológicas populares parecen beber del maniqueísmo del que san Agustín de Hipona fue parte antes de venir a Cristo, "el maniqueísmo sostenía que la materia es intrínsecamente mala. Y dado que el cuerpo es material, es maligno. Así que, Dios no es el creador del mal, Dios es el creador del alma, pero no del cuerpo".[48] Es común ver en

---

[47] Hebreos 2:6-8.
[48] C.P. Bammel citado en Thomas H. McCall, *¡Pecado! En contra Dios y la naturaleza: La doctrina del pecado* (Salem, Oregón: Publicaciones Kerigma, 2021), 199.

algunas teologías que, dado que Dios decreta la caída de los seres humanos, la naturaleza humana debe ser necesariamente pecaminosa. Thomas H. McCall por ejemplo, demuestra como el pensamiento de Hegel, las postulaciones de los gnesio-luteranos y algunos otros que han descrito la finitud, la condición de criatura y su humanidad como características que describen un estado pecaminoso atentan contra la ortodoxia cristiana histórica y de la antropología bíblica prelapsaria:

> Sin duda, Adán y Eva eran plena y completamente humanos, pero no eran pecadores antes de la caída. Sin embargo, seguramente eran criaturas antes de la caída, y como tales, eran finitas. Pero ni la condición de criatura, ni la finitud, ni su humanidad prototípica deben equipararse con la pecaminosidad, ni debemos suponer que conduzcan inevitablemente al pecado. Y si ellos eran plenamente humanos, pero sin pecado, entonces es posible ser humano y sin pecado.[49]

Un humano no es pecador por ser humano, su *substantia* no es lo mismo que el *accidens* o pecado. Desde un punto de vista cristológico ortodoxo, decir que la humanidad es inherentemente maligna es inconsistente; si Jesús fue *vere homo et vere deus*, esto nos muestra la bondad en la creación de Dios, la encarnación es reflejo de ello; además, Jesús nos enseña lo que es ser humano en plenitud, en palabras de Millard Erickson:

> Jesús manifiesta la verdadera naturaleza de la humanidad. Aunque a menudo nos sentimos inclinados a sacar conclusiones sobre qué es la humanidad a través del examen inductivo de nosotros mismos y de los que nos rodean, estos no son más que ejemplos imperfectos de humanidad. Jesús no solo nos dijo lo que era la perfecta humanidad, también nos lo demostró.[50]

La depravación humana no es impenetrable porque la acción del Espíritu convence al mundo de la realidad del Reino que ha irrumpido en la historia; Juan 3:16 hace un llamado general y genuino para todas las personas: *Porque de tal manera amó Dios al mundo que ha dado a su Hijo*

---

[49] Thomas H. McCall, *¡Pecado! En contra Dios y la naturaleza: La doctrina del pecado*, 203.

[50] Millard J. Erickson, *Teología sistemática*, ed. Jonatán Haley, trad. Beatriz Fernández, Colección Teológica Contemporánea (Viladecavalls, Barcelona: Editorial Clie, 2008), 734.

Unigénito, para que todo aquel que en él cree no se pierda, mas tenga vida eterna.
La mayoría de los teólogos arminianos sostienen que la iniciativa de Dios es la gracia preveniente o preventiva que llega a todas las personas para atraerlas al evangelio y así liberar su libre albedrío para que ellos tengan la oportunidad de escoger el aceptar o rechazar la invitación de Dios para unirse al desfile de victoria sobre Satanás. Esta gracia no es un gas o sustancia invisible que se apodera de las personas, la teóloga nazarena Mildred Bangs Wynkoop dilucida bien la gracia preveniente: "La gracia no es un 'poder' impersonal o una 'cosa' que deba recibirse. Es Dios poniéndose al alcance de nosotros. Es la plenitud de la medida de su amor redentor que se nos ofrece sin reserva".[51] O en palabras de san Agustín: "Ahora bien, esta gracia de Dios es un don de Dios. Pero el mayor don es el Espíritu Santo mismo; y por eso se llama gracia".[52]

A diferencia de los calvinistas que postulan la gracia como irresistible, o el llamado de Dios como eficaz, la Biblia demuestra que la gente puede resistir al Espíritu Santo y su convencimiento. Ya hemos hablado del dolor de Jesús por rechazar el llamado de Dios (Mt 23:37). También tenemos la escena de Esteban acusando a los líderes judíos y a sus padres por no oír el mensaje divino dado por los profetas y por Jesús. El primer mártir de la Iglesia les reprende por su indiferencia: *¡Duros de cerviz, e incircuncisos de corazón y de oídos! Vosotros resistís siempre al Espíritu Santo; como vuestros padres, así también vosotros* (Hch 7:51). Pablo, a quien se le adjudica erróneamente una postura determinista en Romanos (algunos eruditos por un posible diálogo con algún esenio en la comunidad a la que escribe),[53] también parece creer que Dios atrae al impenitente (posiblemente judío por el contexto de la diatriba) con bondad y misericordia:

---

[51] Mildred Bangs Wynkoop, *Bases teológicas de Arminio y Wesley* (Kansas City, Missouri: Casa Nazarena de Publicaciones, 1973), 102.

[52] Augustine of Hippo, *Sermons on Selected Lessons of the New Testament*, vol. 2, A Library of Fathers of the Holy Catholic Church, Anterior to the Division of the East and West (Oxford; London: John Henry Parker; J. G. F. and J. Rivington; J. and F. Rivington, 1844–1845), 671.

[53] F. F. Bruce, *Romans: an introduction and commentary*, vol. 6, Tyndale New Testament Commentaries (Downers Grove, IL: InterVarsity Press, 1985), 176: "Este aspecto del conocimiento divino [predestinación] se subraya también en la Regla de la Comunidad de Qumrán: 'Del Dios del Conocimiento procede todo lo que es y lo que será. Antes de que existieran, Él estableció todo su diseño, y cuando, según lo ordenado para ellos, llegan a existir, es de acuerdo con Su glorioso diseño que cumplen su obra".

¿Y piensas esto, oh hombre, tú que juzgas a los que tal hacen, y haces lo mismo; que tú escaparas del juicio de Dios? ¿O *menosprecias las riquezas* de su benignidad, paciencia y longanimidad, ignorando que su benignidad te *guía al arrepentimiento*? Pero por tu dureza de corazón no arrepentido, atesoras para ti mismo ira para el día de la ira y de la revelación del justo juicio de Dios.[54]

El caso acumulativo para poner a la humanidad en la misma situación de condena se hace presente en esta parte del argumento de Pablo. El evangelio es poder para salvación, no solamente para los griegos o bárbaros, sino primeramente para los judíos (Rm 1:16). La ira de Dios se ha revelado contra los hombres de otras naciones que han impedido que la verdad prevalezca siendo ingratos. Algunos de esos pecados que los gentiles practicaban eran impensables para el pueblo hebreo como la idolatría (1:23) y la homosexualidad (v. 26), evitar esas transgresiones les dejaba desmarcarse de las naciones gentiles diferenciándose de ellos como pueblo de Dios; sin embargo, que aquellos no practicaran tales cosas dignas de muerte (v. 32) no quiere decir que fueran inmunes al juicio escatológico (2:8-9). Los judíos en el siglo I estaban lejos de caer en la idolatría aún más cuando tenían dignos héroes como los Macabeos que dieron su vida con tal de no someterse a Antíoco Epífanes y su abominación desoladora.

En otra oposición a su monoteísmo, Poncio Pilato colocó unas insignias del César de noche cubiertas, que, al ser vistas por los judíos por la mañana, suplicaron a Pilato que las retirase pues se hacía una afrenta en contra de la ley de sus antepasados; con valentía, los ciudadanos de Jerusalén, según el relato de Josefo "se echaron al suelo en filas apretadas y prepararon sus gargantas para recibir golpes, gritando que preferían morir todos que vivir permitiendo que fuese la ley que tenían violada y profanada".[55] Un judío podía observar la veneración a ídolos hechos de mano como estúpida y como una vanidad, empero Pablo toca una fibra sensible para hacerles recapacitar de su situación delante del Dios que decían adorar: *Tú que abominas de los ídolos, ¿cometes sacrilegios?* (Rm 2:22b). La palabra en griego que se usaba para sacrilegio era ἱεροσυλέω (gr. ierosuleo) y tenía la connotación de robo de templos. Probablemente la referencia del

---

[54] Romanos 2:3-5.
[55] Flavio Josefo, *Las guerras de los Judíos*, ed. Alfonso Ropero Berzosa, Colección Historia (Barcelona, España: Editorial CLIE, 2013), 120.

apóstol a esta práctica puede relacionarse con que los judíos bien podían aprovecharse de la idolatría para tener sus propias ganancias:

> El tratado de Abodah Zarah, tanto en la Mishná como en el Talmud, tiene mucho que decir sobre los israelitas y los ídolos y, por ejemplo, habla de un israelita que coge un ídolo y se lo vende a un gentil (53b). El israelita se beneficiaría y el gentil adoraría el ídolo. De esta manera, un judío podría beneficiarse de la promoción de la idolatría, aunque él mismo no hubiera fabricado o adorado el ídolo.[56]

En todo caso, Pablo no está convencido de que los judíos, por el solo hecho de serlo estén justificados delante de Dios y tengan ventaja sobre los gentiles. Es aquí donde la interpretación paulina de la gracia de Dios cobra sentido en 2:3-5. Un judío que juzga a los gentiles, pero no admite su pecaminosidad y la dureza de su corazón está acumulando ira, es decir, su propia condenación para el juicio escatológico. Aun cuando se resiste la gracia, el apóstol sigue diciendo que la bondad de Dios es la que guía al individuo que se ha endurecido a arrepentirse. En otras palabras, podemos ver el empuje de Dios hacia el impenitente, una obra misericordiosa y soberana pero que respeta la decisión de cada persona. La pregunta retórica que hace Pablo aludiendo a la dureza de corazón es un eco del llamado profético hacia el pueblo de Israel (Cf. Rm 10:21; Is 65:2). La palabra que Pablo usa en este pasaje para "guiar" (gr. *agō*, ἄγω) de forma activa, es la que también utiliza para describir la guía del Espíritu Santo en los creyentes (Rm 8:14, en este contexto, el creyente de forma pasiva recibe la dirección, esto no cancela la responsabilidad humana, tal como expresa Rm 2). Estas alusiones a la guía del Espíritu o de Dios sobre personas impenitentes también pueden relacionarse con otros pasajes que describen la atracción divina de manera general para todas las personas. Jesús dijo que en su crucifixión *atraería* (gr. *elko*, ἕλκω) a todos hacia él (Jn 12:32). El verbo expresa una atracción poderosa o arrastrar algo; sin embargo, nuestra interpretación no puede significar que sea la atracción sea irresistible como la calvinista; tal consideración, implicaría universalismo. Otro texto que es claro con la universalidad de la gracia *para salvación* es Tito 2:11, que manifiesta que tal dicha está disponible para *todos los hombres*.

---

[56] Leon Morris, *The Epistle to the Romans*, The Pillar New Testament Commentary (Grand Rapids, MI; Leicester, England: W.B. Eerdmans; Inter-Varsity Press, 1988), 137.

¿Cómo se manifiesta esta gracia? Juan escribe al final de Apocalipsis la llamada del Espíritu que anuncia la reconciliación, pero es significativo notar que Dios cuenta con su iglesia para que, a través del Evangelio, la gracia llegue al mundo: *Y el Espíritu y la Esposa dicen: Ven. Y el que oye, diga: Ven. Y el que tiene sed, venga; y el que quiera tome del agua de la vida gratuitamente* (Ap 22:17). Por eso Pablo, viéndose a sí mismo como el heraldo escatológico a los gentiles de Isaías 52:7 dice:

> Porque todo aquel que invocare el nombre del Señor, será salvo. ¿Cómo, pues, invocarán a aquel en el cual no han creído? ¿Y cómo creerán en aquel de quién no han oído? ¿Y cómo oirán sin haber quien les predique? ¿Y cómo predicarán sino fueren enviados? Como está escrito: ¡Cuan hermosos son los pies de los que anuncian la paz, de los que anuncian buenas nuevas! Mas no todos obedecieron al evangelio; pues Isaías dice: Señor ¿quién ha creído a nuestro anuncio? Así que la fe es por el oír, y el oír, por la palabra de Dios.[57]

La palabra de Dios, es decir, el Evangelio en este contexto, es aquel que promete que una nueva humanidad ha surgido (Ef 2:15), que ya no vive bajo los valores del presente siglo malo (Gá 1:4; 4:3-7), sino que se ha hecho partícipe del reino de Dios por el poder del Espíritu. La imagen de Dios ahora es restaurada de la corrupción en la que se encontraba (sin estar perdida) para disfrutar la bendición de ser un verdadero ser humano que honra al Señor.

La preveniencia de la gracia, además de ser bíblica, cuenta con un respaldo histórico de la tradición cristiana, el Dr. Thomas H. McCall comenta con respecto a esto:

> La categoría de la gracia preveniente, aunque a veces se asocia casi exclusivamente con la teología wesleyana-arminiana, tiene una larga y luminosa historia teológica (de hecho, es "arminiana" solo en el sentido de que Arminio la afirmó y empleó, y no en el sentido que se originó con él). Agustín, por ejemplo, utiliza continuamente este concepto. La gracia es a la vez *praevenit* (va antes) y *subsequetur* (sigue después); es preveniente "para que seamos llamados" y es posterior para que "seamos glorificados" (Agustine, De natura gratia ad Timasium et Jacobum contra Pelagium XXXI.35). En constancia con la tradición que

[57] Romanos 10:13-17.

ha heredado, el influyente teólogo medieval Pedro Lombardo insiste en que los primeros seres humanos fueron creados buenos pero luego cayeron. La razón por la que cayeron sigue siendo un misterio, pero, como explica Philipp Rossemann, Lombardo opina que "Dios prefirió que sus criaturas fueran lo que decidieron ser en lugar de crearlas incapaces de elegir". Los resultados de esta caída se extienden a toda la raza humana y son devastadores. Porque, si bien los pecadores pueden realizar buenas acciones, "sostenemos firmemente y sin vacilaciones que, sin la gracia previniente y asistencial, el libre albedrío no basta para obtener la justificación y la salvación". Al vincular estrechamente los énfasis agustinianos con la distinción entre gracia cooperativa y gracia operativa, Tomás de Aquino afirma tanto la necesidad como la realidad de la gracia previniente. Enumera los "cinco efectos de la gracia en nosotros": estos incluyen sanar el alma, capacitarnos para desear el bien, llevar a cabo con éxito nuestro deseo de hacer el bien, de perseverar en él y de alcanzar la gloria. La gracia, "en la medida que causa el primer efecto en nosotros, se llama previniente con respecto a la segunda, y en la medida que causa la segunda, se llama subsiguiente con respecto al primer efecto" (Aquinas, ST 1-11, Q 111.3). Agustín y Aquino están lejos de ser idiosincrásicos en su afirmación y empleo de la doctrina de la gracia previniente; de hecho, goza de la aprobación conciliar de nada menos que la autoridad del Segundo Concilio de Orange (529) – la misma reunión eclesial que rechazó oficialmente el "semipelagianismo". Durante la Reforma protestante, el Acuerdo de Ratisbona (1541), donde teólogos protestantes como el reformado Martín Bucero y el teólogo luterano Philipp Melanchthon, así como los teólogos católicos romanos Gaspero Coantarini y Johann Gropper, insisten en la previniencia de la gracia. Teólogos luteranos destacados como Johann Wilhelm Baier y Johann Andreas Quenstadt también sostienen la doctrina. Y, como es bien sabido, las teologías arminiana y wesleyana se valen también de esta doctrina.[58]

Incluso en la tradición pentecostal de obra consumada, como en las Asambleas de Dios, el concepto ha estado presente desde sus inicios cuando se trata la soteriología seriamente. Pearlman sostenía en la gracia previniente llamándola una "atracción" o "gracia cooperativa" lo cual es un distintivo totalmente arminiano:

---

[58] McCall, *Pecado*, 321-22.

La conversión es una actividad humana, del hombre, pero también constituye un efecto sobrenatural en el sentido de que se trata de la reacción del hombre *a la fuerza atrayente* de la gracia y la Palabra de Dios. De manera que la conversión se produce mediante la cooperación armónica de las actividades divinas y humanas.[59]

Además, él se aleja de la comprensión sinergista bautista del provisionalismo sobre la seguridad eterna para tener un acercamiento más wesleyano a la posibilidad de la apostasía: "El Nuevo Testamento nos enseña que la gracia divina puede ser resistida, y resistida hasta la perdición eterna y que la perseverancia está condicionada al mantenerse en contacto con Dios".[60] Bruce R. Marino en el tratado de teología editado por Stanley M. Horton está de acuerdo con la necesidad de la preveniencia de la gracia por la depravación total del hombre:

> Puesto que la naturaleza humana quedó tan dañada en la caída, no hay persona alguna que sea capaz de hacer nada espiritualmente bueno sin la bondadosa ayuda de Dios. Esto es llamado "corrupción total", o depravación de la naturaleza. No significa que las personas no puedan hacer nada evidentemente bueno, sino solamente que no pueden hacer nada que les signifique méritos para su salvación. Esta enseñanza tampoco es exclusivamente calvinista. Hasta Arminio (aunque no todos sus seguidores) describía la "voluntad libre del hombre hacia el verdadero bien" como "aprisionada, destruida y perdida ... sin poder alguno, más que el que suscite la gracia divina". La intención de Arminio, como sería la de Wesley después de él, no era retener la libertad humana a pesar de la caída, sino mantener la gracia divina como mayor incluso que la destrucción lograda por esa caída... La Biblia reconoce este tipo de corrupción.[61]

En resumen, podríamos decir que muchos arminianos y pentecostales sostenemos que los hombres portan la imagen de Dios a pesar de su caída (Gn 9:6; St 3:9). Además, defendemos la existencia de libre albedrío, pero no por la capacidad humana como los modernistas, sino por la gracia para salvación que es dada a todos los hombres y que lo habilita (Tt 2:11). Esta gracia emana desde la cruz atrayendo a los pecadores (Jn 12:32) y actúa por el Espíritu Santo convenciendo al mundo de pecado, de justicia

---

[59] Pearlman, *Teología Bíblica y Sistemática*, 162-63.
[60] *Ibid*, 194.
[61] Horton, *Teología* sistemática, 263-64.

y de juicio (Jn 16: 8-11), puntualmente con la predicación del Evangelio (Rm 10:17; Ap 22:17).

El dualismo antropológico en la ontología humana

Un tema importante que emana de una interpretación ontológica de la imagen divina es la antropología bíblica. Es mi convicción que una antropología pentecostal que dé lugar a la manifestación divina del Espíritu, debe retomar el concepto dualista integral y holístico de alma y cuerpo con respecto a la imagen de Dios en su creación.[62] Anteriormente hemos analizado la importancia de una perspectiva que tenga en cuenta el alma de los seres humanos. Miles de pentecostales oran en lenguas creyendo con seguridad que oran en el *espíritu* por la realidad sobrenatural en la que caminan (1 Cor 14). La piedad pentecostal enfocada a la oración y a las disciplinas espirituales ha encontrado en la Biblia una argumentación firme para que cientos de evangélicos busquen con compromiso renovar su hombre interior, aunque su cuerpo se desgaste por la enfermedad o se deteriore por la vejez (2 Cor 4:16). Muchos de ellos también creen que el Espíritu Santo los hace más sensibles en cuanto al discernimiento del mundo invisible y que es útil en la liberación de personas atormentadas por espíritus hostiles; las visiones y la revelación juegan un papel importante en su teología. El entendimiento de la imagen de Dios en todo el espectro canónico nos enseña su naturaleza espiritual y los pentecostales pueden beneficiarse de ello.

No todos han estado de acuerdo con lo que significa que Dios nos haya infundido su imagen; los monistas acusan a los dualistas de entremezclar concepciones griegas en el relato de la creación en el que no hay ninguna alusión a un "sustancia pneumática" diferente al cuerpo. La narración de Génesis describe como Dios forma al hombre: *Entonces YHWH Dios formó al hombre del polvo de la tierra, y sopló en su nariz aliento de vida (nismat hayyim,* נִשְׁמַת חַיִּים*) y fue el hombre un ser viviente (nefesh hayyah,* נֶפֶשׁ חַיָּה*)"* (Gn 2:7). La materia prima que Dios usa es el polvo

---

[62] Me considero un pentecostal con una antropología dualista holística (no confundir con el dualismo filosófico del bien y el mal; ni tampoco con la separación rígida de Platón o Descartes, sino en la unidad del ser humano pese a la distinción de sus partes). Sé que muchos de mis colegas son tricótomos, aunque creo que hay algunas cuestiones en la Biblia que hacen que tal interpretación sea menos probable que la dicotomía, sin embargo, para mi siguiente argumentación ambas posturas pueden beneficiar- se y estarían en el mismo sentir.

de la tierra para luego respirar (*yippah*, יִפַּח) sobre él lo que en el holismo judío temprano sería la fuerza vital: "el aliento", *neshema* (נְשָׁמָה). Queda claro que la imagen divina no puede ser completada sin el aliento de Dios que produce un *nefesh*, נֶפֶשׁ (innegablemente ligado al aliento divino), o alma viviente. Por supuesto esto no quería decir para Moisés una división metafísica en el hombre, sino simplemente un sinónimo de un "ser que vive";[63] en la comprensión judía temprana no existe una separación entre el cuerpo y el alma; los términos *ruaj*, רוּחַ (espíritu) *y nefesh*, נֶפֶשׁ (alma) no tenían un significado platónico de alguna sustancia etérea incorpórea para la noción hebrea y ambos términos solían usarse intercambiablemente. Su definición podría relacionarse con el hálito de vida,[64] la propia integridad de la persona, y como en Génesis 2, a la fuerza vital divina, que es devuelta al morir (Ecl 12:7). No obstante, la teología judía fue desarrollándose según el curso de la revelación progresiva, de tal manera que es posible entender a la luz del canon completo lo que sucede en Génesis. Está claro que el relato describe dos diferentes componentes para la creación humana a pesar del holismo del judaísmo. John W. Cooper tiene razón:

> "La tierra es la 'materia' o sustancia, por así decirlo, de la que está hecha nuestra corporeidad. Ezequiel 37 presenta una imagen gráfica de cómo los huesos, la carne, los tendones y la piel se unen desde la tierra para formar un cuerpo humano. Pero ese cuerpo sigue sin vida. Por eso hay que añadir un segundo ingrediente: el *ruach* o neshema, la fuerza vital o el poder que proviene de Dios".[65]

---

[63] Pablo sigue esta lectura holista de Génesis 2:7 en 1 Corintios 15:45: "Así también está escrito: Fue hecho el primer hombre Adán alma viviente; el postrer Adán, espíritu vivificante". Observe que Adán es un ser viviente porque es un alma (gr. *eis psyche zosan*, εἰς ψυχὴν ζῶσαν) Pablo reduce el cuerpo mortal de los hombres a una parte de lo que significa ser un alma; Jesús es Espíritu en el sentido del cuerpo de glorificación; su cuerpo sigue siendo el mismo pero con una constitución agregada espiritual. Sin embargo, esto no quiere decir que el apóstol era necesariamente un monista que negaba alguna sustancia diferente al cuerpo, los fariseos de su tiempo eran dualistas en su gran mayoría, esto se deja ver sobre todo en 2 Corintios 5:1-10. La actitud del cristiano moderno puede ser la misma: Aceptar la integridad de la naturaleza humana sin necesariamente negar un dualismo antropológico.

[64] Cf. Gn 7:15. Observe que los animales que entran al arca son llamados como "toda carne" *kol basar*, כָּל־הַבָּשָׂר, y ellos tiene el hálito de vida, *ruaj*, רוּחַ, en contraste con todos los demás seres vivientes que perecerían en el diluvio perdiendo el aliento al ahogarse.

[65] John W. Cooper, *Antropología escatológica: el debate dualismo y monismo* (Salem, Oregón: Publicaciones Kerigma, 2021), 66.

Ezequiel refleja fielmente lo que sucedió en Génesis 2:7; el espíritu como aliento hace que toda esa maquinaria corporal funcione y cobre conciencia de sí misma.

Aunado a lo demás, en la Biblia hebrea existe una realidad *postmortem* dando lugar a una perspectiva, a una realidad espiritual más allá de la sola materia y fisiología humana. Ya en algunas partes del A. T. se puede encontrar un anhelo por superar el destino de fallecer. Es verdad que algunos parecen escépticos de una realidad futura, las palabras del predicador son pesimistas con respecto a la vida después de la muerte: *Porque los que viven saben que han de morir; pero los muertos nada saben, ni tienen más paga; porque su memoria es puesta en olvido* (Ecl 9:5-7). El Salmo 88:10-12 no modifica el sentir de Salomón, sino lo apoya:

¿Manifestarás tus maravillas a los muertos?
¿Se levantarán los muertos para alabarte?
¿Será contada en el sepulcro tu misericordia, o tu verdad en el Abadón?
¿Serán reconocidas en las tinieblas tus maravillas, y tu justicia en la tierra del olvido?

A pesar de eso, un hálito de esperanza resuena ante la fidelidad de Dios y su revelación progresiva que presenta la aliviadora realidad que los justos no perecerán al morir en otros varios pasajes. El salmo 49, con inspiración profética y musical carismática declara un enigma (v. 4), el salmo presenta al deseo materialista de los ricos como absurdo. Ellos creen tontamente que sus casas son eternas y que sus habitaciones durarán para siempre, ¡pero tal camino es locura! (v. 13) Todos esperan la muerte, y más triste aun, muchos son conducidos al Seol: la muerte les espera para pastorearles (v. 14); pero inesperadamente, el salmista declara de una forma inesperada: *Dios redimirá mi vida del poder del Seol, porque él me tomará consigo* (v. 15). Michael Bird tiene razón cuando dice:

Cuando [estos textos] se combinan con ciertos indicios de algo más allá de la tumba (por ejemplo, Job 19:25-26; Is 25:7-8; 26:19; 53:11; Os 13:14) y afirmaciones explícitas de la resurrección (Dn 12:2-3), vemos que la muerte no es cómo terminará la historia para el pueblo de Dios. Dios está preparando una morada, para que puedan encontrar descanso en la ciudad celestial que está hecha de antemano para ellos.[66]

---

[66] Bird, *Evangelical Theology: A biblical and systematic introduction*, Second Edition (Grand Rapids, Michigan: Zondervan Academic; 2020), 365.

De igual manera se habla de los *rephaim* como seres habitantes del Seol o como en algunos textos ugaríticos, seres *cuasidivinos* sin corporeidad. Isaías al hablar del rey de Babilonia expresa que los muertos (*rephaim*) lo recibieron a su llegada al Seol por su castigo: *El Seol abajo se espantó de ti; despertó muertos que en tu venida saliesen a recibirte, hizo levantar sus sillas a todos los príncipes de la tierra, a todos los reyes de las naciones* (Is 14:9). Aunque se entiende el lenguaje poético del profeta, es innegable su creencia con respecto a espíritus que habitan en el lugar de los muertos; en otras partes de su profecía los cadáveres de los rebeldes son expuestos para escarnio eterno, con un gusano que no muere y un fuego inapagable que los atormenta (66:24). Además, el trasfondo sobrenatural de Isaías está a la vista cuando describe a los habitantes espirituales del desierto como malignos y hostiles,[67] lo que se relaciona más con el doble significado detrás del rey de Babilonia, ciudad que representaba el caos y la iniquidad. Muy probablemente aquel que intentó subir al cielo y tomar el trono de Dios no solo sea el monarca caldeo, sino el adversario espiritual de Génesis 3, quién es descrito en otras partes de la Biblia como el rey de la muerte y el enemigo de la humanidad. El adversario ahora reina a favor del Hades, pero también sabe que las puertas de su reino no prevalecerán contra la iglesia (Mt 16:18).

Otro ejemplo es el episodio de Saúl con la adivina de Endor en 1 Samuel 28 que refleja la creencia popular de la existencia de entidades sobrenaturales incorpóreas e incluso, la posibilidad de tener contacto con los *rephaim* que moraban en el Seol. El debate con respecto a que si fue o no Samuel el que apareció no compete a nuestra labor y hay documentación extensa del tema, sin embargo, el relato permite entrever la cosmovisión judía y cananea del más allá, en la que la médium observó o a Samuel junto a otros espíritus, o alguna entidad sobrenatural a la que se les podría identificar como difuntos. Ante la interrogante desesperada de Saúl, la adivina

---

[67] C.f. Isaías 34:14 "Las fieras del desierto se encontrarán con las hienas y la cabra salvaje (*sair*; שָׂעִיר) gritará a su compañero; la lechuza (*lilit*; לִילִית) también tendrá allí morada, y hallará para sí reposo". James Swamson, *Dictionary of Biblical lenguajes with Semantics Domain: Hebrew (Old Testament)* (Oak harbor: Logos Research Systems, inc., 1997): "Lilith, la bruja de la noche, es decir, un demonio femenino sobrenatural, criatura nocturna considerada un monstruo (Is 34:14) nota: en el contexto, la cabra justo antes puede ser un demonio-cabra". Con esto no queremos decir que los demonios tengan sexo o admitir la veracidad de ese cuento gnóstico de Adán, Eva y Lilith, sino simplemente enfatizar como Isaías utiliza la imaginería de su contexto para dar fe de entidades que quieren destruir al pueblo de Dios y que están asociadas con el desierto y el caos.

le responde: *He visto dioses (elohim,*אֱלֹהִים*) que suben de la tierra* (1 S 28:13). La palabra elohim se usó como un superlativo de Dios, pero de igual forma puede referirse a ángeles (Cf. Sal 8:5). Existe la posibilidad de una relación con los *rephaim* de los textos ugaríticos, "la mitología animista también es evidente en el hecho de que los textos ugaríticos a veces tratan a los *rephaim* y a los *elohim* como términos paralelos o sinónimos".[68] El lugar de donde provienen estos "dioses" es la tierra, (הָאָרֶץ *ha 'ereṣ)* y curiosamente, realizan la acción de subir (עֹלִים, *olim*) de ella. No cabe duda de que aquí encontramos la cosmogonía semítica de que el Seol se hallaba en las profundidades de la tierra, o debajo de ella: *'ereṣ* podía reflejar la realidad del mundo de los muertos en las partes más bajas del suelo terrestre; Michael Heiser, erudito del Antiguo Testamento, dice que en ocasiones como Jonás 2:6, *'ereṣ* se encuentra en paralelo con el término *šaḥat* ("fosa"), un término frecuentemente empleado para hablar de la tumba o el inframundo (Job 33:18, 22, 24, 28, 30; Sal 30:9; Is 51:14).[69] Ante el número de pruebas, podemos decir que efectivamente, los judíos, así como sus vecinos palestinos, creían en un mundo espiritual y una morada para los difuntos que poco a poco fue esclareciéndose según la revelación progresiva.

Para el periodo intertestamentario, la literatura judía había tomado del griego los sustantivos *pneuma*, πνεῦμα (espíritu) y *psyché*, ψυχή (alma) como contraparte de *ruaj* y *nefesh*. Las dos palabras eran usadas para seres incorpóreos, así como de difuntos que seguían vivos en otra realidad. El libro de Enoc menciona a los espíritus que clamaban justicia: *Y ahora, he aquí, los espíritus* (gr. *pneumata*, πνεύματα) *de las almas de los hombres que han muerto hacen la demanda; y su gemido ha llegado hasta las puertas del cielo* (1 Enoc 9:10); los espíritus de los difuntos santos claman por una vindicación, muy parecido a lo que Juan expone en Apocalipsis con respecto a la gran ramera y su abominación (Ap 19:1-2), y las almas que resucitan en una era milenial a pesar de morir en la Gran Tribulación por mano de Satanás y la Bestia (20:4). Los gigantes –fruto de la inmoralidad aberrante de la unión de los hijos de Dios con las hijas de los hombres– al morir se convirtieron en espíritus inmundos y aborrecibles: *Los espíritus malos proceden de sus cuerpos, porque han nacido humanos y de los*

---

[68] Cooper, *Antropología escatológica*, 87.
[69] Michael S. Heiser, *Demonios: Lo que la Biblia realmente dice sobre los poderes de las tinieblas* (Bellingham, WA: Editorial Tesoro Bíblico, 2021), 9.

Santos Vigilantes es su comienzo y origen primordial. Estarán los espíritus malos sobre la tierra y serán llamados espíritus malos (Enoc 15:9).

Sabiduría de Salomón un escrito sapiencial considerado deuterocanónico (o en algunas de las ramas de la tradición protestante como "apócrifo") que da testimonio de la concepción judía del segundo templo con respecto a la existencia del alma a parte del cuerpo y la vida después de la muerte con ella. En Sabiduría 3:1-3 se menciona la protección de Dios de esta sustancia tan ligada a lo celestial, los necios creen que no existe vida en el más allá y que los difuntos simplemente han dejado de existir, sin embargo, ellos se hallan en el descanso:

Pero las almas de los justos,
están en la mano de Dios,
y ningún tormento los
tocará jamás.
A los ojos de los necios
parecían haber muerto,
y se pensó que su partida sería un desastre,
y su alejamiento de nosotros será su destrucción;
pero están en paz.

Incluso el autor en el 15:10-11 muestra una teología más estructurada con respecto a lo que representa la arcilla y el soplo de Dios. Si el hombre solo es un cuerpo, la vida entonces no vale y terminará con la muerte, ya que niegan la fuerza divina que les dio un alma y un espíritu:

Su corazón es ceniza, su esperanza es más
barata que la tierra,
y sus vidas valen menos que la arcilla,
porque no conocieron al que los formó
y les inspiró (gr. *emfusao*, ἐμφυσάω) *almas activas*
y les insufló (gr. *emfusao*, ἐμφυσάω) *un espíritu vivo.*

Es relevante para nuestros propósitos notar como el verbo de "insuflar" (soplar) tiene la intención de apuntar al relato creacional de Génesis 2:7. Dios forma al hombre, frase paralela a la arcilla mencionada un verso anterior; además se utiliza un término conocido de la LXX en la descripción de como YHWH crea al hombre al infundirle su aliento: *emfusao*, ἐμφυσάω; la diferencia es que el autor de Sabiduría pretende decirnos que lo que resultó de respirar ese aliento es la existencia del alma activa o espíritu vivo dentro del barro. Este mismo verbo se utiliza para Juan 20:22 que alude a la recepción de los discípulos de Jesús del Espíritu de la que hablaremos más adelante. Desde luego no creemos que este escrito sea inspirado; tiene dificultades doctrinales como la preexistencia del alma y una visión platonista de estas. Empero su valor es de un caso acumulativo de que los judíos de la diáspora eran dualistas y de esa manera interpretaban el texto bíblico. Aunado al testimonio del Nuevo Testamento podemos observar que la antropología dualista es más consistente con el texto que la monista.

4 de Macabeos describe las hazañas perseverantes de Eleazar junto con unos jóvenes y su madre ante las torturas horrorosas a las que fueron sometidos a causa de la lealtad a la Torah. Según la tradición macabea, ellos pudieron soportar la ignominia de Antíoco Epífanes porque sabían que su alma imperecedera no podía ser herida por el potro o la rueda: *Estaban seguros de que en Dios no mueren, como no murieron sus antepasados patriarcas Abraham, Isaac y Jacob, sino que viven en Dios* (4 Mac 7:19); las palabras de Jesús ante los saduceos que negaban la resurrección parecen hacer eco de esta tradición: *Pero con respecto a la resurrección de los muertos, ¿no habéis leído lo que os fue dicho por Dios, cuando dijo: Yo soy el Dios de Abraham, el Dios de Isaac y el Dios de Jacob? Dios no es Dios de muertos, sino de vivos* (Mt 22:31-32). Esto se confirmaría en la transfiguración con la aparición de Moisés). De igual manera surge la tentación de ver al apóstol Pablo de Filipenses 1:23 anhelando morir para estar con el Señor en la narración del relato: *Porque nosotros, gracias a este sufrimiento y a nuestra perseverancia, logramos el premio de la virtud y estaremos junto a Dios, por quien sufrimos* (4 Mac. 9:8). La esencia metafísica dada por Dios al crearles era inmune al dolor del tormento: *Así pues, si tenéis algún instrumento de tortura, aplicadlo a mi cuerpo, que mi alma, aunque quisierais, no la tocarías* (4 Mac.10:4). *Incapaces de estrangular su espíritu, le arrancaron la piel junto con las puntas de los dedos, le arrancaron el cuero cabelludo* (4 Mac.v. 7). El término *psyché* para el autor parece que es intercambiable con el de *pneuma* y pareciera ser que existía un compromiso platónico con la inmortalidad del alma: *Al igual que las manos y los pies se mueven de acuerdo con las órdenes del alma, así aquellos santos jóvenes, como impulsados por el alma inmortal de la piedad, estuvieron de acuerdo en afrontar la muerte por su causa* (4 Mac.14:6). La eternidad es instantánea para los muertos que fueron afligidos por su fe: *gracias a lo cual están ahora junto al trono divino y viven*

la bienaventurada eternidad (4 Mac.17:18). Por último, el escrito termina con una conmovedora conclusión de la recompensa de los justos que desafían la muerte con tal de permanecer leales al Dios de sus padres y su pacto: *los hijos de Abraham, junto con su victoriosa madre, están reunidos en el coro de sus padres, pues han recibido de Dios almas puras e inmortales* (4 Mac.18:23). La tradición Macabea seguramente influenció al autor de Hebreos con el museo de los hombres de fe que sufrieron a causa del Invisible (Hb 11:35-37); la mención a los que "fueron atormentados" podría referirse al relato de Eleazar y los jóvenes torturados hasta la muerte. Cabe recalcar que eso no es en lo único que Hebreos concuerda con el autor de 4 de Macabeos; ambos postulan una vivencia en Dios después de la muerte y antes de la resurrección, lo que implica la existencia temporal de alma/espíritu sin cuerpo: *sino que os habéis acercado al monte de Sion, a la ciudad del Dios vivo, Jerusalén celestial, a la compañía de muchos millares de ángeles, a la congregación de los primogénitos que están inscritos en los cielos, a Dios el Juez justo de todos, a los espíritus de los justos* (gr. πνεύμασιν 'δικαίων, *pneumasin dikaion*) *hechos perfectos* (Hb 12:22-23).

Toda esta comprensión está de acuerdo con lo que Jesús afirma con respecto a la separación del cuerpo y del alma: *Y no temáis a los que matan el cuerpo, mas el alma no pueden matar; temed más bien a aquel que puede destruir el alma y el cuerpo en el infierno* (Mt 10:28). Craig S. Keener comenta que tal separación que hace Jesús no es descabellada para un judío del siglo I:

> Cuerpo y alma eran destruidos instantáneamente en algunas tradiciones judías con respecto al infierno; en otras eran destruidos y atormentados en forma perpetua. Contrariamente a las afirmaciones de algunos eruditos modernos, la mayoría de los judíos coincidían con los griegos en que el alma y el cuerpo se separaban con la muerte.[70]

Inclusive en Pablo, con su descripción del estado intermedio de la "desnudez" (2 Cor 5:4) a la que llegamos al deshacerse nuestro tabernáculo terrenal y que espera ser revestida por un cuerpo glorificado (v. 2-4), podemos observar un dualismo en donde el estado intermedio es estar ausente del cuerpo, pero en la presencia del Señor (v. 8) pero que pese a esa

---

[70] Keener, *Comentario del contexto cultural del Nuevo Testamento*, 67-68.

maravillosa realidad espera que su cuerpo sea levantado y adquiera la inmortalidad materializada de la glorificación.

No existe entonces, una contradicción irreconciliable entre el Antiguo Testamento y el Nuevo en su escatología antropológica; para el judío anterior al periodo intertestamentario existía la realidad espiritual de los *rephaim* y en la aparición de la literatura del segundo templo que sirvió para que los autores del Nuevo Testamento, como Pablo, escribieran la revelación de Dios. Pese a que la terminología cambió, ambas palabras, *ruaj y nefesh* apuntan a la misma realidad. Estas son pruebas indubitables por lo cual rechazamos el monismo materialista que adventistas o testigos de Jehová, entre otros teólogos modernos sostienen. Jesús, el Nuevo Testamento y la tradición cristiana en su mayor parte y por mucho tiempo ha afirmado el dualismo sin dejar de lado el holismo y la integridad de la naturaleza humana, a pesar de diferenciar sus partes.

Volviendo al relato de la creación, aunque Moisés muy probablemente no tenía en mente un dualismo antropológico, esto no quiere decir que no podamos completar su comprensión limitada a la luz del Nuevo Testamento. De hecho, aquel aliento divino exhalado hacia el barro para hacerlo un ser viviente puede significar la entrega del alma humana, enseñándonos que para que la imagen de Dios esté infundida en una criatura, no se puede prescindir de ella. Aunque más adelante entraremos más a fondo en la discusión de este pasaje, Juan atestigua en su evangelio una acción de Jesús que es paralela a Génesis 2:7 pero escalonada o mejorada: *Y habiendo dicho esto, sopló y les dijo: Recibid el Espíritu Santo* (Jn 20:22).[71] La fuerza vital como el soplo de Dios para formar a un hombre del barro con alma y cuerpo es transformada con el Espíritu Santo que da nueva vida los seres humanos. Jesús como el dispensador del Espíritu y el dador de los beneficios del Nuevo Pacto, cumple la promesa del profeta Ezequiel: *Os daré corazón nuevo, y pondré espíritu nuevo (ruaj kadash) dentro de vosotros... Y pondré dentro de vosotros mi Espíritu (ruji)* (Ez 36:26-27). Aunque aún no había llegado Pentecostés, el Señor les dio una bendición

---

[71] Tengo la convicción de que este pasaje revela una real entrega del Espíritu y que no es meramente metafórico/simbólico. El uso implícito de Juan a Ezequiel 36 en el capítulo 3 con respecto al agua y al Espíritu (yuxtaponiendo ambos para enfrentar el ritualismo judío) junto con el paralelismo de Génesis 2 son demasiado claros para ignorarlos. De hecho, esta ha sido la posición más clásica de los pentecostales para abogar por una experiencia diferente en Pentecostés.

preliminar para preparar sus corazones para recibir el Espíritu de profecía en plenitud. El padre capadocio Gregorio de Niza comparte esta idea:

> [Los discípulos de Cristo] pudieron recibir [el Espíritu] en tres ocasiones: antes de ser glorificado por la pasión, después de ser glorificado por la resurrección y después de su ascensión... Ahora bien, el primero de ellos lo manifiesta: la curación de los enfermos y la expulsión de los espíritus malignos, y también lo hace la respiración sobre ellos después de la resurrección, que fue claramente una inspiración divina. Y así también la distribución actual de las lenguas ardientes. Pero el primero lo manifestó indistintamente, el segundo más expresamente, *este presente más perfectamente*, ya que ya no está presente solo en energía sino ... sustancialmente, asociándose con nosotros y habitando en nosotros (*Sobre pentecostés, oración* 41.11).[72]

San Agustín de Hipona también concuerda con la convicción de que esta fue una entrega imprescindible para la formación del nuevo pueblo de Dios como un don doble que se infundió tanto antes de la ascensión como en día de Pentecostés:

> Y no una, sino dos veces les infundió el Señor manifiestamente al Espíritu Santo. Poco después de haber resucitado, dijo soplando sobre ellos: "Recibid al Espíritu Santo". ¿Acaso por habérselo dado entonces no les envió después también al que les había prometido? ¿O no es el mismo Espíritu Santo el que entonces les insufló y el que después les envió desde el cielo? De aquí nace otra cuestión: ¿Por qué esta donación, que hizo manifiestamente, la hizo dos veces? Quizá en atención a los dos preceptos del amor: el amor de Dios y el amor del prójimo; y para que entendamos que al Espíritu Santo pertenece el amor, es por lo que hizo esta doble manifestación de su donativo... Por consiguiente, no sin motivo se promete no solo al que no le tiene, sino también al que le tiene; al que no le tiene, para que le tenga, y al que ya lo tiene, para que le tenga con mayor abundancia. Porque, si uno no pudiera tenerle más abundantemente que otro, no hubiera dicho Eliseo al santo

---

[72] Thomas C. Oden, ed, *Ancient Christian Commentary on Scripture* (Downers Grove, IL: InterVarsity Press, 2007), 360–361. Sin embargo diferimos con el padre capadocio, pues ya en Juan 20:22 el Espíritu mora en la comunidad escatológica llamada "Iglesia" en sus representantes apostólicos.

profeta Elías: El Espíritu, que está en ti, hágase doble en mí. (*Tratado sobre el Ev. de Juan, 74, 2*).[73]

Tal como Cooper comentó (ver anteriormente) con los huesos secos y los tendones sin vida antes del Espíritu: la intervención de Dios para crear vida es necesaria, y ciertamente nos comparte el don precioso de la fuerza vital, un alma en beneficio del cuerpo, y un cuerpo en beneficio del alma, empero la entrega de Jesús del Espíritu es un cambio de paradigma predicho por las Escrituras; la regeneración espiritual que desarrolla la nueva vida del reino de Dios supera con creces los inicios humanos.

La acción regeneradora es necesaria ya que, por desgracia nuestra, el pecado entenebreció nuestra integridad. Así como el veredicto por la falla de Adán fue una separación de Dios estando destituidos de su gloria (Rm 3:23), el pecado hizo que el alma llegue a estar desnuda algún tiempo y fuera del cuerpo (2 Cor 5:1-8). La muerte no nos permite disfrutar del *Shalom* definitivo, pero no es así con la promesa de un nuevo Espíritu. Este no es como el espíritu humano con tendencia al mal y sin libertad. El Espíritu es Dios mismo y es entregado no solo "para llevarnos al cielo", sino para resucitar nuestros cuerpos débiles de entre los muertos, así como lo hizo con el Hijo de Dios. Pablo describe esta realidad en su carta a los Romanos: *Y si el Espíritu de aquel que levantó de los muertos a Jesús mora en vosotros, el que levantó de los muertos a Cristo Jesús vivificará también vuestros cuerpos mortales por su Espíritu que mora en vosotros* (Rm 8:11). Aunque por el nuevo Espíritu podemos ser salvos de la ira de Dios, ser santificados en este cuerpo mortal, e ir al reposo intermedio con Cristo –al ser nuestro espíritu separado de nuestros cuerpos–, no nos dejará así ni ese el fin de la historia, ¡hay una esperanza de tener cuerpos transformados por el Espíritu y disfrutar de una nueva creación!

Como anticipo a la glorificación del cuerpo, Jesús dijo que llegaría (gr. *erchetai*, ἔρχεται) la hora (*gr. hora,* ὥρα) *en que todos los que están en los sepulcros oirán su voz* (Jn 5:28). La referencia a los muertos saliendo de su sepulcro muy posiblemente se refiere a una resurrección espiritual en vista al futuro escatológico. Jesús conecta en el siguiente versículo esta idea inmediata con el levantamiento de los muertos para vida eterna o confusión perpetua al final de la era de Daniel 12:2; es decir, parte de esa resurrección se infunde en las criaturas que crean en la obra del Mesías

---

[73] Oden, ed, *La Biblia comentada por los Padres de la Iglesia: Hechos de los Apóstoles* (Madrid, España: Editorial Ciudad Nueva, 2011) 61.

sin negar su consumación en el futuro. Que Jesús se refería a la irrupción de la nueva creación en este tiempo se clarifica en otros lugares; al decirle a la mujer samaritana que los adoradores en Espíritu y en verdad están por presentarse independientemente del lugar geográfico en donde se encuentren, utiliza una frase parecida con la referencia a los muertos que reviven: *Mujer, créeme que la hora viene* (gr. *hora erchetai*, ἔρχεται ὥρα) *cuando ni en este monte ni en Jerusalén adoraréis al Padre... Mas la hora viene* (gr. *hora erchetai*, ἔρχεται ὥρα), *y ahora es, cuando los verdaderos adoradores adorarán al Padre en Espíritu y en verdad* (Jn 4:21, 23). La ὥρα esperada donde el Espíritu se manifestaría de forma desbordante (incluso por medio de la adoración carismática y genuina) viene a través de Jesús en nuestro tiempo. En su primera carta, el apóstol amado advierte a sus hijos espirituales del enemigo escatológico conocido como el anticristo que en algún momento llegará y cómo otros con el mismo espíritu de iniquidad están trabajando en su empresa de engaño a través de falsas doctrinas que niegan la encarnación del Señor Jesucristo como muestra de la hora escatológica: *Hijitos, ya es el último tiempo* (gr. *eschate hora*, ἐσχάτη ὥρα); *y según vosotros oísteis que el anticristo viene; así ahora han surgido muchos anticristos; por esto conocemos que es el último tiempo* (gr. *eschate hora*, ἐσχάτη ὥρα) (1 Jn 2:18). Juan nos enseña que el tiempo escatológico del fin está ya presente. Pablo en 1 Corintios 10:11 dice que los que pertenecemos a este tiempo somos los que hemos alcanzado *los fines de los siglos* (gr. *ta tele ton aionon*, τὰ τέλη τῶν αἰώνων). Podemos observar según el relato del Nuevo Testamento, que vivimos en una tensión conocida como el *ya pero todavía no*. Así mismo, la alusión de Jesús a la resurrección revela que la novedad de vida de su reino –por la vivificación del Espíritu– se encuentra disponible en nuestra era; no es que nuestra era sea el último tiempo, sino que el último tiempo se traslapa con ella. La regeneración antropológica aún no es completa, pero trae bendiciones físicas como la santidad o la sanidad divina que los pentecostales sostienen como estandarte cardinal de su fe además de la sanidad social que transforma comunidades enteras en seres humanos de paz. En lo personal, pienso que el punto de vista monista no hace justicia a esta antropología que vive en una escatología inaugurada que espera su consumación; el pentecostal hace bien al poner su mirada en las cosas de arriba a pesar de las dificultades que en su vida puedan presentarse.

Aunque en este momento tenemos la libertad de celebrar el nuevo nacimiento y el respiro de vida de Cristo al enviar al Espíritu Santo, podemos cantar victoria, pero no esperar pasivamente nuestra redención. El mensaje de Jesús en Juan 20:22 no termina ni empieza con "recibid el Espíritu", antes el Señor los envía: *Paz a vosotros, como me envió el Padre, así también yo os envío* (v. 21) y los envía con una tarea: *A quienes remitiereis los pecados, les son remitidos; y a quienes se los retuviereis, les son retenidos* (v. 23). La orden quiere decir que hay una encomienda, una comisión que es imposible cumplir sin el Espíritu. En Génesis esta idea no está ausente; después de haber sido formados a imagen de Dios recibiendo su aliento de vida, su creador les ordena administrar un gobierno justo sobre toda la creación ya que estaban capacitados al poseer la imagen de su Rey para gobernar con sabiduría:

> Entonces dijo Dios: Hagamos al hombre a nuestra imagen, conforme a nuestra semejanza; y señoree en los peces del mar, en las aves de los cielos, en las bestias, en *toda la tierra*, y en todo animal que se arrastra sobre la tierra. Y creó Dios al hombre a su imagen, a imagen de Dios lo creó; varón y hembra los creó. Y los bendijo Dios, *y les dijo:* Fructificad y multiplicaos; llenad la tierra, y sojuzgadla, y señoread en los peces del mar, en las aves de los cielos, y en todas las bestias que se mueven sobre la tierra.[74]

El paralelismo con el respiro de Jesús de su Espíritu y la nueva creación revela que lo que se había perdido ahora es restaurado, Jesús es la primicia de la resurrección (1 Cor 15:20-34) y por ende anuncia la restauración del mundo: "La renovación de la imagen de Dios en los seres humanos significa una reedición de la tarea adámica de ser custodios responsables de la creación".[75] Los seres humanos vuelven a su dignidad original como reyes y sacerdotes con la responsabilidad de compartir las buenas nuevas de la restauración de todas las cosas.

Lamentablemente el mundo no está en las condiciones primigenias del relato bíblico por lo que existe una ruptura profunda con el ideal edénico. La hostilidad de la gente sin Dios cada día parece crecer más; las fuerzas oscuras tales como principados y potestades rebeldes llevan a las personas a una deshumanización por medio de la idolatría, el libertinaje, los conocimientos oscuros y la inmoralidad sexual. Sin embargo, es en esta oposición del caos que el creyente que porta al Espíritu restaurador puede reflejar el amor y la misericordia del reino divino que irrumpe en el

---

[74] Génesis 1:26-28.
[75] Bird, *Evangelical Theology*, 498.

presente siglo malo. Aunque los enemigos de Dios se levanten uno a uno, tarde o temprano estarán bajos los pies del Mesías. El plan redentor de Dios se concretará para transformar todo el cosmos con resultados nunca vistos. Cristo, a través de la Iglesia –un grupo de gente renacida en el Espíritu y *empoderado* por el mismo– llena al mundo de su evangelio que anuncia esta victoria inminente. El cuerpo de Cristo predica a las naciones que la reconciliación ha sido lograda a través del Hijo de Dios. La asamblea rescatada vela por los marginados que sufren por los poderes de iniquidad. Los cristianos deben ser empáticos con el sufrimiento humano y crear una conciencia ecológica por su deber como nuevas criaturas que anhelan la liberación de la corrupción en el que su planeta se encuentra (Rm 8:21-23). El peso de la gloria que viene no es comparable con las breves tribulaciones, incluso supera con creces la gloria del Edén. Esto nos lleva a la naturaleza de la encomienda humana a la luz de la antropología bíblica y Pentecostés. Allí es donde nos dirigiremos ahora con la interpretación funcional de la imagen de Dios.

Interpretación a la luz del contexto de Medio Oriente: aspecto funcional

Los proponentes de esta interpretación creen que la implicación de que los seres humanos porten la *Imago Dei* es representar en la creación al Dios creador tal como otras culturas del antiguo Oriente Próximo entendían que su gobernante tendría que hacerlo, el contexto y el mandato creacional a Adán muestran una influencia y relación con la comprensión temprana de esta área geográfica, la imagen y semejanza no tiene una explicación exhaustiva de la constitución del ser humano, pero sí una comisión de administrar el mundo, como en la literatura circundante del Cercano Oriente. Roger Stronstad, quien fue uno de los más reconocidos eruditos pentecostales sigue esta interpretación: "El hombre funciona como el sub-creador-progenitor de Dios, poblando la tierra. Además, habiendo sido creado a imagen de Dios, el "hombre" debe someter y gobernar el resto de la creación".[76]

---

[76] Roger Stronstad, *A Pentecostal Biblical Theology: Turning Points in the Story of Redemption* (Cleveland, Tennessee: CPT Press, 2016), 11.

Una breve comparación entre el relato creacional y la literatura del antiguo Cercano Oriente

Según el significado de la palabra *ṣĕ·lĕm* (צֶלֶם) de Génesis 1:26, los seres humanos son imágenes esculpidas de la Divinidad, algo análogo (aunque no exactamente igual) a los ídolos de las deidades paganas (Nm 33:52; 2 R 11:18; 2 Cr 23:17; Ez 7:20; 16:17; Am 5:26). En el antiguo Oriente Próximo se tenía una creencia extendida que las imágenes talladas por la gente no eran en sí mismas la deidad, sino únicamente el conducto por el cual manifestaba su presencia. La construcción de ídolos debía acompañar un ritual posterior de ofrendas y alimentos para llamar a la divinidad a mediar a través de la escultura. John Walton concluye de este proceso: "La imagen material estaba animada por la esencia divina".[77] Es posible la intención polémica de Moisés al describir a los seres humanos de esta manera; las naciones paganas podían sacrificar para sus deidades a las personas o denigrarlas por influencia de seres espirituales hostiles, cuando irónicamente, el género humano fue creado para representar al Dios verdadero y ser conducto de su bendición al mundo, Matthew Bates esclarece la idea:

> Cuando una persona está actuando como la imagen de Dios, él o ella sirve como un punto de contacto genuino entre Dios y la creación, mediando la presencia de Dios a la creación. Pero cuando una persona adora ídolos falsos, la capacidad de servir de esta manera se ve socavada. La gloria de Dios que la imagen debe irradiar se ha distorsionado. Así que otros seres humanos, animales, plantas y el resto de la tierra no experimentaban la soberanía de Dios a través de ese ser humano como Dios desearía que se ejerciera y la creación cae en corrupción.[78]

Bates defiende una interpretación de que el ser humano es un ídolo o *ṣĕ·lĕm* de Dios en un sentido meramente funcional. Las personas fueron hechas imagen para mediar entre la creación y el Creador. Los ídolos son falsos ya que la divinidad no se encuentra imbuida en la escultura tallada, pero

---

[77] John H. Walton, *Ancient Near Eastern Thought and the Old Testament* (Grand Rapid, Michigan: Baker Academic, 2006) 115.

[78] Matthew W. Bates, *Salvation by allegiance alone: Rethinking faith, works and the Gospel of Jesus the King* (Grand Rapids, Michigan: Baker Academic, 2017), 152.

los seres humanos tienen la fuerza habilitadora del aliento de YHWH, por eso el acto de postrarse ante imágenes y rendirles adoración es una completa insensatez, los seres humanos llegan a ser como lo que adoran según el Salmo 115:5-8:

> *Tienen boca, mas no hablan;*
> *Tienen ojos, mas no ven;*
> *Orejas tienen, mas no oyen;*
> *Tienen narices, mas no huelen;*
> *Manos tienen, mas no palpan;*
> *Tienen pies, mas no andan;*
> *No hablan con su garganta.*
> *Semejantes a ellos son los que lo hacen,*
> *Y cualquiera que confía en ellos.*

La deshumanización empieza por la idolatría. La idolatría les quita la identidad a las personas y las lleva a tener una mente reprobada. Los actos antinaturales que Pablo menciona en Romanos 1:24-32 son consecuencia de cambiar la gloria de Dios por *semejanza e imagen* de hombre corruptible, de aves, de cuadrúpedos y reptiles.

Al igual que las imágenes elaboradas, en la cultura cercana al Israel liberado de Egipto, los seres humanos con un gran estatus político eran vistos como creados a imagen y semejanza del dios de su nación lo que les daba autoridad para gobernar, algunos de ellos incluso, eran considerados hijos algún dios que portaban rasgos de él. G. K. Beale cita diferentes tratados que reflejan la comprensión contemporánea a la escritura del Génesis:

> El Rey Adad-ninari II de Asiria (911-891 a. C.) … dice que los dioses "intervinieron para alterar mi apariencia a la apariencia de señor, y fijaron/establecieron [y] perfeccionaron mis rasgos", lo que dio como resultado que el rey "fuera apto para gobernar" …el Rey Asurbanipal afirma que los dioses "me dieron una figura espléndida y me dieron gran fuerza". Y estar en la imagen de un dios significaba que el rey reflejaba la gloria de Dios.[79]

---

[79] G. K. Beale, *Una teología bíblica del Nuevo Testamento, Volumen 1: El desarrollo del Antiguo Testamento en el Nuevo* (Salem, Oregón: Publicaciones Kerigma, 2020), 36.

Exclusivamente los reyes tenían la dignidad por portar la imagen de los dioses, sin embargo, lo que encontramos en el relato bíblico es la democratización de la autoridad regia a cada ser humano que descendiera de Adán y Eva. Las estatuas de diferentes soberanos en cada nación reflejaban la extensión de su soberanía sobre cierto territorio. Este principio se repetirá con el llamado a sujetar a la creación de Génesis 1:27-29; la primera pareja humana debía extender la gloria del Edén a toda la tierra a través de su multiplicación.

Cabe resaltar también que el relato bíblico contrasta con los relatos creacionales del antiguo Oriente Próximo con respecto a la dignidad del ser humano a pesar del paralelismo con la funcionalidad. La mitología mesopotámica en general proponía que los hombres fueron creados para encargarse de lo que los dioses no querían hacer. El poema babilónico escrito originalmente en acadio "Enuma Elish" es muestra de ello; en el relato se describe la exaltación de Marduk el hijo de Ea que venció a Tiamat, la madre de los dioses, y a sus súbditos por su deseo destruir a los demás anunnaki. Tras la victoria y después de usar el cadáver de Tiamat para dar forma a la creación, Ea le pide que descubra cual de sus hermanos fue quien hizo a su madre querer rebelarse en contra de los dioses. El fin de presentar al traidor es para usar su sangre para formar a los humanos: "Entretejeré sangre (y) ensamblaré huesos. Hombre será su nombre... estará al servicio de los dioses, *para que ellos puedan estar en paz*.[80] El culpable es descubierto como Kingu, es atado y sacrificado y así con su líquido vital la humanidad nace con una orden de Ea: "Él les impuso el servicio, y dejó libres a los dioses".[81] John Oswalt sintetiza de una manera clara la percepción del género humano en el relato del Enuma Elish: "En el relato babilónico la humanidad es un añadido u ocurrencia tardía, generada a partir de una mezcla de polvo y sangre de uno de los monstruos del caos y con el fin de proveer a los dioses alimento y adulación".[82] En cuanto a la creación del hombre en el escrito de Moisés, el varón y la mujer son comisionados no como una imposición intransigente, sino porque existe un indicativo anterior que les muestra su realeza y su

---

[80] "Enuma Elish". Secretaria de Educación del Estado de Coahuila. Consultado el 15 de marzo del 2023. https://web.seducoahuila.gob.mx/biblioweb/upload/enuma-elish.pdf,
[81] *Ibid.*
[82] John Oswalt, citado en: Josh y Sean McDowell, *Evidencia que demanda un veredicto: Edición ampliada y revisada* (El Paso, Texas: Editorial Mundo Hispano, 2018), 442.

dignidad al portar la imagen de su Creador y representarlo en la tierra. Sin duda, encontramos este paralelismo en la gran comisión de Mateo 28:19 en que Jesús afirma tener toda potestad en los cielos y en la tierra, y luego comisiona a sus discípulos a ir y hacer discípulos, la seguridad del éxito en la misión está en lo que el Dios Padre es en Génesis, y el estatus de Jesús como el Mesías exaltado en Mateo. Para el Dios judío y Padre de Jesús, el hombre y la mujer reciben un imperativo porque son valiosos, porque tienen la responsabilidad de representar a YHWH.

El mito de Enki y Ninhmah es otro relato sumerio que tiene un paralelismo más cercano al Génesis con respecto a la toma de arcilla y aliento para formar al hombre. Enki le dice a su madre: "Debes amasar arcilla, desde lo alto de abzu; las diosas del nacimiento cortarán la arcilla y traerán la forma a la existencia... Nihmah, fijará en él la imagen de los dioses y lo que será es el Hombre".[83] El fin de la creación del hombre de nuevo es hacer lo que los dioses menores no querían, como cargar cestas y cavar canales. En el mito podemos observar una degradación al trabajo, las deidades inferiores estaban cansadas de sudar para obtener el pan, por lo que a su súplica se propone la creación de un sustituto humano, luego se fija el destino de cada uno con un juego entre Enki y Nihmah después de que habían bebido mucho en una fiesta. A diferencia de los sumerios, el relato judío presenta a los humanos como el pináculo de todo lo creado, son valiosos y su hacedor no necesita ayuda para mantener el universo en orden; no obstante, ama tener su propio equipo de trabajo para reflejar su gloria y poder, y tal administración de sus figuras humanas es dignificante.

Imagen y semejanza: una aclaración de los términos a la luz de la literatura del Antiguo Cercano Oriente.

Peter J. Gentry y Stephen J. Wellum hacen un extraordinario trabajo al describir los matices de la palabra *ṣĕ·lĕm* (צֶלֶם) y *dᵉmût* (דְּמוּת). En base a la inscripción de Tell Fekheriyeh –un escrito en una "gran estatua del rey Hadduyith'i de Gozan, una ciudad en lo que hoy es el este de Siria... bilingüe acadio-arameo del siglo X o IX a. C.[84]– llegan a la conclusión (a través de las palabras arameas correspondientes a semejanza e imagen en hebreo), de

---

[83] "Enki and Ninhmah". University Of Oxford. Consultado el 17 de marzo del 2023. https://etcsl.orinst.ox.ac.uk/section1/tr112.htm.
[84] Gentry y Wellum, *God's Kingdom trough God's Covenant*, 77.

que una refleja al rey portador como un adorador fiel, y la otra su relación con los súbditos. Gentry y Wellum dicen que, aunque ambos términos se aplican para la estatua del rey "cada uno tiene un matiz diferente".[85] La *semejanza* puntualmente es un atributo que describe a la humanidad con la capacidad de relacionarse con Dios, y la *imagen* su estatus real con el que puede sujetar y gobernar a la creación. "La imagen divina implica una relación de alianza entre Dios y los seres humanos, por un lado, y entre los seres humanos y el mundo, por el otro".[86] Génesis 5:1-3, según los autores, muestra a la humanidad hecha a *semejanza* teniendo una relación especial con Dios como la del padre e hijo: *Este es libro de las generaciones de Adán. El día que creó Dios al hombre, a semejanza de Dios lo hizo*; lo interesante viene en el versículo 3 donde Adán engendra a Set, un hijo *a su semejanza*. El acto de que Eva da a luz a Set y el producto humano sea a semejanza de Adán se trata de una yuxtaposición con la creación de la primera pareja humana. La semejanza describe la filiación entre el padre y el hijo; esta imaginería de ser "hijo de Dios" se repetirá incluso con Israel, David y su descendencia real y en perfección con el Señor Jesús. Sin embargo, el concepto de imagen se encuentra incluso en Set: *y engendró a un hijo a su semejanza conforme a su imagen, y llamó su nombre Set*.

La antropología a la luz de Génesis y su contexto nos demuestra que no hay una necesidad en crear falsas dicotomías y tratar de separar la ontología y la funcionalidad rígidamente. Ambas coexisten y son importantes, no son mutuamente excluyentes y sería un error tener una visión tan reduccionista de la *Imago Dei* según el registro bíblico. Al hombre se le infunde rasgos con los que tiene semejanza con el Creador y también la autoridad para sujetar a la creación y administrarla sabiamente. No obstante, la diferenciación se encuentra delante nuestro, y esta diferencia es un catalizador para la articulación de una antropología pentecostal que tenga una perspectiva más holística del bautismo en el Espíritu Santo. El Espíritu restaura la ontología humana y a través de él, restaura su funcionalidad.

LA *IMAGO DEI* A LA LUZ DE PENTECOSTÉS

Para los pentecostales, lo que sucede en Hechos 2:4 con el derramamiento del Espíritu Santo es una expresión de una obra subsecuente a la

---

[85] Gentry y Wellum, *God's Kingdom trough God's Covenant*, 78.
[86] *Ibid*, 79.

regeneración llamada "bautismo en el Espíritu Santo" que tiene el fin de empoderar al pueblo de Dios por el Espíritu de profecía para su labor misional, o en palabras de Robert Menzies un *donum superadditum*[87] que capacita al cuerpo de Cristo para ser testigos eficaces. Estoy firmemente convencido que la experiencia de los 120 discípulos fue diferente a la regeneración o la conversión, y esto se deja claro en la trama del Nuevo Testamento siendo eco de la imagen de Dios y su fructificación en el mundo.

JUAN 20:22 COMO PRELUDIO DE PENTECOSTÉS

Los eruditos pentecostales han enfatizado la correspondencia entre Lucas y Hechos; Tienen razón al decir que se trata de un tratado de dos partes. Sin embargo, comparto la idea de Frank Macchia de que el orden de lectura es importante;[88] los evangelios en conjunto nos preparan para entender la acción misionológica de la Iglesia en Pentecostés. No creo que sea casualidad que el relato de Jesús soplando su aliento vivificador (Jn 20:21-23) anteceda a la siguiente mención del Espíritu en Pentecostés y su efusión. Si sostenemos que probablemente el cuarto evangelio fue escrito aproximadamente en el año 90 después de Pentecostés, parece que Juan muestra esta separación intencionalmente.

Ya hemos señalado antes cómo el apóstol hace un paralelismo explícito con el relato de la creación insinuando que los discípulos ahora eran una comunidad rehecha con una imagen de Dios restaurada por el Espíritu. Los 12 simbolizan la asamblea de Israel escatológica que ha sido redimida, y en la cual se cumple la promesa de Ezequiel:

> Esparciré sobre vosotros agua limpia, y seréis limpiados de todas vuestras inmundicias; y de todos vuestros ídolos os limpiaré. Os daré cora-

---

[87] Robert P. Menzies, *Empowered for Witness: The Spirit in Luke-Acts* (London, NY: T & T Clark International: 2004), 70.

[88] Así Macchia cree que la lectura del Nuevo Testamento en el orden de libros es importante: "Considero significativa la separación canónica de Lucas de Hechos para que Lucas pudiera funcionar como parte de un corpus evangélico. Lucas ya no funciona en este orden canónico como una preparación aislada para leer Hechos, sino que ahora se lee como una voz en el conjunto más grande de voces en el corpus del Evangelio que prepara el escenario para la interpretación del evangelio en el resto del Nuevo Testamento". Frank D. Macchia, *Baptized in the Spirit: A global Pentecostal Theology. Versión Kindle* (Grand Rapids, Michigan: Zondervan, 2006), 131-2.

zón nuevo, y pondré espíritu nuevo dentro de vosotros; y quitaré de vuestra carne el corazón de piedra, y os daré un corazón de carne. Y pondré dentro de vosotros mi Espíritu, y haré que andéis en mis estatutos, y guardaréis mis preceptos, y los pongáis por obra.[89]

Aunque se ha aludido a Tomás como faltante junto con la vacante de Judas para negar que esto podría tratarse de una verdadera infusión, nada niega que pudo haber experimentado esto posteriormente al creer. Lo que Jesús hace, es tanto simbólico como una realidad que repercute en todo el que se someta a su reino. Tomás, ocho días después, ante la propuesta de Jesús que lo exhortaba de pasar de incrédulo a un creyente (Jn 20:27), dio una declaración de su fe al exclamar: "¡Señor mío y Dios mío!" luego de colocar su dedo en su costado (v. 28). La importancia que para Juan tiene la fe salvadora en todo su escrito no puede ser pasada por alto. Rodney A. Whitacre señala sobre Tomás y su declaración de fe:

> Él es el que confiesa a Jesús como Señor y Dios, una confesión que es obra del Espíritu. Esto sugiere que la respiración del Espíritu no estaba simplemente dirigida a los individuos presentes, como si uno tuviera que ser golpeado por las moléculas que venían de la boca o la nariz de Jesús para recibir al Espíritu. Más bien, el Espíritu ahora se desata en el mundo de una nueva manera y comienza a traer una vida donde encuentra fe.[90]

Ello nos lleva a la primera mención de Jesús con respecto al *Paraklētos* (Jn 14:16). En este primer dicho del mensaje de despedida, cuando el Señor se encuentra con intimidad con sus once discípulos (Judas ya había salido de escena), el Espíritu es presentado como aquel que morará en sus apóstoles y por extensión, en todo futuro creyente (Jn 14:17). El Consolador ya no estaría solamente con ellos, sino "en" ellos. A continuación, presento los tiempos verbales de la primera declaración del *Paraklētos* a la par de las respectivas preposiciones de tan transcendental declaración:

---

[89] Ezequiel 36:25-27 (Cf. 11:19-20), a la par que el capítulo 37 con la visión de infundición de vida sobre los huesos secos con el resultado de la resurección de Israel.
[90] Rodney A. Whitacre, *John: The IVP New Testament Commentary Series*, (Downes, Grove: IVP Academic, 2010), 482.

Frase	Preposición	Tiempo verbal
ὅτι **παρ'** ὑμῖν μένει (Porque **con** ustedes **mora**)	**παρ**: con	Presente
καὶ **ἐν** ὑμῖν ἔσται (y **en** ustedes **estará**)	**ἐν**: En	Futuro

Es increíble como una pequeña frase de dos oraciones tiene una revelación de proporciones cósmicas. Aunque los discípulos pudieron disfrutar de una cercanía del Espíritu a través del ministerio de Jesús, e incluso, es posible que hayan experimentado una limpieza regenerativa como los hombres del Antiguo Testamento (Jn 15:3), es claro que lo por venir tiene una dimensión mucho mayor o sin igual. Sería un fenómeno disruptivo ante la realidad que ellos conocían hasta ese momento. Que Jesús diga que la morada del Espíritu con su pueblo era presente antes de su resurrección, y que después de ella, el Espíritu estaría en los creyentes tiene toda la connotación de la inauguración del Nuevo Pacto predicha en el Antiguo Testamento acerca de la inhabitación e internalización divina trinitaria por medio del Espíritu. La profecía de Ezequiel refleja que Dios limpiaría la apostasía de su pueblo (Ez 36:25) y, además, pondría espíritu nuevo dentro de cada individuo que conformara el nuevo mundo, una nueva naturaleza, un hombre interior renovado y transformado (v. 26), pero no solo eso, como cereza del pastel, el Espíritu del mismísimo YHWH también moraría para siempre en cada integrante del pacto porvenir (v. 27). La referencia de Juan a la LXX es indubitable cuando vemos que al escribir "καὶ ἐν ὑμῖν ἔσται" de 14:17, es casi seguro que tenía suficiente para evocarla en base el griego de Ezequiel 36:27: "Καὶ τὸ πνεῦμά μου δώσω ἐν ὑμῖν" (Y mi Espíritu pondré **en ustedes**).

Además, Jesús les aseguró en esta primera referencia al Consolador que no dejaría huérfanos a sus discípulos tras su partida (v. 18 a); el mundo ya no le volvería a ver en muy poco tiempo (v. 19), pero sus íntimos seguidores contemplarían a su Maestro una vez más, razón de sobra para observar cómo la aparición de Jesús ante ellos es proléptica en el sentido que el amor íntimo y constante del Mesías sería evocado en ellos por el *Paraklētos* al estar en su interior. Esta nueva vida que experimentarían sería suficiente para que la presencia de Jesús perdurara a lo largo de su caminar significando que nunca más estarían solos ni huérfanos. La presencia física del Señor como razón de la alegría de los discípulos después de su muerte es explícita en el versículo 18 donde el Señor les asegura (después de negarles que se quedarían solos como unos huérfanos) que "vendría a ellos" (Gr. ἔρχομαι). El Dr. Adrian P. Rosen hace una excelente observación del verbo "ἔρχομαι":

> Algunos han afirmado que ἔρχομαι aquí se refiere a la *parousia* (Cf. 14:3), y otros a la venida de Cristo a los discípulos en la persona del Espíritu. [...] Pero la interpretación contextualmente más fuerte es que el versículo describe la aparición posterior a la resurrección de Jesús ante los discípulos en el día de la resurrección. Varios factores contextuales encajan en apoyo a esta interpretación. En primer lugar, hay estrechos paralelismos verbales y conceptuales que existen entre 14:29 y 16:16. El autor utiliza [la palabra]... μικρόν (literalmente "un poco") en referencia al corto tiempo que interviene antes de que el mundo ya no viera a Jesús. En el cuarto evangelio el μικρόν ocurre 11 veces, 64 siempre en el discurso de Cristo. En sus primeras cuatro ocurrencias, la frase "un poco de tiempo" se refiere constantemente al tiempo que queda antes de la muerte de Cristo. En 16:16-19, por otro lado, no solo se usa en este sentido, sino también con referencia al intervalo entre la muerte de Jesús y su aparición posterior a la resurrección ante los discípulos. Que esta es la interpretación correcta del pasaje queda claro a partir de la explicación de Jesús registrada en 16:20-23.[91]

Ante el corto tiempo que habría entre su muerte y resurrección y que ellos le verían en tal estado glorificado, el Señor, en ese momento tan especial, también les reveló que *viviría*; una alusión inequívoca a su resurrección causa por la que sus seguidores le volverían a encontrar y además, así como él, ellos también *vivirían: pero vosotros me veréis; porque yo vivo, vosotros también viviréis* (14:19 b); Juan prepara a sus lectores para entender el suceso de 20:22 como una recepción vivificadora/regeneradora que es entregada por el Cristo resucitado (o glorificado). Antes, el Espíritu se encontraba con ellos (14:17) porque el Mesías fue bautizado en él, los dirigía y enseñaba, sin embargo, el Espíritu será dado por Jesús para cumplir la profecía de Ezequiel y lo dicho a Nicodemo en el capítulo tres, al interiorizarse primeramente en los discípulos y luego a todo creyente que ponga su lealtad en el Hijo.

---

[91] Adrian P. Rosen, *The meaning and Redemptive-Historical significance of John 20:22* (NY, Broad Street: Peter Lang Publishing: 2022), 361.

Juan, por otro lado, presenta al Consolador como el que hace posible la misión de los discípulos con testimonio inspirado, es decir, como el Espíritu profecía que trae revelación y guía en la misión cristiana (Cf. Jn 14:26; 15:26; 16:7-14). Este segundo bloque de alusiones al *Paraklētos* parecen apuntar intencionalmente a Pentecostés aludiendo a la acción forense del término griego que utiliza para el Espíritu. La experiencia pentecostal el evangelista ya la había experimentado del "Consolador" *como enviado del Padre*. En el segundo bloque, Jesús ya no se encuentra con ellos: *les conviene que yo me vaya* (16:7); además las alusiones a la testificación empujan hacia esta interpretación; el Espíritu testificará a los discípulos y los discípulos a través de él testificarán al mundo (15:16 b-17): μαρτυρέω (testigo) también es usado en Hechos 1:8 como el resultado de la recepción del poder de lo alto en Pentecostés. Igualmente, este Espíritu convence de pecado, justicia y de juicio (Jn 16:8) acción que recae sobre el mundo y los incrédulos, y que, por inferencia lógica, es realizada cuando los discípulos testifiquen de Jesús. Aquí el *Paraklētos* "enseña lo que ha de venir" (16:13) una referencia a una actividad profética sobre los discípulos. Sin duda, Juan ve la entrega del Espíritu como un todo, pero su narración permite que Lucas explique con sus términos el empoderamiento profético sobre la Iglesia, una obra posterior e imprescindible.

Sin embargo, con respecto a la obra vivificadora, Juan tiene en mente a Ezequiel para tejer su comprensión pneumatológica y puede verse con su insistencia en yuxtaponer el ritualismo judío de las aguas y la obra del Espíritu. No es que el apóstol esté en contra de los rituales de ablución tan comunes en aquel entonces, sino que como los integrantes de la comunidad del Qumran, piensa que las aguas sin una entrega genuina a Dios son inútiles.[92] Keener identifica esta polémica de la siguiente manera: "Al hacer [Juan] hincapié en el Espíritu como agente de purificación frente a las aguas rituales, y siguiendo una imagen veterotestamentaria del agua como símbolo del Espíritu, construye un caso contra sus oponentes no pneumáticos difícil de refutar en sus propios términos".[93] El milagro de las bodas de

---

[92] "Cuando leemos en la 'Regla de la Comunidad' que el hombre impuro y rebelde en su corazón no puede esperar que quede limpio con limpieza ritual con agua, nos recuerda la afirmación de Josefo de que Juan [el bautista] «enseñaba que sería aceptable para Dios si se sometían a él no para procurar el perdón de ciertos pecados sino con vistas a purificación del cuerpo una vez que el alma ha sido purificada por rectitud". F. F. Bruce, *Los Manuscritos del Mar Muerto* (Barcelona, España: Editorial CLIE, 2011), 148.

[93] Craig S. Keener, *The Spirit in the Gospels and Acts: Divine Purity and Power* (Grand Rapids, MI: Baker Academic, 2010), 137.

Caná (Jn 2:1-12) no escatima en, explícitamente, describir la polémica ritual: El agua de las tinajas que serviría para purificación (2:6-7) es convertida en vino por la obra sobrenatural de la orden de Jesús. La mujer samaritana, quien va en busca de agua del pozo de Jacob (4:6, 12) es interceptada por el hombre que dice que aquel modo de subsistencia es inadecuado para la era por venir del Espíritu; en su lugar, el agua que salta para vida eterna (v. 14) será la que para siempre quitará la sed (v. 13) y disfrutará de la adoración carismática de la hora que viene a través de aquellos que adoren en espíritu y en verdad (vv. 23-24).

En este recorrido acuático a través del cuarto evangelio surge la siguiente pregunta: ¿Qué querría decir el Señor al decirle a Nicodemo que el que no nazca de agua y Espíritu no puede entrar al reino de Dios (Jn 3:5)? El nacer de nuevo es paralelo a "nacer de arriba" o "nacer del Espíritu" como un término llano que se contrapone al "nacer de la carne" (3:6) que tiene el significado de la concepción por la voluntad humana. La tradición rabínica hablaba de la sabiduría, la Torá y la enseñanza como agua o un pozo, y de la herejía como agua mala.[94] El fariseo Nicodemo dudaba si Jesús era un agente de agua mala o herejía, o si en verdad venía enviado de Dios. Su visita lo pone en una encrucijada porque Jesús liga en su declaración la acción del Espíritu con el agua. Jesús como el dispensador del Espíritu es el único que tiene la potestad de infundirlo, y solo le es entregado a aquel que se atreva a creer en él (Jn 3:16). Si bien el símbolo del Espíritu como "agua" no es abundante en la literatura judía, en las Escrituras Ezequiel hace uso de ella; por lo que parece que la distinción que Jesús hace de términos como "agua" y "Espíritu" pueda tratarse de una endíadis que apunte al nacimiento sobrenatural o "de arriba". La idea se refuerza cuando Jesús se levanta el último día de la fiesta de los tabernáculos y les dice a los oyentes que beban de él (Jn 7:37). En el octavo día de la fiesta los sacerdotes acostumbraban a derramar el agua del estanque de Siloé sobre la base del altar representando la imagen de Ezequiel 47 de un río fluyendo del templo hacia afuera renovando todo lo que está a su paso:

> Estas aguas salen a la región del oriente... y entradas en el mar, recibirán sanidad las aguas. Y toda alma viviente que nadare por dondequiera que entraren estos dos ríos, vivirá... y junto al río, en la ribera, a uno y a otro lado, crecerá toda clase de árboles frutales; sus hojas nunca

---

[94] Keener, *The Spirit in the Gospels and Acts*, 136.

caerán ni faltará su fruto. A su tiempo madurará, porque sus aguas salen del santuario; y su fruto será para comer, y su hoja para medicina.[95]

Jesús asienta la representación con su declaración. Sin embargo, hace un anuncio escatológico: las aguas no salen del templo físico, sino del Mesías como un nuevo templo de donde la venida del Reino tiene cabida. La Nueva Traducción Viviente capta mejor el significado a la luz de Ezequiel: *¡Todo el que tenga sed puede venir a mí! ¡Todo el que crea en mí puede venir y beber! Pues las Escrituras declaran: "De su corazón, brotarán ríos de agua viva"* (Jn 7:37b-38). Es difícil que el texto se refiera a los creyentes pues el que dispensa el agua es Jesús y a él se llega para beber. Como quiera, la aclaración que hace Juan posteriormente sin duda liga las aguas de Jesús con el Espíritu: *Esto dijo del Espíritu que habían de recibir los que creyesen en él; pues aún no había venido el Espíritu Santo, porque Jesús no había sido glorificado* (v. 39).

El último texto nos pone en posición para ligar la recepción de las aguas vivificadoras del Espíritu con Juan 20:22, ya que tiene miras al futuro. El adjetivo "glorificado, puede simplemente significar el estado incorruptible que Jesús alcanzó por su resurrección, aunque también puede referirse a la crucifixión o al proceso de crucifixión-resurrección-ascensión. Respecto la última postura, algunos eruditos piensan que Jesús subió al Padre después de presentarse a María Magdalena (Jn 20:11-18); lo dicen basados en su respuesta cuando ella aferró a él: *No me toques pues aún no he visto a mi padre* (v. 17 a), como si María no quisiera soltarlo. Jesús no dice que no lo toque por algún tipo de "impureza" de la mujer. Jesús no tenía ningún problema en tocar a los impuros; no era un asceta. El diálogo refleja más bien la inminencia con que el Mesías debía subir a su Padre y ascender; Mateo 28:18-19 se encuentra cronológicamente paralelo al relato de la aparición juanina a los discípulos. Jesús habla como el Señor glorificado: "Toda potestad me es dada en el cielo y en la tierra" y los comisiona a predicar el evangelio. Esto es encomiable con base al texto griego. El Jesús resucitado insta a María para que vaya con urgencia a avisar a los discípulos que subió a su Padre y Padre de sus seguidores (Jn 20:16-18). El verbo ἀναβαίνω en presente activo manifiesta una acción que tendrá lugar en breve, en lugar de algún futuro cercano o a largo plazo. Los proponentes que dicen que la ascensión de Jesús fue únicamente la que

---

[95] Ezequiel 47:8-12.

encontramos en Hechos 1:9-10 parecen no tomar en cuenta el propio contexto juanino.

Además, esta glorificación efectuada es evidenciada por el poder de Jesús de aparecerse repentinamente haciendo uso de la fuerza sobrenatural de su nueva investidura incorruptible justo ante los discípulos antes de impartirle la primicia de esta nueva forma de vida (Jn 20:19), hecho que también se manifiesta en Lucas al aparecerse a los caminantes de Emaús e irse repentinamente delante de sus ojos (Lc 24:13-31), a la par de que el mismo evangelista nos dice que Jesús hizo otras señales en presencia de sus discípulos (Jn 20:30). Por lo tanto, la teología juanina del "camino abierto al cielo" es inaugurada a través de la resurrección. La realidad escatológica de los cielos abiertos al mundo, donde los ángeles transitan libremente revelada a Jacob (Gn 28:12) y anunciada por el Mesías cómo el que hace realidad dicha apertura celestial (Jn 1:51) está a la vista en el capítulo 20 del evangelio de Juan. La inauguración de la nueva creación no puede tener mejor escenario; el huerto donde Jesús fue sepultado (Jn 19:41) se preparó como la escenografía perfecta para reflejar las repercusiones cósmicas del levantamiento del Hijo de Hombre para traer un Nuevo Edén. A través del encuentro con María Magdalena, Jesús como el Sumo Sacerdote victorioso se presenta como el representante fiel de la humanidad. Llamándola "mujer", el Señor entrega posiblemente un guiño a la *isha* (mujer) creada de Génesis, la reminiscencia a Eva podría no estar fuera del lugar. Carmen Joy Imes dice: "Cuando se abrieron los ojos de Eva, se avergonzó y se escondió. Aquí, los ojos de María se abren para que pueda reconocer a Jesús. Entonces Jesús la llama por su nombre y le encarga que les diga a los otros discípulos que está vivo".[96] El domingo de resurrección, después del *Sabbat*, tuvo lugar la transición de la vieja era a un nuevo día y amanecer. Jesús al morir, expió los pecados de su pueblo como Sumo Sacerdote perfecto. Traspasó los cielos, luego de resucitar, para presentarse como ofrenda agradable y perfecta al Padre para que sus seguidores fuesen miembros del Nuevo Pacto (Hb 4:14) y en este escenario edénico exhala al Espíritu de vida sobre sus seguidores evocando a la creación de Adán que antes mencionamos (Gn 2:7). De allí que podamos entender lo que, en intimidad, mencionó con respecto al regresar a su Padre: "Todavía un poco y el mundo no me verá más; pero vosotros me veréis; porque yo vivo; vosotros también viviréis" (Jn 14:19).

---

[96] Carmen Joy Imes, *Being God's Image: Why Creation Still Matters,* (P.O. BOX, Downers Groove: InterVarsity Press, 2023), 130.

Queda claro que la ascensión de Jesús a su Padre, al menos en Juan, sucede luego de encontrarse con María Magdalena, lo que implica su glorificación. Por lo tanto, aunque el mundo no le ve, los discípulos le miran en su irrupción a ellos para entregarle su Espíritu, ¿y cual Espíritu? El que obra vivificantemente. "Porque yo vivo; vosotros también viviréis".

Tal como el contexto inmediato de Juan 20 expresa y de igual forma; la aparición a los discípulos y luego el relato de la incredulidad de Tomás giran alrededor del mismo tema, el Mesías resucitó y en su estado glorificado imparte la nueva vida y una comisión divina. Con respecto a esto, James Dunn dice: "Juan presenta al Espíritu como siendo concedido por Jesús resucitado, durante la primera manifestación a sus discípulos; [para Juan] la manifestación de la resurrección y de Pentecostés van juntas (Jn 20:22)".[97] Aunque más adelante hablaremos que esta "vivificación" tiene implicaciones misionológicas como dice el versículo 23 del "remitir y retener pecados", es importante recalcar lo que dice Marianne Meye Thompson:

> A la luz del papel relativamente mínimo que juega el tema del "perdón de los pecados" en la narrativa joánica del ministerio de Jesús, es por lo tanto aún más significativo que Jesús comisione a sus discípulos con un encargo expresado en términos del perdón de los pecados. Si bien uno podría explicar este *topos* cristiano relativamente común por cualquier número de medios, bien puede ser que el punto de Juan sea que es precisamente la entrega del Espíritu lo que hace posible el perdón de los pecados, engendrando así también la transición de la muerte a la vida como se describe en Ezequiel y en otros lugares. La venida del Espíritu, que ocurre solo después de la muerte de Jesús y el regreso al Padre, pone a disposición de todos los beneficios de la muerte de Jesús, incluido el nuevo nacimiento (3:3, 5) y la libertad del pecado y la muerte (8:24, 33-36). Son los primeros en recibir el perdón de los pecados y la purificación que el Espíritu efectúa, y en ser puestos en la relación renovada y correcta con Dios caracterizada como el "nacimiento de lo alto", permitiéndoles ser hijos de Dios (3:3, 5; 1:12-13). En otras palabras, reciben el Espíritu Santo no simplemente como el poder para la misión o el evangelismo, sino como el poder vivificante que los renueva y purifica para la obediencia y la adoración. De hecho, esto debe suceder primero, antes de que haya alguna posibilidad de que

---

[97] James D. G. Dunn, *Jesús y el Espíritu: La experiencia carismática de Jesús y sus apóstoles* (Barcelona, España: Editorial Clie, 2014), 161.

salgan en respuesta a la declaración de Jesús de que los está enviando como el Padre lo había enviado.[98]

Por lo tanto, difícilmente el relato de la efusión del Espíritu en Juan 20:22 se trate de un simple simbolismo; de hecho, esta posición fue condenada por la iglesia cuando fue propuesta por Teodoro de Mopsuestia en el quinto concilio ecuménico en Constantinopla en el año 553.[99] Algunos también alegan que debido a que la frase preposicional "sobre ellos" no aparece en los manuscritos, se debe tratar al suceso de Jesús respirando al Espíritu como simplemente una parábola impersonal que no pretende tener un cumplimiento estricto en ese momento. No obstante, Adrian P. Rosen tiene razón cuando dice: "El verbo *emfusao* (ἐμφυσάω) de hecho incluye la idea preposicional como parte de su significado básico, como indica el prefijo εμ-, que proviene de la preposición ἐn".[100] Queda claro, que el contexto juanino nos permite creer que Jesús subió a su Padre antes de ascender definitivamente y que la obra del Espíritu tiene una connotación soteriológica y vivificante, a diferencia del recibimiento pentecostal, que se da cincuenta días después de estos acontecimientos.

LA COMISIÓN ES DADA POR MEDIO DE LA REVELACIÓN DE CONVERSIÓN

Las experiencias de la resurrección para los diferentes apóstoles parecen marcar una uniformidad. En el caso de Juan los discípulos reciben al Espíritu como sabiduría vivificante tan característica de los movimientos sectarios del Qumran. La entrega del Espíritu los hace una nueva creación, como dice Ben Witherington III: "[esto] es un verdadero cambio interno, un cambio de corazón, voluntad, mente y emociones".[101] A la par se les comisiona a llevar fruto siendo enviados, lo que emite un claro paralelismo con Génesis 1:26-28. El caso paulino no difiere del resto de los apóstoles;

---

[98] Marianne Meye Thompson, «The Breath of Life: John 20:22–23 Once More», en *The Holy Spirit and Christian Origins: Essays in Honor of James D. G. Dunn*, ed. Graham N. Stanton, Bruce W. Longenecker, y Stephen C. Barton (Grand Rapids, MI; Cambridge, U.K.: William B. Eerdmans Publishing Company, 2004), 75–76.

[99] Carson, The *Gospel according to John*, 651.

[100] Rosen, *John 20:22*, 10.

[101] Ben Wihterington III, en: Kenneth J. Collins y John Tyson, eds, *Conversion in the Wesleyan Tradition* (Nashville: Abingdon, 2011) 119-42. Cf. 122-23.

el relato de la luz que cegó sus ojos y le reveló al Mesías de Israel es presentado también como un llamamiento y no solo una conversión: *Pero agradó a Dios, que me apartó desde el vientre de mi madre, y me llamó por su gracia, revelar a su Hijo en mí; para que yo le predicase entre los gentiles, no consulté en seguida con carne y sangre* (Gá 1:15-16). En Gálatas Pablo narra su propia revelación de Jesús resucitado y cómo este lo comisionó con autoridad para la predicación del Evangelio a los gentiles usando la imaginería de los profetas que son apartados aun antes de nacer como Jeremías. La nota autobiográfica tiene un fin apologético, una defensa de su apostolado ante los agitadores de Jerusalén que lo menospreciaban por no ser de los pioneros o "columnas" (2:9). El apóstol recalca que la comisión de su predicación se le fue dada en el mismo momento de su conversión al Mesías, verdad que explica también en Hechos donde relata su encuentro con Jesús ante Agripa:

> Y habiendo caído todos nosotros en tierra, oí una voz que me hablaba, y decía en lengua hebrea: Saulo, Saulo, ¿por qué me persigues? Dura cosa te es dar coces contra el aguijón. Yo entonces dije: ¿Quién eres, Señor? Y el Señor dijo: Yo soy Jesús, a quien tú persigues. Pero levántate, y ponte sobre tus pies; porque *para esto me he aparecido a ti*, para ponerte por *ministro, y testigo* de las cosas que has visto, y de aquellas, en que me apareceré a ti, librándote de tu pueblo, y de los gentiles, a quienes ahora te envío. Para que abras sus ojos, para que se conviertan de las tinieblas a la luz de la potestad de Satanás a Dios; para que reciban, por la fe que es en mí, perdón de pecados y herencia entre los santificados.[102]

F. F. Bruce atina con respecto al llamado de Pablo: "El propósito de la revelación, a saber, que Pablo proclamara el Evangelio de Cristo entre los gentiles, es parte de la revelación misma: conversión y misión van de la mano. En el mismo instante recibió del Cristo resucitado 'gracia y apostolado'".[103] Empero pese a que la comisión estaba dada, fue necesaria la visita de Ananías con la imposición de sus manos para recibir el *donum superadditum: Hermano Saulo, el Señor Jesús que se te apareció en el*

---

[102] Hechos 26:14-18.

[103] F. F. Bruce, *Un comentario de la Epístola a los Gálatas: Un comentario basado en el texto griego*, ed. Nelson Araujo Ozuna et al., trad. Lidia Rodríguez Fernández, Colección Teológica Contemporánea (Viladecavalls, Barcelona: Editorial CLIE, 2004), 135.

camino por donde venías me ha enviado para que recibas la vista y seas lleno del Espíritu Santo (Hch 9:17), aunque no se menciona, la señal manifestada de la investidura profética para ser un instrumento multicultural seguramente es la *glosolalia* al igual que la experiencia de los 120 en Pentecostés, esto queda sin duda al hablar a los corintios de su práctica continua de este don (1 Cor 14:18).

Una perspectiva canónica nos permite ver que Juan deja lugar para que Lucas narre cómo los discípulos reciben una efusión diferente del Espíritu, lo que en círculos judíos era llamado el Espíritu de profecía que los capacitaría para llevar a cabo el recuperar las naciones que estaban bajo el dominio de las potestades rebeldes (Hch 1:8). Más adelante explicaremos por qué estas experiencias diferentes no tienen por qué dividir tajantemente la obra completa del Espíritu Santo en la vida del creyente; sin embargo, no es menos verdad que Lucas empuja a la Iglesia a anhelar lo que él llama "la llenura del Espíritu" (2:4), "la promesa del Padre" (1:4), "el don del Espíritu" (2:38), "el don de Dios" (8:20), etc., que puede darse incluso a quienes fueron limpios por la palabra misma de Jesús (Jn 15:3), a quienes fueron hechos nuevas criaturas y recibieron el ministerio (Jn 20:21-23). La imagen de Dios es dignificada por medio del Espíritu y posiciona a hombres y mujeres en la fe en una relación correcta con Dios. Hay una transformación ontológica, donde la mente es renovada, el libre albedrío sanado, y el espíritu es regenerado; sin embargo, la imagen también es restaurada para trabajar para su Creador, tal como la comprensión funcional de Génesis y el antiguo Cercano Oriente. El ser humano es hecho por medio del evangelio, un *Rey y Sacerdote* (1 P 2:9; Ap 5:10) que, como Adán y Eva, tiene la comisión de manifestar el amor de Dios en toda la creación y anunciar las virtudes de aquel que los sacó del caos del exilio y los llamó de las tinieblas a su luz admirable (1 P 2:9), la capacidad para testificar el poder de la nueva creación viene del mismo Espíritu que mora en el creyente, pero que con una efusión separada hace que la misión sea posible. Pentecostés alude este tema implícitamente, a continuación, lo explicaremos.

PENTECOSTÉS, UNA INVERSIÓN DE BABEL Y LA ENTREGA DEL ESPÍRITU DE PROFECÍA

Los paralelismos del relato lucano con Génesis 11:1-8 parecen empujarnos a la dirección de ver lo que pasó en Pentecostés como una repetición del acontecimiento de la torre de Babel, pero invertido. Hechos 2:9-11 presenta a judíos de diferentes nacionalidades que aluden de "manera abreviada a la Tabla de las naciones en Génesis 10".[104] Estas naciones decidieron hacer caso omiso al llamado de Dios de extenderse por el mundo y en su lugar prefirieron hacerse de un "solo nombre" (Gn 11:4), construyendo una torre como señal de rebelión a Dios. Josefo nos cuenta que Nebrotes, el nieto de Cam, anhelaba tener un dominio absoluto sobre las personas y es por eso que construye la gran torre, afirmando que si Dios se proponía ahogar al mundo de nuevo, haría construir una torre tan alta que las aguas jamás la alcanzarían, y al mismo tiempo se vengaría de Dios por haber aniquilado a sus antepasados.[105] La opinión acerca de la torre de Babel en la interpretación rabínica es que era una señal de la idolatría. No es para menos, el gran edificio era un zigurat, una obra arquitectónica de aquella época que contaban con un templo en su cima. Para la cultura mesopotámica este representa la entrada al espacio cósmico y espiritual. Los montes altos junto con las pirámides eran considerados espacios sagrados, como dice Michael Heiser: "En muchas religiones antiguas, los jardines lujosos y montañas inaccesibles eran considerados las casas de los dioses".[106] El jardín del Edén presenta esta misma naturaleza, un templo cósmico en el que Adán fue puesto para cuidar como un sacerdote de Dios, sin embargo, su pecado hizo que fuera expulsado; así también Dios dispersó a las naciones en Babel por tratar de deificarse a sí mismas.[107]

No obstante, una clarificación es apremiante como símbolo de precaución cuando nos encontramos ante la diversidad cultural. En Génesis 10 las naciones están cumpliendo con el esparcimiento que fue mandado a Noe y su familia en el capítulo 9. Sin embargo, parece que la creación de la ciudad protobabilónica de Babel, es un intento injustificado de oprimir a las culturas en formación. Tal como dice Carmen Joy Imes: "después de Génesis 19, con su diversa lista de naciones, la afirmación de que la gente hablaba un solo idioma es un poco sospechosa".[108] Podría ser verdadero lo que dice David Smith como que la imposición de una sola habla a personas de diferentes naciones, que, en los textos asirios, esto podría servir como "una metáfora de la subyugación y asimilación de los pueblos

---

[104] G. K. Beale, *The temple and the Church's Mission: A biblical theology of dwelling place of God* (Downers Grove, Illinois, 2004), 270.
[105] Flavio Josefo, *Antigüedades*, 59.
[106] Michael S. Heiser, *Sobrenatural: Lo que la Biblia enseña sobre el mundo ignoto — Y porqué es significativo* (Lynden, WA: Miqlat, 2017), 14.
[107] Keener, *Hermenéutica del Espíritu*, 77.
[108] Joy Imes, *Being God's Image*, 67.

conquistados".[109] Esto debería por igual, hacernos cuidadosos a la hora de emitir algún juicio de asimilación de las culturas liberadas por Cristo en "la masa occidental cristiana". Dios no está en contra de la cultura, al contrario, él ama a cada diferente nación con sus propias características. El deseo misional que empuja una correcta antropología bíblica debería estar en la santificación de la cultura en lugar de su asimilación. Cuando Juan observa la gran multitud, simiente santa que exalta al Cordero, se trata de una masa redimida de "toda lengua, tribu y nación" (Ap 7:9). El juicio contra Babel tenía el fin de un bien, que las naciones sean esparcidas como prototipo de la caída de la opresión diabólica. En Pentecostés, Dios a través del Espíritu, exhala a la Iglesia con lenguas de fuego a manifestar su reino al mundo, cuando habían sido inhalados para resurrección de vida.

A partir de esto, podemos entender que al Dios descender y emitir el juicio en contra los constructores de Babel el paralelismo con Pentecostés es claro; sus lenguas son confundidas trayendo como consecuencia que sean esparcidos sobre la faz de la tierra (Gn 11:7-9), lo que se habían negado a hacer como creados a imagen y semejanza de la Divinidad. Josefo nos dice que la Sibila menciona la destrucción de la torre a través de un viento de los dioses además de la confusión de los idiomas.[110] Es irónico, si este zigurat idolátrico planteaba que la presencia de las divinidades se manifestaría, obtuvieron en cambio al mismo Dios verdadero manifestándose para la destrucción de sus planes; como dice Joy Imes: "Si esperaban que Dios descendiera para morar entre ellos, obtuvieron su deseo. Yahvé descendió, pero el resultado hizo realidad su peor temor. Dios determinó que su proyecto era ilegítimo y dispersó a la gente, precisamente lo que estaban tratando de evitar".[111]

En el relato lucano un estruendo como de viento recio llenó la casa donde se encontraban los primeros cristianos. La alusión al estruendo y las lenguas como de fuego asentadas en las cabezas de los discípulos tienen una clara intención de transmitir en lenguaje de una teofanía que tiene el objeto de proclamar el advenimiento de la presencia de Dios (Éx 13:21; 14:21; 1 R 19:11; Ez 1:4). 1 de Enoc con anterioridad a Lucas utiliza la imagen de "lenguas de fuego". En una visión donde es transportado en

---

[109] David Smith "What Hope After Babel?: Diversity and Communitu in Gn 11:1-9; Ex 1:1-14; Zeph 3:1-13 and Acts 2:1-13" en, *Horizons in Biblical Theology* 18, no. 2 (1996): 75.

[110] Josefo, *Antigüedades de los Judíos*, ed. Alfonso Ropero Berzosa, Colección Historia (Barcelona, España: Editorial CLIE, 2013), 59.

[111] Joy Imes, *Being God's Image*, 69.

medio de la neblina y los relámpagos al cielo observa unas paredes de cristal de un templo:

> Y entré hasta que me acerqué a una pared construida de cristales y rodeada de lenguas de fuego: y comenzó a asustarme. Y entré a las lenguas de fuego y me acerqué a una casa grande que estaba construida de cristales: y las paredes de la casa eran como un piso de mosaico (hecho) de cristales, y su fundamento era de cristal. Su techo era como el camino de las estrellas y los relámpagos, y entre ellos había querubines de fuego, y su cielo era (claro como) agua. Una llama de fuego rodeaba los muros, y sus portales resplandecían con fuego. Y entré en esa casa, y estaba caliente como el fuego y fría como el hielo: no había en ella delicias de la vida: el miedo me cubrió, y el temblor se apoderó de mí. Y mientras temblaba y temblaba, caí sobre mi rostro. Y vi una visión, y ¡he aquí! había una segunda casa, más grande que la anterior, y todo el portal estaba abierto delante de mí, y estaba hecho de llamas de fuego. Y en todos los aspectos sobresalió tanto en esplendor y magnificencia y extensión que no puedo describirte su esplendor y su extensión. Y su piso era de fuego, y sobre él había relámpagos y el camino de las estrellas, y su techo era también llamas de fuego.[112]

Es muy probable que Lucas tomara el concepto de las lenguas de fuego en el templo celestial de esta visión, sin embargo, tiene su propio punto de vista. Además, es justificado creer que los discípulos se encontraban en el templo, al menos el final del evangelio de Lucas reúne evidencia de que seguían visitando el lugar para sus reuniones después de la ascensión (Lc 24:53), de igual forma es plausible que en el santuario los judíos extranjeros se hayan fijado en ellos al ser atraídos por el portento en una festividad que tiene poco tiempo de separación con la Pascua. A diferencia del relato de Enoc, donde él entra a las lenguas de fuego para recibir revelación del templo celestial, en Hechos, los discípulos las retienen sobre sus cabezas como muestra que el Espíritu escatológico es derramado sobre ellos (Hch 2:4). El templo de Jerusalén, siendo el centro de la vida judía viene a ser desplazado y próximo a destrucción; en su lugar, la Iglesia con lenguas de fuego es aprobada por Dios como el templo donde mora su presencia. Pentecostés es una inversión de Babel, porque los hombres no ascienden

---

[112] 1 Enoc 14:9-16.

a Dios con arrogancia, sino que le esperan pacientemente en muestra de sumisión y humildad al mandato de su Señor (Hch 1:4).

Además, la presencia poderosa del Espíritu se refleja en los discípulos con la inspiración profética al hablar nuevas lenguas que no conocían. Este motivo también se encuentra en 1 de Enoc: el santo al entrar a las lenguas de fuego es llevado en el santuario donde se encuentra el trono de Dios y obtiene la autoridad para hablar contra los vigilantes. En otros textos del periodo intertestamentario el fuego es un simbolismo de la profecía. En Sabiduría de Ben Sira el fuego es profético: *Después surgió el profeta Elías como fuego, su palabra abrasaba como antorcha* (48:1). G. K. Beale de igual manera analiza los Rollos del mar Muerto en 1Q 29, donde aparecen las "lenguas de fuego":

> Los Rollos del mar Muerto interpretan que las piedras Urim y Tumim brillaron gloriosamente con "lenguas de fuego"… probablemente, estas piedras fueron uno de los medios por los cuales vino la revelación profética de Dios… 1Q 29 entiende que el Urim y Tumim brillaron con "lenguas de fuego", cuando Dios dio la respuesta profética en medio de su nube teofánica a la pregunta del sumo sacerdote sobre si un profeta es falso o verdadero.[113]

En el Antiguo Testamento Jeremías cumple con el prototipo profético del habla inspirada a través del fuego: *He aquí yo pongo mis palabras en tu boca por fuego, y a este pueblo por leña, y los consumirá* (Jr 5:14). En Juan, los dos testigos de Apocalipsis que probablemente representen a la Iglesia y su testimonio,[114] también refleja la asociación del fuego con la profecía: *Si alguno quiere dañarlos, sale fuego de la boca de ellos* (Ap 11:5 a). La comprensión de la entrega del don profético puede verse no solo con las lenguas de fuego, sino que, por medio de la misma fuente, Pedro profetiza y exhorta a los judíos extranjeros a arrepentirse y escapar del juicio escatológico de Joel 2; la palabra ἀποφθέγγομαι que denota el habla entregada por el Espíritu en las lenguas en el versículo 4, también es utilizada por Lucas en el versículo 14 para el comienzo del discurso

---

[113] Beale, *Temple*, 277.
[114] Los candeleros en la simbología apocalíptica de Juan pueden representar a la Iglesia, tal como lo había hecho antes (Ap 1:20). Sin embargo, se puede tomar una interpretación futurista y el concepto del fuego profético sigue a la vista, aunque evidentemente pierde el valor recapitulativo de Juan para la aplicación de sus lectores en el contexto.

profético de Simón. Las lenguas al igual que la profecía comparten la misma fuente de la inspiración profética.

Por otra parte, se ha ignorado el aspecto sobrenatural de la división de las naciones después de Babel. El texto masorético de Deuteronomio 32:8-9 parece omitir lo que para la comunidad del Qumran junto con la LXX es evidente:

> Cuando el Altísimo hizo heredar a las naciones,
> Cuando hizo dividir *a los hijos de los hombres*, (בְּנֵי אָדָם)
> Estableció los límites de los pueblos
> Según el número *de los hijos de Israel.* (בְּנֵי יִשְׂרָאֵל)
> Porque la porción de Jehová es su pueblo;
> Jacob la heredad que le tocó.

Sin embargo, otras lecturas como las mencionadas anteriormente sugieren que el número no es según los hijos de Israel, sino según los ángeles de Dios. La LXX registra que las naciones excepto Israel son entregadas a seres angelicales:

> Ὅτε διεμέριζεν ὁ ὕψιστος ἔθνη, ὡς διέσπειρεν υἱοὺς Ἀδάμ, ἔστησεν ὅρια ἐθνῶν κατὰ ἀριθμὸν **ἀγγέλων Θεοῦ**.

> Cuando el Altísimo dividió las naciones, cuando separó a los hijos de Adán, estableció los límites de las naciones según el número de *los ángeles de Dios.*[115]

Los manuscritos del mar Muerto apoyan esta lectura que da pauta a la interpretación de la repartición angelical. En 4Q37, la porción de Deuteronomio 32:8 menciona que los límites de las naciones fueron entregados a los בני אלוהים (los hijos de Dios).

La inferencia es que tales potestades se apartaron del propósito de su hacedor llevando a los gentiles a las artes oscuras, la maldad y la idolatría. Daniel 10 presenta a un ángel de Dios que llega al profeta para darle ánimo, revelándole que se había frenado por la oposición del príncipe de Persia, una potestad hostil, pero que, sin embargo, el príncipe Miguel llegó a prestarle ayuda (v. 13). Incluso este ser que habla a Daniel debe pelear con el mismo

---

[115] Lancelot Charles Lee Brenton, ed, *The Septuagint Version of the Old Testament: English Translation* (London: Samuel Bagster and Sons, 1870), Dt 32:8.

príncipe malvado y el príncipe de Grecia (v. 20). Pablo en Efesios 6:12-18 habla de la lucha que el creyente tiene ante enemigos espirituales descritos como principados, potestades y gobernadores de las tinieblas; no es casualidad que la *oración en el espíritu*, sea parte de las recomendaciones del apóstol para resistir a estos seres malignos, la glosolalia así también en Pentecostés es el reflejo de la reconciliación que Cristo ha logrado con la familia que está en los cielos, el pueblo de Israel y todas las naciones al ser arrebatadas de las garras del maligno. De esta manera observamos que la Biblia revela suficiente información como para corroborar lo que Michael Heiser define como "geografía cósmica".[116] Sin embargo la porción de YHWH fue Israel, lo que hacía a la nación tierra santa, que, como prototipo adánico, debía ser luz a los demás pueblos al ser descendencia de Abraham.

El padre de la fe fue sorprendido por una promesa que quien le llamó le hizo: *De cierto te bendeciré, y multiplicaré tu descendencia como las estrellas del cielo y como la arena que está a la orilla del mar; y tu descendencia poseerá la puerta de sus enemigos* (Gn 22:17). Si la comisión edénica implicaba el multiplicarse y administrar la creación, entonces la promesa a Abraham es reflejo que ha sido levantando para llevar a cabo el fin de Dios sobre dicho mundo. La simiente santa en pacto se desenvuelve en muchedumbre y a través de ella la gloria de Dios y su conocimiento son llevados a las naciones. N. T. Wright dice acertadamente que este pacto es "el plan único de Dios a través de Abraham y su familia para bendecir al mundo entero".[117] Pablo se asegura de no deslindarnos a los gentiles de esta realidad: *Y si vosotros sois de Cristo, ciertamente linaje de Abraham sois, y herederos según la promesa* (Gá 3:29). Puesto que a Abraham desde Génesis 12:2 se le revela que Dios lo haría una gran nación (גוֹי , *gôy*) –un país estructurado política y socialmente– en comparación con las entidades amorfas del versículo 3 traducidas como "familias" (מִשְׁפָּחָה, *mišpāḥā(h)*) esparcidas por el juicio de Babel en el capítulo 11, la Escritura nos presenta un gran contraste entre un hombre que parece no tener nada más que a su ganado y familia quien es llamado a confiar en Dios y su reino invisible, con todas las naciones que surgen por querer preservar la autonomía humana en lugar del gobierno del reino de YHWH y que han sido

---

[116] Heiser, *Demonios: Lo que la Biblia realmente dice sobre los poderes de las tinieblas*, 165.
[117] N.T. Wright, *Justificación: El plan de Dios y la visión de Pablo* (Miami, Florida: Juanuno1 Publishing House LLC, 2020), 81.

engañadas por entidades rebeldes. No es para menos lo que dicen Peter Gentry y Stephen Wellum:

> La elección de términos del autor enfatiza que la familia de Abram es un reino real con poder y significados eternos, mientras que los llamados reinos de este mundo no tienen poder o significado duraderos... Por lo tanto, las promesas de Dios a Abram realmente implicaban la ciudad de Dios, y el autor de Hebreos explica con precisión a sus lectores el significado previsto del autor de Génesis 12. Abraham debía ir a un país que Dios le indicaría y residir allí, aunque fuera como peregrino y extranjero: "la ciudad que tiene cimientos cuyo arquitecto y constructor es Dios (Hb 11:10).[118]

Sin embargo, el fin del llamado de Abraham y su descendencia era bendecir a estas familias, ser la luz que alumbre su cultura y su guía profética. Es aquí donde la referencia al pacto con Abraham a poseer la puerta de los enemigos cobra sentido a la luz de la revelación celestial en la declaración de Pedro sobre Jesús como el Hijo del Dios Viviente y el Cristo (Mt 16:16-28). Las puertas eran el lugar estratégico para la entrada de víveres y alimento de una ciudad, por lo tanto, poseer una puerta, significaba la derrota inminente de aquella urbe. El Señor da unas palabras que son un golpe de muerte contra el mundo de las tinieblas y sus pretensiones opresoras y egoístas: *Y yo también te digo que tú eres Pedro, y sobre esta roca edificaré mi Iglesia, y las puertas del Hades no prevalecerán contra ella* (v. 18). Algunos cristianos han malentendido ello debido a su desconocimiento de la cultura de Medio Oriente; no se trata de una defensiva que se resguarda débilmente del diablo y sus secuaces, sino una confirmación de la protección divina ante la oposición espiritual y un saqueo del reino de la muerte que gobierna Satanás para destruir a la humanidad que se ha encargado de levantar imperios que fomentan la anarquía hacia Dios. A través de la muerte sacrificial y resurrección de Cristo, la obra del Hijo de Dios marca la derrota incisiva e inminente de la muerte y la potestad dada a su pueblo y descendencia con el fin de libertar a los cegados por el mal, como dice John Nolland: "A través del alcance de la iglesia, el Hades se verá obligado a renunciar a su reclamo sobre tales personas".[119]

---

[118] Gentry y Wellum, *God's Kingdom trough God's Covenant*, 104-106.
[119] John Nolland, *El Evangelio de Mateo: un comentario sobre el texto griego*, New International Greek Testament Commentary (Grand Rapids, MI; Carlisle: W.B. Eerdmans; Paternoster Press, 2005), 676.

La conexión con Pentecostés puede verse cuando el Señor le revela a Pedro que el pooserá las llaves del reino de los cielos (v. 19); mientras las puertas del Hades son saqueadas, la predicación apostólica hará que muchos de esos que tras la puerta se daban por muertos, resuciten para una nueva creación. El apóstol Cefas en Pentecostés con la autoridad del Espíritu, dicta su primer discurso *pneuma* que hace que tres mil judíos extranjeros se sometiesen al reinado de Cristo (Hch 2:41).

Vale la pena señalar que no es casualidad que el Mesías, al decir estas palabras, se encontrará en la región de Cesarea de Filipo, una ciudad situada a los pies del monte Hermón, que está "en la región más septentrional de Basán, asociada en el Antiguo Testamento y en la literatura cananea con los gigantes de Refaim y los puntos de entrada al infierno... Jesús seguramente dice esto [en este lugar] pensando en Satanás y el reino de los muertos".[120] Aquel lugar se caracterizaba por ser oscuro y un punto de referencia para la idolatría y las fuerzas del mal. Se encontraba un santuario construido por Alejandro Magno en forma de gruta dedicado al dios griego Pan, conocido como un pozo sin fondo, o las puertas del Hades griego. Para variar, el monte Hermón para los cananeos era considerado como el monte de Baal y Basán como el reino de los muertos, un "lugar de la serpiente", y un punto estratégico para las fuerzas de la oscuridad. Si esto no fuera suficiente, monte Hermón, en la literatura del segundo templo (1 Enoc 6), es el punto geográfico donde los vigilantes habían hecho un pacto para llegarse a las hijas de los hombres y quebrantar su santidad. Aunque no podemos estar seguros que lo que sucedió en Hermón con los hijos de Dios y su unión sexual con las mujeres humanas sea histórico, los judíos del siglo I sabían bien de la fama de lo que representa esta región. Jesús se sirve de todo este caso acumulativo para establecer su punto: La edificación de su Iglesia para el quebrantamiento de los rebeldes. El día que el don pentecostal fue entregado, el reverso de la anarquía desatada en Babel se pone en marcha más intensamente, a través de los Hijos de Dios capacitados con el Espíritu Santo que confrontan a las potestades con su fe, amor y enseñanza de la Palabra.

Queda la vista que, en Pentecostés, Dios a través del Espíritu Santo, ha revertido el mal producido después de la rebelión en Babel, las naciones a través de la entrega del Espíritu de profecía son llamadas a ser porción de YHWH como Israel: Como hoy día Dios mora en los creyentes a través de su Espíritu Santo, cada iglesia –cada reunión de creyentes– es tierra

---

[120] Heiser, *Demonios*, 228.

santa.[121] Pentecostés es el clímax que Jesús preparaba con sus liberaciones y la atadura al hombre fuerte (Lc 11:21-22). El envío de los 70 en el evangelio lucano tiene como fin representar la liberación de las 70 naciones atadas a la esclavitud satánica; Pentecostés es el primer llamado a través de la Iglesia empedernida de que esta realidad estaba irrumpiendo en el mundo. Los cristianos por medio de la autoridad de Cristo echan fuera a los espíritus inmundos trayendo libertad al género humano a la par que impactan las culturas imbuidas en la oscuridad de la idolatría y las entidades espirituales rebeldes.

La iglesia, conformada con hombres y mujeres restaurados, por medio del Espíritu Santo, son empujados a cumplir la comisión de extender el mensaje de Dios a todas las naciones y hasta lo último de la tierra, una inversión de la confusión de Babel, donde el asombro y la maravilla por las diferentes lenguas vienen a terminar en la conversión y la entrega de la comisión divina en lugar del juicio y la entregada a potestades; ahora todas ellas están debajo del señorío cósmico de Cristo (Col 1:16-23). Lucas presenta la necesidad del Bautismo en el Espíritu Santo para llevar a cabo el plan de Dios acerca de la imagen divina en los seres humanos y rescatar a las personas de la potestad de Satanás para la formación de un pueblo que manifestará la nueva creación.

PENTECOSTÉS: LA EDIFICACIÓN DE UN NUEVO TEMPLO

Paralelos del periodo intertestamentario y el Antiguo Testamento

Si es el caso que Lucas ha tenido cierta influencia de la literatura intertestamentaria por los paralelismos de "las lenguas de fuego" y la visión de un nuevo santuario, es innegable que 1 Enoc 90:28-36 cobra más sentido como un texto coincidente con su visión. La vieja casa, queda desarmada por Dios, y en su lugar, una nueva casa, "más grande y alta que la primera" reemplaza la anterior. Lo interesante de esta nueva casa es que parece impactar mundialmente haciéndose eco de la nueva creación. El autor judío del Segundo Templo no escatima en usar toda una imaginería mundial

---

[121] Heiser, *Sobrenatural: Lo que la Biblia enseña Sobre el mundo ignoto — Y porqué es significativo* (Lynden, WA: Miqlat, 2017), 44.

mencionando la reunión masiva de ovejas, que propician a que la casa nueva esté completamente llena. Todas las bestias del campo y las aves también se reúnen en pos de esta nueva realidad, que no es nada más y nada menos que una Nueva Jerusalén. El Templo resulta ser una realidad cósmica y extendida, en lugar de un punto geográfico específico. Lucas entonces, aprovecha muy probablemente, aludir a esta realidad con su nuevo templo "no hecho de manos humanas" sino manifestado con la gloria incandescente del fuego divino que hace su demostración pública con un discurso *pneuma* de lenguas y profecía. La nueva creación ya se manifiesta y se extiende, a través de la Iglesia viva, con los santos que han sido ordenados para vida eterna (Hch 13:48).

Añadiendo al tópico de la extensión del santuario y su relación con las lenguas de fuego pentecostales, no se puede escapar de nuestra vista Zacarías 2:1-5. En una visión, el profeta observa a un varón de Dios con un cordel de medir a quien le pregunta que es lo que está haciendo con él (v. 1-2). Su respuesta sumada a la de otro ángel que aparece en escena ciertamente es inesperada y habla del triunfo de YHWH a través de la fidelidad hacia su pueblo. El primero dice que tal cordel tiene el fin de medir la longitud de Jerusalén (v. 2); sin embargo, el segundo llega de forma abrupta para interpretar lo que eso significa evocando un clímax catártico que llenaría de esperanza a los lectores: *Corre habla a este joven, diciendo: Sin muros será habitada Jerusalén, a causa de la multitud de los hombres y de ganado en medio de ella* (v. 4). El tema de el "ensanchamiento" abrahámico prometido por Dios es reiterado de nuevo, esta vez desde una perspectiva escalonada de lo que el templo representa y de lo que el pueblo de Dios significa: una nueva creación que se ha expandido. La alusión al ganado puede significar la abundancia material del pueblo, pero también la vida animal de la paz holística de la Nueva Jerusalén; por si fuera poco, los gentiles están presentes en esta visión, pues la interpretación muestra que las naciones venideras serán el pueblo de Dios (v. 11). No cabe duda de que el llamamiento a escapar de la gran Babilonia en este capítulo de Zacarías no puede agotarse con el exilio de Judá en mano de los Caldeos, sino que tiene la intención de reflejar que el pacto de Dios hecho a Abraham se cumplirá para todos aquellos que se han apartado del reino del mal y de las tinieblas. Pedro en su sermón de Pentecostés, con la misma voz profética de Zacarías, llama a Jerusalén y a las naciones representadas a arrepentirse y salir de las tinieblas para conformar el templo expectante de la nueva creación.

Desde esta óptica cobran sentido las palabras del contemporáneo de Zacarías quien, junto con él, exhorta al pueblo a terminar de edificar la casa: *La gloria de esta casa será mayor que la primera* (Hg 2:9). Lo más interesante sigue después en la visión de Zacarías, pues la realidad de la extensión de la muchedumbre que llega al Señor es protegida por un fuego alrededor de ella (Za 2:5). Es innegable ver el lenguaje de 1 Enoc con respecto al templo protegido por lenguas de fuego teofánicas y escatológicas. Lucas, sin temor a equivocarnos, pudo haber sido consiente de esta relación literaria, y el fin de su relato pudo haber tenido la intención de demostrar que la Iglesia es un templo nuevo, escatológico y lleno de vida de la nueva creación que se ha manifestado por voluntad de Dios a través de Jesucristo.

Adicionalmente, Ben Sira 24 no puede ser pasado por alto ya que refleja la visión expansiva de la gloria de Dios que debía se extendida a través de Israel por toda la creación. La gloria se refleja a través de la sabiduría que con un lenguaje arbóreo se manifiesta en la porción de YHWH:

> Como cedro me he elevado en el Líbano, como Ciprés en el monte del Hermón.
> Como Palmera me he elevado en Engadí, como plantel de rosas en Jericó,
> Como gallardo olivo en la llanura, como plátano me he elevado.
> Cuan cinamomo y aspálato aromático he dado fragancia,
> Cual mirra exquisita he dado buen olor,
> Como gálbano y ónice y estacte, como nube de incienso en la Tienda.
> Cual terebinto he alargado mis ramas, y mis ramas son ramas de gloria y de gracia...
> Todo esto es el libro de la alianza del Dios Altísimo,
> la Ley que nos prescribió Moisés como herencia para las asambleas de Jacob; la que inunda de sabiduría como el Pisón,
> Como el Tigris en días de frutos nuevos; la que desborda inteligencia como el Éufrates.
> Como el Jordán en días de cosecha, la que rebosa doctrina como el Nilo, como el Guijón en días de vendimia.[122]

La referencia edénica de los ríos tiene el fin de reflejar la gloria de la sabiduría que se desborda desde el tabernáculo hacia afuera, hasta llegar a ser un mar (v. 31) y una aurora de instrucción que llegará lo más lejos posible siendo conocida (v. 32). Lo más interesante, sin embargo, es que en el versículo 33, la enseñanza de sabiduría será "derramada" (gr. ἐκχέω;

---

[122] Ben Sira, 24:13-27. Versión La Biblia de Jerusalén.

Cf. Hch 10:45) *como* "profecía" que es dejada para las generaciones que vendrán posteriormente.

Si Hechos tiene en cuenta esta perspectiva de Eclesiástico, entonces existe una relación innegable entre el derramamiento del Espíritu de profecía, la sabiduría que emana de la ley mosaica, y el templo como su morada para irrumpir por todas las generaciones. Parece claro entonces, que Lucas ve la entrega del Espíritu Santo en Pentecostés como la gloria que llena al templo escatológico (en este caso la Iglesia), lo que supera o trasciende, la comprensión de Ben Sira enraizada en la instrucción de la Torah como el camino a seguir para manifestar la renovación creacional. Esto se debe a que Hechos no presenta el derramamiento de la presencia divina como *si fuese* profecía, sino como profecía misma dada por el Espíritu. Lucas polemiza con la partícula comparativa de Eclesiástico ὡς que es traducida como un símil, y en su lugar, opta por demostrar, que los cristianos poseen la sabiduría divina, no por alguna interpretación de la ley lograda por el intelecto o una doctrina que surge de un río, sino por la *Shekhiná* de YHWH que se ha manifestado propiamente. Si existía, como algunos han sugerido, una tradición judía temprana de la fiesta de Pentecostés como aquella que conmemora la entrega de la ley y Lucas la conocía, es laudable reconocer que Hechos, como instrucción apologética, pueda estar polemizando con las ideas protorabínicas de que la profecía había cesado en Israel vindicando a los seguidores de Jesús como escogidos para proseguir los planes de Dios a través del Espíritu Santo. Al colocar a los primeros cristianos como impenitentes y siervos (Hch 2:18), ellos son los objetos de la bendición escatológica del Espíritu de profecía.

No es ingenuo darse cuenta, por otro lado, de las reminiscencias de Isaías 32:14-15, donde la sequía es solucionada a través del Espíritu de lo Alto que es derramado convirtiendo todo en un campo fértil, que es considerado como bosque. Además, Lucas demuestra que esta bendición escatológica, así como la sabiduría en Ben Sira, debe perdurar de generación en generación y para todos los que están lejos (Hch 2:39). La nueva creación, por lo tanto, también juega un papel importante muy probablemente en la mente del autor de Hechos con respecto a lo sucedido en Pentecostés: Estos seres humanos han recibido a Dios mismo para ser los profetas escatológicos que llaman a los pecadores a las aguas de la sabiduría (Ben Sira 24:19, 34; Cf. Mt 11:28; Jn 7:37; Ap 22:17). Han probado las primicias de la cosecha de Pentecostés, pero deben recuperar las naciones para la gloria de su Cristo a través del evangelio del arrepentimiento y perdón de pecados (Lc 24:47-48).

Pentecostés, ¿un nuevo Sinaí?

Surge la tentación aquí, de mirar el Pentecostés lucano como un "Sinaí cristianizado" o un Nuevo Sinaí con base en la tradición judía popular o rabínica de la festividad. El talmud caracteriza al Shavuot como la fiesta que debe celebrarse cincuenta días después de la pascua como una celebración que conmemora la entrega de la Ley a Israel en lugar de los primeros frutos de la cosecha como se describe en el Pentateuco (Éx 34:22; Nm 28:26). Así las tradiciones recogidas en el Talmud Babilónico en cuanto al Shabatt (b.Sab.88b), a saber, las de Rabí Johanan e Ismael, manifiestan a detalle lo que sucede en Shavuot con respecto a la entrega de la Torah que fue dada a las setenta naciones del mundo en sus respectivos idiomas:

> [Rabí] Johanan [(279 d. C.)] dijo: Está escrito [Salmos, 68:11]: "El Señor dio (felices) nuevas; son publicados por mensajeras femeninas, numerosas anfitrionas". Esto implica que cada palabra que emanaba del Dios poderoso *fue anunciada en setenta idiomas*. La escuela de [Rabí] Ismael [(135 d. C.)], sin embargo, (aducía lo mismo de otro pasaje): Está escrito [Jeremías, 23:29]: "¿No es así mi palabra como el fuego? dice el Señor, ¿y como un martillo que tiembla la roca?". Como el martillo que golpea emite una multitud de chispas, así es cada palabra que emana del Santo, bendito sea, *anunciada en setenta idiomas diferentes*.[123]

Aun cuando sostener que Lucas puede evocar estas tradiciones pudiese ser desiderable, no podemos estar seguros que estuvieran vigentes en el siglo I.[124] En realidad, si los registros que tenemos de estas tradiciones detalladas son posteriores a la composición del Nuevo Testamento, entonces los detalles cronológicos nos sugieren que podría argumentarse de manera inversa: la reacción rabínica a la tradición cristiana de Pentecostés y sus lenguas extáticas pudo haber sido el móvil suficiente para que una interpretación judía ensalzara la Torah (siendo Israel una nación sin Templo), al ser

---

[123] Michael L. Rodkinson, trad., *The Babylonian Talmud: Original Text, Edited, Corrected, Formulated, and Translated into English*, vol. 1 (Boston, MA: The Talmud Society, 1918), 163. Ni Filón, ni Josefo se hacen eco de esta tradición. Para variar, Filón creía que la entrega de la Ley fue realizada en la Fiesta de las Trompetas.

[124] I. Howard Marshall, *Acts: an introduction and commentary*, vol. 5, Tyndale New Testament Commentaries (Downers Grove, IL: InterVarsity Press, 1980), 73.

entregada a setenta naciones en sus propios idiomas desde el principio. La unicidad de Dios remarcada junto con su propia iniciativa de hablar él mismo estos lenguajes parece de entrada, refutar la comprensión pneumatológica prototrinitaria de la Iglesia primitiva en cuanto a la glosolalia que es hablada por los discípulos y su unción profética. Así, por ejemplo, el midrash del Éxodo שמות רבה (*Shemot Rabbah*) la cual su composición data entre el siglo X al XIII, siguiendo la comprensión rabínica dice de Pentecostés como la entrega de la Ley:

> Y todo el pueblo percibió los truenos (Éxodo 20:15). Nótese que no dice 'el trueno', sino 'los truenos'; por lo tanto, R. Johanan dijo que la voz de Dios, tal como fue pronunciada, se dividió en setenta voces, en setenta idiomas, para que las naciones entendieran. Cuando cada nación oyó la Voz en su propia vernacular, sus almas partieron, excepto Israel que oyó pero que no fue herido. ¿Cómo salió la Voz? R. Tanhuma dijo: "La palabra del Señor salió en dos aspectos, matando a los paganos que no la aceptaron, pero dando vida a Israel que aceptó la Torá".[125]

Nótese el carácter universal de estas tradiciones, como si las naciones estuviesen presentes el día que la Torah fue entregada, cosa que el Pentateuco no indica. Además, es visible el desarrollo de la "división de las lenguas" de las tradiciones del Sinaí más tempranas para compensar como Lucas las describe en Hechos 2:3 como "repartidas" (gr. διαμερίζω, diamerízo). Es una deducción encomiable entonces, poder ver este desarrollo de la fiesta de las semanas y la Ley como una respuesta a la narración lucana de los 120 y las lenguas de fuego. Así Theresa Abell Haynes dice:

> Parece posible, si no probable, que los escritores rabínicos posteriores conocieran el subtexto del Sinaí de Lucas en su narración de Pentecostés. Si este es el caso, entonces *la combinación del Éxodo Rabá* de la tradición de Dios ofreciendo la Torá a los gentiles, y Dios hablando en múltiples idiomas en el Sinaí, podría leerse como una contra-narrativa a Hechos. Mientras que Lucas usó símbolos del Sinaí para demostrar una expansión de la relación del Sinaí para incluir a los gentiles, el *Éxodo Rabá* parece usar fuego y múltiples idiomas para justificar la

---

[125] Exodus Rabbah 5:9, citado por Theresa Abell Haynes, "Voices of fire: Sinai imaginary in Acts 2 and rabbinic midrash" en *Nordisk judaistik: Scandinavian Jewish Studies, Vol. 32, No.2.* 2021. p. 40.

exclusión de los gentiles. Al igual que los rabinos antes que ellos que visualizaron un Fuego Santo rodeando a Israel, la obediencia a la Torá delineó lo que significaba ser Israel, una interpretación que no debería sorprender dado el ambiente polémico del final del milenio.[126]

Pese a este desarrollo posterior rabínico contra argumentativo, no obstante, se ha de recalcar que en los tiempos de Jesús ya existía el pensamiento de que Pentecostés era la fiesta de la renovación del pacto. El Libro de los Jubileos, escrito aproximadamente en el 100 a. C., se refiere al Shavuot o fiesta de las semanas, como una fiesta de doble naturaleza; tanto la celebración de los primeros frutos, como la renovación del pacto en 6:17-21:

17. Por esta razón, está establecido y escrito en las tablas celestiales, que deben celebrar la fiesta de las semanas en este mes una vez al año, para renovar el pacto cada año. […]

21. Porque es la fiesta de las semanas y la fiesta de las primicias: esta fiesta es doble y de doble naturaleza: según lo que está escrito y grabado al respecto, celébrenla. [127]

Empero, el carácter universal de la alianza se deja ver por el pacto con Noé donde la Torah queda subordinada a este. De hecho, el escritor acusa a los descendientes de Noé por haber ingerido sangre y haber transgredido el principio del pacto que Dios hizo con el constructor del arca al descender de ella. En cambio, Abraham y su descendencia, fueron aquellos que guardaron este precepto. Se llama a la comunidad judía a guardar y conmemorar la renovación de la alianza (6:20). Si este es el caso, entonces Hechos dos, como una inversión de Babel cobra más sentido al enfatizarse la universalidad de la renovación y en lugar de remarcar la culpabilidad de los gentiles como culpables de corromper a Israel tal como Jubileos y otras interpretaciones rabínicas proponían, el Israel escatológico es llamado a una misión multicultural donde judíos y gentiles conformar el remanente de Dios; si Lucas conocía estas tradiciones, el Espíritu que desciende entonces marcaría el verdadero camino que Israel debería tomar y no era el de una lealtad ciega a la Torah y a sus intérpretes anti carismáticos,

---

[126] Haynes, "Voices of fire", 44.
[127] R. H. Charles, *El libro de los Jubileos: O el pequeño Génesis*, trad. Verónica Valero (Bellingham, WA: Editorial Tesoro Bíblico, 2020).

sino el aliento profético de Dios que los equiparía para llamar naciones a poner su lealtad en el Maestro de justicia. Recordemos que Lucas muy posiblemente tiene un fin polémico ante algunas tradiciones judías (no al judaísmo en general) y puede dar un punto de vista totalmente propio.

Es deducible, que a partir de los Jubileos las nociones de conmemorar la entrega de la Torah en la fiesta de las semanas se haya desarrollado paulatinamente hasta ser la comprensión oficial después del año 70. Lo anterior se atestigua al darnos cuenta que en la literatura rabínica, los primeros en hacer el cálculo de Pentecostés como conmemoración de la entrega de la Ley en Sinaí fueron José ben Halaftá (150 d. C.) y después Eleazar ben Pedath (270 d. C.).[128] Sin embargo, no carece de sentido que en una parte temprana de este desarrollo se haya establecido un vínculo entre la Torah y Pentecostés; al fin y al cabo, la llegada de los israelitas al monte Sinaí se da aproximadamente unos cuarenta y cuatro días después de la salida de Egipto (la celebración de la primera Pascua).

Tampoco se pueden esconder las similitudes encontradas en el judío helenista Filón (Dec. 46) acerca del monte Sinaí (escrito mucho antes de Hechos) con las del relato de Lucas al describir que Dios derrama el Espíritu sobre los creyentes y las voces visibles en fuego (aunque claramente se evade el tema de Pentecostés como la conmemoración de la entrega de la Ley):

> Entonces, en medio del fuego que fluía del cielo, sonó para su total asombro una voz, porque la llama se convirtió en un discurso articulado en el idioma familiar para la audiencia, y tan clara y claramente fueron las palabras formadas por ella que parecían verlas en lugar de escucharlas.[129]

¿Podría el mismo texto en hebreo ayudar a Filón a observar el trueno como voces del mismo cielo? Si el sustantivo femenino קֹל, "qol" se encuentra en plural en Éxodo 19:16, ¿no podría tratarse de voces celestiales que son como de estruendo? La LXX usa en su lugar φωνή (phōnē) en plural que tiene toda la intención de apuntar al significado de voces. Ante esta evidencia no es disparatado pensar en la influencia del monte Sinaí en

---

[128] F. F. Bruce, *Hechos de los Apóstoles: Introducción, comentarios y notas* (Grand Rapids, MI: Libros Desafío, 2007).

[129] Philo, *Philo*, trad. F. H. Colson, G. H. Whitaker, y J. W. Earp, vol. 7, The Loeb Classical Library (London; England; Cambridge, MA: William Heinemann Ltd; Harvard University Press, 1929–1962), 29.

el médico escritor para el significado teológico de Pentecostés. Por lo demás, Filón no dice nada acerca de las naciones presentes en la entrega de la Torah como se observa en los midrash rabínicos posteriores.

¿Es plausible entonces observar los portentos y teofanías de Éxodo como el fuego, el viento o una voz que ruge como un paralelo de lo que sucedió en el día de Pentecostés lucano? No existe una razón de peso para negarlo. Sin embargo, se debe aclarar que la agenda de Lucas (como en el capítulo dos argumentaré) contiene un tinte apologético que pretende, muy posiblemente, reflejar el por qué la Iglesia sigue enraizada en la historia de la salvación del Antiguo Testamento teniendo un gran número gentil que viene a formar parte de ella, además su tan distinguido ministerio carismático heredado de su Maestro, un gran opositor de la élite religiosa judía que se resistía a su poder milagroso. El Espíritu de profecía viene a ser la explicación suficiente, de por qué la fiesta de renovación que viene diez días después de la ascensión del Mesías es totalmente diferente a todas las demás: porque los siervos de Dios profetizan y son un templo aprobado por Dios, como Jesús fue varón aprobado, aunque rechazado por la autoridad israelita (Hch 2:22). Entonces si Lucas es consciente de este paralelismo, pudo haber considerado que mientras en el Sinaí, bajo el ministerio de Moisés mediado por la Ley en tablas de piedra tres mil judíos murieron al transgredirla (Éx 32:28), entonces por el ministerio de los apóstoles mediado por el Espíritu de profecía, tres mil varones judíos se conviertan (Hch 2:41). El caso de que este Israel de Dios lleno de profetas, creciera atrayendo a los gentiles, no se debía al poder de la Torah en sí misma, sino a la intervención directa de Dios en Cristo a través del Espíritu Santo como promesa, razón suficiente para avivar la furia de los opositores religiosos de los primeros cristianos. Stronstad concluye que estas dos visitaciones similares tienen propósitos diferentes; una para la teocracia de Israel que se caracterizaría por ser un pueblo de sacerdotes, y la otra para la Iglesia que se caracterizaría por ser un pueblo de profetas:

> Estas maravillas y signos de la teofanía de Pentecostés, que se hacen eco de la teofanía de la entrega de la Ley en el monte Sinaí, solo pueden significar lo que está sucediendo en el día de Pentecostés no solo es tan dramático, sino también tan significativo como lo que sucedió en el monte Sinaí. En otras palabras, la creación de los discípulos como una comunidad de profetas es tan trascendental como la creación anterior de Israel como un reino de sacerdotes. Es decir, en el día de Pentecostés, y por segunda vez en la historia de su pueblo, Dios está visi-

tando a su pueblo en su santo monte y mediando una nueva vocación para ellos: la profecía en lugar del sacerdocio real.[130]

Así Stronstad puede mantener el paralelismo de Éxodo y el Sinaí con Pentecostés sin asimilar la naturaleza profética del bautismo en el Espíritu Santo en Lucas.

En base a lo analizado anteriormente, podemos sintetizar algunas cuestiones en pos de la clarificación:

1) Las tradiciones rabínicas que utilizan setenta idiomas y son detalladas con la entrega de la Torah muy probablemente son tardías, por lo que se debe tener precaución de querer interpretar a Lucas desde ellas, de hecho, parece ser que estas interpretaciones intentan refutar la narrativa de la efusión del Espíritu de Hechos.

2) Los Jubileos es una fuente más temprana que quizá pudo haber influenciado a Lucas para ver la relación del Sinaí con Pentecostés como fiesta de renovación de la alianza, aunque desde luego, tiene un sentido más universalista y menos desarrollado de la posición rabínica, por lo que al remontarse a Noé y la desobediencia de sus hijos, una inversión de Babel en esa festividad cobraría más sentido como la inhibición de la desobediencia de los descendientes del patriarca que resultaron ser las naciones gentiles de Génesis 10 y reunidas para hacerse un nombre en Génesis 11; la misión cobra más sentido en este panorama para recuperar a las naciones (misión olvidada por un gran número de rabinos) en lugar de destruirlas.

3) Aunque puede verse cierto paralelismo con los sucesos del Sinaí, se debe reconocer que Lucas tiene fines polémicos, por lo que tratar de suponer que estas influencias hacen que su interpretación sea idéntica a ellas, es ignorar en gran parte el estudio de los paralelismos donde se debe también destacar las diferencias. Los estudios que han intentado hacer ver a Lucas como un judío de la diáspora no parecen convincentes. Así, este "nuevo Sinaí" no se trataría de la fundación soteriológica de la Iglesia que conmemora la Torah, sino la entrega del Espíritu profético que media una nueva vocación para este remanente

---

[130] Roger Stronstad, *The Prophethood of All Believers: A Stydy in Luke´s Charismatic Theology, version Kindle* (Cleveland, TN: CPT Press, 2010), posición 1055.

de Israel. Ante esto, los paralelismos holísticos pueden también tener lugar en la mesa hermenéutica, tales como Sinaí, Babel, Números 11 y el deseo de Moisés de que todo el pueblo sea profeta. Esta intención puede superar simbolismos estableciendo una continuidad, perfección y una visión escalonada de las influencias tomadas en el texto sagrado o en algún material extracanónico.[131] Que las teofanías de Pentecostés no sean exclusivas del Sinaí y se encuentren en otros lugares, nos permite sostener ello.

Jesús como paradigma vocacional de la Iglesia

Por lo que se refiere al nacimiento de la Iglesia, los teólogos pentecostales han resistido en ver en Pentecostés la inauguración de la dispensación cristiana o como un evento fundacional. Temen, con justa razón, perder la identidad paradigmática del evento para que las generaciones experimenten su propio pentecostés. Sin embargo, se deben aclarar algunas cuestiones antes. Primero, ya antes en el evangelio de Lucas se han mencionado acciones que dan a entender que los discípulos están bien con Dios al seguir a Jesús y que están conformando el Israel del fin de los tiempos. Esto es claro cuando después de su envío, el Señor les recalca que sus nombres se han escrito en los cielos (Lc 10:20). Agregando una perspectiva canónica donde Juan 20:22 tiene un énfasis vivificante/soteriológico en los creyentes que alude al nuevo pacto de Ezequiel 36, nos damos cuenta de que las realidades de la nueva creación ya han tenido lugar, siendo la antesala para la venida del Espíritu de Hechos 2. Segundo, como argumentaré más detenidamente en el capítulo dos, hay suficiente evidencia que el don del Espíritu en Lucas/Hechos es algo entregado a los que son creyentes arrepentidos y que ellos pueden pedir sin temor (Lc 11:13). Ello no es necesariamente excluyente con que Lucas pudiera mirar lo sucedido en Pentecostés como la inauguración del "tiempo de la Iglesia" si es que se nos permite definirlo en palabras convencionales en el sector evangélico.

Sin embargo, hay que ser cuidadosos con lo que queremos decir con "tiempo de los cristianos". Definitivamente, es difícil ver el día de Pentecostés como la fundación *una vez por todas* de la Iglesia, cuando lo más probable es que su edificación fue un desarrollo progresivo. Jesús primero, levanta a un Israel escatológico simbolizado por sus doce apóstoles (Lc

---

[131] Agradezco a mi amigo el profesor Elías Chávez Bascuñán por esta visión que me dio en una plática nocturna.

6:12 ss.), los limpia y pide a su Padre que sean santificados con la realidad escatológica de la Nueva Era (Jn 15:3; 17:17) que puede estar direccionado a la entrega del Espíritu que vivifica sus almas incrementando, seguramente lo anterior. Por otro lado, Hebreos también es útil aquí al decirnos que la muerte del testador pone en validez el pacto (Hb 9:16-17).[132] La iglesia como sacramento climático del evento Cristo, puede nacer desde que el velo es rasgado (Mt 27:51). Todas estas tensiones, sin embargo, nos hacen ver que no es tan fácil establecer "un momento" donde la iglesia nace. Simpatizo, sin embargo, con una continuidad discreta entre ambos testamentos, donde el pueblo de Dios es caracterizado por aquellos que ponen su fe en Dios y que claramente, es uno solo.[133] Eso aunado a la poca aclaración soteriológica en la tradición de Pentecostés en Hechos, sino que el énfasis recae en la misionología (Hch 1:8). El autor médico parece guardar silencio sobre este tópico. De hecho, no parece que su intención sea establecer "dispensaciones" de rupturas drásticas entre lo ya mostrado en el Antiguo Testamento. Al fin y al cabo, el Espíritu de profecía incluso se manifiesta antes del nacimiento de Jesús, anunciando el tiempo del cumplimiento de la salvación de Dios. Una perspectiva canónica que escuche las demás voces es útil para clarificar ello.

Además, debemos notar la dirección de Lucas con Jesús como el Mesías, quien, orando luego de su bautismo, recibe el Espíritu Santo descendiendo como paloma (Lc 3:22). Es menester notar en qué momento el médico coloca el ungimiento de Jesús por el Espíritu, y creemos que David E. Garland aquí está en lo cierto:

> La inmersión de Jesús se describe con un participio aoristo, pero su oración se describe en participio presente (προσευχομένου), sugiriendo que continuó orando. El énfasis recae en lo que Dios hace mientras Jesús ora, no durante su inmersión. En comparación con Mc 1:10, Lucas describe que los cielos se abren durante la oración de Jesús y no cuando estaba saliendo del agua.[134]

---

[132] El juego de palabras para dos conceptos que se nombran de igual forma (pacto y testamento; gr. διαθήκη) es intencional. El autor de Hebreos da a entender que el Nuevo Pacto entra en vigor a través de la muerte de Jesús.

[133] Aunque también acepto la discontinuidad, los efectos de la nueva creación no se pudieron disfrutar en plenitud hasta la efusión del Espíritu.

[134] David E. Garland, *Lucas*, ed. Clinton E. Arnold y Jonathan Haley, trad. Beatriz Fernández Fernández, 1a edición, Comentario exegético-práctico del Nuevo Testamento (Barcelona, España: Andamio, 2019), 170.

Lo que sucede en el bautismo es un anuncio de lo que la Iglesia obtendrá en su iniciación vocacional. Los pentecostales han insistido que, así como Jesús fue bautizado en el Espíritu Santo con una actitud orante, la iglesia expectante también lo hizo cuando estaban unánimes juntos expresando sus plegarias. "Para Jesús, el Espíritu viene a capacitarle para su ministerio. En este sentido, no es diferente de los discípulos en Hechos y sirve de modelo para ellos. La oración y el Espíritu Santo desata el poder de Dios en sus vidas para realizar su misión con eficacia".[135] La verdad objetiva es importante para Lucas, se acentúa el descenso de la paloma *en forma corporal* (σωματικῷ), que reposa (ἐπί) sobre el Mesías. A diferencia de Marcos, en donde los manuscritos más antiguos de Marcos 1:10 presentan una preposición diferente, εἰς, quizá enfatiza la interioridad de la experiencia. La sugerencia encarnacional y visible de Lucas tiene el fin de entrelazar la historia de Jesús con la unción de todos sus discípulos al utilizar la misma construcción gramatical para hablar de las lenguas de fuego asentadas sobre ellos evidenciando su llenura profética (Hch 2:3-4). Unción que se recibe en espera paciente y oración.

Es aquí donde nuestra visión de la nueva creación cobra sentido. Jesús al ascender de las aguas y recibir el Espíritu muy probablemente está evocando la fundación de la creación de las aguas primigenias turbulentas y caóticas de Génesis 1:2; pero no necesariamente el inicio de su mesianismo. La paloma como corolario, podría hacer recordar a los lectores a aquella que simbolizaba el descenso de las aguas como aviso de que Noé pudiera salir del arca para empezar de nuevo con su familia, tal como seres humanos creados a imagen y semejanza. Jesús, por lo tanto, está anunciando que su venida hace irrumpir la nueva creación en el presente siglo malo. Lucas parece estar, totalmente desinteresado en la relación filial entre Jesús y su Padre a través de su bautismo. Mas bien, la referencia a Isaías 42:1 como "El hijo amado" sea una aprobación de lo que ya era una realidad anteriormente y que se hace eco del llamado de Dios a Israel como testigo escogido para ser luz a las naciones. En este sentido, Jesús es el verdadero Israel y su Iglesia, encontrándose en él, cumplen la misma comisión y comparten la misma unción que su Maestro.

Algunos eruditos pasan de largo que ya Lucas ha mencionado a Jesús como Hijo de Dios antes de descender a las aguas. Varios podrían apelar a un adopcionismo temprano entre el pensamiento teológico de la Iglesia primitiva: "Jesús fue adoptado como Hijo de Dios en su unción bautismal

---

[135] Garland, *Lucas,* 171.

que inaugura su ministerio". Sin embargo, un comentario breve de la antropología humana a través de Jesús, el Nuevo Adán, es pertinente aquí. La concepción sobrenatural del Mesías es descrita en Lucas 1:35 como una obra del Espíritu sobre María. El ángel Gabriel anunció a la virgen: *El Espíritu Santo, vendrá sobre ti* (gr. ἐπὶ σέ), *y el poder del Altísimo* (gr. Ὑψίστου) *te cubrirá con su sombra* (gr. ἐπισκιάσει σοι); *por lo cual también* (gr. διὸ καὶ) *el Santo Ser que nacerá, será llamado Hijo de Dios*. El uso de la preposición *epi* (ἐπὶ) con respecto al Espíritu Santo es usado por Lucas para su recibimiento carismático, milagroso y dinámico. Empero, debemos percatarnos que en el anuncio angélico, el Espíritu flotando sobre María es paralelo al poder del Altísimo, que es descrito como una "sombra que la cubre". El término en griego *episkiasei* (ἐπισκιάσει) es raro en la LXX, sin embargo, tiene sus apariciones, que son notorias y dan sentido en el uso que Lucas le da aquí. En Éxodo 40:34, la nube de la presencia de Dios moraba en el tabernáculo y lo cubría con su sombra de tal manera que impedía el ingreso incluso de Moisés. La gloria de Dios, para el médico escritor es manifestada a través de la virgen María por medio de su poder y su presencia sobre ella, lo que desembocará en el nacimiento de aquel que hará que las personas moren con la divinidad. Sin embargo, otras alusiones se pueden encontrar en los Salmos. Por ejemplo, el Salmo 90:4 (91:4) también utiliza *episkiase* refiriéndose a las "plumas que cubren" y, por implicación, las alas en las que el que ama a YHWH está seguro.

Que este salmo esté en la mente de Lucas es altamente plausible, puesto que parece estar familiarizado con él al describir a Dios como el "Altísimo" (gr. Ὑψίστου, *hypsistou*), término que aparece en el primer verso de este bello canto. Por lo tanto, la alusión a las "alas" que dan sombra, puede no ser una coincidencia en la imagen del Espíritu como paloma cuando Jesús es ungido en el Jordán. El mismo revoloteo íntimo puede observarse cuando se menciona al Espíritu moverse (רָחַף (*rā·ḥǎp̄*) sobre las aguas primigenias en Génesis 1:2. El tema *Piel* en el que fue escrito este verbo de vuelo refleja la intensidad e intencionalidad. El Espíritu está involucrado activamente en la estructuración de la creación. Por si fuera poco, el mismo verbo en hebreo es utilizado solamente una vez más en Deuteronomio 32:11, donde Dios revolotea sobre sus pollos, que en este caso es el pueblo de Israel y extiende sus alas para tomarlos.

María, siendo una mujer judía que esperaba la salvación de su pueblo, seguramente podía comprender estas referencias como la realidad de su seguridad. No debía temer, pues Dios haría con ella algo nuevo. La sombra que la cubrirá anuncia una creación renovada que surge del caos y el exilio, lograda a través del mismo Espíritu que se movía sobre la faz de las aguas antes de la fundación del mundo. Por lo tanto, no nos debe sorprender que, en el Magníficat, las referencias a la fidelidad de Dios en base a la oración de Débora y Ana sean entretejidas en su bella alabanza que exalta al Rey de Israel al quebrantar a los soberbios y ricos, a la vez que pone en alto a los humildes (Lc 1:46-55). El himno mariano es altamente subversivo, y nos debe confrontar cuando creemos que la mujer no tiene parte en el ministerio del Dios vivo y su hermosa Iglesia. La antropología de Lucas demuestra que el quebrantamiento del *statu quo* por el Reino del Mesías que irrumpe en el mundo, devuelve a las mujeres su dignidad como creación hecha a imagen y semejanza de Dios.

Por otro lado, siguiendo el texto en griego de este enigmático pasaje, la partícula *dio* (διὸ) es una conjunción lógica/inferencial que tiene el fin de ser un "marcador relativamente enfático de un resultado, que normalmente denota que la inferencia es evidente por sí misma".[136] Por lo tanto, parece que la lectura natural da a entender que por la obra sobrenatural del Espíritu, el fruto del vientre de la virgen María debía ser llamado Hijo de Dios, ya que viene al mundo por la sola voluntad divina con el fin de restaurarlo. María podrá concebir a Dios encarnado que representará a la humanidad, o, mejor dicho, un Nuevo Adán. Desde luego anteriormente en la historia bíblica hemos visto representantes individuales y corporativos de Adán, pero con Jesús se evoca la nueva creación; el Espíritu que se paseaba por las aguas antiguas para dar comienzo a la creación, ahora hace nacer la promesa protoevangélica (Gn 3:15) que la restaurará por completo. Macchia dice:

> Esta imagen remonta al relato de la creación de Génesis, cuando el Espíritu se cernía o eclipsaba las profundidades para producir una creación ordenada y estructurada del caos que se estaba gestando (Gn 1:1-2). Aquí en Lucas 1:35, el Espíritu se cierne sobre María para dar a luz los comienzos de la nueva creación creando de ella la carne santificada que encarnará al Hijo de Dios. Para elaborar teológicamente, podemos decir que el Hijo eterno o Verbo se unió a esta carne a través de la mediación del Espíritu Santo. Se puede decir a la luz de Juan 1:14 que la Palabra eterna del Padre habló a su propia carne a través del poder

---

[136] Swanson, *Dictionary of Biblical Languages with Semantic Domains: Greek (New Testament)*.

y la presencia del Espíritu Santo de una manera análoga a cómo la Palabra produjo la creación en el poder del Espíritu.[137]

Jesús siendo la Palabra encarnada concebida sobrenaturalmente como vaso santificado para la salvación de su pueblo, es considerado Hijo de Dios desde su concepción (infiriendo este título como real antes de esta). Asimismo, el autor evangélico reitera esto en la narración de su niñez, donde el Mesías menciona a sus padres preocupados cuando enseñaba doctrina: "En los negocios de mi Padre me es necesario estar" (Lc 2:49). Sin embargo, tampoco se debe concluir que en su bautismo no sucedió nada relevante más que una simple comisión.

Por el contrario, el descenso de la paloma en las aguas bautismales apunta a una unción que lo preparó como profeta de la nueva creación, trayendo sanidad y derribando el caos por el nuevo éxodo inaugurado con su ministerio. Después de su tentación, venciendo a Satanás en el desierto (lo que Israel no pudo hacer), Jesús mismo describe en la Sinagoga de Nazaret lo que sucedió en su bautismo: "El Espíritu del Señor está sobre mí, por cuanto me ha ungido"… con el fin de traer libertad a los cautivos, predicar el evangelio a los pobres y sanar a los oprimidos (Lc 4:18-19). Es importante señalar que Lucas inmediatamente después de narrar el bautismo en el Jordán, hace uso de la genealogía que describe toda su cristología y a la vez, antropología. Al confirmar que, en su bautismo, el Mesías empieza su ministerio (3:23), no escatima señalar toda su ascendencia, llevándonos hasta Adán, que Lucas llama: "Hijo de Dios" (v. 38). Nuestro autor, inspirado por el Espíritu, respalda la noción de *Imago Dei* desde una perspectiva funcional. Es verdad, el Señor era hijo de Dios antes de su bautismo por ontología divina, pero se convierte en el representante pleno de la humanidad al ser empoderado por el Espíritu para traer el orden del Reino al mundo a través de su bautismo en el Espíritu. Si es verdad que la unción recibida por Jesús en el Jordán es la que se transfiere en el día de Pentecostés, entonces la iglesia al ser bautizada con el Espíritu, es potencializada para llevar a cabo su comisión. Tal como dicen Thomas H. McCall, Caleb T. y Matt T. Friedeman: "Lucas enfatiza que seguir a Jesús, el nuevo Adán y el verdadero humano, significa participar en su misión

---

[137] Frank D. Macchia, *Tongues of Fire: A systematic Theology of the Christian Faith,* (Eugene, Oregón: Cascade Books, 2023), 327.

redentora".[138] La iglesia, por tanto, no irrumpe inesperadamente en escena en Pentecostés, es un organismo que ya había sido establecido por el fundamento cruciforme de Cristo, pero así como Jesús siendo hijo de Dios, es confirmado en su labor y respaldado por el Espíritu para llevar a cabo su misión, Dios *inaugura el ministerio público de su Iglesia* en Pentecostés tal como lo hizo con Jesús en el Jordán:

> En el seno de la virgen, el Espíritu media la encarnación; en el Jordán, el Espíritu unge a Cristo para su misión. El primero es exclusivo de Cristo, este último está abierto a todos nosotros. El primero une al Hijo eterno a la carne, este último *actualiza* la filiación de Cristo en carne a través de la santificación y lo capacita para su ministerio.[139]

En suma, no se puede negar que Pentecostés es el clímax del nacimiento del ministerio poderoso del pueblo de Dios que anuncia la nueva creación y era. Estoy cómodo con la perspectiva académica que observa en Juan 20:22 la concepción de la Iglesia y en Hechos 2 su nacimiento. Por ello podemos concluir con justa razón, que efectivamente, en el día de Pentecostés la Iglesia fue establecida como un templo en función, listo para dar la bienvenida a los arrepentidos y a los gentiles de todo lugar que deseen conocer al Señor. La imagen de Dios toma lugar en su papel vocativo que ha sido distorsionado por el caos cósmico que la desobediencia ha desatado en la creación, por lo que, el bautismo en el Espíritu Santo empuja a la nueva creatura regenerada a cumplir con su tarea como parte del pueblo escatológico.

EXCURSUS. UN QUIASMO CANÓNICO

Los diferentes sucesos en la historia de la humanidad según la narrativa bíblica nos enseñan un patrón claro de la relación existente entre los eventos escriturales con otros. El quiasmo suele ser una estrategia de Dios para develar un significado más profundo que interrelaciona narrativas

---

[138] Thomas H. McCall, Caleb T. Friedeman, and Matt T. Friedeman: *The doctrine of good works: Reclaiming a Neglected Protestant Teaching* (Grand Rapids, Michigan: 2023), 64. Los autores sin embargo, parecen hacer un paralelismo de "Nacimiento" de la Iglesia que anuncia Hechos 1:8 por el poder del Espíritu y lo que sucede en el vientre de María por el mismo *Dynamis*. Creemos sin embargo, que el bautismo de Jesús es el parlalismo inequívoco de Pentecostés.

[139] Macchia, *Tongues of fire*, 434.

para la revelación de un tapiz más grande. En nuestra cultura occidental es difícil poder digerir esta forma en la que los autores bíblicos narran constantemente sus experiencias y las de otros; o más aún, usar su genio literario para que el significado teológico que quieren comunicar esté a la vista. Carmen Joy Imes dice:

> En la tradición occidental, el clímax pertenece al final. Otras culturas organizan sus historias de manera diferente, algunas con el clímax justo en el centro. Esta técnica a veces se llama "estructura de anillo", "imagen de espejo" o "quiasmo" y se usaba comúnmente en la escritura antigua. Me gusta pensar en ello como un sándwich literario. Si bien el clímax de un quiasmo no siempre se encuentra en el medio, el punto de inflexión de la narrativa a menudo lo es.[140]

Según la antropología que hemos sugerido a la luz de Pentecostés como una inversión de Babel podemos observar un paralelismo claro no solo con este suceso de Génesis y Hechos, sino de la narrativa bíblica; uno que podía beneficiar a los pentecostales para entender sus experiencias espirituales después de su nuevo nacimiento, sobre todo el bautismo en el Espíritu Santo. A partir de aquí propongo que la narrativa bíblica puede notarse a grandes rasgos a través de un quiasmo:

a) Edén: La creación
  b) Juicio: Diluvio
    c) Babel: esparcimiento de las naciones
      d) Éxodo: Liberación de Egipto
        e) Monte Sinaí: Entrega de la Ley
          f) Exilio a Babilonia: que refleja un…
          f) Exilio espiritual
        e) Sermón del Monte: El Señor de la Ley
      d) Nuevo Éxodo: Liberación del pecado y la potestad satánica
    c) Babel Inverso: Pentecostés, esparcimiento del evangelio
  b) Juicio: Segunda Venida
a) Nuevo Edén: Nueva creación

---

[140] Carmen Joy Imes, *Bearing God's Name: Why Sinai Still Matters* (Downers Grove: InterVarsity Press, 2019), 14.

- Edén y nuevo Edén

Podemos confiar en que las Escrituras fueron inspiradas por el Espíritu Santo por la permanencia de los conceptos que presenta a pesar de los cientos de años que separaban a los autores y las diferencias culturales. La unidad literaria de toda la Biblia puede verse con el tema del Edén, el templo/jardín donde Dios puso a sus creaciones humanas para relacionarse con él y llevar su gloria a toda la creación. Al final del Canon bíblico encontramos una descripción de un Edén restaurado y con una gloria superior que inunda toda la nueva creación:

> Vi un cielo nuevo y una tierra nueva, porque el primer cielo y la primera tierra pasaron y el mar ya no existía más. Y yo Juan vi la santa ciudad, la nueva Jerusalén descender del cielo de Dios, dispuesta como una esposa ataviada para su marido. Y oí una gran voz del cielo que decía: He aquí el tabernáculo de Dios con los hombres; y él morará con ellos; y ellos serán su pueblo y Dios mismo estará con ellos como su Dios.[141]

La imaginería del Tabernáculo no es coincidencia; el tabernáculo reflejaba la realidad cósmica de la presencia de Dios en toda la tierra. Servía para ilustrar el contacto con Dios con los hombres, lo que era posible con el pueblo elegido para llevar su Nombre: Israel (un Adán corporativo). Sin embargo, Juan, en el prólogo de su cuarto evangelio, nos dice que Jesús es el tabernáculo de Dios habitando entre los hombres: *Y aquel Verbo fue hecho carne, y habitó* (gr. *skenon*, σκηνόω) *entre nosotros (y vimos su gloria, gloria como del unigénito del Padre) lleno de gracia y de verdad* (Jn 1:14). La palabra *skenon* tenía el significado de "vivir o acampar en una tienda de campaña",[142] lo que es más, el apóstol dice que debido a su encarnación, vimos la *gloria* de Dios, gloria que le pertenece a él como Hijo. El concepto hebreo de כָּבוֹד (*kā·ḇôḏ*) tenía relación con el templo, este era el lugar donde se manifestaba y permanecía (2 Cr 5:14); lamentablemente este "peso" había abandonado el santuario en Jerusalén debido a la falta de devoción de sus usuarios (Ez 10-11). La buena noticia es que el templo escatológico se manifestó en una persona, en el Señor Jesucristo (Jn 2:19); y a través del Espíritu Santo que él dispensa, los creyentes también

---

[141] Ap 21:1-3.
[142] Wilhelm Michaelis, «σκηνή, σκῆνος, σκήνωμα, σκηνόω, ἐπισκηνόω, κατασκηνόω, σκηνοπηγία, σκηνοποιός», ed. Gerhard Kittel, Geoffrey W. Bromiley, y Gerhard Friedrich, *Theological dictionary of the New Testament* (Grand Rapids, MI: Eerdmans, 1964–), 385.

manifiestan esta realidad (1 Cor 6:19; 2 Cor 6:16; 1 P 2:5). Lo que refleja los cielos nuevos y tierra nueva del Apocalipsis de Juan, es que no existirá la necesidad de un templo físico porque Dios mismo será el templo (Ap 21:22-23); nuestra actual vida en Cristo manifiesta esta hermosa verdad que se manifestará en la consumación de todas las cosas, cuando Dios sea todo en todos (1 Cor 15:28) y sean cumplidas las palabras del profeta: *porque la tierra será llena del conocimiento de la gloria de Jehová, como las aguas cubren el mar* (Hab 2:14). Hacemos mal cuando cuidamos más las paredes y un techo de un recinto en lugar de a las personas que llegan a adorar al Padre. Los seres humanos con su dignidad rectificada a través del Espíritu son más importantes que los rituales y la liturgia, ¡qué difícil es entender esto para nosotros los evangélicos a veces!

Al final de la descripción de su visión, Juan ilustra a la ciudad con un río de agua de vida saliente del trono de Dios y del Cordero, y en ella el árbol de vida, una referencia clara al Edén, sus ríos y el árbol con un fruto como el que Dios le permitió comer a sus seres humanos creados a su imagen y semejanza; a diferencia del primer jardín donde la serpiente engañó a los hombres trayendo maldición a la tierra (Gn 3:17-19), en la nueva creación ya no hay más ni habrá más maldición (Ap 22:3), ni lágrimas, ni muerte, ni dolor (21:4). Satanás ya no volverá a sujetar a la servidumbre al pináculo de la creación de nuestro Dios: los seres humanos. La Biblia tiene en su introducción un árbol de vida y en su conclusión otro árbol de vida.

- **Juicio: Diluvio y segunda venida**

Aunque encontramos alusiones a diferentes juicios en las Escrituras el diluvio y la manifestación de Jesús para subyugar a sus enemigos tienen una relación intrínseca. Ambos plantean ser universales contra todo el género humano que ha decidido rebelarse en contra de su Creador. Lucas no duda en relacionar la manifestación escatológica del Hijo del Hombre con el diluvio: *Como fue en los días de Noé, así también será en los días del Hijo del Hombre. Comían, bebían, se casaban y se daban en casamiento, hasta el día que entró Noé en el arca y vino el diluvio y los destruyó a todos* (Lc 17:27). Pablo también ve la segunda venida de Cristo como una destrucción repentina sobre los impenitentes que atribulan a los tesalonicenses y que no conocieron a Dios ni obedecieron el evangelio de Jesucristo (1 Ts 5:3; 2 Ts 1:8-9). El autor de Hebreos, de igual forma, presenta la segunda venida de Jesús sin relación con el pecado sino para salvación de aquellos que la esperan lo que implica el juicio de los malvados (Hb 9:28). Isaías expone la manifestación escatológica de YHWH como un juicio sobre toda la tierra y sus moradores en totalidad: *La tierra será enteramente vaciada, y completamente saqueada; porque Jehová ha pronunciado esta palabra* (Is 24:3) pero que el pueblo de Dios será de una u otra manera, protegido (Is 26:20-21). Juan utiliza alusiones de Isaías para retratar el temor que los pecadores tendrán al manifestarse el temible día de Cristo después del sexto sello (Ap 6:12-14; Cf. Is 34:4). Los reyes de la tierra, los grandes, los ricos se esconden y desean que los montes caigan sobre ellos para no mirar la furia del Cordero (Ap 6:15-17; Cf. I 2:10).

Existe un debate interminable en la escatología con respecto al momento en que estas cosas suceden, dicho análisis excede lo pretendido en esta obra, sin embargo todos están de acuerdo que se trata del juicio de Dios relacionado a la segunda venida de Jesús, ya sea una ira derramada sobre los impíos antes de la manifestación de Cristo en su *parusía* (premilenialistas históricos, midtribulacionistas o dispensacionalistas [aunque estos dos últimos dividen la segunda venida en dos partes]) o al juicio general para los incrédulos cuando resucitan para muerte (amilenialistas). Como premilenialista creo que los juicios a los incrédulos pueden preceder a la *parusía*, pero estos son un anticipo que manifiesta la naturaleza de la segunda muerte que tiene lugar después del milenio en la resurrección para condenación (Ap 20:12-15). Además, se ha de decir que los enemigos escatológicos, la bestia y falso profeta, sea como sea que se interpreten, son aquellos que inauguran el lago de fuego (19:20); sin embargo, los moradores de la tierra empedernidos contra Dios y su Cristo son muertos con la espada que sale de la boca del Mesías y dados a las aves carroñeras para su festín (19:17); el destino que les espera ya está establecido, solo es cuestión de tiempo para resucitar y acompañar a quienes rendían pleitesía.

- Los montes, el exilio y el nuevo éxodo

Jesús muestra un paralelismo con Moisés claro en el sermón del monte (Mt 5-7). En un monte como el Sinaí, Moisés predicó las ordenanzas de la alianza para la asamblea del pacto que había entrado por el éxodo a una relación íntima con Dios. En otro monte, Jesús reiteró la autoridad de la Ley y su necesidad de cumplimiento (5:20) a la par de una reinterpretación de ella (vv. 22-48) a un pueblo que estaba siendo testigo de un nuevo éxodo. El Señor antes de su pronunciamiento como el profeta del que Moisés habló y al que era necesario escuchar (Dt 18:18) con su nueva ética del reino venidero en el Sermón del Monte, ya había reflejado la liberación de ese reino al sanar a los enfermos y liberar a las personas de espíritus inmundos (Mt 4:22-25); al hacer esto atrajo a la multitud para decirles la necesidad de una vida comprometida con el Dios del pacto en la montaña. Mientras daba su mensaje, se escuchaba una frase que podía incomodar a muchos judíos una y otra vez: "Habéis oído... pero yo os digo". Ciertamente Jesús con autoridad se identifica como el Señor de la Ley, y el único que puede dar una interpretación renovada que pretende ir al meollo del asunto del corazón humano; Jesús es el nuevo Moisés, que, según la renovación del pacto en las llanuras de Moab, sus hermanos debían oír y obedecer o de lo contrario recibirán juicio.

Después de dar un discurso sobre la ética de su reino, el Mesías prefigura a la comunidad escatológica estableciendo doce discípulos que simbolizan las doce tribus de Israel (Mt 19:28), pero no solo eso, los comisiona para llevar el mensaje de la liberación espiritual que todo Israel debe escuchar. El Mesías les ordena: *Sanad enfermos, limpiad leprosos, resucitad muertos, echad fuera demonios; de gracia recibisteis, dad de gracia* (Mt 10:8). Que el nuevo éxodo está teniendo su cumplimiento de forma progresiva a través del envío a los discípulos, puede verse cuando después de enviar a los 70, Jesús les dice que el poderío satánico estaba siendo derrumbado: *Yo veía a Satanás caer del cielo como un rayo* (Lc 10:18).

En el centro del quiasmo encontramos dos conceptos de exilio. El primero con la deportación de Babilonia es un juicio por la falta de lealtad del pueblo de Israel con YHWH; sin embargo, pese que hubo un retorno a Jerusalén por parte de los judíos, el panorama no era alentador; el pueblo de Israel se encontraba sometido a Roma y a su César. N. T. Wright tiene razón cuando dice:

> Muchos años después, tras una larga rebelión, Israel fue enviado al exilio en Babilonia; y, aunque muchos de los exiliados regresaron, la mayoría de los contemporáneos de Jesús consideraban que seguían viviendo en un exilio virtual, en días malos y oscuros, con paganos gobernándolos. Seguían esperando que Dios produjera un nuevo Éxodo, una liberación que les sacara de su exilio espiritual y social y les devolviera la fortuna de una vez por todas.[143]

---

[143] Tom Wright, *Luke for Everyone* (London: Society for Promoting Christian Knowledge, 2004), 188.

Jesús, a través de sus palabras y su ministerio reflejó que el pueblo se encontraba tiranizado por fuerzas oscuras a pesar de su lealtad a la Torah y el templo. Sus referencias a un nuevo éxodo dan a entender que solo a través de su ministerio llegaba la liberación definitiva. Tras dar sus ordenanzas en el monte, y enviar a sus discípulos revela que su ministerio es "atar al hombre fuerte" y "traer el reino de Dios": *Pero si yo por el Espíritu de Dios echo fuera los demonios, ciertamente ha llegado a vosotros el reino de Dios. Porque, ¿cómo puede entrar alguno en la casa del hombre fuerte y saquear sus bienes, si primero no le ata? Y entonces podrá saquear su casa* (Mt 12:28-29). Lucas se inspira de Mateo y de Q para hablar del hombre fuerte –que no es más que Satanás– (Lc 11:21-22) y para acusar a los fariseos de su mal razonamiento por acusarle de liberar a las personas por el poder de Beelzebú. Un reino no puede estar dividido contra sí mismo (v. 18), y lo que es más, Jesús en Lucas, a diferencia de Mateo echa fuera a los demonios por *el dedo de Dios* (δακτύλῳ θεοῦ). En el relato de Éxodo los magos del Faraón mencionan algo demasiado similar ante las plagas de YHWH que ya no pudieron imitar; posiblemente aquí pueda notarse la influencia de la LXX en Lucas: "E hicieron lo mismo también los magos con sus sortilegios para echar fuera al mosquito, y no pudieron, y aparecieron mosquitos tanto en los hombres como en los cuadrúpedos. Dijeron entonces los magos a Faraón: 'el dedo de Dios (δάκτυλος Θεοῦ) es esto'" (Éx 8:19, LXX).[144] El contexto nos hace inferir que, así como Dios intervino con su dedo para traer condena a la nación de Egipto y liberar a Israel, ahora Jesús por ese mismo dedo libera al ser humano de la servidumbre y la esclavitud a Satanás.

En conclusión, Jesús forma una nueva comunidad escatológica, los discipula inicialmente como el nuevo Moisés en el sermón del Monte (y progresivamente), además que les da autoridad para traer el nuevo éxodo a Israel del exilio espiritual. Sin embargo, la experiencia de Pentecostés es necesaria para la misión a las naciones para que esta comunidad redimida (Lc 10:20), rociada por la sangre del pacto, limpia por la palabra de Jesús (Jn 15:3-4) y regenerada como la nueva creación del Nuevo Pacto (Jn 20:22), llevará a cabo, a saber, a través del Babel inverso, la recuperación de los pueblos gentiles en miras de la liberación total de la nueva creación

---

[144] Natalio Fernández Marcos y María Victoria Spottorno Díaz-Caro, eds, *La Biblia griega Septuaginta I: El pentateuco* (Salamanca, España: Ediciones Sígueme, 2006), 165.

después del juicio escatológico. ¡El poder del Espíritu Santo como Espíritu de profecía es imprescindible para llevar a cabo la comisión!

CONCLUSIÓN

A lo largo de este capítulo, primeramente, hemos analizado la interpretación ontológica de la *Imago Dei*, sus características y la permanencia de ella en los seres humanos con el fin de conectar toda esta idea con la entrega del Espíritu Santo de Juan 20:22, en la que se da la restauración de la imagen divina como nueva creación en los discípulos y una nueva vida interior por la regeneración espiritual con mira a la resurrección. Así mismo, el día de Pentecostés fue propuesto como un Babel invertido que pretende enseñar al lector que el Espíritu Santo es la fuente profética por la que un ser humano restaurado puede cumplir la gran comisión de la narrativa bíblica: extender el dominio de Dios por toda la tierra, el aspecto funcional de ser portadores de la imagen y semejanza. A continuación, hablaremos de una apologética pentecostal que nace del propósito de Lucas al escribir "Hechos de los Apóstoles" con el propósito de dar otro apoyo a la doctrina de la subsecuencia del bautismo en el Espíritu Santo.

CAPÍTULO 2

UNA APOLOGÉTICA PENTECOSTAL

Supongamos que alguien tuvo una experiencia de glosolalia. El consejo dado por el evangélico probablemente sería así: "Acabas de recibir uno de esos 'refrigerios' que Dios ocasionalmente envía sobre nosotros. ¿Recuerdas el refrigerio que le da a Cristiano en 'The Delectable Mountains' de Bunyan? Gracias a Dios por el don de lenguas, pero no te limites a él, busca también los otros dones, especialmente aquellos que edificarán la iglesia". El pentecostal, por otro lado, probablemente aconsejaría así: "Tu experiencia indica que Dios tiene la intención de guiarte a un caminar más profundo con él. Pero esto es solo el comienzo. Si usas el don fielmente como parte de tu vida de oración, encontrarás que es una vía para profundizar aún más tu caminar con Dios. Habrá otras sorpresas a medida que avances, como una nueva audacia para compartir tu fe, o el descubrimiento de la capacidad de ministrar a otros que nunca pensaste que fuera posible. Pero no te preocupes por los regalos. Continúa cultivando tu caminar con Dios usando el camino que Él ha abierto para ti".[1]

Simon Chan

El movimiento pentecostal moderno introdujo una nueva forma de entender el texto bíblico: al apropiarse de las historias de la narrativa de Hechos,

---

[1] Simon Chan, *Pentecostal Theology and the Christian Spiritual Tradition* (Eugene, OR: Wipf & Stock, 2011), 62-63.

una articulación teológica de la experiencia de su distintivo central "el bautismo en el Espíritu Santo" salió a relucir en un tiempo donde el fundamentalismo veía con recelo todo movimiento de renovación, y un liberalismo teológico, que aunque daba primacía a la experiencia, negaba la realidad de la intervención sobrenatural de Dios a través de su Espíritu. Desde entonces, el movimiento ha tenido que responder a diferentes objeciones en su carrera de formación teológica. Como grupo de renovación en medio de una cultura racionalista, la apologética conformó parte de su ADN. Al principio, el tipo de argumentos se daban de forma no analítica ni exegética, sino se extraían de deducciones sencillas de la Biblia por medio de homilías, himnos, tratados y folletos, además claro, del ingrediente que integraba toda la doctrina pentecostal: la experiencia personal; la gente daba fe de la manifestación del Espíritu en su vida a través de su propio testimonio, una parte menester de la liturgia temprana de los pentecostales. Dichas experiencias eran pasadas de boca en boca como si de una tradición oral se tratase para formar una expectativa creciente en las reuniones e impactando la liturgia participativa en lo que Wolfgang Vondey llama "el clímax del culto pentecostal tradicional": *El llamado al altar.*[2] O en palabras de James K. A. Smith, esta fe pentecostal construye un papel operativo para el testimonio y la historia;[3] a partir de testimonios orales, el espacio de la adoración es uno de sorpresa y de expectación a lo inesperado. Smith cita la perspectiva de Hollenweger sobre esta base epistémica para la vivencia pentecostal, una perspectiva que no puede ser pasada por alto ante la filosofía tradicional protestante y su reduccionismo cartesiano y racionalista que privilegia lo proposicional: "Los pobres pentecostales son pueblos orales, no conceptuales, que a menudo son maestros de la historia. Su religión se parece más a los primeros discípulos que a la religión enseñada en nuestras escuelas y universidades".[4] Una fe inconformista que sale a la luz en un contexto marginal, sin duda será una fe exílica e inconforme que rete a las metanarrativas supremacistas y "neutrales" que impongan lo objetivo según el secularismo y el nacionalismo blanco. Desde luego, la sofisticación de los grandes credos dogmáticos a la par de la exaltación de las mentes desencarnadas de la modernidad que olvidaban la importancia de manifestar la fe en la práctica cotidiana y lo

---

[2] Wolfgang Vondey, *Teología Pentecostal: Viviendo el evangelio completo* (Salem, Oregón: Publicaciones Kerigma, 2019), 41.
[3] James K. A. Smith, *Thinking in Tongues, versión Kindle* (Rapids, Michigan: Wm. Eerdmans Publishing Co.: 2010) Posición 286.
[4] *Ibid*, 289.

mundano, estaría muy lejos de los primeros predicadores de la fe apostólica que por medio de un corazón entregado al Espíritu, confiaban que la sencillez del evangelio llegara a cada rincón del mundo.

No obstante, mientras el movimiento seguía su curso natural de vida, con el paso del tiempo, empezó a vislumbrar un desarrollo teológico notable y siempre con un sentir apologético. Los prólogos e introducciones de distintos materiales a lo largo de su historia son prueba de esta tesis. Carlos Brumback, en su muy famoso escrito entre el pentecostalismo "¿Qué quiere decir esto?" aprovecha expresar esta intención:

> Nunca había investigado las Sagradas Escrituras hasta quedar satisfecho de que estaba en condiciones de responder a cada uno *que demandare razón*[5] de mi creencia en hablar en lenguas. Durante los dos últimos años he tenido amplias oportunidades de examinar cuidadosamente la enseñanza de la Palabra de Dios, de analizar los *alegatos* de muchos de los dirigentes del pensamiento religioso tanto en pro o *en contra* del punto de vista pentecostal y de orar seriamente para que el Espíritu de Verdad me condujera hasta toda verdad. ¿Cuál ha sido el resultado? Tengo el convencimiento absoluto e inalterable que existen bases firmes en la excelente Palabra de Dios que fundamentan mi fe pentecostal.[6]

En 1970 el erudito James D. G. Dunn publicó su gran obra titulada "Bautismo en el Espíritu Santo" donde retaba a los pentecostales a reexaminar su hermenéutica que daba lugar a su doctrina cardinal de la obra subsecuente del Espíritu en Lucas-Hechos. En ella, Dunn se propone "demostrar que para los autores del Nuevo Testamento el bautismo en el Espíritu... era parte del acontecimiento de convertirse en cristiano... el elemento principal del conversión-iniciación".[7] El quid de la cuestión era si la perspectiva pentecostal de la investidura profética dada a parte de la conversión, podría prevalecer como verosímil o probable. Roger Stronstad, uno de los académicos que brindó unos de los argumentos más refinados para contestar las objeciones de Dunn dijo: "El desafío de Dunn obligó a los pentecostales a articular una interpretación más sofisticada de los datos de Lucas

---

[5] Note la alusión a 1 Pedro 3:15, pasaje que siempre ha servido para fundamentar la labor apologética de la Iglesia y la correcta actitud al practicarla.
[6] Carlos Brumback, *¿Qué quiere decir esto?* (Miami, Florida: Editorial Vida, 1987), 3.
[7] James D. G. Dunn, *El bautismo del Espíritu Santo* (Buenos Aires, Argentina: Editorial La Aurora, 1977), 9-10.

sobre el "bautismo en el Espíritu Santo".[8] ¡Y vaya que así fue! En su obra "La teología carismática de Lucas", Clark Pinnock (quien fue el encargado de escribir el prólogo), habla de la solidez de la tesis de Stronstad y la cuestión gira en torno a que el pentecostalismo no debía mirarse más como una religión supersticiosa. Pinnock comenta: "Si el Lucas canónico tiene una teología carismática... no se puede considerar al pentecostalismo como *una clase de aberración* que resulta de excesos experimentales, sino como un avivamiento en el siglo XX de la religión y de las teologías neotestamentarias".[9] Otros eruditos como Howard Ervin responderían a las objeciones de Dunn con un tono polémico y dando sus mejores aportaciones en la exégesis demostrando una sólida defensa de la subsecuencia en el bautismo en el Espíritu Santo.[10]

En obras pentecostales más generales y que pretenden no usar como herramienta la polémica, la semilla defensiva sigue siendo clave para fundamentar la experiencia del pueblo pentecostal. El Dr. Anthony D. Palma refleja el mismo *ethos* apologético en el prólogo de su libro "El Espíritu Santo: Una perspectiva pentecostal", escrito por George O. Wood, quien expuso su sentir como superintendente de una de las denominaciones pentecostales más grandes del mundo en ese momento:

> "Como pentecostales, nuestro énfasis en tener una experiencia personal con el Espíritu Santo a veces nos ha ganado mucha crítica de otros miembros de la familia cristiana. A muchos les da la impresión de que basamos la realidad en la subjetividad de nuestra propia experiencia antes que en la objetividad de la Palabra de Dios". [11]

Robert Menzies también tendrá un comentario de este estilo en el área de opiniones generales en "Pentecostés: esta historia es nuestra historia" literatura que, a diferencia de sus otras obras, pretende ser una lectura sencilla sin perder el sentido académico. Amos Yong, un aclamado erudito dentro del ámbito del pentecostalismo global y ecuménico, comenta:

---

[8] William P. Atkinson, *Baptism in the Spirit: Luke-Acts and the Dunn Debate* (Eugene, Oregón: Pickwick Publicacations, 2011), 25.

[9] Roger Stronstad, *La teología carismática de Lucas* (Miami, Florida: Editorial Vida, 1994).

[10] Aunque hemos de decir que en el aspecto metafísico y filosófico tergiversa a Dunn como anti carismático.

[11] Anthony D. Palma, *El Espíritu Santo: Una perspectiva pentecostal* (Miami, Florida: Editorial Vida, 2005), 9.

"Robert Menzies ha provisto, hasta la fecha, la apologética bíblica y teológica definitiva para la identidad pentecostal".[12] La identidad pentecostal tiene un importante resguardo cuando sus bases son enseñadas ante las voces confrontadoras adquiriendo un mejor desarrollo, matizando los aspectos periféricos que podría llevarlos a perder el rumbo y eliminando escollos innecesarios.

El mundo latinoamericano tampoco se ha quedado atrás; tras la ola nueva calvinista que se le ha avecinado y los desafortunados comentarios de algunos de sus exponentes como el de que "América Latina necesita ser re-evangelizada",[13] varios pensadores han defendido su visión pentecostal con una investigación rigurosa. Mi padre Jorge Canto Hernández, secretario de El Concilio Nacional de las Asambleas de Dios en México, ha tomado en serio el desafío de proveer unas bases exegéticas, psicológicas y sociales para la doctrina pentecostal. Su tesis de maestría llamada "En lengua de tartamudos" basada en una exégesis de la apelación de Pablo en 1 de Corintios 14 a Isaías 28:11-12 para definir la naturaleza de la glosolalia, terminó siendo un libro para la audiencia pentecostal asambleísta en México; en la introducción, Canto da una razón importante del propósito de su libro:

> Existe en el presente eclesiástico una crisis que puede determinar el futuro… referente a la adoración pública puesto que ha arreciado el ataque contra la glosolalia… como extemporánea, desordenada y total-

---

[12] Robert P. Menzies, *Pentecostés: Esta historia es nuestra historia* (Springfield, Missouri: Gospel Publishing House, 2013).

[13] Miguel Núñez, predicador bautista, en su artículo de The Gospel Coliation da una conclusión apresurada, insinuando así que las iglesias carismáticas y pentecostales no han cumplido la gran comisión: "Ahora bien, la mayor parte del evangelio que escuchamos hoy en estos púlpitos, en la radio y en las estaciones de televisión, es el evangelio de la prosperidad, con su hermana, la mentira del "proclámalo y recíbelo"; una nueva versión de una vieja mentira. Para una generación tan egocéntrica y codiciosa como la nuestra, el evangelio de la prosperidad es la "receta correcta". Sin embargo, este falso evangelio es un archienemigo de la cruz, o, como ha dicho John Piper, "es una abominación a Dios". Ofrecerle a quien sea, particularmente a un inconverso, riquezas materiales en base al dinero que le han dado al Señor es guiarlos directo al infierno. Es realmente abominable. Lamentablemente, *la mayoría de las iglesias en esta nueva corriente provienen del campo pentecostal*". Miguel Núñez, "América Latina necesita ser re-evangelizada", Coalición Por el Evangelio, 2013, consultado el 27 de marzo de 2023. https://www.coalicionporelevangelio.org/articulo/latinoamerica-necesita-ser-revangelizada/

mente inútil... a la que incluso se le trata como "ridícula" por sonar a los oídos modernos como una simple jeringonza de tartamudos.[14]

En otro espectro del tema de una doctrina pentecostal, William Estrada Carrasquillo, un teólogo pentecostal con raíces latinoamericanas y un doctorado en el Seminario Teológico de Asbury, busca corregir la dicotomía entre el espacio público y el "espiritual" del evangelicalismo moderno. En su libro "Beyond the Temple" narra como la perspectiva integral de la vida en Latinoamérica y la espiritualidad pentecostal de sus padres formaron la cosmovisión cristiana para la eclesiología que presenta. Carrasquillo dice: "aprendí a vivir entre el templo y la ciudad",[15] esta interacción lo llevó a darse cuenta de la necesidad de que la Iglesia sea relevante con una sociedad que tiende a caricaturizar la fe pentecostal: "escuché y vi cómo los desafíos que provenían de la sociedad empujaban contra nuestras creencias pentecostales".[16] La caricaturización que el sector evangélico mayoritario ha dado a la justicia social ha logrado impedir la misionología integral del pentecostalismo; Carrasquillo está en contra de esto: "La espiritualidad y el público no son mutuamente excluyentes sino, por el contrario, [son] de naturaleza dialógica".[17] Por medio de una exégesis de Ezequiel 47 que describe el agua viva y sanadora saliente del Templo para el florecimiento de una nueva creación, el autor aprovecha explicar la naturaleza de este río desbordante como un impacto universal en la sociedad de manera holística trayendo justicia a los pueblos que por siglos han sido tiranizados. No es para menos, el evangelio no presenta la salvación como solamente un escape de la ira de Dios (aunque claro que este punto es importante), sino de una salvación continua que se expresa en toda área de la vida humana. Michael Bird habla correctamente del aspecto soteriológico de las Escrituras: "La salvación puede equipararse con la curación física, la liberación económica, la liberación de la opresión demoníaca y la

---

[14] Jorge Canto, *En lengua de tartamudos: Doctrina del Espíritu Santo* (Mérida, Yucatán: Editorial Nueva Jerusalén, 2021), 2. Interesante es que Canto prescinde en su tesis de Lucas-Hechos como harían la mayoría de pentecostales para enfocarse en la exégesis paulina; ciertamente esto es un gran avance hacia la integración que el pentecostalismo necesita urgentemente en su doctrina pneumatológica.

[15] Wilmer Estrada-Carrasquillo, *Beyond the Temple: Pentecostal Spirituality as a Lived Ecclesiology* (Cleveland, Tennessee: CPT Press, 2021), 3.

[16] Carrasquillo, *Beyond the Temple*, 2.

[17] *Ibid*, 3.

liberación de la vergüenza".[18] Aunado a la tesis de Carrasquillo, ya hemos hablado de lo que en mi perspectiva, Ezequiel 47 quiere decir, y aunque veo que para que esta labor tenga el potencial pleno es necesaria la obra espiritual de Pentecostés, ciertamente no podemos desligar la iniciación del llamado profético de Dios a impactar nuestro entorno, todo cristiano nacido de nuevo es llamado a ser parte del imperativo de reflejar los valores del reino que irrumpe hacia una nueva creación. Desde luego esto será muy difícil de digerir para los sectores más fundamentalistas del medio evangélico donde la salvación ha llegado a equipararse a un simple rescate del alma y no a la ayuda de Dios en toda área de la vida, incluso la financiera y la de salud, además de una transformación gradual que es parte de la primicia del Espíritu con mira a la consumación del reino que está por manifestarse.

Tanto Canto como Carrasquillo basan más su exégesis en otros hagiógrafos como Pablo y Ezequiel en lugar de Lucas, y solo se puede dar gloria a Dios por ello, pues empezamos a abordar nuestra pneumatología a través de la basta información bíblica trayendo un aspecto integral a nuestra teología. En el tercer capítulo de este material pretendo hablar de una integración en la perspectiva del bautismo en el Espíritu Santo, sin embargo, en este he de observar primero el inevitable acercamiento apologético lucano y cómo ha permeado en la vida de los pentecostales en medio de diferentes pensamientos. Estas bases en Lucas reflejan el sentir de la vida de miles de pentecostales que ven sus experiencias en el libro de los Hechos. Ha sido largo el proceso, pero este servidor cree que el pentecostalismo sigue dando una sólida respuesta de su fe. En una plática que tuve con el hermano Eliseo Vila, honorable presidente de la editorial española Clie, este ha expresado el mismo sentir con el material que usted tiene ahora en sus manos:

> A mi modo de ver, el pueblo pentecostal en México y Latinoamérica tiene un paralelo con la iglesia primitiva. A lo largo del siglo XX tuvo años de crecimiento exponencial sorprendente, proclamando el mensaje sin prestar mucha atención a la teología. Pero para ahora toca consolidar, y para superar con éxito el siglo XXI necesita teólogos capaces y

---

[18] Bird, *Evangelical Theology*, 611. Desde luego la salvación empieza con una declaración legal y forense hacia el pecador como absuelto y perdonado, sin embargo, existen otras facetas en la vida del creyente que tienen que ver incluso con la misma salvación.

preparados de estructurar y argumentar su pensamiento teológico con idiosincrasia propia, que no dependa del mundo anglosajón.

Así como los grandes apologistas sentaron las bases para entender mejor la fe apostólica dada una vez para todos los santos, la iglesia pentecostal ha ido en desarrollo con el fin de demostrar que sus doctrinas son viables para una espiritualidad viva en el cristianismo invitando a toda carne a disfrutar del don escatológico anunciado por Joel: El Espíritu Santo que hace que los siervos y las siervas profeticen en su nombre. El siguiente capítulo pretende dar de nuevo una mirada apologética ante los cuestionamientos actuales que el pentecostalismo clásico sigue recibiendo, buscando estar en este *ethos* explicativo y de retroalimentación doctrinal. Esto se formulará atendiendo tres puntos en específico, a saber, la base naciente del pentecostalismo, los desafíos que la tercera ola carismática sigue colocando sobre la mesa y analizando la mirada apologética de Lucas a través del libro de los Hechos. El propósito será demostrar que el bautismo en el Espíritu Santo desde una perspectiva lucana es una obra diferente a la regeneración iniciática y con un fin apologético profético para así luego dar paso a un modelo integrador. Este servidor tiene la certeza que el don pentecostal como poder para la misión es aquel que da identidad al movimiento, y así como Lutero propuso la justificación por la fe como el *articulus stantis et ecclesiae cadentis* (el artículo del cual depende que la iglesia se mantenga o se caiga), así también el bautismo espiritual es la doctrina cardinal que puede mantener la llama expectante del pentecostalismo o su disolución con el mundo mayoritario evangélico.

EL PENTECOSTALISMO NO NACE DEL VACÍO

Antes de hablar de la apologética en base en el libro de los Hechos, es necesario abordar brevemente las raíces teológicas que el pentecostalismo ha compartido con otros cristianos. La aproximación pentecostal al texto bíblico no surgió del vacío como muchos piensan; en primer lugar, el movimiento de la Santidad de finales del siglo XIX y principios del XX había postulado una operación de la gracia o "segunda bendición" diferente a la conversión que sería la tierra firme donde la visión subsecuente pentecostal germinaría. John Fletcher, sucesor de Wesley, se apartó de la visión integral y cristocéntrica de su pneumatología para enfatizar la dispensación del Espíritu desde Pentecostés.

En segundo lugar, el sector evangélico fundamentalista (aunque quizá sin darse cuenta) igualmente aportó una hermenéutica que beneficiaría a los primeros pentecostales para entender su propia experiencia a la luz de la Biblia. R. A. Torrey, un autor reconocido de *The Fundamentals* había escrito sobre el bautismo en el Espíritu Santo de una manera casi idéntica a como la erudición pentecostal actual argumenta. Robert Menzies dice acerca de él: "Aunque el propio Torrey malinterpretó en gran medida y, al menos a primera vista, rechazó [el pentecostalismo], es sin embargo su heredero más fiel y significativo".[19] Torrey declaró en su libro, *El bautismo en el Espíritu Santo*, que el bautismo que Lucas presenta en Hechos, "es una experiencia definida donde alguien sabría si lo había recibido o no".[20] Nunca habla de la evidencia inicial de la glosolalia, llevando a una tensión al autor evangélico que no resolvió; sin embargo, Torrey también afirma:

"[los discípulos] ya eran hombres regenerados, habían recibido nueva vida, pero aún no habían sido bautizados con el Espíritu Santo. A partir de esto, es evidente que la regeneración es una cosa, y que el bautismo en el Espíritu es algo diferente... Si una persona ha experimentado la obra regeneradora del Espíritu Santo, es una persona salva, pero no está equipada para el servicio hasta que haya recibido el bautismo con el Espíritu Santo además de esto".[21]

A la par de esta línea evangélica otros avivadores como Charles Finney y D. L. Moody predicaban esta experiencia como una de poder, tal como posteriormente los movimientos de Keswick lo harían.[22] Lo que podemos

---

[19] Robert P. Menzies, "*Christ-centered: The evangelical nature of Pentecostal theology*" (Eugene, OR: Cascade Books: 2020), 3.

[20] R. A. Torrey, *Baptism of the Holy Spirit: How to Receive This Promised Gift* (E. Birch Street: Aneko Press, 2018), 1. Torrey se basa en Hechos 19:2-6 y la pregunta de Pablo sobre el recibimiento del Espíritu es suficiente para él para su punto.

[21] Torrey, *Baptism of the Holy Spirit*, 5.

[22] Pienso que este sector más alineado a la teología "reformada" ayudó al pentecostalismo a enfatizar el papel cristocéntrico en toda la obra del Espíritu Santo. Claro ejemplo fueron los señores William H. Durham y A. S. Copley que enseñaron la obra consumada en el calvario con que el creyente gana su santificación; a diferencia de la erradicación del pecado original en la Santidad, los pentecostales de linea bautista lograron dar énfasis al cristocentrismo en su pneumatología con la santificación ganada por Cristo en el calvario y su identificación por parte del creyente con él. No por nada el lema del evangelio cuádruple "Cristo salva, Cristo viene, Cristo bautiza y Cristo viene pronto" encuentra

decir es que hasta la línea más conservadora del cristianismo en occidente fue parteaguas para la futura comprensión de los pioneros del movimiento pentecostal.

En tercer lugar, del lado de la crítica bíblica se encontraban autores que proponían que la comprensión paulina del Espíritu tenía una discontinuidad con la pneumatología de la mayoritaria iglesia primitiva. Un ejemplo es Herman Gunkel, que en 1888 en *Die Wirkungen des heiligen Geistes*, "ofreció una argumentación detallada en apoyo de su tesis de que Pablo, a la luz de su propia experiencia, intentó corregir la pneumatología de la *Urgemeinde* para quien 'el Espíritu era solo el poder que obró maravillas, el garante de obras espectaculares'".[23] La *Urgemeinde* o la iglesia naciente, para Gunkel, entendió el papel del Espíritu como el dador de las señales carismáticas que caracterizaban a los profetas del Antiguo Testamento a diferencia de Pablo, quien debido a su propia vivencia con el Cristo resucitado pudo conectar la actividad del Espíritu con la sabiduría ética y la transformación moral, o en otras palabras: para Pablo quien traía a la existencia cristiana a los incrédulos y formaba parte de todo su seguimiento deontológico era el Espíritu. Gunkel, así, propone una discontinuidad entre la pneumatología temprana de la iglesia con la paulina que era más sofisticada y holística. Aunque he de decir, que tal separación drástica y tajante entre el Espíritu de profecía con la actividad santificadora[24] del mismo es inconsistente según el relato bíblico y mi propia perspectiva conservadora, Gunkel ayudó a que el debate floreciera y también allanó el camino para que el pentecostalismo a futuro diferenciara aspectos importantes en que los propios autores del Nuevo Testamento tienen algo que

---

sus orígenes desde 1887 con A. B. Simpson dirigente de la Alianza Cristiana y Misionera. Sin embargo no todo es color de rosa, los énfasis wesleyanos de la santidad también se han perdido en gran manera y dando lugar quizá a una confusión o falta de compromiso para el ejercicio del don pentecostal por el divorcio a veces tan extremo que la doctrina pentecostal más "bautista" ha realizado al ver el empoderamiento solo para cuestiones misionológicas y quitarle su papel santificador. Hablaremos de eso más adelante.

[23] Robert P. Menzies, *Empowered for witness: the Spirit in Luke-Acts* (London; New York: T&T Clark, 2004), 18–19.

[24] En este capítulo hablaré de "regeneración" como dadiva de vida (o vivificación) que el creyente tiene como iniciado en el Nuevo Pacto. Sin duda Lucas guarda silencio en esto con respecto al Espíritu, sin embargo, el Espíritu Santo sí es de santidad, por lo que una energización en la santidad dada al creer es totalmente plausible. A pesar de esto, la obra del Espíritu en Lucas no puede desligarse de una obra diferente a la regeneración inicial.

decir y aportar, cosa que el magisterio protestante había retenido en un lente puramente paulino y proposicional.

Los tres puntos pasados colocan a la tradición pentecostal en línea y una continuidad con un área amplia de la iglesia en aquel entonces y su proceso natural de avance y diálogo, por lo que la nomenclatura de "secta" que muchos evangélicos y protestantes históricos han dado al movimiento, es injustificada. Muestra de la incomodidad cristiana es que todos estos sectores sentían una aversión al pentecostalismo. Es curioso que el movimiento de Santidad que se había caracterizado por retratar su segunda bendición como el poder pentecostal, al descubrir que algunos salidos de ellos hablaban en lenguas le cerraran las puertas. El fundamentalismo evangélico no fue diferente, R. A. Torrey criticó el movimiento pentecostal y sintió un repudio a su énfasis en la glosolalia como evidencia inicial del bautismo en el Espíritu Santo a la par de sus colegas como B. B. Warfield que por medio de su método inductivo y del sentido común despreciara a los grupos con características "milagrosas" o de renovación que dieran paso a la experiencia. Sin embargo, los pentecostales se aprovecharon de estos tres bandos y sus tesis para formar su cosmovisión religiosa.

Pese a que la tradición entusiasta no fue entendida por sus hermanos protestantes, y posiblemente su epistemología se atrevió a vivir más en el complejo místico, no creemos que el pentecostalismo pueda entenderse – pese a las diferencias pneumatológicas– a parte del movimiento evangélico como algunos autores del pentecostalismo global han propuesto, más bien, este lleva el sello protestante a una renovación experiencial completamente cimentada en las Escrituras, o en palabras de Allister McGrath:

> El pentecostalismo debe entenderse como parte del proceso protestante de reflexión, reconsideración y regeneración. Él no es una consecuencia de una 'nueva reforma', sino el resultado legítimo del programa continuo que caracteriza y define el protestantismo desde su inicio.[25]

---

[25] Alister McGrath, *Christianity's Dangerous Idea: The protestant revolution* (NY: HarperCollins e-books, 2009), 608. No quiere decir que los pentecostales tengamos un compromiso dogmático con la Reforma protestante, sino simplemente que poseemos la continación de la esencia revolucionaria de tal evento en occidente que el pentecostalismo ha empujado. Aun así, creo válido que otros movimientos pentecostales no denominacionales sean aceptados como tales a pesar de no estar comprometidos con los distintivos más esenciales de los evangélicos.

La epistemología pentecostal, de hecho, puede aportar de manera notable al cristianismo global de nuestra era, y aun en el sector más amplio del Evangelicalismo Occidental. Los recursos implícitos en la fe pentecostal, tales como la creencia en fuerzas sobrenaturales que oprimen a los individuos, la expectación en una experiencia genuina y espontánea con Dios y la resistencia al dualismo cartesiano con el que la fe dogmática protestante que se deja entrever por medio de la confianza en la sanidad del cuerpo por medio de la expiación, debería ser visto como un regreso a la Escritura, al corazón de Pentecostés, donde el apóstol Pedro se atrevió a enfrentar las perspectivas antagónicas de los oyentes, con lo que, James Smith denomina un "coraje hermenéutico",[26] coraje necesario para vivir una fe radical en la cotidianidad del discipulado y que tiene una apertura radical hacia Dios. Aunque probablemente en el templo, los 120 discípulos esperaban el advenimiento de YHWH en su juicio cósmico, en su lugar, recibieron las extrañas lenguas de fuego sobre sus cabezas y un derramamiento espiritual que resultó en lenguas que parecían confusas para los oyentes. Sin embargo, Pedro se atreve a decir ¡Esto es de Dios! "En resumen, requirió abandonar las ideas y expectativas existentes del *statu quo* de cómo obra Dios".[27] La fe pentecostal, que se atreve a mirar lo sobrenatural como lo natural, y que, observa el mundo no como un sistema cerrado agotado por constantes físicas, o tampoco como un sistema ya establecido en el que Dios interviene interrumpiendo la continuidad de esta perfecta estructura, sino uno verdaderamente abierto donde la gracia del Espíritu se encuentra inmanentemente en la creación y donde lo milagroso, es visto como una intensificación de esta realidad, da un paso agigantado hacia toda una cosmovisión que por derecho propio se atreve a cuestionar los ideales seculares mayoritarios, además de resistirse a presentar un cristianismo que busque un lugar en "las nebulosas" de una explicación naturalista, donde hay ciertas lagunas donde "Dios puede encajar". La glosolalia misma, es este discurso indicativo de que la presencia de Dios está con su pueblo, y que, por ende, las teorías del lenguaje quedan totalmente obsoletas para explicar tal fenómeno colectivo. Con este imaginario *pneuma* podemos persuadir al protestantismo en general, para abandonar el cesacionismo recalcitrante que sigue abrazando el escepticismo deísta del actuar del Espíritu.

---

[26] Smith, *Thinking in Tongues*, p. 33.
[27] *Ibid.*

En defensa de la tradición, los pentecostales creemos en la importancia de la experiencia; sin embargo –al menos los más tradicionales como los que pertenecemos a las Asambleas de Dios– definimos estas vivencias como directamente escriturales y enseñadas por el texto bíblico. Las lenguas como señal inicial es resultado de una investigación *bíblica* de unos estudiantes reunidos en un seminario *bíblico* para confirmar una experiencia a la luz de la *Biblia*. Aunque ciertamente se trata de una doctrina controversial y de las más criticadas por todos los demás sectores del cristianismo (incluido el pentecostalismo global), fue una forma de cimentar la creencia de la posibilidad de recibir la señal del poder profético de Lucas-Hechos a la luz de su narración incrustada en el Canon cristiano. James Dunn admite el deseo bíblico de los primeros pentecostales de no conformarse con menos que el testimonio apostólico:

> ¿Existieron algunas manifestaciones físicas o psíquicas consideradas como un signo particular del Espíritu, como una *prueba necesaria* de la presencia del Espíritu?... Generaciones sucesivas de cristianos buscaron la respuesta en el martirio, en el ascetismo, en la vida monástica y mística... [la] respuesta [del pentecostalismo] fue simple y directa: la *glosolalia* es el signo peculiar de la presencia del Espíritu que inicia una vida de poder apostólico... En favor de la tesis pentecostal debe decirse básicamente que su respuesta *está enraizada en el Nuevo Testamento* más firmemente de lo que con frecuencia se piensa. *Ciertamente, es verdad* que Lucas considera la glosolalia de Pentecostés como un signo exterior de la efusión del Espíritu.[28]

Aunque ciertamente hay unas pocas imprecisiones en el retrato de Dunn (las lenguas pueden ser la señal inicial pero no la única evidencia del poder del Espíritu Santo), el punto está allí: Los pentecostales son evangélicos que fundamentan su vivencia en las Escrituras. Incluso un gran número de aquellos que objetan que la glosolalia sea la señal externa inicial *sine qua non* del Espíritu, conceden a los pentecostales el patrón lucano de la glosolalia aun en pasajes que Lucas no deja tan clara la cuestión o que la muestran por lo menos implícitamente; tal es el ejemplo de Hechos 8 con respecto a los samaritanos, quienes después de creer y ser bautizados esperan que los apóstoles Pedro y Juan lleguen para imponer manos y sean dotados del don del Espíritu (v. 16-17); Dunn dice del

---

[28] Dunn, *Jesús y el Espíritu*, 292.

relato samaritano: "Es obvio que ninguno estuvo satisfecho con la posición cristiana de los samaritanos hasta que prorrumpieron en lenguas y profecía, o lo que fuere".[29] Más adelante Dunn argumentaría: "Es una suposición razonable para Lucas que el 'Pentecostés' samaritano, como el primer Pentecostés cristiano, estuvo caracterizado por la glosolalia extática".[30] Gary S. Shogren, un erudito contemporáneo y además con mucha influencia en Latinoamérica concuerda con Dunn: "En Hechos 10:46 y 19:8 los cristianos espectadores sabían que cierta gente había recibido el Espíritu cuando los escucharon *hablando en lenguas*. Me parece que esta es la sugerencia en Hechos 8:17-19".[31]

Se debe añadir que también sostenemos que la manifestación del Espíritu en Samaria que Simón el mago notó fue la glosolalia; los samaritanos, según el retrato que Hechos nos permite contemplar, ya habían observado prodigios y señales que les tenían atónitos (8:13), Felipe expulsaba a espíritus inmundos al igual que sanaba en el nombre de Jesús a paralíticos y cojos (v. 7). Se dice que Simón seguía muy de cerca a Felipe por el poder carismático que reflejaba en su predicación (v. 13). Sin embargo, nada de esto le hizo ofrecer dinero hasta que los apóstoles les impusieron las manos a sus conciudadanos y recibieron el don del Espíritu y hubo una señal correspondiente que le haya llevado a tomar esa decisión (v. 17-18). Aunque Lucas no mencione las lenguas explícitamente en el relato samaritano, el trasfondo de Pentecostés –el símbolo teológico de los pentecostales[32]– permite nuestra interpretación: "esto de lo que se burlan, *es aquello*" (2:15-16), el don del Espíritu profetizado por Joel se manifiesta por "esto" a saber, la glosolalia que fue razón suficiente para la mala interpretación de lo que a los discípulos les sucedía al hablarlas como borrachos (v. 13). Que Pedro profetiza es innegable (ver el capítulo 1), sin

---

[29] Dunn, *El bautismo del Espíritu Santo* (Buenos Aires, Argentina: Editorial La Aurora, 1977), 85.

[30] *Ibid*, 293.

[31] Gary S. Shogren, *Primera de Corintios, versión Scribd* (Barcelona, España: Editorial Clie, 2021), 588.

[32] Como símbolo teológico pretende ser un arquetipo para todos los cristianos de todas las edades. Al menos Lucas al proponer a Pentecostés muy probablemente como la iniciación de la obra profética de la Iglesia al ser un Babel inverso, la experiencia de apertura sirve para las demás; tanto en Samaria, en Pablo, a los gentiles y a los creyentes efesios. Tiene razón Wolfgang Vondey al decir: "Pentecostés, tomado como símbolo teológico, sugiere que las experiencias particulares de los pentecostales, aunque una interrupción del *status quo*, pueden ser construidas dentro de un marco metafísico comprensivo de explicación". (Vondey, *Teología pentecostal*, 30).

embargo, la inspiración profética le lleva a decir que las lenguas son señal de la profecía de Joel 2, lenguas que se repiten como muestra de la investidura del Espíritu o el don del Espíritu (Hch 10; Hch 19). No hay duda de que lo más probable es que en Samaria se trate de la misma manifestación.

La resolución es que los Pentecostales pretenden seguir un patrón bíblico claro en las Escrituras basándose en la narrativa lucana que es acorde a sus propias experiencias. De hecho, llegar a la conclusión de que la glosolalia es una evidencia bíblica solo se trata de la implicación lógica de seguir fielmente el arquetipo experiencial del libro de los Hechos hasta sus últimas consecuencias pese la crítica y la no aceptación de las demás tradiciones cristianas. Parece que, en esto, los pentecostales tienen a un inesperado aliado protestante, por lo menos en las intenciones de extraer teología de la narración de Hechos. Ben Witherington III, aunque discrepa con esta visión, otorga al caso pentecostal una reflexión útil en cuanto a la forma práctica en que los creyentes pueden apropiarse de la narrativa del segundo tomo de Lucas: "[él es] un editor bueno y cuidadoso de sus fuentes y no desea recorrer el camino dos veces si se puede evitar, *a menos que haya algún punto especial de énfasis que él esté presionando* como los tres relatos de la conversión de Saulo".[33] Si la descripción de Witherington es correcta, entonces estamos ante dos tesis que sin duda favorecen el marco interpretativo pentecostal clásico. El hagiógrafo ha utilizado *tres* narraciones donde las lenguas han sido la señal de que el bautismo en el Espíritu Santo se ha recibido por un grupo de creyentes (Hch 2; 10 y 19), por conclusión lógica, observamos un patrón que Lucas presiona intencionalmente. Por otro lado, incluso en los relatos donde las lenguas estén muy probablemente implícitas (Hch 8 y 9), se trata de la demostración de que el historiador pretende que el lector dé por sentado aquellos efectos carismáticos, ya que el médico acompañante de Pablo es un editor cuidadoso y "bueno", se ha encargado de enfatizar el patrón del empoderamiento profético y a la par, ha utilizado el silencio para afianzar su punto. Donald A. Johns parece estar de acuerdo con lo anterior en su ensayo de la "crítica de la redacción" para demostrar que la fe pentecostal se enraíza en una teología narrativa que hace justicia a los patrones lucanos: "Hablar en lenguas acompañó ser bautizado en el Espíritu en tres textos de Hechos. [Esta] es una técnica de narración *común* en todo el mundo para contar las cosas en grupos de tres: tres veces debería ser suficiente

---

[33] Ben Witherington III, *The Acts of the apostles: A Socio-Rhetorical Commentary* (Grand Rapids, Michigan: Wm. B. Eerdmans Publishing Co., 1998), 81.

para decir cualquier cosa".[34] Si los tres casos pueden servir para alentar a la iglesia a experimentar el poder pentecostal de Hechos en plenitud, entonces se trata de un deseo loable y noble que no debe ser ignorado por completo. Al fin y al cabo, la forma en que Lucas ha explicado los sucesos asombrosos de los apóstoles y el Espíritu Santo tiene el fin de dar instrucción a Teófilo, lo que también puede ser instrucción para nosotros, "esto sugiere que Lucas ve los ejemplos *repetidos*... como normales para la iglesia primitiva, y quizás, *normativos* para la iglesia en tiempos posteriores también".[35]

Con respecto a la hermenéutica pentecostal que se atreve a vivir la narrativa y enseñarla, conocemos la posición de los difuntos Gordon Fee y John Stott, quienes sostenían una marcada inclinación a tomar las partes didácticas (las cuales en su mayoría son paulinas) para articular una teología evangélica desmeritando así la articulación teológica de los pentecostales por basarse en la narrativa; sin embargo, el pentecostalismo, aunque no exento de caer en el error de consolidar un canon dentro de un canon dando primacía a Lucas, abrió la puerta para permitir que los autores de las Escrituras hablen por sí mismos y sus palabras permeen en la vida comunal de la Iglesia, lo que tiene sus bases bien enraizadas en una correcta tarea de la teología bíblica; el erudito Howard Marshall es prueba de que a pesar de su posición de la pneumatología de Lucas como iniciática a la conversión, coincide con los teólogos pentecostales en su énfasis especial del poder para la labor misional, un tema bastante descuidado en el magisterio protestante con respecto a la interpretación lucana:

> Desde luego, no cabe duda de que, en Hechos, el Espíritu está *primordialmente* asociado a la dirección y la atribución de poder para la misión y la proclamación cristiana. Los creyentes individuales son llenos del Espíritu Santo cuando están a punto de hablar en nombre de Cristo... Tampoco presenta problema alguno el que una persona llena del Espíritu reciba una nueva plenitud (Hch 6:5; 7:55).[36]

---

[34] Donald A. Johns, Some new directions in the hermeneutics of classical pentecostalism's doctrine of initial evidence en, Gary B. McGee, ed, *Initial evidence: Historical and biblical perspectives on the Pentecostal doctrine of Spirit Baptism* (Peabody, Massachusetts: Hendrickson Publishers, 1991), 164.

[35] Witherington III, *Acts*, 198.

[36] I. Howard Marshall, *Teología del Nuevo Testamento: Muchos testigos un solo Evangelio* (Barcelona, España: Clie, 2016), 149. Incluso Marshall tiene un libro donde defiende a Lucas como historiador y teólogo por derecho propio, véase *Luke: Historian and Theologian* (United Kingdom: Paternoster, 1970).

En todo caso, hoy en día la erudición protestante ha podido hacer lo mismo con una epístola como Santiago que ha sido controversial para la teología de la gracia de ciertos sectores evangélicos por el tema de las obras y la evidencia de amor a través del fruto ético del nuevo nacimiento, cosa que, a Lutero, por ejemplo, le costó mucho aceptar como una verdad evangélica y canónica, tanto, que llegó a llamar a la epístola de Santiago "una epístola de paja". No es para menos, a veces podemos caer en el peligroso acto de subestimar la teología de algún escritor bíblico por no ajustarse a nuestras preconcepciones y compromisos confesionales. James Dunn lo hace demeritando a Lucas como escritor:

> En contraste con la precaución de los otros escritores del Nuevo Testamento por no mencionar a Jesús y algunos escritos del Antiguo Testamento, la *ostentación acrítica* de Lucas sobre los "prodigios y señales" como una presentación de la Iglesia antigua, parece favorecer sobre todo una *veneración supersticiosa y pagana de los agüeros y portentos*.[37]

En la segunda edición de "La teología carismática de Lucas" de Stronstad, Mark Allan Powell alerta de este mismo sentir extendido en la erudición del Nuevo Testamento; muchos académicos sienten un cierto repudio a la actitud que Lucas tiene hacia lo sobrenatural y a su, según ellos, "desmedido" dinamismo que parece rayar en lo supersticioso:

> A lo largo de esos estudios, no puedo evitar notar que la mayoría de los eruditos consideraban al aspecto carismático de... Lucas como una rareza... [para ellos] las diversas formas en que el Espíritu... dirigía y empoderaba a las personas carecía de credibilidad como historia directa. Para algunos, esto significaba que los informes de Lucas estaban simplemente demasiado infectados por superstición primitiva para ser tomados en serio; para otros, solo significaba que Lucas necesitaba que se le otorgara un grado extraordinario de licencia literaria.[38]

---

[37] Dunn, *Jesús y el Espíritu*, 262. Este autor es el que más ha influenciado para bien y para mal a la erudición evangélica mayoritaria con respecto a la pneumatología de Lucas, más adelante se tocará el punto. Para una excelente respuesta a esta interpretación de Dunn, véase: William W. y Robert P. Menzies, *Espíritu y poder: fundamentos de una experiencia pentecostal* (Miami, Florida: Editorial Vida, 2004), 179-194s.

[38] Stronstad, *La teología carismática de Lucas: Segunda edición* (Grand Rapids, Michigan: Baker Academic, 2012), 7.

La incógnita es como la epistemología racionalista (y por implicación, cesacionista) que ha traído el nuevo calvinismo ha hecho que cientos de creyentes en Latino América abandonen su creencia en la intervención carismática de Dios a través del Espíritu por un sesgo occidental que, aunque proclama a cuatro vientos de la "Sola Scriptura" desestiman el relato de los Hechos y comparten este sentir de vergüenza a lo sobrenatural.

Volviendo a la cuestión de la epístola de Santiago, Mauricio A. Jiménez, un escritor reformado latinoamericano entiende este espíritu justo que debería permanecer en el magisterio reformado cuando interpreta la epístola del hermano del Señor:

> Para comprender bien a Santiago es necesario un acercamiento serio y concienzudo que nos permita introducirnos en la mente de [él] para así descubrir sus intenciones, leyéndole a él por sí mismo y no a través de *la teología paulina,* que es lo que *generalmente* ha servido como base para los malos entendidos o para alimentar esta supuesta tensión.[39]

La exhortación de Jiménez es atinada, sin embargo, vemos que lamentablemente los escritos lucanos suelen pasarse por alto para el magisterio protestante con respecto al tema del Espíritu Santo y la tensión (yo creo que aparente solamente) que provoca con Pablo; sin embargo, los pentecostales seguimos insistiendo en permitir que Lucas nos hable del empoderamiento profético que Jesús prometió a su pueblo (Hch 1:8) y a todas sus generaciones (Hch 2:38-39). Este problema a mi modo de ver es algo que también arrastran los carismáticos de nuestros días, aunque no podemos negar su relevancia y lo mucho que han aportado a la exégesis de la Biblia. Empero algunos de ellos han desafiado la interpretación pentecostal describiéndola como inverosímil o no fundamentada en el texto, esta cuestión será abordada en breve.

EL DESAFÍO DE LOS CARISMÁTICOS DE LA TERCERA OLA

El cesacionismo ha sido uno de los principales objetores al movimiento pentecostal, con todo, hoy en día parece que el continuismo ha adquirido

---

[39] Mauricio A. Jiménez, *La justicia de Dios revelada: Hacia una teología de la justificación* (Salem, Oregón: Publicaciones Kerigma, 2017), 185. Jiménez acierta en observar una cuestión escatológica con Santiago en el papel de las obras y la justificación; recomiendo ampliamente su libro para la aclaración de este tópico.

un gran número de adherentes, lo que ha resultado (afortunadamente) que la defensa de la vigencia de los dones carismáticos ya no sea un tema que se debata como antes, sino que se dé por sentado; parece que Jon Mark Ruthven en "On the Cessation of the Charismata" zanjó el asunto para mostrar lo inverosímil que es sostener que la *carismata* ha cesado. Empero, algunos de los grupos evangélicos que aceptaban la actualidad del carisma bíblico tampoco estaban muy cómodos con las conclusiones de los pentecostales. Los carismáticos de la Tercera Ola son aquellos evangélicos que sostienen la vigencia de los dones carismáticos del Nuevo Testamento (continuistas) sin considerarse pentecostales, ya que, en su comprensión bíblica, la Escritura equipara el bautismo en el Espíritu Santo con la conversión (1 Cor 12:13) por lo que para ejercer los dones del Espíritu Santo no se es necesaria una "segunda bendición" ni una evidencia como el hablar en lenguas. C. Peter Wagner fue el precursor de este movimiento de renovación entre los evangélicos en California a principios de los 80's.

Aún recuerdo mis clases de historia del pentecostalismo de la maestría con el Dr. Ramón Carpenter; él nos comentaba que en alguna ocasión estuvo con Wagner esperando un vuelo en Sudamérica y que el futuro carismático le compartía que en su corazón existía un asombro por el constante crecimiento del pentecostalismo en Estados Unidos y América Latina; Carpenter no dudó en motivarlo a experimentar la llenura del Espíritu en su vida, pese a su constante rechazo al pentecostalismo. Wagner entendió con el tiempo que la presencia tangible del Espíritu en sus reuniones era la clave, esta apertura a la continuidad de los dones puede notarse en su libro "¡Cuidado! Ahí vienen los pentecostales" donde apunta a las ventajas que el pentecostalismo ofrece para el crecimiento eclesiológico; tiempo después, Wagner propondría la muy conocida y controversial "Reforma apostólica" que serían las conclusiones lógicas de la postura evangélica con énfasis paulino sobre la literatura lucana rechazando la subsecuencia y la evidencia inicial del pentecostalismo.

Algunos de los teólogos más reconocidos de esta área evangélica parecen sentirse cómodos con la argumentación de Dunn sobre Lucas-Hechos para sostener su visión de los dones del Espíritu desde un énfasis paulino; no obstante, es interesante que de hecho la exégesis de Dunn se sienta sobre unas bases muy dudosas que parecen no darle justicia al texto lucano. Esto se ve más cuando toca el tema del "enigma de Samaria" del capítulo ocho del libro de los Hechos, donde Lucas parece no tener ningún problema en colocar el recibimiento del Espíritu días después de la iniciación cristiana de los samaritanos al llegar los apóstoles e imponerle manos.[40] Los pentecostales han usado el "enigma de Samaria" como el relato concluyente para su posición, puesto que se trata de un testimonio de que hubieron creyentes de verdad que no experimentaron el don pentecostal inmediatamente, sino días después, por lo que es importante mostrar las imprecisiones de Dunn aquí, porque como argumentaré más adelante, parece que sus bases exegéticas parecen ser aun el "argumento definitivo" de los evangélicos de la Tercera Ola para demeritar la visión pentecostal; además de que en cierta manera, sirven como trampolín para que recientes eruditos rechacen lo que el pentecostalismo ha defendido siempre; más adelante me propondré hablar también de las debilidades de las conclusiones exegéticas de autores como Sam Storms y extender el argumento en otros pasajes del libro de los Hechos.

Imprecisiones en la explicación de Dunn con respecto a la experiencia de Samaria

La fe de los samaritanos no era genuina

Dunn argumenta que Lucas no muestra una conversión inicial comprometida en los samaritanos dado que ellos solamente "tuvieron un asentamiento intelectual con respecto de lo aceptable de Felipe".[41] (Hch 8:12); el autor concluye lo anterior en base al texto griego: *pisteuein* (creer) al regir un objeto dativo no quiere decir que la conversión samaritana fue una comprometida o genuina. Dunn de hecho, pone de ejemplo otro suceso donde *pisteuein* rige un objeto dativo. En Hechos 24:14 Pablo asevera: πιστεύων πᾶσιν τοῖς κατὰ τὸν νόμον καὶ τοῖς ἐν τοῖς᾽ προφήταις γεγραμμένοις (creyendo todas las cosas que en la ley y en los profetas están escritas). Sin embargo, difícilmente aquí el apóstol se refiera a solo dar una señal asertiva sin compromiso alguno. En el versículo 15 especifica de lo que se trata su creencia: *teniendo esperanza en Dios, la cual ellos también abrigan, de que ha de haber resurrección de los muertos así*

---

[40] La insistencia en Hechos 8 es necesaria para sintetizar nuestra visión. Nos predisponemos a observar el día de Pentecostés como una obra diferente a la iniciación-conversión y como la luz que alumbra el acontecimiento samaritano; los argumentos ya han sido dados a lo largo del capítulo 1 y también en alguna parte de este. Hechos 19, aunque también mencionan las lenguas, ya han sido tratados en otra literatura de una manera exhaustiva.

[41] Dunn, *El bautismo del Espíritu Santo*, 77.

de justos como injustos. Lo que quiere decir no un compromiso moral en guardar la totalidad de la Torah sino de creer en lo que las Escrituras dicen con esperanza; una esperanza (ἐλπίς) que no avergüenza porque el Espíritu ha derramado el amor en su corazón (Rm 5:5) y una ἐλπίς que fue característica de la fe que fue contada por justicia a Abraham: *Él creyó en esperanza contra esperanza, para llegar a ser padre de muchas gentes, conforme a lo que se la había dicho: Así será tu descendencia* (Rm 4:18).

Desde luego, a diferencia de sus adversarios, su esperanza se fue redefinida a la luz del evento mesiánico en Jesucristo; pero el apóstol seguía siendo un judío comprometido con la resurrección (concepto tan prominente en el kerigma dado en Hechos) y daba fe de que su creencia en Cristo estaba cimentada en las Escrituras (1 Cor 15: 3-4); si fuese el caso contrario su argumento se trataría de una mentira delante de su audiencia. Es necesario notar aquí que, aunque Pablo pudo haber sido pesimista con la Torah como medio justificador (Gá 2:16), no quiere decir que negaba las verdades escritas en ellas como la *Heilgeschichte*. Si el apóstol puede regocijarse en Cristo y este crucificado (1 Cor 1:23; Gá 2:20; 6:14) es por la revelación que tuvo de que el Mesías de Israel es el objeto de las maldiciones del pacto al hacerse maldito en la cruz (por más difícil que sea de aceptar),[42] como representante de su pueblo para la expiación por sus trasgresiones (Gá 3:10, 13; Cf. Dt 27:26). Por eso el apóstol, aunque insta a los cristianos gentiles a no sujetarse a los marcadores étnicos de la Torah y volver a la esclavitud, no tiene problema en aceptar que su esperanza está cimentada en lo que la Ley y los profetas predijeron, o en palabras de Howard Ervin: "Hechos 24:14 no puede ser presionado por razones gramaticales para apoyar cualquier afirmación de que Pablo simplemente dio su consentimiento intelectual a la Ley y los Profetas".[43] Esta sobre

---

[42] "Después de dieciséis siglos durante los cuales la cruz se ha convertido en un símbolo sagrado, es difícil darnos cuenta del horror inexplicable y de la repugnancia que la sola mención de la cruz provocaba en época de Pablo. En la alta sociedad romana no se podía pronunciar la palabra *crux* (Cicerón, *Pro Rabirio*, 16); más aún, cuando alguien era condenado a muerte de cruz, la sentencia empleaba una fórmula arcaica eufemística: *arbori infelici suspendito*, «colgadlo de infeliz árbol» (Cicerón, *ibid.*, 13). En las provincias orientales del imperio, el término griego σταυρός debe haber inspirado el mismo miedo y la misma aversión que su equivalente latino. Sería comprensible que los primeros cristianos hubieran admitido de mala gana la crucifixión de Jesús; sabían que era un hecho innegable y se habrían visto obligados a ello". F. F. Bruce, *Un comentario de la Epístola a los Gálatas: Un comentario basado en el texto griego* (Viladecavalls, Barcelona: Editorial CLIE, 2004), 366.

[43] Atkinston, *Baptism in the Spirit*, 187.

exégesis corre el riesgo de negar la conversión de las personas en otras partes del Nuevo Testamento; Dunn se inclina a tomar este riesgo para resguardar su conclusión de lo sucedido en Samaria: "Es probable que a los versículos [de Hch 5:14; 13:12; 16:34; 18:8] deban dárseles también [como la fe de los samaritanos] el sentido de aceptación de las declaraciones en vez de un compromiso con ellas".[44]

Por otro lado, estos no son los únicos ejemplos donde el verbo rige a un objeto dativo con respecto al recibimiento del evangelio; en 16:14 se nos menciona que Lidia la vendedora de púrpura que se convirtió al Señor por la predicación de Pablo: *Entonces una mujer llamada Lidia vendedora de púrpura, de la ciudad de Tiatira, que adoraba a Dios, estaba oyendo; y el Señor abrió el corazón de ella para que estuviese atenta* (προσέχω) *a lo que Pablo decía* (**τοῖς λαλουμένοις** ὑπὸ τοῦ Παύλου) ¿Se trataba de un recibimiento puramente intelectual? parece verdaderamente improbable; el siguiente versículo habla de su bautismo y la recepción del evangelio en su casa, acontecimiento que para Lucas tiene una relación con la iniciación cristiana (Cf. Hch 2:38) así como sucede en Samaria; Ervin dice apropiadamente: "Que la respuesta de los samaritanos fue más que intelectual se demuestra por su compromiso público con Jesús a través del bautismo en agua; un bautismo *aceptado como válido para los apóstoles*".[45] Además del resultado del bautismo, el contexto parece tener cierta similitud con lo acontecido en Samaria; los samaritanos prestaban atención (προσέχω) a Simón tal como Lidia fue movida a prestar atención y escuchar a Pablo (Hch 8:11); sin embargo Lucas contrasta la actitud samaritana de escuchar a Simón al evangelio que Felipe predicaba: el del reino de Dios y el nombre de Jesucristo. "El creer a Felipe" no quiere decir que creyeron ciegamente a las palabras del evangelista sino al evangelio del Reino con el que Lucas cierra su tratado como predicado por Pablo (Hch 28:31). Suscribimos a las palabras de Erwin: "No solo creyeron a Felipe, sino a Felipe *mientras predicaba el evangelio* (episteusan tō Philippō euangelizomenō).[46] Vale la pena cuestionarse si existe un asentimiento superficial cuando la gramática griega permite un uso diferente al común en el corpus del Nuevo Testamento; otro ejemplo sería con Pablo que no tiene problema en ver el Evangelio de Jesucristo como *su evangelio* (τὸ εὐαγγέλιόν μου),

---

[44] Dunn, *El Bautismo del Espíritu Santo*, 87.
[45] Atkinston, *Baptism in the Spirit*, 187.
[46] *Ibid*, 187. El verbo εὐαγγελίζομαι en participio del versículo 12 refleja la aceptación de los samaritanos mientras Felipe predicaba.

evangelio que predica para que sea recibido y que es recibido correctamente por sus destinatarios (Rm 2:16; 16:25; 2 Tm 2:8) ¿Acaso el pronombre genitivo da lugar a concluir que la fe en este evangelio paulino no es verdaderamente una fe en Jesucristo? La sobre exégesis de Dunn ciertamente es forzada por sus presuposiciones.

Por si fuera poco, parece que Lucas se inspira en la actividad carismática del Espíritu similar a la del Antiguo Testamento. Su uso de la LXX y sus acercamientos semíticos son innegables como dice David G. Peterson:

> Desde hace mucho tiempo se ha reconocido que hay una coloración semítica en parte del lenguaje de Lucas, particularmente en Hechos 1-15, aunque los eruditos debaten hasta qué punto esto es el resultado de imitar deliberadamente a la Septuaginta (LXX). Temáticamente, Hechos muestra una estrecha relación con el Antiguo Testamento al tratar asuntos como la promesa y el cumplimiento, Jerusalén, la Ley y el pueblo judío. Personajes como Pedro, Esteban y Pablo se presentan hasta cierto punto *como figuras proféticas, siguiendo los modelos del A. T.* Además, ciertas narraciones en Hechos parecen estar modeladas en precedentes bíblicos. Juntas, estas características sugieren que el autor tenía la intención de crear "un efecto bíblico" para aquellos lectores familiarizados con la Biblia.[47]

La comprensión veterotestamentaria se deja ver por la diferenciación que Lucas hace a propósito con las obras de Dios (más adelante de este capítulo cubriremos ello más a detalle). Es interesante la inspiración de la LXX en Lucas para hablar del descenso del Espíritu. En Hechos 10:44, se relata que el Espíritu "cayó" (ἐπιπίπτω, *epipiptō*, aor.) sobre (ἐπί, *epi*) Cornelio y los gentiles; y en 19:6 se describe la actividad carismática que llegó cuando el Espíritu "vino" (ἔρχομαι, *erchomai*, aor.) sobre (ἐπί, *epi*) los discípulos efesinos. Este patrón de un verbo aoristo que describe la llegada intermitente (en la mayoría de casos)[48] + una preposición, está enraizado muy probablemente en las descripciones de la LXX que influenció el

---

[47] David G. Peterson, *Los Hechos de los Apóstoles*, El Comentario del Nuevo Testamento del Pilar (Grand Rapids, MI; Nottingham, Inglaterra: William B. Eerdmans Publishing Company, 2009), 13.

[48] Casi sin excepción, los traductores [de la LXX] usan el tiempo aoristo para describir esta actividad carismática del Espíritu, enfatizando así el acto histórico en lugar de una condición o estado (Stronstad, *Teología Carismática de Lucas: Segunda Edición*, 43).

libro de los Hechos. En el caso de Samaria no encontramos la mención de un verbo aoristo con respecto a la llegada del Espíritu pero sí una preposición característica de esta influencia septuagintal (8:16); sin embargo la separación del bautismo con el recibimiento del Espíritu implícitamente refleja esta influencia que da lugar indudablemente a una obra subsecuente y la realidad de la fe de los samaritanos; las tradiciones como la Iglesia Ortodoxa oriental y la Católica romana aceptan aquí lo que sería el sacramento de la *confirmación*, "nuestro pentecostal personal".[49]

Aunque no ha sido muy analizado por los eruditos pentecostales, creemos que el relato de 1 Samuel 10:6, 9-11 es un importante trasfondo para la perspectiva lucana de la obra del Espíritu y, por ende, para comprender la situación samaritana. Samuel le indica a Saúl que el Espíritu del Señor vendría (ἐφαλεῖται) sobre él (ἐπὶ σὲ) para profetizar y además que sería mudado en otro hombre (v. 6). Sin duda alguna, el acto de "ser mudado en otro hombre" parece apuntar a la regeneración interna o circuncisión del corazón; una transformación en la vida del futuro primer rey de Israel. Cuando el acontecimiento predicho por Samuel es actualizado en la vida de Saúl lo primero en suceder es la transformación: "Y ocurrió *que en cuanto* Saúl volvió su espalda para apartarse de Samuel Dios le cambió en *otro* corazón (καρδίαν ἄλλην) (v. 9)".[50] La alusión a καρδία (gr. *kardía*) es una traducción de *lēḇ* (לֵב) que para los judíos significaba la vida interior e incluso la mente donde los pensamientos tienen lugar. Sin embargo, esta actividad no se le adjudica al Espíritu de YHWH sino a Dios; el Espíritu de profecía, en cambio, toma lugar *después* de la inmediatez de la regeneración

---

[49] Cristina, Cendoya, "¿Qué es el Sacramento de la Confirmación?, Catholic.net, consultado el 4 de abril de 2023. https://es.catholic.net/op/articulos/12395/que-es-el-sacramento-de-la-confirmacin.html#modal. Note la semejanza del concepto con lo que los pentecostales siempre han descrito cuando un individuo experimenta la llenura del Espíritu como su "pentecostés personal". Es claro que en la ICR el énfasis se encuentra en la autoridad apostólica del obispo que impone manos y unge al creyente para "completar la gracia" del Espíritu. Sin embargo, aunque imponemos manos, los pentecostales no creemos que esta sea la única forma de recibir esta "confirmación" (Hch 2: pentecostés; 10: Cornelio), vemos la democratización de la unción apostólica a todos los creyentes; Ananías no era un apóstol y confirmó a Pablo (9:17). Se podría decir que la visión de la "confirmación pentecostal" es una basada en el sacerdocio de todos los creyentes (lema importante de la reforma) y además, que busca emular la experiencia apostólica en plenitud por medio de la glosolalia y los signos externos en la efusión (aunque sin negar los internos).

[50] 1 Reinos 10:9 en Natalio Fernandez Marcos y María Victoria Spottorno Díaz-Caro, ed, *La Biblia griega Septuaginta II: Libros Históricos* (Salamanca, España: Ediciones Sígueme, 2008), 218.

tras separarse de Samuel: *Y cuando llegaron allá al collado, he aquí la compañía de los profetas que venían a encontrarse con el Espíritu de Dios vino* (gr. ἅλλομαι, aor.) *sobre él* (gr. ἐπ'αὐτὸν) ... *y profetizó entre ellos* (v. 10). El recibimiento del Espíritu es posterior cronológicamente a la experiencia regeneradora que experimentó Saúl, y, además, este Espíritu es descrito como el de profecía que da dirección y empoderamiento: "En este texto, se asocia a Saúl con la actividad profética, específicamente en lo que toca a su receptividad a la dirección divina".[51] Laurence E. Porter aclara este punto al decir que "Saúl recibiría el poder que habían conocido los jueces [...y que] Saúl es la primera conversión que se registra en las Escrituras".[52] De igual forma el patrón septuagintal de verbo aoristo + preposición está a la vista, misma que el autor de Hechos usa para describir en ocasiones la investidura recibida por los creyentes. Lo anterior sienta un precedente que sin duda pudo haber influenciado al médico apostólico, no debemos olvidar, que en el devenir del Espíritu en Pentecostés, hizo que la respuesta de los escuchas ante el gran sermón de Pedro, tenga el resultado de que su *corazón* haya sido "compungido" (Hch 2:37). Si Lucas tiene en cuenta la obra regenerativa del Espíritu aquí, aunque de manera críptica, es algo de lo que hablaremos más adelante; por ahora baste decir que esta separación es visible a *prima facie* en el texto.

Lucas parece ser consciente de esta visión del Espíritu de profecía y no tiene problema en adjudicar la conversión al Señor y la inspiración profética a su Espíritu Santo; esta "supuesta paradoja" parece ser intencional con fines apologéticos,[53] pero también prácticos: En 16:14 Lidia la vendedora de púrpura pudo creer por la intervención del "Señor" al abrir su corazón (gr. kardia, καρδία) y recibir el evangelio; esto se deja claro

---

[51] John H. Walton, Victor H. Matthews y Mark W. Chavalas, *Comentario del contexto cultural de la Biblia: Antiguo Testamento* (El Paso, Texas: Editorial Mundo Hispano, 2018), 323.

[52] Laurence E. Porter, en: F. F. Bruce, ed, *Comentario Bíblico Bruce: Antiguo y Nuevo Testamento* (Buenos Aires, Argentina: Editorial Peniel, 2017), 349.

[53] A diferencia de Robert Menzies y con Roger Stronstad y James Shelton, creo que Lucas sabe de hecho, que el Espíritu es el que directamente otorga poder (*dynamis*) para obrar milagros y sanidades y no solamente es dado para la inspiración profética (lenguas y profetismo), sostengo que su énfasis en la vocación e investidura carismática es el sentido del otorgamiento del Espíritu aparte de la conversión. Sin embargo también creo que el médico escritor usó la separación intencionalmente para refutar la visión rabínica del "tiempo del silencio vigente a pesar del ministerio de Jesús" sin tener problema con la subsecuencia y una efusión del Espíritu diferente y necesaria. Hablaré más de eso adelante.

también con los creyentes samaritanos, desde luego su fe fue genuina y era una condición para recibir el Espíritu Santo; concuerdo con Dunn que la llegada de los apóstoles era necesaria para la vindicación de los samaritanos como miembros de la Iglesia en Jerusalén; no obstante no creemos que esto contradiga lo que está claro en el texto y que nos haga caer su especulación presuntuosamente gimnástica. Lucas muy probablemente muestra a Pedro y a Juan como profetas en una expedición profética para fortalecer la fe de los recién convertidos samaritanos que no eran aceptados por la comunidad judía mayoritaria y a la vez, *comunicar algún don espiritual a fin de que sean confirmados, esto es, para que hayan sido mutuamente confortados por la fe que les eran común a los cristianos judíos y a los cristianos samaritanos* (Cf. Rm 1:11-12). Pedro y Juan no podían estar más de acuerdo con ir y visitarlos porque estaban seguros de que en Samaria *se había recibido la palabra de Dios* (Hch 8:14).

La avaricia de Simón el mago es muestra de que su fe era defectuosa

Dunn, después de describir la fe samaritana como incompleta, dice: "Como si esto no fuera suficiente, Lucas agrega en seguida *ho de Simon kai autos episteusen, kai baptistheis...*, y a continuación revela el poco valor que tenía su profesión de fe y su proceder".[54] Primero se debe reconocer que Dunn, al menos insinúa una conexión de los samaritanos con Simón para establecer su punto; si este es el caso, una *falacia de asociación* podría estar la visa en su argumentación. Nada en el texto da a entender, que, si fuese el caso de que Simón nunca tuvo un arrepentimiento verdadero, así también, de manera al menos similar, sea el mismo tipo de actitud de los samaritanos en su respuesta a la predicación de Felipe. Sin embargo, más adelante él llega a aceptarlo sin ningún tipo de precaución: "Su fe estaba centrada desde el principio en el hombre: primero Felipe, luego Pedro. No tenía la menor idea de lo que significaba arrepentirse y poner su confianza en el Señor. Lucas destaca con claridad que *la fe y el bautismo de Simón eran idénticos a los de los samaritanos".*[55]

Sin embargo, Dunn también parece aventurarse demasiado al dar por sentado que Simón no creyó en el evangelio de Jesucristo. Hemos de decir que, aunque es posible que este sea el caso, su exégesis también flaquea

---

[54] Dunn, *El bautismo del Espíritu Santo*, 77.
[55] *Ibid.*

en varios aspectos. El erudito comenta: "Simón no había llenado las condiciones necesarias para recibir el don del Espíritu (Hch 2:38) y tenía tan poca comprensión espiritual *en estos asuntos*, que pensó que el Espíritu (o por lo menos el poder de otorgarlo) podía comprarse (8:20)".[56] Cuando Pedro reprende al mago: "No tienes tú parte ni suerte en *este asunto* (λόγος. Dat), porque tu corazón no es recto delante de Dios (8:21)"; Dunn dice que el apóstol cuestiona la supuesta salvación de Simón, como si *logos* usado aquí se refiera a la totalidad del evangelio. Empero, un análisis más detenido muestra que el texto parece referirse al "don del Espíritu" que se menciona en el versículo 20, el pronombre demostrativo en dativo *touto* (τούτῳ) apunta a lo que los samaritanos obtuvieron tras imponerse las manos y no a la palabra de Felipe en la que creyó; este *logos* no es *logon tou Teou* (τὸν λόγον τοῦ θεοῦ) de 8:14 y 8:25 (donde se equipara directamente con el anuncio del evangelio; Cf. Lc 11:28; Hb 4:12). Simón no tenía parte en el don del Espíritu, justo por querer comprarlo; su apego anterior al predicador refleja la cercanía que deseaba con lo sobrenatural y así lo demostró con una mala percepción que lo podía llevar a ser excomulgado al tratar de comprar lo que era dado por la gracia de Dios. Tiene razón Howard Marshall al decir:

> El pasaje no se ocupa de especular sobre si Simón estaba, en lenguaje teológico posterior, "regenerado". Lo que se enfatiza es su deseo pecaminoso de tener poder espiritual por las razones equivocadas y de obtener ese poder por el método equivocado… Simón consideraba el poder de otorgar el Espíritu como algo mágico, y estaba dispuesto a pagar por ese privilegio, lo que revelaba aún más su incomprensión de la naturaleza del Espíritu… (la respuesta de Pedro). Se trata de una maldición contra Simón, que lo condena a él y a su dinero a la destrucción. Equivale, pues, *a la excomunión de la Iglesia* o, más exactamente, es una solemne advertencia a Simón de lo que *le sucederá si no cambia de actitud*.[57]

Además, las palabras de Pedro tienen cierta reminiscencia con el Antiguo Testamento; primero, la alusión a no tener "parte ni suerte" puede encontrarse en Deuteronomio 12:12 y 14:27, en donde la LXX utiliza la misma construcción gramatical μερὶς οὐδὲ κλῆρος con respecto a los levitas que

---

[56] Dunn, *El bautismo del Espíritu Santo*, 77.
[57] I. Howard Marshall, *Acts: an introduction and commentary*, vol. 5, Tyndale New Testament Commentaries (Downers Grove, IL: InterVarsity Press, 1980), 168.

habitarán por todo Israel. Ellos debían dedicarse al servicio a YHWH, por lo que no tendrían tierra, pero habitarían junto a sus hermanos a pesar de la falta de posesión de una heredad. Es imposible que aquí se vea su falta de injerto al pacto, pero sí que de una u otra manera, no comparten la heredad de bendición de la tierra prometida como las otras tribus; aunque, a diferencia de Simón, ellos se dedicaban a enseñar el camino de una correcta devoción a Dios. Las palabras de Pedro parecen apuntar a la misma idea: no tienes parte ni suerte para poseer el don del Espíritu, la bendición del pacto.

Si bien, lo anterior no es suficiente para probar nuestro punto, las otras alusiones a la LXX complementan esta visión; Pedro le dice a Simón en 8:21 que su corazón *no es recto delante de Dios* (καρδία σου οὐκ ἔστιν εὐθεῖα ἔναντι τοῦ θεοῦ). Sin duda se puede ver una muy posible referencia al Salmo 78:37, donde el salmista utiliza la frase: ἡ δὲ καρδία αὐτῶν οὐκ εὐθεῖα μετ' αὐτοῦ, οὐδὲ ἐπιστώθησαν ἐν τῇ διαθήκῃ αὐτοῦ (pues el corazón de ellos no era leal con él, ni confiaron en su alianza) para referirse a la infidelidad del pueblo de Dios al ignorar el convenio tras ser liberados de Egipto con grandes señales y prodigios (vv. 11-16) y ser establecidos pertenecientes al Señor por medio del pacto (v. 10) además de disfrutar de la salvación de YHWH aunque no confiaron en ella (v. 22). La imagen del Nuevo Éxodo está presente en Lucas una y otra vez, y en Hechos 8 no es diferente; Simón el mago fue parte de la nación liberada por la opresión diabólica por medio de sus mismas artes oscuras y participante del pacto al creer en Jesús, sin embargo, su corazón no era recto al creer que el don del Espíritu podía comprarse, era una señal de que permaneciendo en esa actitud probablemente no podría alcanzar el reposo del Evangelio. La misma idea se encuentra en Hebreos 3:12: "Mirad, hermanos, que no haya en ninguno de vosotros *corazón malo* (καρδία πονηρὰ) de *incredulidad* (ἀπιστίας) para *apartarse* del Dios vivo"; la idea es colocar al Israel liberado como ejemplo y tipología de la naciente iglesia judía que corría el peligro de no entrar al reposo si su corazón era desobediente y no permanecieran en la fe que les salvó. Curiosamente el verbo ἐπιστώθησαν que los israelitas no realizaron, y el adjetivo ἀπιστίας de Hebreos con respecto al corazón malo están basados en *pistis* (πίστις) o la "fe" que entendido bajo los conceptos del pacto tienen una fuerte connotación de lealtad y permanencia[58] (véase el fruto del Espíritu: "fe" *pistis* en Gálatas 5:22 que

---

[58] Para Matthew Bates por ejemplo, "fe" puede traducirse como "lealtad", existen subcomponentes que definen la lealtad salvadora: 1) asentamiento

tiene una connotación de fidelidad por parte del creyente a Dios como un aspecto de su nueva vida).

De igual forma, Pedro también le dice a Simón en 8:23: *Porque en hiel de amargura y en prisión de maldad veo que estás*. La referencia a la "hiel de amargura" (χολὴν πικρίας) posiblemente esté extraída de Deuteronomio 29:18 donde se encuentra la advertencia a no apartarse del Dios –que confirmó el convenio y les permitió entrar en él– sucumbiendo a la idolatría (v. 12-13), con el fin de que no haya alguna *raíz* que produzca *hiel* y *amargura* (ἐν ὑμῖν ῥίζα ἄνω φύουσα ἐν χολῇ καὶ πικρίᾳ) en los israelitas que puedan desviarle a la dureza del corazón (v. 19). El contexto pactual deuteronómico apunta a una liberación de los dioses de Egipto y su maldad; Simón al desear comprar el don del Espíritu, equiparaba la bendición del pacto a la brujería que antes había practicado, esto era sumamente peligroso, era posiblemente empezar a negar al Dios que lo rescató (2 P 2:1). No por nada el autor de Hebreos, utiliza el mismo concepto para alertar a los cristianos judíos que podrían *dejar de alcanzar la gracia de Dios* por un corazón incrédulo (12:15), haciendo brotar alguna *raíz de amargura* (ῥίζα πικρίας). Los evangélicos solemos ser demasiado duros con Simón el mago por su avaricia y corazón malo además de la represión tan dura del apóstol Pedro. Sin embargo, un examen más detallado de las advertencias petrinas a la luz de la LXX refleja que quizá el propósito de Lucas (además del de otros autores) era advertir al lector de juzgar con ligereza la obra del Espíritu Santo ya que se corre el peligro de la apostasía; un llamado a todo creyente a cuidarse.

Por último, algunos suelen olvidar o no prestarle atención a la respuesta de Simón, que lejos de ser impenitente, es una preocupación por su estado ante los ojos de Dios: *Rogad vosotros por mí al Señor, para que nada de esto que habéis dicho venga sobre mí* (Hch 8:24). Dado que probablemente este texto presenta la necesidad de obediencia al convenio de Deuteronomio como antes hemos definido, el ruego de Simón para evitar que las maldiciones de este "cayera sobre él", podría tratarse de una alusión

---

intelectual del evangelio, 2) lealtad profesada al Cristo y 3) fidelidad encarnada. (Matthew W. Bates, *Salvation by Allegiance Alone: Rethinking Faith, Works, and the Gospel of Jesus of the King*, (Grand Rapids, Michigan: Baker Academic, 2017, 99). Es esta última en donde el creyente debe perseverar con lo que le ha sido dado, esto no quiere decir una salvación por obras o por mérito, pero para nuestra comprensión sinergista evangélica, creemos que es necesaria una permanencia en la gracia de Dios y aferrarse a la vida eterna (1 Tm 6:12); sostengo que la fe de Simón el mago era aquí donde flaqueaba y que dicha acción podía hacerle perder su alma.

al arrepentimiento y su deseo de evitar su estado final por la raíz de amargura que en él podía crecer y la prisión de oscuridad que lo llevaría. Aquí sigo las conclusiones de Howard Marshall que me parecen muy atinadas:

> La respuesta de Simón fue pedir a los apóstoles que rezaran por él para que no cayera sobre él ninguno de los juicios amenazados. Una variante de lectura en algunos SMS añade el interesante comentario de que Simón lloraba continuamente mientras hacía su petición. En el texto no hay ningún indicio de que su petición no fuera sincera, por poco o mucho que entendiera todo lo que se decía. La leyenda posterior presentaba a Simón como un persistente opositor al cristianismo y un archi-hereje; no hay nada de eso aquí, y esto bien puede sugerir que la historia de Lucas es anterior a la imagen posterior de Simón. A diferencia de Ananías, Simón tuvo la oportunidad de arrepentirse gracias a Pedro; es difícil estar seguro de qué diferencia pudo ver Lucas entre los dos hombres, a menos que pensara que Ananías había tenido más oportunidades que Simón de darse cuenta de lo pecaminoso de su acción y, por tanto, pecó a sabiendas (cf. Lucas 12:47 s.). Sea como fuere, el relato indica que existe la posibilidad de perdón incluso para el pecado grave cometido por un bautizado.[59]

En síntesis, la conversión de Simón tiene una alta probabilidad de que se tratara de una que fue genuina pero que tomó un mal camino, y, por ende, una exhortación para volver al lugar correcto era menester, aunque no sabemos exactamente a ciencia cierta qué fue lo que sucedió con el mago de Samaria (a pesar de las leyendas tradicionales que empezaron a circular años después). También cabe resaltar, que la preconcepción teológica influirá para ver una posible apostasía o una alusión a un no creyente que nunca fue parte del pueblo de Dios; los pentecostales con influencias arminianas (o sinergistas) que sostienen la posibilidad de la apostasía podrán defender la primera y los grupos evangélicos monergistas, o bautistas de libre albedrío que creen en la seguridad eterna (de los cuales algunos grupos carismáticos son parte) les costará más trabajo ceder ante ello y aceptarían la segunda; sin embargo creo que hemos dado pruebas exegéticas sólidas para creer que la fe samaritana y la conversión de Simón cumplen los requerimientos para portar el título de "cristianos genuinos".

---

[59] Marshall, *Acts*, 169.

La cuestión de la conversión en las Escrituras dependerá de lo que se entienda por ella, como dice Craig Keener: "Algunos escritores han argumentado que Simón no se había convertido en forma genuina, dado su comportamiento subsecuente (8:18-24), no obstante, este asunto depende del significado de la palabra "conversión". Al igual que el judaísmo del mismo período, los cristianos primitivos no solo lamentaron la existencia de conversos falsos sino también de apóstatas (p. ej., 1 S 10:6; 16:14; 2 P 2:21; 1 Jn 2:19)".[60] Keener compara a 1 Samuel 10:6 con 16:4, uno donde Saúl fue mudado a otro hombre y otro donde es desechado por Dios; el primer pasaje fue usado con anterioridad para articular nuestra visión; si todo este trasfondo influenció al médico apostólico, no cabe duda de que la posibilidad de la apostasía es aceptada por él.

Otras opiniones sobre los samaritanos

Dunn de igual forma dice que los samaritanos quizá esperaban a su "Taheb" (su propio "Mesías") y que la predicación de Felipe los pudo llevar a su propio entendimiento de quien era Jesús, por lo que se necesitaba la rectificación apostólica para una conversión defectuosa: "Es probable que consideraran que el bautismo era el rito de entrada en el reino (8:12) y su señal de lealtad a Jesús el Taheb, y que como tal se sometieran a él con alegría".[61] Sin embargo, el autor subestima el entendimiento de los samaritanos con respecto al Mesías judío; de hecho, el incidente samaritano en Juan 4 con Jesús y la mujer demuestra que el Señor preparó a la región para la evangelización misionera que estaba próxima en llegar; no es casualidad que el Mesías de Israel le dijera a la mujer: *Vosotros adoráis lo que no sabéis; nosotros adoramos lo que sabemos; porque la salvación viene de los judíos* (4:22). La respuesta de los samaritanos al testimonio de la mujer es inapelable: *Ya no creemos solamente por tu dicho, porque nosotros mismos hemos oído, y sabemos que verdaderamente este es el salvador del mundo, el Cristo* (v. 42). Podemos considerar que es muy probable que en Samaria ya se conociera de este Jesús y al escuchar a Felipe y ver los milagros como confirmación del poder mesiánico, simplemente rindieran lealtad a él.

---

[60] Craig S. Keener, *Comentario del contexto cultural de la Biblia: Nuevo Testamento* (El Paso, TX: Editorial Mundo Hispano, 2014), 342.
[61] Dunn, *El bautismo del Espíritu Santo*, 76.

Por último, el autor apela a la superstición en "masa" de los samaritanos por los milagros de Felipe. Para Dunn esto demuestra que era una conversión vacía que no prestaba atención a la veracidad del remitente sino simplemente un asombro por las maravillas delante de sus ojos:

> Los samaritanos parecen haber sido un pueblo bastante supersticioso. Su reacción con respecto a Simón era en verdad de esa naturaleza. Indicaba muy poco discernimiento y profundidad... Se deduce con facilidad que los samaritanos aceptaron el bautismo más por el instinto del rebaño de un movimiento popular de masas que por el compromiso desinteresado y abnegado que caracterizaba en general al bautismo cristiano de los tiempos primitivos.[62]

Debemos decir que aquí vemos a flor de piel un poco del modernista prejuicio de Dunn hacia lo milagroso o estrambóticamente sobrenatural. Para variar, en su libro *Jesús y el Espíritu*, él asevera que Lucas tiene este tipo de presunción entusiástica:

> Su idea [de Lucas] parece ser esta: cuanto más llama la atención el milagro, más grande es su valor propagandístico. Todo esto está en *contraste notable* con cualquier otra parte del Nuevo Testamento... en cualquier otro lugar 'señales y prodigios' se refieren casi siempre a algo sospechoso: el tipo espectacular de taumaturgia, en cuanto mercancía más propia de charlatanes y falsos profetas/apóstoles que del siervo de Dios... la ostentación acrítica de Lucas sobre 'prodigios y señales', como una presentación de la Iglesia antigua, parece favorecer sobre toda una veneración supersticiosa de los agüeros y portentos.[63]

Si este es el caso, entonces no tiene sentido sospechar de la fe samaritana ya que el mismo Lucas plantea a su Iglesia como supersticiosa o propagandística. Sin embargo, no tiene que ser así; en otros lugares el evangelio vence la superstición y la brujería con alguna señal milagrosa, como en la predicación en Éfeso cuando Pablo hacía milagros extraordinarios por el poder de Dios (Hch 19:11); incluso los paños o delantales del apóstol eran usados para la sanidad de las personas (v. 12) ¿esto no implicaría superstición pura? Quizá para los ojos modernos este sería el caso, pero no para

---

[62] Dunn, *El bautismo del Espíritu Santo*, 76.
[63] Dunn, *Jesús y el Espíritu*, 261-62.

los cristianos primitivos. De hecho, en Éfeso el resultado fue parecido al de Samaria: abandonaron la brujería y la magia (Hch 19:19-20).

Excursus: la conversión, purificación inicial (o posicional) y el Nuevo Pacto en Lucas

Frank D. Macchia, teólogo contemporáneo autodenominado pentecostal y muy reconocido en el medio ecuménico, parece darle cierto punto a la exégesis del enigma samaritano de Dunn. En su teología sistemática "Tongues Of Fire" dice: "El hecho de que tanto para Lucas como para Pablo solo hay una recepción del Espíritu [en Hechos 8] (que Pablo define como regeneración) parecía cuestionar la asunción pentecostal de una doble recepción del Espíritu… [esto parece] difícil de sostener".[64] Para Macchia, que Lucas describa una sola recepción y no dos, es muestra de que, aunque puede dar a relucir el carácter carismático del don, al final se trata de una sola investidura del Espíritu de carácter inicial/regenerativo.[65] Tal parece que este brillante teólogo tiene suficiente evidencia para equiparar la obra del Espíritu con la salvación con lo que dice Pedro acerca de la aceptación de Dios a los gentiles: "¿no concede Lucas un significado salvífico al bautismo del Espíritu? ¿No describe el bautismo del Espíritu como la concesión de 'arrepentimiento que conduce a la vida (Hch 11:18)?",[66] o lo dicho en el concilio de Jerusalén en Hechos 15:8-9: "El Espíritu aplica la purificación del pecado provista en la expiación de nuestros corazones: 'Dios que conoce el corazón mostró que los aceptó dándoles el Espíritu tal como lo hizo con nosotros. No discriminó entre nosotros y ellos, porque purificó sus corazones por la fe'".[67]

Se tiene que aceptar que Macchia no ha puesto demasiada atención al texto bíblico exagerando su punto por dos proposiciones salvíficas de Lucas que liga sin cuestionamiento con el Espíritu, sin hacer justicia a una pneumatología lucana tan característica y distintiva. Esto es notable en sus

---

[64] Frank D. Macchia, *Tongues of Fire: A Systematic Theology of the Christian Faith* (Eugene, Oregón: Cascade Books, 2023), 505.
[65] Se puede sostener, (como en el siguiente capítulo abordaré) que el bautismo en el Espíritu es una experiencia santificadora. Sin embargo, creemos que el problema está en describirla como salvífica/regenerativa dando a entender una santificación posicional o nuevo nacimiento que inicia la vida creyente. Lucas no declara esto explícitamente.
[66] Macchia, *Tongues of fire*, 506.
[67] *Ibid*, 514.

alusiones a la promesa escatológica del Espíritu de Joel 2:28-30 en Hechos 2, donde una y otra vez propone que la frase "todo el que invoque el nombre del Señor será salvo" hace que esta trate primariamente de la salvación de individuos ignorando que dicho derramamiento es para los siervos ya arrepentidos; es decir, el derramamiento profético traerá indudablemente a muchos a Cristo que le invocarán por el testimonio empoderado de la Iglesia (eso fue lo que pasó en breve con 3000 judíos que se bautizaron y creyeron). Que existan alusiones a la purificación no es suficiente para pensar que Lucas tiene en primer plano el aspecto soteriológico en el don del Espíritu. De hecho, por el contrario, estas referencias demuestran que no se necesitaba que el médico escritor describa una "doble entrega espiritual" puesto que, creía que antes que eso sucediera era necesario el arrepentimiento que purifica el corazón o justifica a la persona.[68] Note que es posible que Lucas haya sido influenciado por los conceptos paulinos de la aceptación de Dios y su santificación *posicional* del creyente por la justificación por la fe (Hch 15:9)[69] sin resaltar su carácter distintivo del Espíritu, y como antes mencionamos con respecto al enigma samaritano, con la entrega de dones carismáticos que por autoridad apostólica podían ser concedidos para la confirmación de la fe de la que Pablo habla (Rm 1:11). Al fin y al cabo, es totalmente plausible creer que el don carismático se entregue a alguien que ha sido justificado, puesto que el texto declara que el corazón es purificado por la *fe en sus corazones* (de

---

[68] Es muy posible que esto se deba al proceso teológico natural que la Iglesia estaba desarrollando. Muy probablemente Lucas aun tenía la comprensión del Espíritu Santo como de profecía que entrega actividades sobrenaturales al pueblo de Dios en lugar de llevarles a la sabiduría vivificante, tal como Pablo concluyó. Que esto se haya plasmado en la Escritura, ya sea por limitación de su propio tiempo o intencional, sigue siendo inspiración del Espíritu Santo y debe ser atendido por los cristianos que busquen ser bíblicos.

[69] Algunos han sostenido que Lucas y Pablo discrepan en absolutamente todo, incluso entre autores pentecostales. Es verdad que el primero aborda más la cuestión kerigmática con miras a la resurección en lugar de un tratamiento a los efectos de la cruz como el segundo. No obstante, observe como en este mismo capítulo (Hechos 15), Pablo parece reflejar que de manera temprana ya tenía su visión de la justificación bien articulada debido la oposición a la libertad gentil: "Entonces algunos que venían de Judea enseñaban a los hermanos: Si no os circuncidáis conforme al rito de Moisés, no podéis ser salvos" (v. 1). Aquí vemos la problemática Gálata sintetizada (sostenemos que es más probable que Gálatas sea la primera carta paulina en víspera del concilio de Jerusalén). Antes de aquel inconveniente, se hace más clara su doctrina e influencia Lucas por su predicación: "Y de todo lo que por la ley de Moisés no pudisteis ser justificados, en este es justificado todo aquel que creyere" (Hch 13:39).

nuevo, *kardia,* καρδία). Debe entenderse que en Hechos 15:9, Pedro habla de la purificación en un sentido del perdón y eliminación de los pecados (Hch 2:38; 3:19) como señal de una correcta relación con Dios que trae reconciliación. Definitivamente hay un acto de Dios para Lucas que trae el don soteriológico que purifica de la culpa, pero este es atribuido al arrepentimiento antes que al Espíritu, o si es al Espíritu, se da tácitamente para resaltar la obra profética/carismática. Si en todo caso, como más adelante argumentaré, el Espíritu puede energizar la santidad a través del bautismo espiritual que todo creyente debe buscar.

Recientemente Paul Elbert ha defendido de forma convincente que Lucas define el don del Espíritu como un don profético que debe ser buscado en oración constante puesto que es accesible a todos los que se han arrepentido. La penitencia es enfatizada en ambos tomos lucanos como requisito para obtener el Espíritu, lo que es reflejado en el llamado petrino de Hechos 2:38 donde el arrepentimiento debe anteceder a la promesa del Padre:

> Teófilo verá que Lucas explica los frutos del arrepentimiento (Lc 3:8, 10-14), que Jesús no llama a los justos sino a los pecadores a arrepentirse (5:32; Cf. 13:3, 5; 15:7, 10; 16:30; 17:3-4), y que los discípulos deben predicar el arrepentimiento (24:47) después de recibir el don del Espíritu de Lucas. La salvación llega a la casa de Zaqueo (19:9-10). La mujer con el ungüento es perdonada y se le dice que su fe la ha salvado (7:47-50). La fe en Jesús separa a los discípulos de los muertos vivientes que no responden a la palabra de Jesús (9:60). La respuesta gozosa dentro de las parábolas implica una nueva experiencia poderosa, que sugiere perdón y salvación (15:1-32)... los nombres fueron registrados en el cielo (10:20) y el poder de Satanás fue quebrantado (7:21-22; 13:16). En general, entonces, la impresión deliberada dada es que los personas iban a orar en Hechos 1:14 eran discípulos cristianos obedientes, buscando el don del Espíritu de Lucas. No hay evidencia obvia en absoluto en el primer rollo de Lucas de que los discípulos fueran a ser salvos a través del don del Espíritu.[70]

---

[70] Paul Elbert, *The Lukan Gift of the Holy Spirit: Understanding Luke's Expectations for Theopilus* (Canton, GA: The Foundation for Pentecostal Scholarship, Inc, 2021), 29.

Elbert por medio de una exégesis cuidadosa demuestra que la salvación descrita en Hechos tiene una continuidad indubitable con el ministerio de Jesús donde el perdón está vinculado con el arrepentimiento (Hch 5:31), o en sus palabras: "El arrepentimiento es el concepto central de conversión de Lucas y lo vincula con episterefein [fe/creer] en la predicación de los personajes principales Pedro y Pablo (3:19 y 26:20)".[71] Las constantes vivencias de "arrepentimiento" tales como Zaqueo, un ladrón en la cruz arrepentido, el hijo pródigo o un publicano justificado al aceptar su condición, parecen dar a entender que el propósito de Lucas es que Teófilo lleve una vida consagrada y en una actitud dispuesta para la recepción del regalo espiritual del bautismo en el Espíritu. Elbert propone, que, si este acto es la condición, entonces no es descabellado pensar que el griego expuesto con respecto al recibimiento del Espíritu en Hechos 2:38 explica una obra subsecuente o posterior a la iniciación:

> Los dos imperativos metanoesate y baptisqetw seguidos de un indicativo futuro 'y recibirás el don del Espíritu'... [refleja] un tiempo indefinido [que] indica un tiempo relativamente futuro a los imperativos anteriores, que establecen las ideas de calificación para el evento esperado y previsto, pero no establecen el tiempo para él. Estos imperativos precedentes (arrepentirse, ser bautizado) son, para Lucas, condicionales y parecen describir eventos distintos con vocabulario distinto del evento pasivo futuro descrito claramente como el don del Espíritu Santo.[72]

Añadiendo, un pasaje que se ha descuidado para interpretar Pentecostés y que tiene alta probabilidad de estar en la mente de Lucas al describir lo que sucedió con el derramamiento del Espíritu es Isaías 59:19-20, donde el Redentor de Sion regresa a los que se arrepienten y se vuelven a su Dios que puede llevarlos al reposo y coronar a Jerusalén como el Monte Santo.[73] La descripción del temor divino que nace desde "el occidente hasta el nacimiento del sol" (v. 19) es un caso convincente de los judíos representantes de las naciones que se encontraban en Pentecostés y la entrega del Espíritu en la boca de los hijos como don profético del pacto (Hch 2:38-39). Pedro parece hacer eco de tal profecía al llamar a Sion a

---

[71] Paul Elbert, *The Lukan Gift of the Holy Spirit: Understanding Luke's Expectations for Theopilus*, 31-32.
[72] *Ibid*, 33.
[73] Me percaté de esto gracias a Ruthven y su excelente libro "On the cessation of the Charismata".

arrepentirse por segunda ocasión como nación, ya que dicha acción borrará las iniquidades, traerá tiempo de refrigerio y enviará a Jesucristo, el Redentor que fue antes anunciado (Hch 3:19-20). Al mismo tiempo, Isaías 59:19-20 describe el anunciamiento escatológico como una "levantamiento de bandera" por medio del Espíritu. Las teofanías portentosas en Hechos como "un torrente caudaloso, impulsado por el *soplo* del Señor" (un viento recio; véase la traducción de la Nueva Versión Internacional) y las lenguas de fuego repartidas se hicieron ver como señales cósmicas que manifestaron la inminencia del día del Señor, una clara alusión a la llamada de atención que el Espíritu hace a aquellos que se oponen en Israel al Cristo resucitado. Si Lucas tiene en su mente a Jesús como el profeta isaítico, no es para menos creer que el Mesías poderoso en el Espíritu entregue una dotación carismática (que entregue una habilidad para el habla inspirada) a su descendencia espiritual, puesto que Dios anunció de antemano: *Y este será mi pacto con ellos, dijo Jehová: El Espíritu mío que está sobre ti, y mis palabras que puse en tu boca, no faltarán de tu boca, ni de la boca de tus hijos, ni de la boca de los hijos de tus hijos, dijo YHWH desde ahora y para siempre* (Is 59:21). El Espíritu es entregado por la condición de volverse a Dios y eso consiste en someterse al reino del Redentor, aquellos que se volvieren de la iniquidad, pueden obtener los privilegios de dicha renovación pactal. Sintetizando, podríamos avalar lo que dice Ruthven con respecto al paralelismo de Isaías 59 y Hechos 2:

> Los primeros capítulos de Hechos amplifican la secuencia de Isaías, que incluye: (1) El poderoso sonido de correr (2) del viento/Espíritu y (3) 'palabras en la boca'/'hablar' (Joel 2), que causan (4) el universal (5) temor de (6) el nombre del Señor y su gloria. (7) De esta manera, redentor (Sal 16) (8) viene a Sion/Jerusalén (9) a Jacob/judíos quienes, *al arrepentirse*, (10) recibirán el pacto/promesa del Espíritu (11) que no se apartará de él ni de sus hijos para siempre.[74]

Por lo tanto, es loable y también natural, interpretar la narración lucana como una guía para que Teófilo mismo experimente una llenura sobrenatural que se vea reflejada por algún signo visible que evidencie el poder del don entregado. En Lucas, la conversión se da por sentada en el

---

[74] John Mark Ruthven, *On the Cessation of the Charismata: The protestant polemic on post-biblical mircles, revised & expanded edition, version Kindle* (Tulsa: Word & Spirit Press, 2011) Posición 4647-60.

arrepentimiento que da lugar a la justificación del creyente delante de Dios para poder disfrutar de las bendiciones de la renovación del pacto, y así recibir el don pentecostal que pone las palabras divinas en la boca de los que han puesto su fe en el Mesías. Macchia no hace una exégesis minuciosa para sustentar sus conclusiones, y en cambio, parece amoldarse fácilmente al magisterio protestante sin ponerlo en tela de duda, compartiendo alguno de los errores de Dunn.

Pese a esto, parece que los comentaristas evangélicos han relegado Pentecostés solo a la inauguración del Nuevo Pacto en lugar de tener una trascendencia paradigmática que anime a los cristianos a esperar el poder de lo alto para presentar defensa profética. Una y otra vez leemos que la exégesis de muchos protestantes del Pentecostés lucano es bajo el lente de pasajes como Jeremías 31:33-34 y Ezequiel 36:25-27 (Cf. 11:19-20), empero debemos preguntarnos si Lucas es consciente e intencional con establecer el día de Pentecostés como la inauguración del Nuevo Pacto, tal como los cristianos lo entendemos a la luz de los hechos pasados, ya que, algo que hay que destacar es que ninguno de estos pasajes es citado para explicar la efusión del Espíritu pentecostal, si nuestro autor pretendía reflejar en primer plano la obra soteriológica, ciertamente es problemático no ver estos pasajes tan representativos para la fe cristiana en Lucas.

Aquí es donde es provechoso un ensayo titulado "Pacto y Espíritu: Los orígenes de la hermenéutica del Nuevo Pacto" de Scot Mcknight en el que propone que la concepción del Espíritu del "Nuevo Pacto" se fue desarrollando paulatinamente en la cosmovisión cristiana que salía del judaísmo y no como una interpretación homogénea que se dio repentinamente.[75]

Mcknight define que es muy improbable que la sangre del "pacto" en boca de Jesús, al menos en principio contextual, tenga el punto de una alianza que servirá para tamizar las costumbres judías leales a la Torah y la religión interiorizada por el Espíritu que el cristianismo desarrolló posteriormente.[76] Ciertamente, Mcknight es sagaz como cauteloso en describir

---

[75] Véase, Graham N. Stanton, Bruce W. Longenecker y Stephen C. Barton, eds., *The Holy Spirit and Christian Origins: Essays in Honor of James D. G. Dunn* (Grand Rapids, MI; Cambridge, U.K.: William B. Eerdmans Publishing Company, 2004).

[76] Al menosm si admitimos la postura conservadora de una unidad canónica, podríamos decir que la teología de la Nueva Alianza es críptica, en el sentido que contextualmente estas palabras no inducirían a los discípulos a entenderlas de esa manera. Los judíos intertestamentarios interpretaban pasajes como Jeremías 31 y Ezequiel 36 como una "renovación" del pacto, pero no en el sentido de dejar sus marcadores étnicos distinguidos como el cristianismo luego comprendió.

la experiencia pentecostal como una fundación de un convenio totalmente nuevo, a parte de la alianza israelita desde una perspectiva lucana. Definitivamente, como su ensayo demuestra, se trata de un desarrollo inevitable a la luz de lo sucedido en Pentecostés, pero que se da por la reflexión teológica posterior de lo que significa la democratización e interiorización del Espíritu Santo. Incluso la comunidad del Qumrán, quienes se sabe, eran la facción no conformista del judaísmo que se apartó como el verdadero Israel de Dios de los demás judíos "apóstatas" y quienes le atribuían al Espíritu Santo una obra vivificante, no se ven a sí mismos como una comunidad completamente nueva que había sustituido la Torah.[77] Como dice el Dr. Gary Shogren acerca de la comprensión de la comunidad del Qumran del Nuevo Pacto:

> Aunque esta experiencia del pacto era muy nueva, no era señal de ningún abandono o reemplazo de la Torah, sino más bien su obediencia intensificada a su nueva interpretación. Si Dios nos ha dado su Espíritu, es para los que ya observan la Torah: "para introducir en su corazón al volver a ti y el escuchar tu voz según todo lo que ordenaste por mano de Moisés, tu siervo. Pues tú has derramado tu santo espíritu sobre nosotros para colmarnos de tus bendiciones (4Q504 Frags. 1-2 V, 12-16, pág. 430). [Luego, el Dr. Shogren dice]: Como vemos arriba, esta

---

[77] "Los miembros de Qumrán estaban unidos mediante un nuevo pacto, pero no era tan nuevo como pensaban; era una reafirmación especialmente solemne y vinculante del antiguo pacto de la época de Moisés, mediante el cual el pueblo de Israel se obligaba a obedecer la ley de Dios. Lo que el pueblo en su conjunto no había sido capaz de cumplir, lo harían ellos como los justos de Israel dentro de Israel, y lo harían con tal fidelidad que su obediencia compensaría la desobediencia de sus hermanos. Pero la nueva era que estaban esperando era una revitalización de los mejores ideales de los tiempos antiguos. Esperaban un templo nuevo, un culto puramente sacrificial y la reinstauración de un sacerdocio digno; pero el templo seguiría siendo un edificio construido por manos humanas, el culto sacrificial seguiría implicando la matanza de bueyes y cabras, el sacerdocio seguiría confinado a los hijos de Aarón. Aquí no encontramos nada que tenga una afinidad con la narración juanina de Cristo transformando las aguas de la purificación judía en el vino de la nueva era. En Qumrán los cuadros de sacerdotes y levitas eran preservados con todo cuidado con vistas al día en que podrían reanudar su servicio en Jerusalén; no existe nada parecido en el cristianismo primitivo. En los primeros días de la iglesia de Jerusalén, se nos dice que «muchos de los sacerdotes obedecían a la fe» (Hechos 6:7); pero no existe el más mínimo indicio de que conservasen su categoría y privilegios sacerdotales dentro de la comunidad cristiana" F. F. Bruce, *Los manuscritos del mar Muerto* (Barcelona, España: Editorial Clie, 2011), 154–155.

renovación del pacto es un nuevo actuar de Dios, en la que la comunidad entra en este tiempo, "durante el dominio de Belial". En el Qumrán, el Nuevo Pacto tiene más del Antiguo Pacto que del final de los tiempos.[78]

La primera alusión encontrada al "Nuevo Pacto" con una iniciativa disruptiva y posterior a Jesús se puede hallar con Pablo en Gálatas 4:21-31 con la alegoría de Sara y Agar, una representando a aquellos de la Jerusalén celestial y la salvación por la sola fe, y otra representando a la Jerusalén actual esclavizada a los rudimentos legales de la conciencia infante de la revelación divina en la historia. Por otro lado, la referencia a Ezequiel 36:25-27 que anuncia la inhabitación del Espíritu como nueva vida puede rastrearse a 2 Corintios 3:6 donde Pablo utiliza un midrash basado en Éxodo 24:12 para enseñar a sus destinatarios que la ley dada por Moisés fue escrita en tablas de piedra, pero la acción vivificante del Espíritu sucede a través del nuevo pacto, aun así, Mcknight nos dice que para Pablo "pacto" no era la categoría central utilizada para percibir la obra de Dios en la historia.[79]

Mcknight postula que la conclusión lógica de dos etapas marcadas por "dos pactos" que repercuten en la historia de salvación viene con el autor de Hebreos, quien intencionalmente ve el viejo orden por desaparecer (8:13), y la interiorización de la vida como el Nuevo Pacto predicho por Jeremías en 31:33 realizada a través del ministerio de Jesús por su sacerdocio melquisedeciano. Lo notorio de todo esto, es que no vemos a Lucas citar dichos pasajes para fundamentar la experiencia de la iglesia con el Espíritu, lo que refleja continuidad con la visión judía intertestamentaria mayoritaria de que el Espíritu Santo era de profecía (y carismático) en lugar de purificación (como la comunidad del Qumrán sostenía). Mcknight concluye ilustrativamente para nuestros propósitos:

> Un cristiano primitivo llegó a la convicción de que la experiencia neumática de Pentecostés era de hecho lo que esperaban Jeremías y Ezequiel.

---

[78] Gary S. Shogren, *El don del Espíritu Santo y su poder en la Iglesia: Ensayos de investigación exegética, teológica e histórica. Versión Kindle* (Barcelona, España: Editorial Clie, 2023), 54.

[79] Scot McKnight, «Covenant and Spirit: The Origins of the New Covenant Hermeneutic», en *The Holy Spirit and Christian Origins: Essays in Honor of James D. G. Dunn*, ed. Graham N. Stanton, Bruce W. Longenecker y Stephen C. Barton (Grand Rapids, MI; Cambridge, U.K.: William B. Eerdmans Publishing Company, 2004), 44.

Por lo tanto, se infirió que el Israel mesiánico ha entrado en el nuevo pacto. Quienquiera que fuera, esa persona legó a los primeros cristianos una categoría de implicaciones de amplio alcance, ya que rápidamente se apegó a la tradición de la última cena y encontró su camino en el círculo paulino, así como en la hermenéutica del autor de Hebreos.[80]

El autor del ensayo trata de reconstruir la historia observando que en el relato que gira en torno a Pentecostés pueden rastrearse varios *Loci,* que están en la agenda de estos pasajes, tales como la reunión escatológica de las doce tribus con la elección de Matías, la democratización de la nueva vida por el repartimiento de la profecía a todos los que invoquen el nombre del Señor con base a Joel 2:28-32; el conocimiento de YHWH por todos los adherentes al pacto pese a la falta de preparación, como es el caso de Pedro y Juan ante el concilio hablando con palabras persuasivas a pesar de su poca educación (Hch 4:13), además de la carencia de "invalidación" que el antiguo pacto tenía una y otra vez, Mcknigth dice: "hay evidencia en la historia de Ananías y Safira para ver que 'inquebrantable' significa 'castigo inmediato' (Hch 5:1-11), y uno se siente tentado a pensar en términos de las reglas de la comunidad en Qumrán y el barrio esenio en Jerusalén (1QS 6:20, 24-25).[81] Sumado a que en Jeremías 31 y Ezequiel 36 el perdón es otorgado a todos los miembros y el trato del pecado se describe como algo que ha sido completado, en Hechos encontramos las alusiones al perdón de pecados (2:38) y la eliminación de estos (3:19). Uno podría estar de acuerdo o en desacuerdo en mayor medida ante ciertos puntos de la argumentación de Mcknight, por supuesto que su reconstrucción histórica es un intento hábil y comprometido del texto bíblico, o en palabras de Menzies en su reseña de este trabajo: "Reconoce el desarrollo significativo en la comprensión de la iglesia primitiva de la obra del Espíritu y conecta correctamente a Ezequiel 36:26 (no mencionado por Lucas, pero destacado por Pablo y Juan) con la presentación posterior del Espíritu como la fuente de la existencia del nuevo pacto".[82]

---

[80] Mcknight, *Covenant and the Spirit*, 54.
[81] *Ibid*, 52.
[82] Robert P. Menzies, "A Fitting Tribute: A Review Essay of the Holy Spirit and Christian Origins: *Essays in Honor of James D. G. Dunn*". *Asian Center for Pentecostal Theology*, 2016, consultado el 27 de junio del 2023. https://pentecost.asia/articles/a-fitting-tribute-a-review-essay-of-the-holy-spirit-and-christian-origins-essays-in-honor-of-james-d-g-dunn/?fbclid=IwAR0Nivv6zTJY8btjJthblvTUY2kN_48O0eH-1fLR0DnFfgJ9wgiz2kjo1Ox4.

Algo que podemos encontrar en esta mirada retrospectiva de Lucas a la luz de la hermenéutica del Nuevo Pacto, como lo fueron teniendo los creyentes primitivos, es que en efecto, la limpieza inicial que en Hechos es ligada con el arrepentimiento ocurre a través del Espíritu; empero aún queda ver que las efusiones espirituales tienen un fin profético/carismático en lugar de iniciáticas; y esto es innegable (ya lo hemos demostrado anteriormente).[83] De todas maneras, Mcknight cita a Dunn para culminar su aportación con este tema:

> El vínculo ya establecido entre Pentecostés, la renovación del pacto y la entrega de la Ley probablemente llevó a los primeros creyentes a interpretar su experiencia del Espíritu como el cumplimiento de la promesa de un nuevo pacto, como la Ley escrita en sus corazones (Dt 30:6; Jr 31:31-34; Ez 36:26-27; 37:14; cf. Hch 2:38-39; 3:25; 1 Cor 11:25; Hb 10:15-16, 29). Pero las implicaciones de esta idea para la fe y la conducta continuas no fueron reconocidas y elaboradas hasta Pablo (Romanos 2:28-29; 7:6; 2 Corintios 3; Gálatas 3:1–4:7; Filipenses 3:3; Colosenses 2:11; 1 Tesalonicenses 4:8).[84]

Con lo anterior como telón de fondo, podemos comprender cómo la visión pneumatológica de la iglesia primitiva fue desarrollándose. Lucas parece no haber articulado la nueva mediación del Espíritu y su vocación en el pueblo de Dios en términos de pacto y una abrogación de lo viejo como Pablo y el autor de Hebreos. No obstante, la novedad escatológica se da por sentada por la irrupción del Reino de Dios por medio de Jesucristo y la manifestación de la nueva creación al representar a Adán, y por implicación, a toda la humanidad dando cumplimiento al propósito de la Ley (Lc 16:16).

---

[83] Como tratamos en el capítulo anterior, pienso que esto es lo que hace Juan en 20:22 con miras a Pentecostés. Es más probable que la acción vivificante de 20:22 sea el inicio del Nuevo Pacto, en primer lugar, porque esta visión ya fue elaborada para el tiempo de Juan y en segundo, la descripción inicial del Paráclito en el capítulo 14 y 15 apunta a esta internalización. Es curioso que Pablo no mencione a Pentecostés pero si esté de acuerdo con Lucas que además de la regeneración se pueda experimentar al Espíritu carismáticamente en un tiempo posterior. Para este debate del inicio del Nuevo pacto, consulte el ensayo de Marianne Meye Thompson "The Breath of Life: Jhon 20:22-23 Once more" en este mismo compedio donde Mcknight tiene su intervención.

[84] McKnight, *Covenant and the Spirit*, 54.

Al contrario, el apóstol Juan, en su evangelio, puede sintetizar dichas perspectivas paulinas del Espíritu como el que injerta a la iglesia en una correcta relación con Dios por la bendición de la nueva era, como se observa en Juan 20:22, y así dar apertura a la experiencia escatológica del bautismo en el Espíritu pentecostal (como en el capítulo 1 desarrollamos). No obstante, podemos matizar algunos conceptos rígidos de la academia, creyendo que, en efecto, Lucas ve Pentecostés como la inauguración del ministerio profético de la Iglesia, por lo que no se puede negar que haya algún tipo de irrupción de la "nueva era" por la inversión de Babel que había comenzado con el ministerio público del Señor Jesús. Tampoco debemos llegar a negar algún aspecto de santificación en el recibimiento pentecostal del Espíritu. Sin embargo, esta actuación dinámica de lo Alto no es la justificación ni el injerto a la Iglesia, sino un empoderamiento para ser un testigo eficaz, incluso la santidad que trae poder ético y testimonial al creyente energizándolo para el ministerio (Hch 1:8).

Por si fuera poco, tal apoyo a un desarrollo de la soteriología y de la doctrina de la salvación también se deja entrever en Santiago. Como posiblemente el primer libro del Nuevo Testamento, es llamativo para todo estudioso de la Biblia percatarse de la ausencia de alusiones al Espíritu Santo en su obra (incluso del nombre de Jesús), a excepción de 1:5, en el que no está tan claro en que parte del *graphe* sagrado se encuentra la frase, y si se trata del Espíritu Santo o posiblemente el *yetzer* de la tradición judía de la lucha interna del hombre por hacer el bien o el mal.[85]

Hay una alusión muy clara al poder sobrenatural que permite al hombre vencer el mal haciéndolo nacer de nuevo, aunque el instrumento para llevar a cabo lo anterior es la Palabra de Verdad haciéndolo "una primicia de sus criaturas" (St 1:18). Si bien, algunas tradiciones históricas han exagerado el papel sinérgico en las obras que Santiago expone como necesarias para salvación y justificación final, parece que el autor empieza a sostener la necesidad de la intervención de Dios para adquirir una nueva naturaleza y así lograr demostrar una fe que justifica, aunque no tan desarrollado como el apóstol Pablo; puede mirarse aquello por la falta de énfasis al Espíritu en este renacimiento. William A. Simons está en lo correcto al decirnos que el uso de la "sabiduría" por parte de Santiago es paralelo a

---

[85] Para un excelente comentario de este tema en Santiago véase: Douglas J. Moo, *Comentario de la epístola de Santiago*, (Miami, Florida: Editorial Vida, 2009). Y también: J. Marcus, *The evil inclination in the Epistle of James"*, CBQ 44 (1982) 607-21.

cómo se usa el Espíritu en todas las Escrituras.[86] Como es discernible en Santiago, muchas creencias y costumbres características del judaísmo tradicional se encuentran en su texto, tales como el uso de las sinagogas para la reunión cristiana (2:2; gr. συναγωγή, synagōgē), a la par de la justificación dentro del marco escatológico como salvación final por el estándar de las obras (2:14-26); aunque Pablo comparte esta visión judía común del juicio (Rm 2:5-12, 16), añade el quid a la cuestión de la justificación como presente en la tensión escatológica de *ya pero todavía no*, y esta unión con Cristo es lograda por el Espíritu Santo. ¿Qué haremos ante esto?, ¿nos resistiremos al escrito de Santiago como Lutero o tomaremos en cuenta su visión como escrito inspirado? En ningún modo hay contradicción, sino un complemento hermoso que ayuda al creyente a entender su vida espiritual. Así lo mismo con Lucas; un pentecostal puede creer que ha sido salvo por gracia, justificado de forma forense por el sacrificio de Cristo con una declaración de absolución, ser injertado al pacto por el Espíritu Santo, y aun, en vista de la lectura de Lucas-Hechos, anhelar un nuevo revestimiento para el poder de su ministerio que lo empoderarán para reflejar fruto y obras poderosas que serán recompensadas en el tribunal de Cristo.

Por desgracia esta diversidad teológica normalmente es echada por la borda del olvido. Una tendencia actual en el pentecostalismo global, a dar por sentado exegéticamente que Pablo reflexiona el actuar del Espíritu al traer una nueva existencia en Cristo por Pentecostés. Así el erudito unicitario Eleuterio Uribe Villegas insiste que en 2 Corintios 3:5-18, Pablo describe la obra del Espíritu en base a lo que sucedió en Hechos 2. Así el Espíritu que "vivifica" (v. 6) –a diferencia de la letra de la Torah que tuvo un ministerio de condenación–, es la descripción de lo sucedido en la recepción del aposento alto por los 120. De esta manera dice: "Se puede observar que [en] el pasaje que se encuentra en 2 Corintios 3:1-18 [...] se hace todo un comparativo teológico entre la revelación acontecida con el derramamiento del Espíritu Sato en Jerusalén, y lo acontecido en el Sinaí".[87] Sin embargo, de ningún modo se infiere inequívocamente que Pablo esté hablando de lo sucedido en Jerusalén; de hecho, su comprensión experiencial de la revelación de Cristo fue en verdad interna e individual (Gá 1:12,

---

[86] William A. Simmons, *The Holy Spirit in the New Testament: a Pentecostal Guide*, (Downers Grove, Illinois: InterVarsity Press, 2021), 185.

[87] Eleuterio Uribe Villegas, *Pentecostés, el nuevo Sinaí: La revelación que marcó la teología del Nuevo Testamento* (Salem, Oregón: Publicaciones Kerigma, 2020), 97.

15), lo que conllevó muy seguramente a una meditación larga sobre la tradición petrina de Jerusalén acerca de Pentecostés, lo que tiene el resultado de mirar al Espíritu como aquel quien le hizo quitar el velo con el cual leía el Antiguo Pacto (2 Cor 3:14) para mirar con cara descubierta la gloria de Cristo (v. 18). Pablo no estuvo en Pentecostés, pero su recepción inicial de la revelación sobrenatural de Jesús en su camino a Damasco, a la par de su llenura del Espíritu a manos de Ananías, lo pudo haber llevado a ese camino de sofisticación en su doctrina pneumatológica.

Desde luego, los pentecostales tenemos en cuenta toda su enseñanza sobre el Espíritu Santo, sin embargo, permitimos que Lucas sea Lucas y explique en sus términos lo que ha acontecido en los discípulos. El unicitario, tenderá a estirar el significado del don pentecostal a lo soteriológico, para que al final su postura sabeliana/modalista, cobre sentido. El Padre, el Espíritu y el Hijo, son solamente diferentes modos en el que la Deidad se presenta; de esta manera se evade la economía que surge de las personas divinas en un marco trinitario de interpretación. Por demás está decir, que, aunque se valora el esfuerzo de Villegas por demostrar, en base a su visión fundacional, que el nombre revelado en Pentecostés para salvación es Jesús (Hch 2:21; Cf. Jl 2:32), hecho Señor (2:36) y Dios (2:39), lo cual es verdadero y elogiable, yerra al enfatizar que tal declaración omite una teología trinitaria. Villegas tiene razón al decir que la Iglesia "necesita la llenura del Espíritu Santo, la evidencia de las nuevas lenguas, y la dotación de poder, dones, unción y autoridad que solo Él puede dar",[88] empero si lo sucedido en Pentecostés, es la entrega del nuevo pacto y la escritura del corazón de una nueva vida como Pablo entendió, ¿es plausible creer en una evidencia inicial? ¿Será pastoral y teológicamente correcto llegar a pensar que el que no habla en lenguas posiblemente no es salvo? Hasta aquí estas son mis preocupaciones y es mucho de lo que los unicitarios, por lo menos a nivel popular, llegan a enseñar. Si el reverendo Eleuterio no piensa de esta manera (que desconozco), posiblemente pueda influenciar en muchos para que esta conclusión sea la implicación lógica de su posición.

Si en todo caso, aceptamos que Lucas puede tener en mente que el Espíritu lleva a cabo la "justificación y la regeneración" en las personas tal como Jeremías 31 y Ezequiel 36 anunciaron (lo que es plausible, aunque no inequívoco) podemos decir que es de manera críptica e implícita, lo que parece enfatizar la necesidad de un empoderamiento carismático para que el Espíritu Santo otorgue fe a las naciones por medio de su

---

[88] Villegas, *Nuevo Sinaí*, 169.

Iglesia. Si Pedro por medio de su discurso inspirado proféticamente, lleva al arrepentimiento a 3000 personas, no cabe duda de que Lucas espera que Teófilo busque el poder de lo alto para ser, de la misma manera que los primeros cristianos, un testigo eficaz y espectador de la gracia dinámica del Señor. En Lucas, el Espíritu Santo "explícito" es para el creyente, y tiene el fin de dinamizar su vida y discipulado en una plenitud nueva, y el Espíritu "implícito" es para el hombre arrepentimiento que es confrontado con la verdad dada por el creyente bautizado espiritualmente para recibir el perdón de los pecados. Si este es el caso, no se invalida la perspectiva "subsecuente" de la obra pnematológica pentecostal, al contrario, se incentiva al creyente a buscar la plenitud del Espíritu para traer a otros a Cristo, y por si fuera poco, contesta la tesis de Macchia de la "ausencia" de una doble recepción del Espíritu en Hechos.

Sam Storms y "El lenguaje del cielo"

Otro trabajo interesante del carismático de la Tercera Ola, Sam Storms, es el de "El lenguaje del cielo". No pretende ser un libro completamente académico, pero si pastoral y exegético con el propósito de articular "la doctrina bíblica" de la glosolalia; sin embargo, al hacerlo, remarca la supuesta inconsistencia del movimiento pentecostal por la subsecuencia y la "evidencia inicial" de hablar en otras lenguas apelando a la declaración de fe de las Asambleas de Dios. Storms dice que estos distintivos llevan un peligro: "El peligro obvio aquí está en dividir la vida cristiana de tal manera que la salvación se vuelve un regalo para el pecador mientras que la llenura del Espíritu se convierte en una recompensa para el santo".[89] Atenderemos a estos puntos a continuación.

El autor inicia explicando su experiencia personal con el Espíritu Santo para hablar en lenguas. Cuenta como experimentó en su juventud dicho don pero que lo abandonó por la influencia cesacionista de su contexto. Al estudiar en el Dallas Theological Seminary, era obvio que tenía prohibido practicar el hablar en lenguas y mucho menos defender la vigencia de dicho don. El seminario Dallas es bien conocido por su rígido dispensacionalismo y cesacionismo (aunque curiosamente ahora son más abiertos a recibir hermanos de otras tradiciones evangélicas, mi propio padre estudia

---

[89] Sam Storms, *El lenguaje del cielo: preguntas cruciales sobre hablar en* lenguas (Lake Mary, Florida: Casa Creación, 2019), 41.

un doctorado en dicha institución). El tiempo fue pasando, y aunque Sam seguía enseñando que este don desapareció con la muerte del último apóstol, muy en el fondo de su corazón, aun se encontraba esa experiencia del pasado que él llamaba "secuestrado por el Espíritu". Para sorpresa suya, al conocer al famoso escritor "Jack Deere" en una reunión anual de la Sociedad Teológica Evangélica en Nueva Orleans (escritor del libro *"Suprised by the power of the Spirit"*) él le incitó a seguir "avivando el don" que había en él y que no dejara de hablar en lenguas (2 Tm 1:6, Jack Deere había sido expulsado del DTS por abrazar el continuismo). A partir de ese momento, Storms cuenta que recuperó el don para su vida espiritual y no hay día que pase sin que hable con Dios de manera profunda usando la glosolalia.

Crítica a la terminología y la subsecuencia pentecostal

Al comienzo, el escritor parece estar muy abierto hacia lo que los pentecostales llaman "bautismo en el Espíritu con la evidencia inicial de hablar en otras lenguas" de hecho, su experiencia personal fue tan dramática y de crisis que parece caber totalmente dentro de la descripción de la obra "subsecuente" que un pentecostal defiende. Las palabras de Storms para esto son: "Mis amigos pentecostales probablemente insistirían en que este fue mi bautismo en el Espíritu Santo y que mi hablar en lenguas fue "la evidencia física inicial".[90] Él insiste que no importa como lo llamemos, "bautismo", "llenura", etc. –aunque claro; estamos de acuerdo que Lucas no tiene un lente taxonómico que busca clasificar lo que está presentando, pero sin duda, el lenguaje de bautismo compagina totalmente con la promesa mesiánica de "bautismo en el Espíritu Santo" que Juan el Bautista profetizó y que debían esperar los discípulos en Jerusalén (Hch 1:5)– Storms abiertamente dice: "Mientras reflexiono en esa noche de octubre, más inclinado estoy a verlo como una llenura poderosa del Espíritu Santo en vez de un bautismo en el Espíritu (aunque, como puede notar, estoy dispuesto a ser convencido de otro modo)".[91]

Por otra parte, como buen reformado, su perspectiva de la obra carismática del Espíritu hace imposible ver lo que llamaríamos "una segunda obra de la gracia". Si bien compartimos la preocupación de Storms de que

---

[90] Storms, *El lenguaje del cielo*, 13.
[91] *Ibid*, 54.

la terminología no es la mejor, al menos sostenemos que la intención de ella no es equivocada. Storms, empieza a citar un punto doctrinal de la declaración de fe de Asambleas de Dios con respecto al bautismo en el Espíritu, como "posterior" a la conversión aseverando que es erróneo y no bíblico (es verdad que esa es la naturaleza de la cosmovisión pentecostal con respecto al don carismático lucano, pero otros escritores no están de acuerdo con el lenguaje subsecuente y preferirían hablar de la "separabilidad" pero esa es otra cuestión de la que hablaremos más adelante). Storms toma los argumentos clásicos de James Dunn y Gordon Fee para refutar la comprensión de la separabilidad del bautismo en el Espíritu con la conversión (argumentos para nuestro personal punto de vista, ya bastante débiles, como pudimos notar anteriormente).

El relato de los samaritanos (Hch 8), según este erudito, es uno de los que más polémica ha causado debido a que ellos ya convertidos, esperaron hasta que los discípulos llegaran y recibieran "el don del Espíritu". Así como para Dunn y Fee, para Storms esto no puede tratarse de una obra subsecuente sino de un acto para completar su iniciación cristiana. El autor sostiene la necesidad de la presencia apostólica para la aprobación de los samaritanos como parte de la nación santa de Dios. Storms dice: "Mi punto es sencillamente que los samaritanos, hasta entonces, no habían experimentado una primera venida del Espíritu, algo necesario para que pudieran experimentar una venida subsecuente o segunda".[92] Estamos de acuerdo que la efusión profética del Espíritu ayudó a crear lazos entre la iglesia de Jerusalén y la de Samaria, así fue también con los gentiles en la casa de Cornelio (Hch 10). Sin embargo, la naturaleza carismática de Lucas no deja de estar presente; no se trata de iniciación, sino de empoderamiento, ya que la primera opción genera problemas graves para entender la obra del Espíritu de una manera canónica, además que ya hemos definido que Lucas tiene en cuenta la iniciación y purificación por medio de la fe y el arrepentimiento. ¿Podríamos aceptar el argumento de Storm cuando la Escritura es clara cuando dice que nadie puede llamar a Jesús Señor si no es por el Espíritu? (1 Cor 12:3). Seamos coherentes, los evangélicos no pentecostales son aquellos que llaman a la tradición pentecostal a tener un sentido canónico de la Escritura observando las demás voces e indirectamente nos incitan a imponer a Pablo sobre la lectura lucana, pero en este caso, ¿no sería viable creer que una regeneración anterior hubiese ocurrido? Si nuestro análisis del capítulo uno de la acción vivificante del Espíritu en

---

[92] Storms, *El lenguaje del cielo*, 54.

Juan 20:22 preparó a los discípulos para recibir el Espíritu de profecía en Pentecostés, ¿por qué no observar este mismo aspecto en los samaritanos? ¿No la teoría de Storms recoge más dificultades ajenas a Lucas por imponerle un lente paulino a la recepción del don del Espíritu a su vez que rechaza el punto de vista de Pablo para la comprensión de la necesidad del Espíritu para salvación? Y esto se puede ver en sus palabras:

> Aunque creo que mi explicación por la suspensión del Espíritu en el caso de los samaritanos es convincente, y más posible que cualquier otro relato, aun quedamos con el hecho innegable de que ciertos individuos *nacieron de nuevo*, confiaron en Jesús, fueron hechos miembros del cuerpo de Cristo, y aún no habían recibido al Espíritu Santo.[93]

Hay que notar que esta declaración tiene problemas; primero porque el "nuevo nacimiento" citado es un concepto propio de la literatura juanina. Juan registra las palabras de Jesús diciendo: *El que no naciere de agua y del Espíritu no puede entrar al reino de Dios. Lo que es nacido de la carne, carne es; y lo que es nacido del Espíritu, espíritu es* (Jn 3:5-6). La segunda declaración explica mejor de lo que se trata "agua y Espíritu" al contraponer la carne como la propia naturaleza humana que está impedida a dar vivificación espiritual y al Espíritu quien es el que realiza la regeneración en el creyente. Por lo que lo más probable es que los dos conceptos "Espíritu y agua", dado el trasfondo de Ezequiel 36, simplemente se traten de una endíadis, aunque curiosamente, este pasaje no es citado por Lucas ni lo observa como relevante para explicar su punto.

Segundo, el propio Pablo habla del bautismo por el Espíritu en un contexto eclesial y corporativo como un injerto o incorporación a la iglesia: *Porque por un solo Espíritu fuimos todos bautizados en un cuerpo, sean judíos o griegos, sean esclavos o libres; y a todos se nos dio de beber un mismo Espíritu* (1 Cor 12:13); Pablo usa la imaginería del bautismo para decir que el Espíritu nos ha reunido con la asamblea santa que comparte la misma experiencia, sin importar de hecho, *el trasfondo social o étnico*. Los apóstoles llegaron, no para aprobar ese compañerismo –la aceptación anterior del Espíritu por medio de su conversión era suficiente para eso–, sino a ser conductos de lo mismo que ellos recibieron en Pentecostés como creyentes en el Cristo resucitado, y así, afianzar lo que Dios había hecho con lazos fraternales. Creo que al respetar la teología de cada escritor del

---

[93] Storms, *El lenguaje del Cielo*, 58.

Nuevo Testamento se ponen las piezas del supuesto rompecabezas "enigmático" de manera natural. Lucas busca enseñarnos un patrón (consciente o no de la perspectiva de Pablo) para la obra de empoderamiento del Espíritu (Hch 1:8), por eso no tuvo ni un solo problema en presentar que Juan y Pedro llegaron después a imponer manos, porque recibir el Espíritu para Lucas tiene otra dimensión, el de la *profecía*. Podemos admitir que las visiones paulina y juanina que ponen al Espíritu como iniciador de la vida cristiana encajan bien con la salvación en Lucas por medio del arrepentimiento que trae purificación al corazón, no obstante, el Espíritu es presentado como el que ejerce obra distinta a la salvación sobre aquellos que han sido limpiados y salvados.

El recibimiento del Espíritu de profecía para los miembros del pacto empieza a ser anunciado desde el evangelio de Lucas en 11:13, donde el autor probablemente utilice el documento "Q" de una manera diferente a la que Mateo (Mt 7:11) reemplazando "las cosas buenas" que el Padre da con "Espíritu Santo" (πνεῦμα ἅγιον) en un contexto donde la filiación se da por sentada; los hijos de Dios pueden pedir al Espíritu Santo y el Padre no dudará en dárselo, porque si un padre terrenal da buenas dádivas (δόμα), cuanto más Dios se alegra de dar a su Espíritu Santo. Nótese cómo el término del Espíritu es usado de forma *singular* para enfatizar *la singularidad* de su recibimiento como experiencia inaugural; este dicho proléptico apunta a lo que luego Lucas describiría como el don del Espíritu que no es nada menos que el poder de lo alto profetizado por Juan el Bautista como un bautismo en el Espíritu (Lc 3:16). Además, la petición de los hijos da lugar a ver un entorno de oración y de un deseo ferviente del que Dios como Padre es recíproco; aquí es donde nos gustaría atajar la comprensión de Storms de que la postura pentecostal enseña "recompensas" para el santo. De entrada, no hay nada de malo en pensar que Dios paga al creyente según su actuar en vida; esta es una idea que permea en el Nuevo Testamento (Rm 2:6-11; 1 Cor 3:12-15; 2 Cor 5:10). Por supuesto la gracia se entrega inmerecidamente, pero el retorno dado por esa gracia también es contado por Dios.

John Barclay en su estudio de la gracia paulina habla de las perfecciones en este concepto que han prevalecido en tratar de entender el don en la literatura paulina y en diferentes contextos: 1) Superabundancia, 2) singularidad, 3) prioridad, 4) incongruencia, 5) eficacia, 6) no circularidad.[94]

---

[94] John M. G. Barclay, *Paul & the power of grace* (Grand Rapids, Michigan: William B. Eerdmans Publishing Company, 2020), 35-41.

En especial esta última, tiene una prevalencia en Occidente. El altruismo romántico y moderno nos dicen que los regalos son entregados sin esperar nada a cambio, lo que es la imagen de la persona abnegada que se atreve a hacer bien a los demás no debe ni esperar agradecimiento. Sin embargo, Barclay nos muestra que en el contexto judío de los tiempos de Jesús y de Pablo y de los pensadores premodernos, la correspondencia tenía un papel importante para establecer relaciones. En la cultura grecorromana que tenían mucho de los lectores del apóstol, se esperaba que aquel que recibiera el don de un patrón muestre mínimamente gratitud sin la obligación de entregar otro regalo del mismo peso: "En la antigüedad, los filósofos insistían en que Dios/los dioses no necesitaban nada a cambio de sus regalos... Sin embargo, generalmente se sostenía que esperaban el retorno de la gratitud, o la alabanza".[95] En este caso, Pablo parece estar de acuerdo con la circularidad del don, y eso es porque el apóstol también acepta la *prioridad* y la *incongruencia*. El primer concepto se refiere a la iniciativa de Dios por das buenas dádivas a los hombres; desde luego Pablo y otros autores nos afirman que todo lo bueno que recibimos de lo alto es porque el Señor ha decidido libremente entregarlo (Tt 3:5; 1 Jn 4:19). El segundo, habla de que Dios no se fija en la condición de la persona para entregar su don. Aquí es donde brilla la gracia paulina: sin merecerlo y en un estado deplorable, el Dios Padre llama a los seres humanos a conformar parte de su plan de restauración de todas las cosas (Ef 2:8-10); no obstante, para Pablo, según Barclay, era imposible que el cristiano quedara pasivo y viviera como si siguiera en Adán o en la vieja era tras haber recibido la salvación (Rm 6). El creyente debía experimentar una vida digna y guardar sus miembros de la iniquidad por agradecimiento a aquel que hizo su salvación posible. Lucas no se aleja de esta comprensión; si bien el Nuevo Éxodo es logrado por la autoridad Cristo y su resurrección, los miembros del pacto muestran agradecimiento y pueden orar por la efusión singular del don del Espíritu y efusiones posteriores (Hch 4:31). Entonces, concordamos con los carismáticos de la Tercera Ola en ciertos aspectos según la descripción de Storm:

> La mayoría de los creyentes de la tercera ola insisten en que todos los cristianos son bautizados en el Espíritu Santo al momento de su nuevo nacimiento. Sin embargo, también tienden a insistir en múltiples experiencias *subsecuentes* de la actividad del Espíritu. En cualquier momen-

---

[95] Barclay, Paul & the power of grace, 39.

to después de la conversión, el Espíritu aún puede "venir" o "caer" sobre el creyente con diferentes grados de intensidad.[96]

No obstante, los carismáticos de la Tercera Ola parecen relegar el concepto del bautismo en el Espíritu Santo lucano como una efusión más que puede o no suceder en la vida del creyente y por la que no se debe insistir. Aquí hay un problema, los carismáticos aceptan la terminología de "bautismo en el Espíritu Santo" con su singularidad en la conversión debido a que Pablo utiliza esa imaginería en 1 de Corintios 12:13; empero cuando se trata de Lucas, que prepara el recibimiento del bautismo en el Espíritu desde su evangelio (Lc 3:16) y lo aclara por boca de Jesús para apuntar a Pentecostés (Hch 1:5), no se acepta la singularidad de la efusión ni su terminología, de más está decir que se puede observar una preferencia de la literatura bíblica de otra.

Aunado al problema de difuminar el don pentecostal con un sentido soteriológico/iniciático, Storms encuentra problemas con llamar "bautismo en el Espíritu" a la obra que los pentecostales describen como subsecuente, ya que "Lucas no usa esa terminología en ninguna parte".[97] Sin embargo, en honor a la verdad, se ha de ser demasiado ingenuo para descartar una doctrina solo por la nomenclatura (cuando como anteriormente dijimos, no lo hacen con Pablo); lo mismo sería con la cuestión de la "Trinidad" que aunque la palabra no se encuentra en las Escrituras, es una inferencia totalmente válida y natural al leer el texto; además, la terminología bíblica nos permite observar esta obra subsecuente como bautismo en el Espíritu con justa razón. Jesús al principio de Hechos apela a las palabras de Juan el Bautista sobre el "bautizar con Espíritu Santo" y esto lo equipara a la "promesa del Padre" que *habían oído* de su Maestro y que debían los discípulos esperar pacientemente (Lc 24:49; Hch 1:4). La transición de pasar a la "promesa" al "bautizar con el Espíritu" está dada al inicio del versículo cinco con la conjunción *oti* la cual es adverbial causal, que prácticamente sirve para enfatizar la razón de la espera: Juan profetizó aquello y los discípulos lo experimentaran en no muchos días (1:5); es decir, no solo Jesús lo prometió, sino que tiempo atrás, los apóstoles habían escuchado que ese bautismo espiritual tendría lugar tras la aparición del Mesías. Además, los efectos carismáticos pueden verse en la referencia de Jesús a que

---

[96] Storms, *El lenguaje del cielo*, 43.
[97] *Ibid*, 54.

esta experiencia sería de *poder* (*dynamis*) para ser *testigos* (*martys*). En la fiesta de Pentecostés donde tuvo lugar este acontecimiento se refleja su carácter carismático: se entregan lenguas (2:4) y se da profecía (vv. 14-36). El incidente de los gentiles y Cornelio también es útil aquí para definir de qué se trata la experiencia; cuando ellos empezaron a hablar en lenguas: "los fieles de la circuncisión que habían venido con Pedro se quedaron atónitos de que *también* sobre los gentiles se *derramase* el *don del Espíritu Santo*" (10:45). Para Pedro, el don del Espíritu (δωρεὰ τοῦ ‛αγίου πνεύματος) es equiparable con la "el derramamiento de Pentecostés" y la "caída del Espíritu" (ἐπιπίπτω. aor) mencionada en el versículo 44. Para variar, poco después Pedro liga la experiencia de Cornelio y los gentiles con lo sucedido en el templo de Jerusalén, y la terminología usada es también de "caída": *Cayó* (ἐπιπίπτω. aor) *el Espíritu Santo sobre ellos también, como sobre nosotros al principio* (11:15). No es casualidad que Cefas recordara la profecía mesiánica de Juan: *Entonces me acordé de lo dicho por el Señor, cuando dijo: Juan ciertamente bautizó en agua, mas vosotros seréis bautizados con el Espíritu Santo* (v. 16). Lo que es más, aunque Pedro ha vivido otras efusiones para la testificación (4:8, 31) les dice a sus compañeros en 11:15 que los no judíos habían sido bautizados en el Espíritu, tal como ellos *al principio* (gr. ἀρχή; *archē*), lo que parece apuntar a Pentecostés como paradigma inaugural que permite la vocación profética en el pueblo de Dios.

En síntesis, el adquirir el don del Espíritu (δωρεὰ τοῦ ‛αγίου πνεύματος) para Lucas es equiparable a ser investido (ἐνδύω. aor; Cf. Lc 24:49), lleno (πίμπλημι. aor; Cf. Hch 2:4), recibir al Espíritu Santo con singularidad (λαμβάνω. aor; Cf. Hch 8:15, 17), a experimentar su venida (ἔρχομαι. aoristo e imperfecto. Cf. Hch 19:6), su descenso (ἐπιπίπτω; presente activo y aor. Cf. Hch 8:16; 10:44; 11:15) o su derramamiento (ἐκχέω. aoristo y perfecto; Cf. Hch 2:33; 10:45), además de que todas estas variedades de imágenes apuntan a las palabras de Juan el bautista: "Él los bautizará con Espíritu". Por lo tanto, usar el término "bautismo en el Espíritu Santo" está más que justificado. Incluso, aunque Storm lo niegue, en el relato samaritano las palabras de Pedro apuntan al mismo don prometido por Jesús al reprender al mago Simón: *Tu dinero perezca contigo, porque has pensado que el don de Dios* (τὴν δωρεὰν τοῦ θεοῦ) *se obtiene con dinero*. La terminología *dorea* está a la vista en el incidente samaritano refiriéndose al venir del Espíritu; no cabe duda de que los samaritanos experimentaron el bautismo en el Espíritu Santo, "el don del Espíritu" y "promesa del Padre" y que da pauta a la posibilidad de más efusiones y llenuras (Hch 4:8; 4:31; 13:9; 13:52). Por lo que, en palabras de Stronstad, una doble distinción es necesaria, dada la naturaleza inaugural de Pentecostés:

> Términos [como] 'ungido', 'bautizado' describen la obra consagradora del Espíritu al inaugurar el *ministerio público*. Los términos "lleno", "investido" y "empoderado" describen el equipamiento real por parte del Espíritu para ese ministerio. Aquí, entonces, está la distinción entre el carácter de una vez por todas y el carácter repetitivo del don del Espíritu. La consagración por el Espíritu es de una vez por todas, mientras que, a medida que surge la necesidad, el equipamiento por parte del Espíritu es repetitivo.[98]

El prototipo de un ministerio profético inaugurado en los creyentes puede verse por medio del bautismo de Jesús, donde a la luz de Lucas, el Espíritu viene para capacitarlo en su ministerio como profeta de Israel.[99] El Mesías interpreta la acción del Espíritu al venir sobre él en su bautismo como su ungimiento para llevar a cabo su tarea de dar vista a los ciegos, sanar a los enfermos y proclamar el evangelio (Lc 4:17 ss.). El relato de la tentación muestra como Jesús refleja el haber sido ungido siendo llevado al desierto lleno (*pleres*, πλήρης) del Espíritu Santo (4:1), lugar donde enfrentó tentación, prueba y oposición. La iglesia del mismo modo es ungida en Pentecostés y equipada a partir de su bautismo espiritual. Los proto diáconos de Hechos 6, sobre todo Esteban, siguen este patrón de una llenura continua del Espíritu (Hch 6:5), lo que nos demostraría que ellos fueron iniciados en esta vida carismática y persistieron en ella, dando como resultado una vida de profetas empoderados con hazañas y milagros (Hch 6:8). Esto explicaría el evento pentecostal "de una vez por todas", la continuidad que el creyente debe poner para avivar esta obra, y las llenuras que se dan en el momento para puntos clave en el ministerio. Ahora

---

[98] Roger Stronstad, *Teología Carismática de Lucas: Segunda Edición*, 137. El tiempo aoristo en cada una de estas menciones a la llenura muestra no una experiencia "una vez por todas" sino su posible recepción de manera repetitiva.

[99] Note que en los demás relatos de conversión no se encuentra la oración de Jesús (Mt 3:16; Mc 1:10). Aunado a lo que hemos visto del contexto de la oración con el Espíritu en Lucas y sus modificaciones intencionales, puede reflejarse naturalmente una actitud paradigmática para recibir el bautismo en el Espíritu Santo como la unción inaugural para el empoderamiento profético a la luz del Mesías quien comparte la misma unción de él a su pueblo. Esto es lo que Hechos pretende narrar.

bien, es interesante notar que para que algunos creyentes pudieran participar en una especie de "liderazgo" o participación formal dentro de la comunidad, el requisito era que estuvieran llenos (*pleres,* πλήρης) del Espíritu Santo, por lo que es totalmente viable que este requerimiento, para Lucas, sea cumplido cuando fueron bautizados en el Espíritu como evento inaugural a la par de llevar una vida íntegra y ética que refleje la obra carismática (ahondaré en ello en el capítulo 3) al menos en Hechos, esta experiencia no pretende ser la conversión, sino la iniciación en el profetismo universal anunciado por Joel lo que prepara al hijo de Dios para la misión de proclamar a Cristo. Para Lucas es real que existan creyentes que no han sido llenos por el Espíritu de esta manera y llama a la Iglesia a anhelar el poder de lo alto. El apologista William Lane Craig tiene razón cuando dice: "Aunque todos los cristianos son habitados por el Espíritu, no todos están llenos del Espíritu".[100]

Crítica al motivo de transferencia del Espíritu en la imposición de manos

En efecto, la imposición de manos para Lucas, no traerá inevitablemente el bautismo en el Espíritu Santo que se puede experimentar de muchas diferentes maneras. Vemos el ejemplo de Esteban estando consagrado continuamente y una señal externa fue la imposición de manos para consagrarlo al cuidado de las viudas, pero no para su recepción inicial, aunque tiene mucho que ver con la obra del Espíritu en él. Si Lucas tuvo una inspiración septuagintal en las dos partes de su tratado es viable inferir que puede usar el motivo de transferencia de las consagraciones del Antiguo Testamento para la capacitación carismática del que es llamado; si es así, el autor parece querer mostrar un paralelo entre Josué como sucesor de Moisés. Josué fue apartado simbólicamente para su comisión cuando se le impusieron las manos: *Y hablo el Señor a Moisés diciendo: Toma contigo a Josué, hijo de Naué, hombre que tiene al Espíritu en él* (ἄνθρωπον ὃς ἔχει πνεῦμα ἐν ἑαυτῷ), *y pon tus manos sobre él* (LXX; Nm 27:18).[101] El texto nos aclara que Estaban modela una vida de "llenura del Espíritu

---

[100] William Lane Craig, *Fe razonable: Apologética y veracidad cristiana* (Salem, Oregón: Publicaciones Kerigma, 2017), 71.
[101] Natalio Fernández Marcos y María Victoria Spottorno Díaz-Caro, eds, *La Biblia Griega Septuaginta I: Pentateuco* (Salamanca, España: Ediciones Sígueme, 2006), 356.

continua" y que la imposición de manos no es para la transferencia, sino para comisionarlo externamente, por lo que el paralelo con Josué es innegable. Así como el sucesor de Moisés es un tipo de Cristo (se llaman igual), Esteban refleja una caminata testimonial casi idéntica a la de su Mesías; los tres poseen al Espíritu en ellos, lo que para Lucas quiere decir, el Espíritu de profecía de la misión.

Sin embargo, las cosas cambian con Pablo. Storms prosigue a declarar: "finalmente, la venida del Espíritu Santo no parece asociada con la imposición de manos en ninguna otra parte de Hechos (aparte del incidente en Hechos 19...)".[102] Es muy difícil no darse cuenta de la miopía del autor con respecto a la imposición de manos en el relato de conversión de Saulo y su llamamiento. Hechos 9:17 menciona la acción de Ananías mientras le hablaba de su comisión hacia Pablo: "poniendo sobre él las manos (καὶ ἐπιθεὶς ἐπ' αὐτὸν τὰς χεῖρας), dijo: Hermano Saulo, el Señor Jesús, que se te apareció en el camino por donde venías, me ha enviado para que recibas la vista y seas lleno del Espíritu Santo". Además, existen otras alusiones en la literatura del Nuevo Testamento que presentan tal acto ritual como un *leitmotiv* del Espíritu de profecía. Aunque algunos comentaristas están en lo correcto en argumentar que, en el relato de la visita de Ananías a Saulo, no hay una indicación textual explícita que pretenda ligar la imposición de las manos con la transferencia del Espíritu, hay buenos motivos para suponer que, en efecto, este fue el caso. El relato de Pablo está lleno de referencias a la comisión profética de los hombres de Dios del A. T.; aquí el paralelismo con Josué puede ser nuevamente útil: "Y Josué, hijo de Naué, se llenó de un espíritu de inteligencia (ἐνεπλήσθη πνεύματος συνέσεως), pues había puesto Moisés sus manos sobre él (ἐπέθηκε γὰρ Μωυσῆς τὰς χεῖρας αὐτοῦ ἐπ' αὐτόν)" (Dt 34:9).[103] Como diría Stronstad, Lucas hace eco de esta imaginería:

> El motivo más llamativo para la actividad carismática del Espíritu de Dios [en el A. T.] es la transferencia del Espíritu en asociación con la transferencia de liderazgo... Además, también hay una transferencia del Espíritu de Moisés a Josué y de Saúl a David. Esta transferencia del Espíritu tiene un doble propósito: (1) autenticar o acreditar al nuevo

---

[102] Storms, *El lenguaje del cielo*, 55.
[103] Fernández Marcos y Spottorno Díaz-Caro, *La Biblia Griega Septuaginta: Pentateuco*, 446.

liderazgo, y (2) otorgar las habilidades apropiadas para las nuevas responsabilidades del liderazgo.[104]

A diferencia de Números 27:18, donde Josué ya tiene al Espíritu en él y las manos le son impuestas, así como Esteban en Hch 6:6 teniendo ya al Espíritu es comisionado por la imposición; en Deuteronomio 34:9, en cambio, parece que la puesta de manos es el medio instrumental para adquirir el *espíritu de sabiduría* tal como le sucede a Saulo. No es coincidencia que la terminología sea la misma cuando se trata de la transferencia del Espíritu como "llenura" (πίμπλημι, *pimplēmi*) tanto en Josué (aoristo, pasivo, indicativo) como en Pablo (aoristo, pasivo, subjuntivo), que Lucas suele utilizar para efusión inicial de Pentecostés (Hch 2:4) y otras espontáneas de inspiración profética (4:8; 4:31; 13:9; 13:52). Los términos probablemente sean usados aquí para reflejar la llenura inaugural de Pablo y por ende su bautismo en el Espíritu Santo.

Relatos del pentateuco	Relatos de Hechos
Josué, "teniendo (ἔχω) el Espíritu en él" se le imponen manos (Nm 27:18). *Habilitación continua y consagración para una tarea.*	Esteban, "lleno (πλήρης) del Espíritu" se le impone manos. (Hch 6:5-6). *Habilitación continua y consagración para una tarea.*
Josué es "lleno (πίμπλημι, aor.) del Espíritu" cuando se le imponen las manos (Dt 34:9). *Llenura.*	Pablo es "lleno (πίμπλημι, aor.) del Espíritu" al imponerse las manos. (Hch 9:17). *Llenura inaugural.*

Esta actividad, como motivo de transferencia, además, puede encontrarse en las cartas pastorales de Pablo, donde insta a Timoteo a recordar lo que le fue dado por imposición de manos con un lenguaje determinadamente profético: (1) "No descuides el don que hay en ti, que te fue dado mediante *profecía con la imposición de manos* del presbiterio" (1 Tm 4:14). (2) "Por lo cual te aconsejo que *avives el fuego* del don de Dios que está en ti por la *imposición de mis manos*. Porque no nos ha dado Dios *espíritu* de cobardía, sino de poder, de amor y de dominio propio" (2 Tm

---

[104] Stronstad, *Carismatic Theology of Luke*, 44.

1:6-7). Note como Pablo liga la ordenación con el "don del Espíritu de profecía" que debe ser avivado y valorado en sobremanera. Por otro lado, el autor de Hebreos también llama a sus discípulos a dejar los rudimentos de la fe que compartían seguramente con sus compatriotas judíos. Uno de ellos es la doctrina de la "imposición de manos" (Hb 6:2) la cual no es una práctica original de los cristianos, sino algo que los judíos solían realizar con regularidad. F. F. Bruce dice:

> La imposición de manos (Heb. *semīkhāh*) era una antigua práctica cristiana [citando a Hch 9:17] asociada especialmente con el hecho de impartir el Espíritu Santo, y ese es el significado más probable aquí. Pero también fue heredada del Antiguo Testamento, donde se la utiliza especialmente para comisionar a alguien para un oficio público... en el judaísmo rabínico, el término aparece regularmente en el sentido de ordenación (de ancianos).[105]

Para Lucas la imposición de manos puede ser para la entrega del Espíritu Santo (Hch 8:18; 19:6), para la sanidad divina (28:8) y para el apartamiento de creyentes para la obra del ministerio en otras secciones (6:6; 13:2-3). Resulta inverosímil sostener que la visita de Ananías solo se trate de sanar de la ceguera al recién convertido; más bien, es justificado creer que en la imposición de manos aquí tenga los tres motivos presentes; Pablo no solo era alguien que recibiría una sanidad incidental en la obra del Espíritu, sino estaba llamado al ministerio. Keener clarifica este punto: "dada la imposición de manos para la recepción inicial del Espíritu... y la posible impartición simbólica de una impartición más completa del Espíritu en 6:6, el Espíritu es probablemente, al menos en parte de la razón para imponer manos aquí".[106] Con esto no queremos decir que siempre el bautismo en el Espíritu deba venir con la imposición de manos, otros creyentes recibieron el don lucano sin que esto acontezca (Hch 2:4; 10:44-46); sin embargo hay una relación común entre el recibimiento carismático y la comisión con la imposición; por lo que es menos probable que el apóstol no haya sido lleno al Ananías imponer sus manos.

---

[105] F. F. Bruce, *La epístola a los Hebreos* (Grand Rapids, MI: Libros Desafío, 2002), 118.

[106] Craig S. Keener, *Acts, Volume 2: An exegetical commentary*. Versión Scribd (Grand Rapids, MI: Baker Academy, 2015), 1037.

Por si fuera poco, no es casualidad que el relato del llamamiento de Pablo se encuentre después del incidente samaritano y antes de la inclusión de los gentiles al pacto. La imposición de las manos para recibir el don del Espíritu está relacionada en la conversión de los samaritanos con el otorgamiento apostólico de esta efusión espiritual. Sin embargo, Lucas parece colocar este suceso en este punto para reflejar la autoridad de Ananías como creyente a pesar de no ser nombrado un apóstol por la comunidad del Camino; "un laico", así como un líder pueden ser usado por Jesús para ser canal del Espíritu Santo; "si la reciente impartición del Espíritu de Dios a través de las manos de los apóstoles a los samaritanos hubiera parecido asombrosa para los forasteros, esta partición del perseguidor más conocido del movimiento, a través de un creyente desconocido, habría parecido más así".[107] Además, que el don del Espíritu sea recibido antes del bautismo parece preparar al lector para que entienda que el agua no se puede impedir a quien ya ha recibido el Espíritu, a saber, Cornelio y su casa (10: 47). "Es de suponer que el proceso de curación física tuvo lugar mientras estaba lleno del Espíritu Santo. En el caso de Saulo, como en el de Cornelio y su familia, el Espíritu trajo comprensión y convicción sobre Jesús antes de experimentar el bautismo en agua (cf. 10:44-48)".[108]

Por otro lado, William P. Atkinson ha dicho: "Nadie [de los eruditos pentecostales] ha refutado la convincente afirmación de Dunn de que la ceguera de Pablo no podía ser un símbolo, para Lucas, de la completa conversión".[109] Hemos de decir que tal argumento es tan viable como pretender que el arrebato profético de Saúl y sus súbditos para evitar que atrapen a David en 1 Samuel 19:20-24 tenga la intención de representar al lector la integridad y amor a Dios del malvado monarca de la tribu de Benjamín. Atkinson parece muy ligero al darle mérito a Dunn aquí tan fácilmente solo porque otros no han contestado a este argumento puntualmente, sobre todo entendiendo las implicaciones tipológicas del evangelio de Lucas con vistas a Hechos. El relato introductorio del evangelio que presenta como justos a Zacarías y su mujer Elizabeth (Lc 1:6) es reflejo de la correcta actitud delante de Dios que para Lucas es importante como condición del recibimiento del Espíritu de profecía. Zacarías es incapacitado y dejado mudo por el poder divino (v. 20) como "castigo" por su falta de fe, pero no para enfatizar su falta de integridad o un corazón en

---

[107] Craig S. Keener, *Acts, Volume 2*, 1037.
[108] Peterson, *Acts*, 310.
[109] Atkinson, *Baptism in the Spirit*, 70.

plena oscuridad que lo debe llevar a arrepentirse, sino para evocar en el sacerdote una actitud de reflexión de la obra poderosa de Dios que dará fruto al vientre de su mujer al hacer nacer a Juan el Bautista pese a la debilidad humana y su imperfección; en palabras de N.T Wright:

> Lucas tiene cuidado de no adornar la historia convirtiendo a Zacarías en un gran héroe de la fe. Como algunos de los líderes del Antiguo Testamento, su primera reacción ante la noticia es agarrarse a un clavo ardiendo: necesita una señal, algo que le ayude a creer. Se la dan, pero como castigo; casi podemos ver al ángel poniéndose las manos en la cintura y regañando a Zacarías por atreverse a dudar de su palabra. Zacarías se queda mudo, y la comedia negra continúa con el anciano sacerdote saliendo al pueblo y haciendo signos y gestos para indicar lo que había sucedido, (¿cómo describirías la visión de un ángel, solo con las manos y los brazos?). El relato concluye, por supuesto, con la alegría de Isabel por su inesperado embarazo.[110]

Cuando todo esto fue cumplido *fue abierta su boca y suelta su lengua y habló bendiciendo a Dios* (v. 64); este milagro tiene la intención de enfatizar la llenura del Espíritu que Zacarías experimentó con el resultado de profetizar en nombre de Dios (v. 67) y una descripción de la lengua suelta que parece tener la intención de relacionar este suceso con Pentecostés; del mismo modo, antes se habla del estallido profético de Elizabeth al acercarse al vientre de María (1:41) que desemboca en una expresión profética de gozo y alabanza (v. 42) y el *Magníficat* de la virgen que exalta a Dios con una alusión al gozo inspirado por el Espíritu (vv. 46-47). Todas estas referencias son una introducción intencionada de Lucas para demostrar que el tiempo de Dios está irrumpiendo con el Espíritu de profecía anhelado.

Así mismo, la ceguera de Pablo no significaba simbólicamente que el apóstol no se había convertido a Jesús, sino que se encontraba en una situación especial para que el empoderamiento profético llegara para equiparlo en la misión que le fue dada y luego confirmada por Ananías (Hch 22:14-15); Saulo se encontraba en una posición de penitencia haciendo un ayuno prolongado de tres días (9:9); además que, según la visión de Ananías, Pablo oraba con una actitud paciente hacia Dios (v. 11), lo que nos

---

[110] Tom Wright, *Luke for Everyone* (London: Society for Promoting Christian Knowledge, 2004), 7.

hace inferir que aunque la ceguera fue una llamada de atención temporal sobre Saulo, además de una acción que evitaría la persecución sobre los cristianos, también fue designada para la reflexión personal del apóstol sobre su nueva revelación. Keener explica que dado este patrón de sujeción a Cristo por parte del apóstol, en otra terminología teológica primitiva se trataría de una conversión y regeneración genuina por la fe, aunque este no es el punto que Lucas quiere enfatizar: "Si Lucas hubiera enmarcado la experiencia de Pablo en tales términos, podríamos ver su fe salvífica inicial como previa al bautismo y el llenado por unos días",[111] sin embargo "el hecho de que Pablo esté lleno del Espíritu aquí como un empoderamiento carismático-profético, *no está asociado con su conversión*, sino con el equipamiento para su llamado".[112] Podemos concluir que así como el incidente de sanidad en Zacarías tenía muy probablemente la intención de prepararle para contemplar la mano poderosa de Dios (lo que resultaría en el embarazo de su esposa, y su inspiración profética posterior), la sanidad de la ceguera de Pablo tiene el fin de prepararle para su ministerio (un ministerio caracterizado por abrir los ojos de aquellos sujetos a Satanás, Hch 26:18) y no necesariamente como símbolo de su inminente conversión (que ya se había efectuado antes del bautismo).

Pablo sin duda liga el lavamiento de sus pecados con el bautismo en 22:16 por mano de Ananías, cumpliendo el patrón de perdón de pecados por el ritual bautismal (2:38), empero no hay que olvidar que para Lucas puede existir la fe y el arrepentimiento antes de este (11:18), incluso el don del Espíritu (10:44-47). Para otras teologías primitivas como la paulina y juanina, tales actitudes y acontecimientos son reflejos de su aceptación por Dios aun antes de las aguas bautismales.[113] Además, Ananías informa a Pablo de su estado existente como instrumento escogido para conocer la voluntad del Dios al que adoraban y para que *vea al Justo, y oiga la voz de su boca* (22:14) anterior a su confesión pública de su fe en el bautismo,

---

[111] Keener, *Acts, Volume 2,* 1039.

[112] *Ibid.* En una nota de pie de página con respecto al debate de la conversión de Saulo, Keener dice: "El hecho de que los informes de Lucas ocasionalmente se desvíen cronológicamente de su propio patrón de Hechos 2:38, sugiere una *distinción* entre ontología y el pronunciamiento oficial, el primero potencialmente precede al segundo. (Por lo tanto, en el lenguaje de otra teología cristiana primitiva, es posible que Pablo ya haya sido 'regenerado' por la fe). Pero esto es incidental a su interés y no es primario".

[113] Y sugiero que si aquí contemplamos una lectura canónica. Mucha de la controversia con respecto al Espíritu sería minimizada al observar el propósito principal de Lucas, pero sin negar la realidad regenerativa detrás de ello.

situaciones que Saulo ya había experimentado al contemplar al Jesús resucitado y escuchar su voz directamente para indicarle su llamamiento de una forma personal por el idioma religioso que conocía (26:14-18). Pese a que el apóstol se ve a sí mismo como apartado desde el vientre de su madre para tal comisión (Gá 1:15), la actualización de su llamado fue la revelación de Jesús el Justo en su camino a Damasco sin intervención de mediadores de algún tipo (aunque Ananías posteriormente daría ánimo y una confirmación como señal de la aprobación de Dios); el apóstol no fue rebelde a *la visión celestial* (Hch 26:19). Los autores del Nuevo Testamento evidentemente no imaginan a un cristiano no bautizado, pero tampoco llegan tan lejos para darle un poder regenerativo al bautismo (1 P 2:21); aunque uno pueda ser justificado por la fe y, según Lucas, recibir el don del Espíritu Santo antes de bajar a las aguas, es necesario e imprescindible bautizarse para participar en la sepultura de Jesús (Rm 6:3). No cabe duda de que la acción del Espíritu es misteriosa y no por nada el Señor la compara con un viento que sopla y es impredecible (Jn 3:8). Así Lucas permite relatar que el Espíritu profético puede irrumpir en la vida de los creyentes aun antes de su bautismo, pese a que este sea la confirmación del arrepentimiento.

Aunado a lo anterior, la forma en que Ananías llama al Saulo recién convertido es crucial: "hermano Saulo" (Hch 9:17). Algunos dicen que el vocativo tiene el fin de señalar la hermandad racial y judía que compartían ambos personajes. Tal teoría parece improbable pues el contexto no parece darle mérito a esta decisión interpretativa. Ananías responde al llamado de Jesús a imponerle manos con extrañeza por la falta de vinculación que existía entre un poderoso perseguidor de creyentes y el nuevo joven movimiento cristiano; el discípulo lo llama "este hombre" y lo describe como el que hace males a los "santos" de Jerusalén (9:13); sin embargo, la revelación de Jesús le hace cambiar de opinión: *Ve, porque instrumento escogido me es este, para llevar mi nombre en presencia de los gentiles, y de reyes, y de los hijos de Israel* (v. 15). Entonces, que Ananías llegando a él le llame "hermano" es una muestra del poderoso amor fraternal que Dios había derramado en el corazón de los seguidores de su Hijo, uno que no hace acepción de personas y cree en el poder transformador de la gracia. Ananías simplemente llama hermano a Saulo por lo que Cristo ya ha hecho en la vida del que sería el apóstol a los gentiles: revelarse a él. John Stott da un hermoso cuadro con respecto a la forma en que Ananías llama a Pablo cuando se acerca a imponer sus manos sobre él:

Nunca dejan de conmoverme estas palabras. Es muy posible que hayan sido las primeras palabras que Saulo oyó de labios cristianos después de su conversión, y eran palabras de bienvenida fraternal. Tienen que haber sido música a sus oídos. ¿Cómo? ¿El enardecido enemigo de la iglesia había de ser recibido como un hermano? ¿El temido fanático sería recibido como un miembro de la familia? Sí, así fue.[114]

La experiencia de los efesios, ¿conversión o efusión profética posterior?

Siguiendo la argumentación de Storms, Hechos 19:1-7, si bien contiene una referencia a la imposición de manos, el don del Espíritu no puede tratarse aquí de un "bautismo subsecuente" sino de la iniciación cristiana: "Al darse cuenta [Pablo] de que ellos no eran sino 'discípulos' de Juan, Pablo clamó a Jesús, en quien ellos creían, en ese momento recibieron al Espíritu Santo".[115] Cabe resaltar que la mayoría de eruditos pentecostales han argumentado la fuerza de la palabra "discípulos" aquí para observar que evidentemente se trataba de cristianos convertidos a Jesús a los que les faltaba el bautismo en el Espíritu y así como Apolos (18:24-28), un discipulado para conocer mejor su fe. Sin embargo, creo que la verdadera fuerza del argumento pentecostal probablemente se encuentra más en la pregunta que el mismo Pablo hace: *¿Recibisteis el Espíritu Santo cuando creísteis?* (19:2). La pregunta del apóstol parece apuntar a que (al menos para él en esta redacción lucana) pueden existir creyentes que aún no han recibido la experiencia pentecostal del Espíritu según el testimonio de los apóstoles. Esto no es un disparate a la luz de todo Hechos. Ya hemos argumentado como programáticamente Pentecostés da luz acerca de los diferentes eventos de la efusión del Espíritu en el segundo tomo de Lucas; incluso, el relato samaritano en que existen cristianos genuinos sin recibir el Espíritu, y la espera de Pablo para ser lleno, puede ser apoyo aquí para nuestra tesis. Empero las cuestiones críticas no dudan en aparecer delante de nosotros; si en todo caso, Pablo en sus epístolas equipara la llegada del Espíritu con la conversión, ¿cómo es posible que aquí tenga una comprensión diferente de ello? Si esta es la realidad, la pregunta del apóstol demostraría que quiere estar seguro de que los discípulos efesios fueran verdaderos creyentes en lugar de cuestionar una experiencia posterior de equipamiento carismático. Pero si posiblemente Lucas haya editado la

---

[114] John Stott, *El mensaje de Hechos*, ed. Adriana Powell, trad. David Powell, 1a. ed. (Barcelona; Buenos Aires; La Paz: Ediciones Certeza Unida, 2010), 204.
[115] Storms, *El lenguaje del cielo*, 37.

pregunta paulina para que su teología carismática brille, entonces podría existir una afrenta a la autoridad de la Biblia; el Dr. Anthony D. Palma comparte esta preocupación:

> Si Lucas en verdad es un historiador y teólogo responsable, entonces se debe entender la pregunta como siendo formulada por Pablo... desde un punto de vista bíblico es importante indicar que las citas que las Escrituras le atribuyen a un individuo deben ser entendidas como un reflejo acertado de lo que dijo esa persona.[116]

Sin embargo, Max Turner tiene una respuesta satisfactoria: "Mientras que Pablo sin duda hizo una pregunta que buscaba aclarar 'dónde estaban estos discípulos' con respecto al discipulado cristiano, la redacción precisa de la pregunta tal como está registrada es lucana, no paulina".[117] Creo que esto no contradice una doctrina sólida de la inspiración bíblica; la Biblia aunque presenta un dictado preciso y visionario como Juan en Apocalipsis, en el caso de Lucas, se trató de una labor muy humana de documentación extensa, desde luego, ¡supervisada por el Espíritu Santo! Pero en la antigüedad era común contar la historia con los propios términos del autor para hacer relucir su intención, al menos podemos sostener ello si creemos que Lucas no solo es historiador sino teólogo por derecho propio. Comparto la opinión de Atkinson:

> Es importante reconocer la propia percepción de Lucas de cómo se encontró con su material. No lo recibió a través de visiones y sueños, por mucho que algunos de sus personajes pudieran haber adquirido ideas divinas de esta manera. Recurrió, con razón, al proceso muy humano de investigación cuidadosa (Lc 1:3). Si bien se concede a la superintendencia divina, también se deben otorgar las limitaciones humanas de la investigación de Lucas, según su propio testimonio.[118]

Además, aunque no podamos demostrar que los discípulos efesios hayan sido creyentes antes de conocer a Pablo, sí podemos dar fe de la diferenciación existente entre su bautismo y la imposición de manos para recibir el Espíritu; el *leitmotiv* de transferencia que Stronstad ha definido en Hechos

---

[116] Palma, *El Espíritu Santo*, 128.
[117] Atkinson, *Baptism in the Spirit*, 128.
[118] *Ibid.*

puede verse de nuevo aquí, lo que incluiría desde el vamos, una pequeña separación de tiempo entre el bautismo y la imposición de manos, lo que da como resultado la inspiración profética: las lenguas y la profecía, que más adelante en este capítulo demostraremos, para Lucas tienen una relación intrínseca. Ben Whiterignton III comparte algo de esta opinión:

> El versículo 5 (Hch 19) dice que fueron bautizados en el nombre del Señor Jesús. La secuencia del versículo 5 seguido del versículo 6 deja bastante claro que los discípulos no recibieron el Espíritu Santo por medio del bautismo en agua. Más bien el Espíritu vino cuando Pablo impuso las manos sobre estos discípulos y *la evidencia* de que esto de hecho había sucedido fue que los discípulos hablaron en lenguas y profetizaron. Esto es muy parecido a lo que encontramos en Hechos 8 con los samaritanos.[119]

Empero, no hay que subestimar la opinión de que estos efesios ya eran creyentes, aunque con unos rudimentos que hacían que su fe se encontrara incompleta. Esta apreciación es encomiable. Paul Elbert, está en lo cierto cuando expone que los lectores occidentales solemos anteponer nuestra comprensión moderna de "capítulos y versículos" en la Biblia violentando en algunas ocasiones, la unidad literaria y los fines retóricos de los autores. Este podría ser un ejemplo cuando se entiende 19:1 de Hechos como un tema apartado de lo anteriormente narrado acerca de Pablo, Apolos y Priscila y Aquila. Elbert observa que la mención de Apolos en 18:24 es el inicio de una digresión que tiene el fin de servir como una nota aclaratoria al tema más amplio que es el discipulado y confirmación que el apóstol Pablo está haciendo por toda región (18:23); él dice: "Lucas comienza la digresión en 18:24: 'Ahora cierto judío llamado Apolos…'. Este es un uso sutil de la voz narratoria para introducir la digresión y proporcionar una perspectiva temporal fuera del tiempo de la narrativa principal, una técnica común, utilizada con ligeras variaciones por Heródoto y Tucídides".[120] Si este es el caso, debemos observar la continuidad de significado que tienen los μαθητής (discípulos) de 18:23 con Apolos, (que, aunque entregado a la obra, debía entender mejor su fe) y con los efesios de 19:1, aquellos ciertos "μαθητής" que Pablo encuentra.

---

[119] Witherington III, *Acts,* 936.
[120] Elbert, *The Lukan Gift of the Holy Spirit,* 38.

El ferviente disputador público es descrito en 18:25 como alguien "instruido (gr. Κατηχέω) en los caminos del Señor" aunque no completamente. "Teófilo entonces entenderá naturalmente el 'fervor en el espíritu' como similar a... las metáforas contemporáneas... utilizadas para describir el espíritu humano en relación con el habla, acertadamente utilizadas para presentar al Apolos cristiano que Lucas dice que es elocuente y conocedor de la LXX".[121] Elbert expone que esta descripción de Apolos, anterior al encuentro con Priscila y Aquila no es un cuadro negativo, sino que refleja un cuadro favorable antes de ser instruido en la pneumatología jerusalemita/petrina y paulina "que se reanudada inmediatamente en la narración después de la digresión".[122] Es interesante ver el resultado en Apolos de la enseñanza privada de Priscila y Aquila. Aunque ciertamente su elocuencia por el espíritu humano era digna de admirar, esta habilidad no es echada del camino, sino potencializada considerablemente para refutar con vehemencia y de manera pública a los judíos opositores, "demostrando por las Escrituras que Jesús era el Cristo" (18:28); la nueva aptitud de Apolos podría ser reconocida por Teófilo, en base a la enseñanza *pneuma* de Lucas-Hechos, como un resultado de la acción profética del Espíritu Santo en el bautismo espiritual; "es bastante similar a lo que Jesús describió como resultado del don del Espíritu de Lucas (Lc 12:12; 21:15) y es una reminiscencia de cómo Lucas describe la obra de Esteban, Felipe y Pablo".[123] Por lo tanto, no está fuera del contexto sostener que los discípulos de Éfeso en Hch 19:1 fueran creyentes, a los que le faltaba la instrucción para el poder tal como lo fue con Apolos, y que, luego de la digresión, sale a relucir esta conclusión de manera natural.

Aunando, el contexto de la carta de Éfeso arroja luz importante sobre este acontecimiento tan polémico: *No os embriaguéis con vino, en lo cual hay disolución; antes bien sed llenos del Espíritu, hablando entre vosotros con salmos, con himnos y cánticos espirituales* (Ef 5:18-19 a) ¿Podría ser que la experiencia de los discípulos de Juan el Bautista en Éfeso sea parte de lo que quiere decir Pablo aquí? Es probable; la referencia al vino y la disolución podría tener en mente la tradición petrina del Pentecostés donde los discípulos fueron confundidos como unos borrachos. Más curioso aun, es que sea la única referencia en la que Pablo habla de una "llenura del Espíritu" y para variar, sea en modo imperativo, lo que insta a

---

[121] *The Lukan Gift of the Holy Spirit*, 39.
[122] *Ibid*.
[123] *Ibid*, 40.

los creyentes a estar avivando su vida espiritual. Agregando, es imposible descartar la referencia a la "cánticos espirituales", que dada la mentalidad paulina, lo más seguro es que se trate de una himnología pneumática en glosolalia. En un capítulo posterior, utilizará la frase "orar en el Espíritu" como una defensa de las potestades malignas que debe ser en todo momento efectuada (6:18). La oración espiritual, desde luego podría tratarse de la oración en lenguas descrita en 1 Corintios 14, que, a diferencia de orar con la mente, es una oración con palabras ininteligibles y misterios que suben a Dios. La mayoría de eruditos creen que Pablo escribe esta carta a los Corintios en su estancia en Éfeso, por lo que vemos una reflexión retroalimentada por la experiencia de los efesios en ambas epístolas. Williams A. Simmons es esclarecedor en su comentario:

> Está claro, sin embargo, que la exhortación de Pablo a ser lleno del Espíritu incluía cantar varios tipos de canciones inspiradas por el Espíritu en la adoración. [...] La experiencia carismática de los corintios puede arrojar algo de luz sobre las palabras de Pablo a los efesios y colosenses. Pablo dice que cantará en el Espíritu y cantará con entendimiento (1 Cor 14:15). Este comentario viene justo después de que habla de orar en lenguas, en cuyo caso Pablo dice que su mente es infructuosa. ¿Podría "el cantar en el Espíritu" en Efesios y Colosenses ser de la misma naturaleza que el canto de Pablo en el Espíritu en Corintios? ¿Está Pablo hablando de una expresión glosolálica en una canción en que la mente es infructuosa? El don de lenguas; el don de la interpretación; profecía; orar en lenguas; cantar en el Espíritu; el grito de "Abba"; cantando salmos, himnos y canciones espirituales: el Espíritu Santo inspiró una exhuberante variedad de alabanzas y dones en los primeros servicios de adoración cristianos. Todas estas manifestaciones del Espíritu sirvieron como señales tangibles de que los gentiles habían sido "sellados" con el Espíritu Santo.[124]

Cómo vemos, es loable creer que aquí Pablo se refiera a un canto glosolálico. Además, no habla de la necesidad de interpretación, tal como los relatos lucanos de las lenguas, por lo que es probable que la iglesia de Éfeso se manejara mejor en el orden de este fenómeno espiritual que en Corinto. Ciertamente Pablo ve a esta comunidad como la comunidad pentecostal que recibió el bautismo en el Espíritu Santo en Hechos 19; y que

---

[124] Simmons, *The Holy Spirit in the New Testament*, 134.

permite que corporativamente adoren en lenguas cuando se reúnen, lo que puede dejar ver que ellos habían entendido que el amor de Cristo debe ser el móvil para estas manifestaciones en lugar de una muestra de superioridad espiritual que en Corinto abundaba. Si los cantos espirituales ayudan al creyente a ser lleno del Espíritu, no cabe duda que esto es una respuesta del gozo y libertad que caracteriza al pueblo pentecostal. Este gozo viene por la acción sacramental de reflejar la llenura del Espíritu con los actos de amor, pero también con lenguas dirigidas a Dios como alabanza y adoración, tal como sucedió con los 120.

En síntesis, decimos que lo importante en todo este análisis es darse cuenta de que, aunque la subsecuencia es una buena forma de entender el fenómeno pneumatológico en Lucas, lo mejor es tratarlo en términos de "diferenciación" o "distinguibilidad", en lugar de usar conceptos temporales que, dicho sea de paso, pueden verse de esa manera en la visión *fenomenológica* de las personas. Es mejor ver la subsecuencia como un reflejo en el tiempo de la diferenciación del bautismo en el Espíritu Santo pentecostal; al menos esta parece ser la intención del médico historiador; Lucas desde luego no divorcia el Espíritu de la iniciación cristiana completamente (Hch 2:28), pero se atreve a reflejar un patrón que nos permite ver que ese Espíritu inaugural también está presto para ser derramado por Jesús de una manera diferente para la energización del ministerio de todos los creyentes, ya sea en un *momento posterior* al bautismo (Hch 19: Efesios); *días después* de la conversión (2: Pentecostés; 8: Samaria; 9: Saulo) o de manera *simultánea* (10: Cornelio y su casa) y hasta por medio de imposición de manos (Hch 9 y 19). Me atrevo a plantear, dada la enseñanza a Teófilo, que todo Lucas-Hechos es una narración histórica-redentora, pero también una *pneumakatekesis* o catecismo del Espíritu Santo y su obra.

Excursus: la impredecible obra del Espíritu

Era un domingo en la noche, un servicio normal en mi iglesia amada la Nueva Jerusalén en Mérida, Yucatán, México, donde ahora tengo el privilegio de pastorear. Mientras mi padre (quien en ese momento era el pastor) subía a dirigir lo que restaba del servicio, hubo una ministración especial del Espíritu Santo que muy difícilmente será olvidada por los que estuvimos ese día presentes. El fuerte viento como estruendo pudo haber tomado una forma peculiar de un "apagón" en toda la iglesia, las lámparas led se estremecieron y el sonido del ministerio de alabanza fue detenido por completo; la oscuridad era como la ceguera de Saulo... nadie veía donde caminaba y andaba, pero tampoco se trataba de la manifestación de seres de tinieblas o del castigo divino, sino todo lo contrario: una atmósfera de reflexión y paz, yo lo describiría como una llamada de Dios para prestar atención a lo que tenía que decirnos. Entre las interrogantes de los posibles trescientos asistentes ese día, una voz que luchaba por ser oída por su frágil agudeza se presentó ante nosotros y todos nos dispusimos a escuchar: había lo que los pentecostales llamamos "profecía". El Señor quería decirnos algo importante por medio de un muchacho. Sin duda fue una llamada a la comunión fraternal, a la santidad y a sobre todo estar expectantes de las obras maravillosas que el Señor Jesús haría en nosotros. Cuando la palabra profética terminó, otro muchacho alto y delgado, cayó al suelo y empezó a dar vueltas como todo un "holly roler" pentecostal del siglo pasado. La diaconía de la iglesia no dudó en intervenir en la manifestación extática del visitante, ya que, sí, era la primera vez que asistía a una iglesia pentecostal y no era convertido hasta donde se conocía de él. Entre tanto abucheo uno podría escuchar que los hermanos diáconos (bien intencionados) reprendían al supuesto demonio que se había manifestado para atormentar la pobre alma pecadora; empero, un llamado a la sensatez no tardó en aparecer. El pastor con el discernimiento espiritual que Dios le había dado dio la orden a los diáconos que se detuvieran pues no se trataba de una opresión o posesión demoniaca, sino del bautismo en el Espíritu que llegó en la vida del recién convertido que nunca había practicado la glosolalia. El muchacho no solo daba vueltas, ¡estaba hablando en lenguas que jamás había aprendido! Por lo que sé de primera mano, aquel varón no pudo dejar de hablarlas durante una semana, lo que, con discipulado y paciencia, fue corregido con la intención de un mejor uso del don que Dios le había dado. Sin embargo, en retrospectiva es curioso ver que aquel joven al creer en Jesús aquella noche, fue investido del poder de lo alto con inmediatez, ¡antes de su bautismo! El resultado no fue solamente que hablara en lenguas constantemente, sino que se volvió un creyente entusiasta y que muy seguido era usado para dar profecía en los servicios semanales. Esto es muestra de lo impredecible que puede ser el Espíritu delante de nosotros y nuestras concepciones teológicas.

Lo que aconteció en Cesarea con Cornelio y su casa, es paralelo a lo sucedido a mi conocido, que, mientras escuchó el mensaje profético según nos contó, decidió rendir su vida a Cristo –así como los gentiles al escuchar lo que Pedro tenía que decir– y fue partícipe de la efusión del don pentecostal. Lucas busca enfatizar que fue la manifestación carismática la que dejó sin dudas a los judíos de que aquellos gentiles habían sido aceptados por Dios ya que recibieron el don del Espíritu: *y los fieles de la circuncisión que habían venido con Pedro se quedaron atónitos de que también sobre los gentiles se derramase el don del Espíritu Santo. Porque* (gr. *gar,* γάρ) *los oían que hablaban en lenguas y magnificaban a Dios* (Hch 10:45-46). La conjunción adverbial causal *gar* en el Nuevo Testamento, sirve como un marcador para mostrar causa o razón para algo, también, para explicar o inferir algo, incluso para mostrar continuación.[125] Esto refleja que la razón por la que los de la circuncisión se dieron cuenta de la venida del Espíritu pentecostal fue la glosolalia y la exaltación a Dios, (aunque la alabanza se encuentra en este pasaje, lo más probable es que haya sucedido a la par de las lenguas como medio de edificación personal y comunicación con Dios ya que no encontramos una interpretación de los idiomas desconocidos como el día de Pentecostés). Es importante darse cuenta de la relación de la receptividad de los de la circuncisión para entender el advenimiento del Espíritu en su obra carismática para los gentiles, dado a que los evangélicos normalmente adjudican este suceso solo a la conversión de Cornelio y su casa más que al poder espiritual, debido a la conclusión a la que llegaron los que preguntaron a Pedro por el suceso en Cesarea, a saber, que a los gentiles Dios les había dado arrepentimiento para vida (11:18). Sin embargo, no hay por qué divorciar ambas cosas; al fin y al cabo, que una persona se arrepienta es una condición para obtener el don del Espíritu (2:38) más aún, Lucas parece intencionalmente no asociar esta obra vivificadora con el Espíritu directamente, sino con Dios (Pedro describe el otorgamiento del don del Espíritu a Cornelio con lo acontecido en Pentecostés). Por lo que podemos concluir que la inferencia de que ellos fueron salvos por su arrepentimiento es totalmente compatible con la inferencia de que recibieron el don pentecostal por su hablar en lenguas; al fin de cuentas, esta fue la evidencia suficiente para los acompañantes de Pedro de que lo recibieron.

A la par, es interesante notar que, en lo relatado sobre la experiencia de mi conocido, el patrón lucano descrito por los pentecostales ayudó al pastor a tener un discernimiento agudo de lo que pasaba con el muchacho; no fue su rodar en el suelo lo que hizo al líder espiritual saber que, el joven, estaba siendo lleno, sino su hablar en lenguas. Creo que el Espíritu es soberano y su intervención puede resultar en diferentes expresiones corporales sobre las personas, ya sea que lloren, salten o dancen de gozo;

---

[125] Swanson, *Dictionary of Biblical Languages with Semantic Domains: Greek (New Testament).*

satanizarlas sería hacer una afrenta a la espontaneidad y libertad carismática que los pentecostales tienen. Sin embargo, lo que reluce en la teología de Lucas es que la evidencia *inicial* de ser investido por el poder de lo alto es la glosolalia[126] como inspiración profética (la alabanza puede estar como con Cornelio y la profecía como con los efesios, pero las lenguas se repiten en cada caso junto a ellas);[127] adoptar este patrón que al menos pretende ser bíblico, puede traer una mejor pauta bíblica para saber qué es lo que pasa con las personas cuando experimentan una vivencia espiritual (aunque no negamos que mal entendida puede llevar al desastre, de allí de la capacitación de los maestros y pastores); pienso que el movimiento carismático acierta con la libertad multiforme con que permiten que las personas disfruten su espiritualidad, los pentecostales deberíamos aprender mucho de ellos; no obstante, no todo es bueno, empezar a adjudicarle a toda situación o movimiento el título de "señal" del llenado del Espíritu también ha traído confusión y falta de discernimiento. En mi opinión, aunque creo que el Espíritu es soberano y no puede ser atado a una caja dogmática o denominacional, la pauta lucana ayuda al creyente a sujetarse a la Biblia y a esperar experimentar la experiencia pentecostal en plenitud.

Puedo también articular mi teología pentecostal a partir de mi propia historia. Como ya se dará cuenta el lector atento, soy un pastor, hijo de pastor y evangélico desde "la cuna". Mis padres me incitaron a tener fe en Jesús desde una etapa muy temprana de mi vida a lo que accedí, con todo mi corazón de infante a dar mi vida al Señor. A la edad de nueve años, en un seminario bíblico para niños llamado "Escuelitas bíblicas de vacaciones" fui bautizado con el Espíritu Santo. Resulta que el tema de ese año era sobre el poder del Espíritu y a los pequeños se nos incitaba a orar y a clamar a Jesús por el revestimiento pentecostal a pesar de nuestra corta edad. Cuando era cerca del final del curso de una semana, después de la comida, unos amigos y yo decidimos ir al altar y clamar a Dios por ser llenos y poder hablar en nuevas lenguas. De repente, cada uno recibió idioma desconocido: pudimos sentir la presencia de Dios y empezamos a

---

[126] Una crítica común es que los pentecostales usan un lenguaje de la modernidad para articular su teología con su forma de "evidencia" sin embargo, como hemos visto esto no tiene que ser el caso. La misma demostración de que uno sea lleno sale a relucir en el texto por las diferentes conjunciones adverbiales. Para Lucas las personas tienen una señal confirmatoria del poder de Dios, incluso en los textos donde las lenguas no se describen explícitamente.

[127] Algunos objetarían aquí que Saulo recibió la sanidad y fue evidencia de su llenura. Sin embargo, la lectura canónica que ofrecemos aquí muestra que Pablo muy probablemente habló en lenguas en dicha ocasión y que de hecho, ejercía el don constantemente en su vida devocional (1 Cor 14).

hablar en lenguas. Antes de continuar, debo decir que esa experiencia no se presentó como un arrebato extático ni un trance que parecía absorberme a otro mundo, simplemente tuve confianza en que el Espíritu ponía palabras extrañas en mi boca y las empecé a hablar. A partir de allí, pude ver como lo que quedaba de mi niñez, anhelaba en cada servicio de la iglesia, sentir y experimentar más de Cristo además de tener un fervor por evangelizar a otros niños, sobre todo los de mi escuela primaria; aunque la duda no tardó en aparecer. Una voz en mi mente se encargaba de decirme que mis lenguas eran un fiasco, una mentira; mi incredulidad (y el enemigo quizá) me daban a entender que yo mismo era el que las hablaba y las hacía pasar como si vinieran del cielo, pero para mi sorpresa, un poco tiempo después, en un campamento familiar un predicador que venía de lejos y sin saber mi conflicto, me miró mientras ministraba y me dijo: ¡hijo, tus lenguas son genuinas! ¡Nunca dudes de ellas! Esto dejó las cosas claras para mí, al menos por un tiempo. Los años fueron pasando hasta que llegué a la adolescencia, una etapa de mi vida donde tendí a tomar una actitud rebelde hacia el cristianismo y a generar en mí un fuerte escepticismo con respecto a la obra carismática del Señor, ya sean revelaciones, dones de sanidad, profecía y sobre todo las lenguas.

A pesar de lo que Dios me había dicho por ese evangelista, mi incredulidad parece haber aumentado, lo que es más, dejé de practicar la glosolalia y al mismo tiempo, dejé a un lado mi vida de oración. Lamentablemente, las malas amistades me llevaron a mi corta edad a empezar a tener una mentalidad carnal y a producir mucha curiosidad por practicar el pecado; sin embargo, en un martes de oración con otros adolescentes, sin saberlo, Dios tenía un asunto pendiente conmigo. Jesús me abrazó por medio de un amigo de la iglesia y me dijo unas palabras que nunca olvidaré: que yo era amado por él y tenía un llamado especial para mi vida, "predicar el evangelio". Esta vivencia me hizo sentir todo renovado, el orgullo y el odio de mi corazón fue mitigado de una forma tajante. Mucho tiempo tuve la idea errónea, de que ese encuentro con Jesús fue mi nuevo nacimiento, de que era primera vez que le recibía, de hecho, tal vivencia me hizo anhelar mi bautismo en agua (que pocos meses después fue consumado) y a buscar una santidad como nunca lo había deseado, esa pasión creció tanto que demeritaba de alguna manera lo que años antes contemplé;[128] pero luego Cristo me reveló que estaba plenamente

---

[128] Esto me recuerda a un artículo de John Piper donde critica la posición de aceptar a Jesús "como Salvador y luego como Señor" cuando en realidad, según

equivocado. Cuando tuve esa última experiencia en la adolescencia, el tema de las lenguas empezó a acariciar mi mente y a producir dudas acerca de lo que experimenté de pequeño. Oré al Señor para que me confirmará si tal acontecimiento fue genuinamente suyo o solo se trató de un desvarío de mi carne cuando todavía era un niño. No obstante, el Señor no tardó en responderme. Yo empecé a tocar la guitarra y formé un grupo musical que viajó por varias partes de la República mexicana llevando el mensaje de salvación. Con ese grupo, experimenté la confirmación de lo que Jesús me dio cuando era un pequeño de nueve años, al ser invitados, años después a un evento importante de la denominación. Era una convención distrital de Asambleas de Dios, por motivo de providencia divina, me tocó a mí dirigir la alabanza un día, y entre los cantos, el Espíritu me tomó y comencé a hablar de nuevo en lenguas como hacía tiempo que no lo hacía. Después, el Señor me dio una palabra muy dura hacia algunos pastores y la di sin miedo a equivocarme. Para sorpresa mía, esto causó algo de indignación en las autoridades de mi distrito denominacional, tanto así, que, del DVD del evento, esa llamada de atención fue eliminada para no herir susceptibilidades. La verdad, me encontraba muy apenado, sentí que había errado al haber dicho tal cosa, pero para sorpresa nuestra, la profecía se cumplió en varios pastores que tuvieron que rendir cuentas por pecado. De allí en adelante, me di cuenta de que la actividad profética en mi vida solo se trataba de que claramente fui bautizado con el Espíritu Santo y que necesitaba seguir avivando el fuego de Dios con una entrega y rendición total a él.

Mi vivencia me llevó a concluir que el Espíritu nunca se detiene a lo largo de nuestra vida. Algunos evangélicos se equivocan al observar la

---

Piper, aunque tengamos una fe vacilante, desde el momento que creemos en Jesús llegamos a ser salvos y él se convierte en nuestro Señor aunque no entendamos todas las aristas de nuestra vivencia y vengan otras experiencias de crisis: "Mi punto es, que desde el momento en que aceptamos a Cristo por primera vez, Él es nuestro Rey, Señor, Salvador, Sacerdote, Profeta y Consejero. Todo lo que Él es, lo es para aquellos que son Suyos. Es entonces que comienza una vida de rendición, vacilante pero creciente, a Cristo y a todo lo que Él es. Esta rendición puede manifestarse en forma de crisis decisivas, en forma de un compromiso que crece gradualmente, o en forma de actos diarios de sumisión. En realidad, el señorío de Cristo no es algo que alguien descubre y luego se rinde a ello una sola vez, sino miles de veces. Es la rendición a Su señorío lo que está en juego cada vez que somos tentados a pecar—cada día." (John Piper, "Carta a un amigo, concerniente a la así llamada 'salvación por señorío'", *DesiringGod*, 1990. Consultado el 17 de abril del 2023. https://www.desiringgod.org/articles/letter-to-a-friend-concerning-the-so-called-lordship-salvation?lang=es).

salvación como un evento del pasado en el que ya no crecemos, y algunos pentecostales también erran al creer que el bautismo en el Espíritu Santo con la evidencia inicial de hablar en lenguas es la culminación de su búsqueda espiritual. Debería ser todo lo contrario, nuestra salvación nos debería llevar a anhelar el don del Espíritu de Hechos y ese bautismo espiritual también nos debe llevar a otras llenuras siguientes que nos hagan crecer en pureza, santidad y poder para contemplar la faz de nuestro Señor Jesucristo y seamos renovados día a día. Años después de reflexión, pude ver lo que había pasado conmigo: el Señor me aceptó cuando de niño le confesé como mi Señor; el Señor me bautizó con el Espíritu para hacerme más sensible al mundo espiritual y tener el anhelo de evangelizar, y el Señor años después, me llenó de nuevo con una experiencia de crisis que hizo hacer crecer todo lo anterior. Esto se asemeja a lo que Hechos relata, los discípulos ya habían sido bautizados en el Espíritu, pero eso no les evitó a anhelar más pues orando juntos de nuevo dijeron: *Y ahora, Señor, mira sus amenazas y concede a tus siervos que con denuedo hablen tu palabra, mientras extiendes tu mano para que se hagan sanidades y señales y prodigios mediante el nombre de tu santo Hijo Jesús* (Hch 4:29-30); y lo que sucedió fue lo siguiente: *Cuando hubieron orado, el lugar que estaban congregados, tembló; y todos fueron llenos del Espíritu Santo, y hablaban con denuedo la palabra de Dios* (Hch 4:31). Yo ya hablaba en lenguas y las interpretaba a los nueve años mucho antes de mi bautismo en agua; yo ya evangelizaba y anhelaba ver a mis compañeros salvos; pero la experiencia subsiguiente me empujó a confiar más en el Espíritu. Ahora que ministro a los jóvenes, a congregaciones o a personas en las calles, les impongo manos y muchas veces Dios me da una palabra en lenguas que interpreto inmediatamente por el Espíritu y entrego a la persona con grandes resultados. Sin duda Cristo sabe proveernos de la energía que necesitamos para el ministerio que desempeñaremos, pero que esto pueda pasar, no quiere decir que no debamos buscar la experiencia apostólica del bautismo en el Espíritu. ¡Creo que todo creyente tiene derecho a experimentarlo! (Hch 2:39).

Crítica a la necesidad de las lenguas

Storms recomienda anhelar el don de lenguas (me gozo por ello). Él mismo dice que su vida no ha sido la misma desde que ejercita *el lenguaje del cielo*: "Aunque hablar en lenguas no sea la vivencia esperada para cualquiera que es bautizado en el Espíritu, quizá hablar en lenguas sea una realidad espiritual que todos los seguidores de Jesús deberían esperar recibir".[129] Él cuestiona si todos debieran buscar el don, y se pone de lado de la apertura, que propone que, si las lenguas se anhelan, seguramente se pueden obtener. Debo admitir que simpatizo mucho con el toque pastoral que el erudito desea poner en la realidad de hablar en lenguas, también admiro el equilibrio anhelado para no caer en el fanatismo religioso, sin embargo, difiero con él en que esto no sea una vivencia esperada por el creyente, ni tampoco algo que algunos (por soberanía de Dios) no podrían experimentar. Vale la pena observar otra obra en donde el teólogo participa y defiende su postura como carismático de la Tercera Ola: "¿Son vigentes los dones milagrosos?: Cuatro puntos de vista, editado por Wayne Grudem". En este material, las críticas que recibe son interesantes, como que, si Storms defiende la vigencia de la glosolalia para enfatizar la realidad del provecho y fortaleza espiritual que trae al glosolalo, entonces, indudablemente todo creyente debería esperarlo en su vida. Serían correctas las palabras de Robert L. Saucy (quien se define como abierto pero cauteloso) al responder su ponencia:

> De varias maneras se ha dicho que la función principal de las lenguas era la edificación personal, especialmente en el tiempo de oración personal y la vida devocional. Dicen que la obra intercesora del Espíritu en Romanos 8:26-27 incluye lenguas... Si esto significa hablar en lenguas, *entonces todos los creyentes deberían hablar en lenguas*. Toda la teoría de Storms, de que las lenguas aportan "paz y gozo", son "profundamente útiles... en nuestra vida de oración" y "para profundizar en nuestra intimidad con el Señor Jesucristo", incrementan nuestro celo en la alabanza, y nos equipan mejor para ministrar a otros, sugiera que las lenguas son, sobre todo, para el crecimiento espiritual personal.[130]

Al presentar de esta manera las lenguas, Storms mismo admite junto al deseo de Pablo, que "quisiera que todos hablaran en lenguas" (1 Cor 14:5); sin embargo, a su vez, el autor no es dogmático y sostiene que esto no será posible por el hecho de que Pablo hace la pregunta ¿Hablan todos en lenguas? (1 Cor 12:30), para seguramente esperar que sus destinatarios

---

[129] Storms, El lenguaje del cielo, 61.
[130] Wayne A. Grudem, ed, *¿Son vigentes los dones milagrosos?: Cuatro puntos de vista*. (Barcelona, España: Editorial Clie, 2004), 231.

respondieran con un sencillo "no". Sin embargo, Fee y Menzies, a diferencia de Storms o Robert L. Saucy observan el estatus *corporativo* de dichas exhortaciones de Pablo para la edificación del cuerpo reunido en asamblea en lugar de devocional, privada o individual. La pregunta de Pablo realmente sonaría así: ¿Contribuyen todos al cuerpo de la misma manera cuando nos reunimos?[131] Estos se oponen al argumento de Max Turner acerca de que el contexto de Pablo se refiere a la "iglesia universal" y no al cuerpo de Cristo en Corinto en la adoración pública (argumento que Storms usa). El don de lenguas sin interpretación en asamblea, mal usado, puede llegar a ser un impedimento a que toda la iglesia sea edificada y a que la liturgia no sea desarrollada correctamente, entonces la pregunta paulina debe observarse en ese contexto: no todos hablarán en lenguas con interpretación al juntarse. Aquí la respuesta de Gordon Fee es oportuna:

> La tensión que algunos encuentran entre esta retórica y la pregunta referente a si alguien queda por ende excluido de alguno de estos dones, tiene que ver nuevamente con nuestras inquietudes de precisión. En 14:5, lo de "quisiera" que todos hablaran en lenguas (aparentemente la intención es: "en privado") y en 14:1 el imperativo "procurad los dones espirituales, pero sobre todo que profeticéis", más la afirmación en 14:31 de que "podéis profetizar todos", sugieren que tales dones están, potencialmente, *a la disposición de todos*. Pero ese *no* es para Pablo aquí el punto o inquietud. Su retórica no significa: «¿Pueden todos hacer esto?», a lo cual la respuesta sería probablemente: Por supuesto.[132]

Además, debemos decir que Storms no parece complementar su visión paulina del don con la realidad que Lucas en Hechos quiere demostrar de las lenguas. Para el carismático de la Tercera Ola, las lenguas no son "profecía" sino solamente adoración inspirada:

> Si lo que he dicho es correcto, ello sugeriría que muchos supuestos "mensajes" en lenguas, dirigidos a las personas en forma de instrucción, represión o exhortación, de hecho, no han sido interpretados apropiadamente. La ecuación correcta no sería que las lenguas + interpretación

---

[131] William W. y Robert P. Menzies, *Espíritu y poder: fundamentos de una experiencia pentecostal* (Miami, Flordia: Editorial Vida, 2004), 167.
[132] Gordon Fee, *Epístola a los Corintios* (Grand Rapids, MI: Nueva Crecion, 1994), 705.

= profecía, sino más bien que las lenguas + interpretación = oración, alabanza o acción de gracias.[133]

Primero, el autor parece ignorar el griego que Lucas utiliza en el relato de Pentecostés. El verbo *apophthengomai* es usado para identificar el habla inspirada de parte de los discípulos habilitada directamente por el Espíritu (Hch 2:4). Esta palabra se repite en el versículo 14 donde se describe la acción de Pedro tras escuchar la burla de algunos de la audiencia; él se levantó y alzó la voz (*apophthengomai*) para explicar lo que había acontecido. Es menester señalar que esta palabra era usada en la LXX para describir el habla de los profetas y su entrega del mensaje de parte de Dios. La acción que Pedro realizó fue la de profetizar a través de la misma fuente de donde la glosolalia llegó a él, lo que hace totalmente viable observar las lenguas y la profecía ligadas intrínsecamente, (de allí la relación que Lucas hace en 19:6).

Segundo, Pedro liga las lenguas con la profecía al citar Joel 2:28-32 en 2:17-18; intencionalmente añade al oráculo la frase "y profetizarán" (*propheteuo*). La inspiración profética de Pentecostés que trae el cumplimiento de lo predicho por Joel se ve reforzado por la modificación del texto original con respecto a los "esclavos y esclavas" (LXX, *doulos y doule*, quienes eran sirvientes de sus amos en la sociedad judía). Originalmente en el texto, se encuentra el pronombre en genitivo *mou* una sola vez, sin embargo, Lucas aquí lo utiliza dos veces para reflejar la pertenencia de tanto de hombres y mujeres a Dios, que reciben su Espíritu de profecía para hablar de parte de él; es decir, una bendición derramada para los cristianos que ya conformaban parte del remanente escatológico al seguir al Mesías. Como diría Robert Menzies:

> Con la inserción de μου en Hechos 2:18 estos términos ya no se refieren a esclavos literales ni a un grupo adicional que recibirá el Espíritu. En Hechos 2:18 los términos se convierten en metáforas religiosas que incluyen y definen mejor a los grupos mencionados anteriormente. La transformación de "esclavos" en "siervos de Dios" pone de relieve lo que está implícito en el texto de Joel: el don del Espíritu solo se concede a quienes son miembros de la comunidad escatológica de salvación.[134]

---

[133] Storms, *El lenguaje del cielo*, 98.
[134] Menzies, *Empowered for witness*, 182–183.

Tercero, la dicotomía entre "profecía" y "alabanza" de Storms no es bíblica. Dichas actividades se pueden traslapar sin ningún problema según el testimonio de las Escrituras, por lo que delimitar demasiado ambas podría ser una diferenciación artificial. El profeta puede exaltar a su Creador y magnificar su nombre; tal es el caso de Miriam que como profetisa llevó al pueblo a cantar a YHWH con pandero en su mano (Éx 15:20-21); los profetas que Saúl vio para ser lleno del Espíritu andaban con salterio, pandero, flauta, y arpa y profetizando con música (1 S 10:5); los hijos de Asaf, Hemán y de Jedutún profetizaban con arpas, salterios y címbalos (1 Cr 25:1-6); Isaías después de su mensaje escatológico exalta y alaba al Señor (Is 25:1), y antes, por medio de un canto, arremete contra la infructuosidad de su pueblo al describirla como una viña inútil que solo da uvas silvestres (5:1-7); ¿podríamos decir que un mensaje profético no puede ser dado en un contexto de adoración musical con cantos y alabanzas? Incluso David, a través de sus cantos y alabanzas a Dios es considerado profeta por Pedro al hablar de la resurrección de Jesús (Hch 2:30) y sirve al intérprete para confrontar a los israelitas extranjeros en Jerusalén. Lo que es más, la mención del Espíritu vivificante y de profecía que había de venir de forma inmanentemente sobre los adoradores que en Espíritu y en Verdad exaltan a Dios según lo revelado a la mujer samaritana por parte de Jesús en Juan 4:21-24, podría ser una referencia a los profetas carismáticos que en la monarquía israelita adoraban a Dios en el Templo, que gracias a la actividad del Espíritu, resurgirían en la comunidad escatológica; Keener dice: "Cuando Jesús habla de adorar 'en espíritu y en verdad' puede tener en mente la identificación común del Espíritu con la profecía en el judaísmo antiguo, tanto como los pasajes del A. T. acerca de la adoración carismática y profética (especialmente 1 S 10:5; 1 Cr 25:1-6)".[135]

Las lenguas tanto pueden significar la acción de magnificar a Dios, así como profecía que interpretada puede traer revelación a los hombres. Lamentablemente, esta perspectiva reduccionista ha llevado a teólogos pentecostales clásicos y asambleístas más contemporáneos a comprometerse con la interpretación de "solo alabanza y adoración" en la glosolalia. Así, Timothy Laurito, siguiendo a Fee, y en cierta manera, al Dr. Storms, piensa que la interpretación de lenguas no puede ser un mensaje profético:

> Dentro de algunos grupos pentecostales, se ha encontrado un lugar común que la interpretación es un 'mensaje profético en lenguas'. Sin

---

[135] Keener, *Comentario del contexto cultural del Nuevo Testamento*, 270.

embargo, no hay evidencia dentro de las instrucciones de Pablo con respecto a la interpretación de las lenguas que indique que debería resultar en algún "mensaje profético" especial a la asamblea. Si se supone que la interpretación de lenguas resulta en un mensaje profético para la congregación, entonces el don de interpretación se vuelve indiferenciable del don de profecía. Además, obliga a que una declaración profética dependa de hablar en lenguas, lo cual no es un requisito previo bíblico para que el don de profecía funcione dentro de la iglesia.[136]

Recordemos que puede existir una diferencia en cómo se manifiesta el Espíritu profético y esa debe ser suficiente para darnos cuenta de cómo Dios está obrando y saber qué don es el que se manifiesta; no es necesaria una taxonomía rígida con una agenda ajena a la naturaleza de estos. Fenomenológicamente, los dones son distinguidos por la forma en que se dan dentro de la Asamblea ante el ojo humano, pero el fin es edificar a la iglesia, por lo que un mensaje profético por medio de la interpretación no tiene por qué atentar contra el don de profecía como si tratare de eclipsarlo; en mi congregación he visto ambos fenómenos, y hasta el día de hoy, la profecía sigue siendo la que predomina más en comparación con las lenguas cuando nos juntamos los domingos. Sin embargo, la actividad profética dentro en la metanarrativa bíblica y la adoración a Dios, como antes hemos demostrado, no se tratan de dos dimensiones inconmensurables que no pueden traslaparse en cierto sentido. Si Pedro, por medio de profecía, interpretó las alabanzas en Pentecostés como profecía de los siervos y las siervas en base a Joel 2:28 (Hch 2:17), es obvio que las lenguas emergen en el escenario como inspiración profética, por lo que, no hay nada de contrario a su naturaleza deducir que se traten de profecía y por ende, deducir que interpretadas pueden dar un mensaje al incrédulo o a la iglesia como una profecía.

Por si fuera poco, Pedro dice un poco más adelante que, por medio de un Salmo, David fue un profeta (2:30) y reveló el futuro. El gozo de David en el Salmo 16, se convierte en el gozo de Jesús antes de ser resucitado para sentarse a la diestra de Dios como dice el Salmo 110:1; este gran regocijo en Hechos 2:26 es expresado por una palabra que Lucas usa de manera regular para reflejar una alegría espontánea, casi extática de inspiración profética (gr. ἀγαλλιάω; agaliáo); Jesús se regocija de la misma

---

[136] Timothy Laurito, *Speaking in tongues: a Multidisciplinary Defense*, (Eugene, Oregón: Wipf & Stock, 2021), 67.

manera en su ministerio tras el envío de los setenta (Lc 10:21), se exultó de una manera tan especial, que Lucas tiene que agregar para enfatizar el punto que lo hizo "en el Espíritu" (τῇ ὥρᾳ ἠγαλλιάσατο ἐν τῷ πνεύματι τῷ ἁγίῳ) lo que lo lleva a dar una alabanza inspirada: *Yo te alabo, oh Padre, Señor del cielo y de la tierra, porque escondiste estas cosas de los sabios y entendidos, y las has revelado a los niños. Sí, Padre, porque así te agradó* (v. 21). Lucas respeta el sentido de la LXX de este concepto que tiene que ver con la inspiración de los profetas; algo más que interesante es que en el mensaje petrino de Pentecostés en Hechos 2:26, Jesús se goza como David lo hizo, pero si el Salmo inspirado en boca de David realmente se trata del Mesías antes de resucitar y esta alabanza profética se manifestó en el gozo de la lengua (καὶ ἠγαλλιάσατο ἡ γλῶσσά μου), ¿podría descubrir la práctica de la glosolalia por parte de Jesús en su ministerio terrenal? ¿Será casualidad que el uso de *glossa* (γλῶσσά) en esta porción se encuentre en la explicación de lo que es el fenómeno de las lenguas de los 120 y la resurrección de Jesús? El Dr. Robert Menzies piensa que la estructura lucana es intencional para sugerir que Jesús habló en lenguas;[137] sea como sea, la inspiración profética, para Lucas, y seguramente para muchos creyentes judíos que vivían la era escatológica de la democratización del Espíritu de profecía, estaba altamente relacionada con la alabanza. Un examen detallado del texto nos enseña que a veces es casi indistinguible notar una diferencia radical entre la profecía y la glorificación a Dios.

Cuarto, Pablo hablando de las lenguas interpretadas y la profecía y el orden que deben tener dentro del culto, hace una declaración que liga ambos dones como proféticos: *Y los espíritus de los profetas están sujetos a los profetas* (1 Cor 14:32). Fee dice: "Por eso justifica el que hablen uno por uno, quedándose callados por lo que respecta a las lenguas cuando no hay un intérprete presente, y cesando por el bien del otro cuando se le da a alguien más una *revelación profética*".[138] En resumen, podemos observar que la visión de Storms (y en cierta manera la de Laurito) acerca de las lenguas es muy estrecha y no hace justicia a todo el corpus del Nuevo Testamento sino se basa únicamente en Pablo, aunque no de una forma

---

[137] Para más detalle de la exégesis de Menzies y su conclusión, véase, *Speaking in Tongues: Jesus and the Apostolic Church as Models for the Church Today*, (Cleveland, Tennesse: CPT, Press, 2016).
[138] Fee, *Primera Epístola a los Corintios*, 788.

"neutral" (todos tenemos preconcepciones) sino con la comprensión calvinista que obviamente afectará la manera en que se mira la interacción del individuo con Dios y que está reflejado en el modo en que se practican y se enseñan los carismas.

Por último, Storms cuenta testimonios de amigos suyos que han vivido el poder que da el hablar en lenguas, muy particularmente uno, donde una misionera inglesa de nombre Jackie, fue confrontada en China de la siguiente manera:

> Las cosas empezaron a cambiar cuando conoció a una pareja joven china, quienes le dijeron francamente: "No has recibido al Espíritu Santo". Jackie estaba ofendida. "Claro que tengo al Espíritu" pensó para sí. "No podría creer en Jesús si no lo tuviera". Jackie, descubrió rápidamente que ellos hablaban del don de lenguas. La pareja impuso sus manos sobre ella, oraron y la animaron a hablar... [139]

Según el erudito, la vida de Jackie no fue igual al practicar constantemente este don a pesar de su incredulidad inicial al no percibir algún tipo de experiencia mística envolvente, sin embargo, tras usarlo en su cotidianidad, pudo notar como su ministerio creció ampliamente. A través de este testimonio, podemos observar que el paradigma Occidental en muchas ocasiones no está preparado para ver que unos "simples balbuceos" pueden significar un momento devocional donde la debilidad sea reflejada y la victoria espiritual pueda llegar como en otras partes del mundo se ha comprendido. A la par, vemos la vacilación en Storms en su declaración de que sería bueno que todos anhelaran tal vida de oración, pero que, lamentablemente al Dios ser soberano, no pasará así.

Creo, sin embargo, que el caso acumulativo en las Escrituras nos hace ver que las lenguas de fuego están disponibles para todos los creyentes. Es plausible creer que el trasfondo occidental fundacionalista que da primacía a las proposiciones en el corpus bíblico (relegando la narrativa como simplemente una historia del pasado) en el erudito lo haga inevitablemente preferir la didáctica paulina en lugar de observar el libro de Hechos para sostener un patrón bíblico. Al menos el relato de Pentecostés no deja a nadie de los creyentes sin las lenguas, sino que cada uno de ellos fue lleno y recibió esta promesa de lo alto (2:4) y esto se repite con Cornelio y

---

[139] Storms, *El lenguaje del cielo*, 236.

los discípulos de Éfeso.[140] Además, el mismo Pablo tiene este deseo y parece que potencialmente el uso de las lenguas en privado debería ser anhelado por toda la congregación, aunque debe tener moderación en los cultos públicos. Los pentecostales pueden decir un *sí* rotundo al caso de las lenguas, debido a que su hermenéutica permite hacer justicia a Hechos y a la par, ser balanceados con las indicaciones paulinas, que bien interpretadas, parecen no querer decir que estas están restringidas a un grupo, sino que son para edificación personal de cada cristiano, que están disponibles de la misma manera que el don de profecía está al alcance de toda la comunidad (1 Cor 14:31).

En conclusión, el paradigma de la Tercera Ola adolece de no prestar demasiada atención a Lucas y seguir utilizando a Pablo para interpretarlo. Esto lleva a no tener una claridad en cuanto a la vida carismática holística que se presenta en las Escrituras. Algunos aprovecharán al apóstol con su pregunta retórica malentendiéndolo para tener cierta repulsión a la glosolalia y alejarse completamente de invitar a la gente a anhelar el don. Por otro lado, los más abiertos, como Storms, vacilarán entre motivar a los fieles a hablar en lenguas, pero a la vez, según la fe calvinista, avisarles que podría no suceder porque Dios es soberano y nada puede moverlo a cambiar de opinión. En cualquiera de los casos, parece que la narrativa Lucana es relegada como simplemente una historia muy bonita del inicio de la iglesia (algunos dirán que Pentecostés es el "cumple años de la iglesia"), en lugar de historia detallada para reflejar una teología. Los evangélicos de la Tercera Ola, por lo tanto, tenderán al escepticismo con las lenguas, mientras los pentecostales, serán positivos con ellas. Debo decir que apoyo el énfasis positivo pentecostal, sin dejar de lado las advertencias paulinas que también deben llevarnos a construir nuestra eclesiología. Más adelante hablaré de como las lenguas permiten una visión integral del bautismo en el Espíritu que implique toda la vida del creyente.

Excursus: ¿glosolalia o xenolalia?

Aunque los pentecostales están de acuerdo que las lenguas se tratan de idiomas que el hablante no conoce y tienen el fin de una comunicación

---

[140] Que las lenguas aparezcan con "alabanzas" como con Cornelio y "profecía" con los discípulos efesios no es muestra de que no todos hablaron en lenguas en tales situaciones. Hemos visto como de la misma fuente pueden venir tales declaraciones. De todas maneras, es interesante que Lucas coloque las lenguas sí o sí a pesar de otras expresiones de gozo y revelación.

íntima con Dios, no existe un consenso definido con respecto a que si estas manifestaciones se tratan de idiomas humanos o algún lenguaje angelical ininteligible extra mundano; es por eso que el debate a veces ha usado dos diferentes terminologías en cuanto a la naturaleza del habla inspirada: ya sea xenolalia que denota un dialecto extranjero y existente relacionado con el milagro de Pentecostés o glosolalia, lenguas ininteligibles y probablemente relacionadas a la esfera espiritual ligado a la interpretación de Pablo con respecto a este don (1 Cor 12; 13:1; 14).

La interpretación de los comentaristas bíblicos en cuanto al tema del milagro glosolálico que los discípulos (o los oyentes) experimentaron en Hechos 2 está lejos de ser uniforme. Una minoría de eruditos creen que lo sucedido en Pentecostés fue un doble milagro, tanto de los creyentes al hablar lenguas que no habían aprendido antes, como de los judíos extranjeros al interpretar su lenguaje extático en palabras comprensibles para sí mismos. Este es el caso de Josef Kürzinger, un académico católico:

> Este Espíritu, que Jesús ha prometido, dirige y hace efectivas las palabras y las acciones de los discípulos. Así tiene un especial sentido que se testifique precisamente en pentecostés se hablaba en otras *lenguas*. Eso podría hacer pensar la palabra griega *glossa*. Con ello, el Espíritu, que manifestaba en lenguas de fuego, capacitaría a los discípulos para hablar en otras lenguas que les eran desconocidas. Nuestro relato no excluye esta posibilidad, pero más bien parece, si hemos de ser fieles a la letra, que evoca una mutua comunicación de lenguas obradas por el Espíritu. Si principalmente se trata de un lenguaje ininteligible, extático, que debe explicarse con la ayuda de interpretación profética, entonces el Espíritu en la revelación de pentecostés podría al mismo tiempo haber movido el alma dispuesta de los oyentes a que gracias a un milagro de audición pudieran entender en su propia lengua nativa como mensaje de salvación lo que los discípulos decían "en lenguas".[141]

Sin embargo, a la luz del papel programático que juega Hechos 1:8 describiendo al poder del Espíritu con un propósito *misionológico*, parece improbable aceptar esta tesis. Además, la declaración de Pedro de que la entrega del Espíritu profético estaba condicionado al arrepentimiento (Hch 2:38) debilita de manera seria la teoría del doble milagro. Si los judíos extranjeros pudieron interpretar las palabras de los discípulos, ¿acaso ya

---

[141] Josef Kürzinger, *Los Hechos de los apóstoles, tomo primero* (Barcelona, España: Editorial Herder, 1974), 52.

habían recibido una capacitación carismática prometida a los siervos de Dios sin entender las implicaciones del evangelio de Jesucristo para hacerlo? Estas cuestiones nos llevan a mirar que el milagro de Pentecostés fue que los discípulos hablaron en otros idiomas que ellos no conocían y que los judíos extranjeros lo entendieron de esa manera. Al menos si nuestra tesis anterior del Babel invertido es correcta, entonces la nacionalidad y el dialecto hablado juegan un rol teológico importante. Incluso, hay evidencia que Charles Parham junto con los primeros pentecostales (por algo de tiempo) interpretaban estas lenguas como *xenolalia* que les servirían para tener la capacidad sobrenatural de hablar un idioma extranjero e ir a predicar a las naciones.[142] Desde luego, fracasaron en su interpretación; pero el punto es que en el origen del movimiento pentecostal las lenguas de Pentecostés tenían un aspecto misionológico que equipaba a los creyentes para predicar con denuedo ante el tiempo del fin. Stanley M. Horton, catalogado uno de los más grandes teólogos del pentecostalismo, estuvo de acuerdo con que las lenguas milagrosas de Hechos 2 eran idiomas humanos:

> Otros han supuesto que los ciento veinte hablaron en lenguas en realidad, pero que nadie los entendió. Proponen que el Espíritu interpretó las lenguas desconocidas en los oídos de quienes los escuchaban, para que entendieran su propio idioma. Pero los versículos 6 y 7 desechan esta suposición también. Hablaron *idiomas reales*, y estos fueron comprendidos realmente por una serie de personas procedentes de lugares distintos. Esto serviría de testimonio sobre la universalidad del don y la universalidad y unidad de la Iglesia.[143]

Con todo, la idea de que *glossa* en 2:4 deba ser interpretado como "idioma" o "dialecto" parece no hacer justicia a todo el panorama teológico que el Nuevo Testamento nos da del don. Lucas probablemente, es consiente de utilizar una terminología familiar para describir un discurso extático[144]

---

[142] "Parham comenzó inmediatamente a enseñar que los misioneros cristianos ya no necesitarían estudiar idiomas. Solo necesitarían recibir el bautismo con el Espíritu Santo para, milagrosamente, poder hablar cualquier idioma que fuera necesario. Esta fue una enseñanza que sostuvo obcecadamente durante el resto de su vida, a pesar de las crecientes evidencias de que los sucesos posteriores no confirmaban su postura". Vinson Synan, *El siglo del Espíritu Santo,* (Buenos Aires, Argentina: Editorial Peniel, 2006), 59.

[143] Stanley M. Horton, *El libro de los Hechos* (Deerfield, FL: Editorial Vida, 1990), 28–29.

[144] Utilizo la palabra "extático" para designar alguna forma inesperada que

inspirado por el Espíritu Santo que sucedía con regularidad en sus tiempos. El autor parece no querer perder este sentido, al describir el habla de los discípulos como implicación de la habilitación profética: "Y fueron todos llenos del Espíritu Santo, y empezaron a hablar en otras lenguas (λαλεῖν ἑτέραις γλώσσαις) según el Espíritu les daba que hablasen" (Hch 2:4). Evidentemente, los escuchas oyeron que estos hombres hablaban su propio *dialekto*; pero los discípulos hablaban en otras lenguas desconocidas por ellos.

F. F. Bruce tiene razón en mantener este sentido de habla inspirada, aun, cuando se trate de idiomas humanos existentes: "lo que sucedió en esa ocasión fue que la multitud de peregrinos oyó a los cristianos alabando a Dios en expresiones extáticas, y se sorprendió al escuchar que muchas de las palabras que decían no eran palabras judías ni griegas, sino que pertenecían a los idiomas nativos de Egipto, Asia Menor e Italia".[145] Sin embargo, la expresión de otros idiomas además de los de aquellos mismos asombrados, provocaron burla (Hch 2:9). La opinión que aludía a la supuesta embriaguez de los discípulos (2:13) refleja una situación de incomodidad por el gozo de los creyentes investidos del poder de lo alto, lo que, a los ojos y oídos de los que desconocían las palabras inspiradas, posiblemente pareciera un frenesí o un arrebato expresivo por efecto del alcohol sin sentido, cuando en realidad, era un milagro genuino que les permitía hablar en otros idiomas. ¿Cómo se explica esto? ¿Las lenguas se tratan intrínsecamente de jeringonzas sin ningún significado que hace a la gente sentirse embarazosamente perturbada? Horton da una excelente respuesta:

> Algunos dicen que las lenguas que hablan no tienen una estructura lingüística conocida. El griego, sin embargo, definitivamente significa idiomas, no sílabas sin sentido... Para aquellos que no saben hebreo, también sonaría como sílabas sin sentido: "Padre Nuestro" en hebreo se pronuncia "ah-vee-no". "No temeré el mal" es "lo-eerah rah". Dado que las lenguas son a menudo una cuestión de adoración y alabanza, se deben esperar repeticiones, como en muchos Salmos. El Salmo 150:2, "Alábalo por sus actos poderosos", se ponuncia, "hah-le-loo-hoo

---

salga de la común experiencia humana. No a una clase de trance que hace perder el control al "poseído" por alguna fuerza espiritual.

[145] F. F. Bruce, *Hechos de los Apóstoles: Introducción, comentarios y notas* (Grand Rapids, MI: Libros Desafío, 2007), 68.

bih-g'voo-rohtaw." Luego "ha-le-loo-hoo" se repite una y otra vez en los siguientes versículos.[146]

Incluso Pablo, en el contexto de la instrucción ante el abuso de las lenguas por los corintios dice: *Tantas clases de idiomas hay, seguramente, en el mundo y ninguno de ellos carece de significado* (1 Cor 14:10). Parecido a lo que sucedió en Hechos 2, aquellos que llegaran a la Iglesia siendo ajenos a la fe y no entendiesen las lenguas que dispensa el Espíritu, seguramente se burlarían de tal situación, pensando que la comunidad cristiana es una comunidad de fanáticos locos (v. 23):

> Así en Pentecostés, la sorpresa y perplejidad pública fueron extendiéndose. Superficialmente, un tipo de éxtasis es muy parecido a otro, y hasta Pablo, quien tenía el don de la glosolalia, tuvo que advertir a los cristianos corintios que un extraño que entrara a una de sus reuniones cuando estaban todos "hablando en lenguas" ciertamente llegaría a la conclusión de que estaban locos (1 Cor 14:23). Así que en esta ocasión había algunos en la multitud que restaron importancia al extraño evento con una mofa: "Están llenos de vino nuevo", es decir, vino dulce.[147]

Para Pablo, que las lenguas sean dialectos humanos, no implica necesariamente una actitud positiva ante ellas por todos los escuchas. El apóstol utiliza en 14:21 un *pesher* basado en Isaías 28:11-12, para aclarar su punto. En el pasaje original, Judá sería afrentada por los asirios con idiomas que sonarían a balbuceos rudimentarios para los israelitas pero que reflejan el juicio por no haber querido escuchar la palabra de YHWH. Los líderes en el reino sureño detestaban el mensaje divino y elemental que Isaías les presentaba: "Este es el reposo; dad reposo al cansado; y este es el refrigerio; mas no quisieron oír" (28:12). Tal era la arrogancia de estos personajes, que equiparaban aquel mensaje como cansado a pesar de su simpleza. Para ellos, que Isaías diga esto una y otra vez era como enseñarles el abecedario repetitivamente como si fueran niños recién destetados que acaban de dejar el pecho: *mandamiento tras mandamiento, mandato sobre mandato, renglón tras renglón, línea sobre línea, un poquito allí, otro poquito allá* (v. 10). Esta es una traducción difícil, incluso las notas de la

---

[146] Stanley M. Horton, en, Chad Owen Brand, ed, *Five views perspectives on Spirit Baptism* (Nashville, Tennessee, 2004), 73.
[147] Bruce, *Hechos*, 76.

Nueva Versión Internacional anuncian al lector: "posiblemente [se trate de una] imitación *burlona* de una lección del abecedario". En hebreo encontramos las declaraciones repetitivas del versículo 11 y 13 de la siguiente manera:

כִּי צַו לָצָו צַו לָצָו קַו לָקָו קַו לָקָו זְעֵיר שָׁם זְעֵיר שָׁם

La trasliteración al español sería: *ki* (porque) *sav, la-sav, sav, la-sav, qav, la-qav, la-qav, ve* (vav consecutiva) -*er* (un poco) *sam* (aquí), *ve* (vav consecutiva) -*er* (un poco) *sam* (allá).[148] El sustantivo *sav* o *saw* aquí, puede significar ídolo, formalmente, *"bla-bla"*, es decir, un término despectivo para un ídolo como un ídolo insustancial, sin valor, nada de un dios.[149] Lo que nos podría llevar a concluir que la forma en que el mandamiento de Dios se entiende es curioso o balbuceante para los orgullosos judíos. Son como lenguas extranjeras que no quieren ser escuchadas. Con todo, esta burla sería la realidad del juicio sobre los impenitentes cuando los asirios llegaran y hablasen con su tan característico idioma parecido al sonido que los bárbaros ejercían; como dicen Keil y Delitzch:

> Yahvé hablará a este pueblo burlón de lengua tartamudeante con un lenguaje del mismo tipo, ya que les hablará a través de un pueblo que a su juicio habla farfullando, es decir, con un lenguaje que parece de bárbaros... El idioma semítico de los asirios sonaba para el oído de los israelitas lo mismo que el Bajo Sajón (un discurso provinciano) en el oído de un alemán culto. Además, el lenguaje asirio se hallaba mezclado con abundantes palabras iranís y posiblemente con elementos tártaros.[150]

Parece que la falta de entendimiento de las lenguas, como sucedía en el día de Pentecostés y la manifestación del don sin interpretación en la comunidad paulina, se trata simplemente de lo que Jorge Canto Hernández llama "reflejo glosolálico": "Si una persona que escucha al adorador en

---

[148] Note cómo la transliteración se relaciona naturalmente con la intepretación anterior de Stanley Horton. La forma en que los judíos escuchaban a los asirios era como un balbuceo sin sentido, pero esto no quiere decir que no tenga un significado, y en el caso de Judá, este no sería solo lingüístico, sino de juicio.

[149] Swanson, *Dictionary of Biblical Languages with Semantic Domains : Hebrew (Old Testament)* (Oak Harbor: Logos Research Systems, Inc., 1997).

[150] C.F. Keil y F.J. Delitzch, *Comentario al texto hebreo del A. T.: Isaías* (Barcelona, España: Editorial Clie, 2016), 435.

lenguas es del mismo país de idioma del que habla el glosólalo emisor podrá entender la voz del que adora perfectamente... es así que su reflejo será positivo. Sin embargo para un extranjero... parecerá que solo se hablan disparates (efecto negativo)".[151] Lo que nos muestra lo anterior es que Pablo no está tan lejano a Lucas en cuanto a la cuestión de la glosolalia. El apóstol de hecho de igual forma alude a que las lenguas habladas por una comunidad llena del Espíritu también pueden ser humanas, las referencias a "idiomas en el mundo con significado" (1 Cor 14:10) y la imagen de Isaías de las lenguas asirias que Pablo reinterpreta (14:21), nos permite hacer esta afirmación. Incluso, el apóstol dice en su disertación sobre el camino del amor: *Si yo hablase lenguas humanas y angélicas, y no tengo amor, vengo a ser como metal que resuena, o címbalo que retiñe* (13:1). Las lenguas humanas aquí, tienen toda la probabilidad de referirse a dialectos dados por obra del Espíritu en lugar de un discurso elocuente como el de los grandes filósofos y pensadores de la antigüedad; el innegable contexto de 1 Corintios 12-14 y los puntos mencionados anteriormente sobre los idiomas nos permite esta inferencia, Fee está de acuerdo con esto:

> Por sí solo, esto podría significar simplemente «hablar elocuentemente», como algunos han alegado y como se entiende popularmente. Pero, como no se da por sí solo, sino que se sigue directamente de 12:28-30 y anuncia 14:1-25, lo más probable es que esta sea la forma en que Pablo o ellos (o ambos) entienden el «hablar en lenguas». Entonces «lenguas humanas» se referiría a un *idioma humano, inspirado por el Espíritu, pero desconocido para el hablante*; «lenguas angélicas» reflejaría el punto de vista de que quien habla en lenguas está comunicándose en el idioma o idiomas del cielo.[152]

Sin embargo, podría salir a relucir la duda con respecto a lenguas angelicales; ¿acaso los corintios creían que podían hablar un idioma angelical? Si esto era así, la forma en que Pablo los reprende probablemente, para la mayoría de los lectores modernos, podría tratarse de algo que el apóstol negaría. Esta es la interpretación de hecho, de algunos pensadores pentecostales, como Stanley M. Horton que negaba que la naturaleza de las lenguas tenga algo que ver con el lenguaje extra-mundo y solo con idiomas humanos: "Es más probable que las 'lenguas de ángeles' fuera una figura

---

[151] Jorge Canto, *En lengua de tartamudo*, 163.
[152] Fee, *Primera Epístola a los Corintios*, 714.

retórica (una hipérbole) que indica la alta estima que los corintios tenían por hablar en lenguas".[153] Sin embargo, la opción interpretativa de la hipérbole (tan famosa entre el evangelicalismo) no está exenta de problemas. Algunos creen que cuando Pablo utiliza descripciones como "entender todos los misterios y toda ciencia y trasladar a los montes" (13:2) está hablando hipotéticamente y utilizando exageraciones como parte de una ornamentación lingüística y metafórica que no cree que puedan darse en realidad. Este lenguaje poético suele relacionarse con las lenguas angélicas también. Hay algo de metáfora en el texto, pero vale la pena decir que no niega la realidad de los dones espirituales. El problema con esta interpretación es que parte de un anti-sobrenaturalismo que une ideas de manera indiscriminada y arbitraria. Al final, el hecho de entender los misterios tiene una relación intrínseca con la profecía y el don de sabiduría y ciencia que Pablo ya ha mencionado (12:8-10) y que tiene todo el deseo que se sigan dando en la comunidad. De igual forma "la fe" que mueve montañas, probablemente refleje el don de fe o de milagros y las hazañas que para vista de los incrédulos son imposibles por intervención divina (Cf. Mt 17:20). Así mismo las lenguas humanas eran realidad en la iglesia, ¿por qué no las lenguas angelicales? Aunado a ello, vemos que Pablo mismo se refiere a otras acciones que de ningún modo eran imposibles de llevar a cabo y que muchos en su tiempo ya habían realizado, como dar para los pobres (¡cosa que el mismo apóstol solía hacer! Gá 2:10) o darse en martirio por la fe (1 Cor 13:3), lo que debilita seriamente la tesis de la "hipérbole". No hace falta, por ejemplo, observar la segunda proposición de 13:2 que sigue a la profecía como un conocimiento de "todos los misterios" como un paralelismo directo con "la glosolalia angelical" que refleja la supuesta imposibilidad de ambas. David E. Garland atina en mostrar la inconsistencia de esto y como la "ascendencia" con respecto al carisma, no refleja lo imposibilitado que el creyente está, sino que llega a ser inverosímil y carente de sentido por su falta de amor como ese nuevo *eon* que caracteriza el reino de Dios:

> Identificar como hipérbole el segundo elemento en los siguientes versos es engañoso. La fe para mover montañas no se refiere literalmente a mover montañas, sino que es un modismo para hacer lo imposible. Dar el propio cuerpo tampoco es una exageración, porque muchos cristianos lo habían hecho... La escala ascendente en el factor de deslumbramien-

---

[153] Brand, *Five views perspectives on Spirit Baptism*, 72.

to de los dones descrito no está relacionada con su imposibilidad, sino con su potencial de acumular mayor gloria para el individuo.[154]

Así mismo se debe tener en cuenta que el judaísmo del segundo templo no tenía problema en creer que era posible hablar como los ángeles por capacitación carismática, tal como Gordon Fee recalca. Pablo era judío y esto podría explicar su referencia a las lenguas angelicales; el ejemplo más conocido es el de las hijas de Job en *Testamento de Job 48-50,* que demarcan el contexto adecuado para Pablo, a diferencia del escepticismo iluminista:

> Así, cuando surgió la llamada Hemera, ella se envolvió alrededor de su propia cuerda tal como dijo su padre. Y ella tomó otro corazón, ya no le importaban las cosas terrenales, pero habló extáticamente en el dialecto angélico, enviando un himno a Dios de acuerdo con el estilo himnario de los ángeles. Y mientras hablaba extasiada, permitió que "El Espíritu" se inscribiera en su manto. Entonces Kasia ató el suyo y cambió su corazón para que ya no considerara las cosas mundanas. Y su boca tomó el dialecto de los arcontes y alabó a Dios por la creación de las alturas. Entonces, si alguien desea saber "La Creación de los Cielos", podrá encontrarlo en "Los Himnos de Kasia". Luego el otro también, llamado Cuerno de Amaltea, atado en su cuerda. Y su boca hablaba extáticamente en el dialecto de los que estaban en lo alto, ya que su corazón también había cambiado, manteniéndose alejada de las cosas mundanas. Porque ella hablaba en el dialecto de los querubines, glorificando al Maestro de las virtudes exhibiendo su esplendor. Y finalmente, quien desee captar un rastro de "El esplendor paterno" lo encontrará escrito en "Las oraciones del cuerno de Amaltea".[155]

Si la glosolalia puede significar hablar el idioma angelical, o un "trisagio" que los serafines cantan como Santo, Santo, Santo (Is 6:3) entonces refleja una realidad mucho mayor que hablar los lenguajes del mundo. La glosolalia es concomitante al bautismo en el Espíritu Santo porque se trata de un don escatológico que al final refleja la reconciliación de la familia de Dios, tanto de la que está en la tierra, como en los cielos (Ef

---

[154] David E. Garland, *1 Corinthians, ebook edition* (Grand Rapids, Michigan: Baker Academic, 2013), 1000.

[155] James H. Charlesworth, *The Old Testament pseudepigrapha*, vol. 1 (New York; London: Yale University Press, 1983), 865–866.

1:10; 3:15). Por lo tanto, que Pablo utilice en 13:1 verbos en griego subjuntivo, no quiere decir que no crea que esto puede pasar en realidad, de hecho, sucedía en corintio, había lenguas, profecía, incluso pudo haber existido martirio, pero sí tiene el propósito de reflejar que, sin el amor, esto carece de sentido, ya que debe ser el trasfondo de todo accionar cristiano.

En síntesis, la sola terminología siendo paralela y describiendo a un don del Espíritu extendido por la iglesia primitiva nos debe hacer precavidos cuando se remarca demasiada diferencia entre Pentecostés, los demás relatos de Hechos (Hch 2:4: λαλεῖν ἑτέραις γλώσσαις; 10:46: λαλούντων γλώσσαις; 19:6: ἐλάλουν τε γλώσσαις) y 1 de Corintios 12-14 (λαλῶν γλώσσῃ). Lo sucedido en casa de Cornelio y en Éfeso, puede ser muy parecido a lo que sucedía en la iglesia de Corinto; en ninguno de los dos casos encontramos el entendimiento de lo que se hablaba o que se interpretase, sean lenguas humanas, o de los ángeles. Al final, lo importante es que el idioma surge de forma sobrenatural de la boca de alguien que lo ignora y habla *misterios* (1 Cor 14:2). Que Pablo diga que el don es uno de "diversos géneros de lengua" (12:10) nos debería mantener abiertos a la posibilidad de que todo de tipo de lenguas sean dados por el Espíritu. La iglesia debe confiar en hablar lo que Dios le da, y él se encargará de los resultados.

Debemos entender que todos estos fenómenos pueden suceder en los servicios de la asamblea, tanto hablar idiomas de otras naciones (¿o hasta idiomas muertos?) y hablar en el idioma de los ángeles; todo se trata de "orar en el Espíritu" que en la privacidad funciona sin interpretación, y que en la iglesia es necesario que sea acompañado por esta. Incluso, los pentecostales deberíamos desenterrar el aspecto misionológico de las lenguas; no seremos tan ingenuos para pensar que no debemos prepararnos aprendiendo otros idiomas para las misiones, (Pedro no evangelizó a los judíos extranjeros con las lenguas sino posiblemente con el arameo o griego), pero sí en que las lenguas que hablamos reflejen idiomas genuinos y humanos, aunque puedan sonar como tartamudeo repetitivo. He conocido de primera mano, testimonios de personas extranjeras o nativas, que, al llegar a una reunión cristiana, escuchan su propio idioma en las lenguas que el hermano habla en oración. Peter Wagner narra la conversión de un musulmán políglota cuando escuchó a un pastor británico orar por él en otras lenguas que resultaron ser ugarítico muy fluido.[156] Morton Kesley describe el ministerio de Vicente Ferrer, un misionero natural de Valencia

---

[156] C. Peter Wagner, *Spreading the Fire* (Ventura, California: Regal Books, Gospel Light, 1994), 95.

(España) y de la iglesia occidental medieval que, por lo que se sabe de su obra evangelística, fue alguien que practicó el don de lenguas para la evangelización de otras naciones:

> Supuestamente hablaba solo Lismousin, el dilecto local... Alcanzó y convirtió a personas de toda Europa occidental, muchas en áreas aisladas. Se informó que fue entendido en las regiones alpinas y otras partes de Suiza, en Bretaña y Flandes, en Saboya y Lyon, por personas que solo conocían la lengua local. Mientras estuvo en Génova, habló con un grupo de hombres y mujeres de antecedentes lingüísticos mixtos, los cuales se dijo que lo habían escuchado en sus propios idiomas. También podía entender a los bretones en su propio dialecto. La enciclopedia católica señala que muchas biografías de san Vicente han sostenido que estaba dotado del don de lenguas, señalando que sería difícil entender cómo pudo hacerse entender por las muchas nacionalidades que evangelizó sin tal don. De hecho, este es el paralelo más cercano, de facto o imaginación, a la experiencia de Hechos 2 que encontramos registrado.[157]

Aunque se debe decir que el don de lenguas no tiene un propósito evangelístico en sí mismo, si puede acompañar al evangelismo para atraer a la gente a Cristo. Pese a que este fenómeno no sea muy recurrente, puede seguir sucediendo y dándose. Dios es soberano para actuar de formas increíbles.

Por lo tanto, concluimos que la separación drástica xenolalia-glosolalia en realidad refleja un falso dilema, que niega la escatología de la irrupción del Reino de Dios en el mundo y su continuidad. Es mejor usar el lenguaje bíblico para este fenómeno como "glosolalia" pues la palabra *glossa* es la usada en cada caso, independientemente de la naturaleza de su significado. Al fin y al cabo, lo que aconteció en Pentecostés, como un Babel inverso, refleja la reconciliación que Dios quiere hacer a través de la iglesia de todos los pueblos e incluso la familia de los cielos, quienes son ángeles que guardaron su dignidad a diferencia de las potestades rebeldes que influyeron para la corrupción de los pueblos entregados a su supervisión (LXX, Dt 32:8). En Pentecostés, la hegemonía y la centralidad de un templo físico es desechada para dar lugar a la unión de toda cultura humana para glorificar al Padre y a su Cristo por medio del Espíritu. Probablemente

---

[157] Morton Kesley, *Tongue Speaking: The history and meaning of charismatic experience* (Lexington, Avenue, NY: The Crossroad publishing Company, 1981), 50.

aquellos que escucharon su propio dialecto y se maravillaron, se extrañaron cuando oyeron el idioma de otro, lo que resultó en una burla por su parte. Sin embargo, Pedro explica que esto no debería ser así, porque el tiempo escatológico de salvación multicultural ha irrumpido, de tal modo que toda barrera debe ser destruida, aunque algunos pudieran ver como inverosímil el idioma de otro. Los judíos extranjeros, partos, medos, elamitas y que habitaban en Mesopotamia escucharon a unos galileos "ignorantes" como embajadores de Cristo alabando a Dios para sus oídos, pero así como en Babel, la confusión no tardó en llegar al escuchar el idioma de "otro" generando un rechazo inmediato, por lo que el apóstol Cefas entró en acción para dilucidar el asunto. Pentecostés es mucho más que una dotación carismática y profética (pero no menos que eso). Las lenguas son mucho más que una "evidencia inicial" (pero no menos que eso), son presagios que el Espíritu de redención derribaría todas las barreras culturales y formaría una nueva humanidad (Ef 2:15).

LA APOLOGÉTICA DE LUCAS EN HECHOS

El género literario de Lucas y el discurso forense energizado por el Espíritu

Aparte de la actitud pentecostal en general que ha tenido que ejercer una defensa ante sus críticos, parece que este *ethos* puede rastrearse con la edición y escritura del médico apostólico en su evangelio y en Hechos. Este tratado de dos volúmenes escrito para Teófilo parece encajar completamente con lo que sería una "monografía histórica" escrita por un griego, que pretende señalar datos reales y certeros de diferentes situaciones, con un estilo ciertamente helenista cuyo propósito es alentar a su lector a afianzar su fe por medio del testimonio histórico que refleja lo verosímil que es la fe cristiana. Se sabe que los historiadores griegos daban mucho peso al hecho de que el escritor hubiese participado, cuando menos, en los relatos que narra y a que sus puntos de vista sean lo más universales posibles. Esto contrasta con la metodología para escribir historia de la cultura romana, que confiaban en muchas maneras en las fuentes literarias circulantes en sus regiones y que era construida "desde casa" sin la necesidad de haber interactuado con los sucesos descritos, además del poco espíritu crítico encontrado en ella, magnificando a sus propios héroes culturales y matizando cualquier atisbo de error en ellos. Lucas plantea las cosas de manera muy distinta a lo anterior; como historiador serio y con influencia helenística no pretende reflejar la nueva comunidad judía a la que pertenecía como perfecta y carente de equivocaciones; la sola descripción de la actitud de Ananías y Safira (Hch 5:1-11), además de los problemas internos entre creyentes judíos de diferente nacionalidad (Hch 6:1-7) nos debe invitar a ver que, para el autor, no existe una utopía ética en la asamblea cristiana. Esta realidad "crítica" refleja la postura de Lucas como un historiador confiable, en lugar de la suposición de los eruditos del revisionismo y la crítica de las fuentes que interpretaban Hechos como una dialéctica hegeliana que tenía el fin de sintetizar los choques culturales, sociológicos y religiosos de dos culturas que se enfrentaban entre sí, (los judíos y los helenistas) y así presentar las actas apostólicas como una presentación de "una imagen más idealizada de la iglesia de lo que realmente existía".[158]

Los datos y la forma en que estos fueron descritos, nos dan un margen de sospecha con la metodología posmoderna que pretende deconstruir a Lucas con sus propias convenciones lingüísticas; bien dijo Witherington III: "Sospecho que las limitaciones... de Tucídides en el manejo de los discursos se acercan a la práctica de Lucas, quien quiere escribir con precisión sobre un tema serio sin descuidar ciertas preocupaciones por el estilo y las convenciones retóricas".[159] Y que "uno debe ser capaz de comparar el trabajo de Lucas no solo con las Escrituras hebreas, sino también con los gustos de Polibio y Éforo, junto con Tucídides, así como con escritores sobre retórica griega como Aristóteles e Isócrates".[160] Lucas

---

[158] Darrell L. Bock, *Acts*, Baker Exegetical Commentary on the New Testament (Grand Rapids, MI: Baker Academic, 2007), 8.

[159] Witherington III, *Acts*, 128. Describe a Tucídides en 1.22.1-2 como alguien que evita el interés en el "romance" o el "mito", y que busca decir algo "preciso". Tucídides afirma que presentaba a sus creadores de discursos diciendo lo más aproximado posible y lo que a su alcance pudo conocer. Tucídides no pretende dar todos los *geome* pero sí que lo que da está en consonancia y apegado lo más cerca posible al discurso. Witherington cita a J. Wilson con la demilitación de la obra de Tucídides que muy posiblemente ha influenciado a Lucas: 1) reportaje en estilo propio, no el del orador; 2) una selección de una serie de discrusos efectivamente pronunciados; 3) una selección, pero no todas, de las ideas o pensamientos (*geome*) expresados en el discurso; 4) un informe que no contenga nada que no cuente como *geome*; (5) la adición de palabras para hacer el *geome* más claro; 6) una abreviatura o expansión siempre que el *geome* sea claro; 7) una emisión del *geome* en términos que podrían servir a sus propósitos particulares.

[160] *Ibid*, 150.

podría recibir la misma crítica de Dionisio de Halicarnaso sobre Tucídides "al no tratar la historia como un ejercicio de retórica epideíctica".[161] A diferencia de los pensamientos de algunos hermeneutas progresistas o de la liberación, el médico no tiene el fin de poner a Jesús como un revolucionario político, y vaya, mucho menos pretender colocar un anacronismo desconocido para él como una iglesia naciente sustentada por el comunismo. El autor no busca reflejar una sublevación cristiana contra las autoridades romanas por medio de su escrito. Lo que es más, siguiendo a Q, Lucas describe a Jesús como una persona que no tiene conflicto con el pago de impuestos (Lc 20:25) y a Cornelio, un centurión fiel a su país, es mostrado como un hombre de limosnas y piadoso que alcanza la salvación y el don pentecostal (Hch 10:2, 4, 31). Por si fuera poco, el evangelio también puede llegar no solo a los oprimidos y a los pobres, sino incluso a los que oprimían cobrando impuestos y los ricos (Lc 15:1-9; 18:9-14; 19:1-10). El historiador ni siquiera pretende quitarle a la nación de Israel su privilegio electoral para los propósitos divinos, pese a que leemos que muchos judíos se mostraban reacios a aceptar el cumplimiento de los tiempos con la historia de salvación que había llegado por el Mesías y con quienes Lucas polemiza en su tratado. Nuestro autor no es ni supersesionista ni dispensacionalista extremo; la historia de salvación se ha dejado entre ver y llega de igual manera a todos, tanto a religiosos hebreos recalcitrantes que no se someten a la Palabra de Dios (Hch 4:1-3; 9:22-24; 13:45-47, 49-51; 14:2; 17:5; 23:12-22; etc.), como aquellos que han conocido el tiempo de su visitación y se han sometido al llamado de Dios, conformando así, el remanente escatológico del fin de los siglos (2:41; 4:32; 13:43; 14:1; 17:12, etc.).

Lucas, basando gran parte de su teología en Isaías y la misión del Mesías Siervo de ser un pacto –primero para la reconfiguración del pueblo de Sion y luego como luz a todas las naciones (Is 49:6)–, tiene un claro propósito universalista en donde la predicación del evangelio debe estar encausado a la recuperación de las naciones gentiles a través de la proclamación de la Palabra de Dios. Esto, desde el vamos, pudo haber generado una gran fricción con el etnocentrismo judío sobre todo de la clase alta y religiosa de Israel, y los grandes políticos del imperio que tenían jurisdicción sobre ciertas regiones y territorios geográficos. Sumado a ello, para Lucas es importante demostrar que la idolatría es una vanidad que afrenta a la ley moral de Dios y que debe de ser enterrada en el olvido (Hch

---

[161] Witherington III, *Acts*, 128.

14:15-17; 17:16). Todos estos factores permean en la apologética lucana que tiene el fin de rebatir por medio de la narración, a las malas perspectivas de ciertos grupos sociales o religiosos que pudiesen ser escollos para su recepción de las Buenas Nuevas de Salvación.

Lucas no tiene problema en utilizar los sucesos con un enfoque claramente forense y de defensa, donde los del Camino son llenos del Espíritu Santo para defender su causa. Pablo en 26:25 ante Festo da una declaración muy esclarecedora de la obra testimonial energizada por Dios: *No estoy loco, excelentísimo Festo, sino que hablo palabras de verdad y de cordura* (ηθείας καὶ σωφροσύνης ῥήματα ἀποφθέγγομαι). Ya se ha analizado anteriormente que ἀποφθέγγομαι tiene el sentido de habla inspirada/profética. Dicha expresión solo es utilizada tres veces por Lucas en Hechos y no se encuentra en ninguna otra parte del Nuevo Testamento. El apóstol cuestionado dice que su mensaje no se trata de una μαίνομαι (2 Cor 5:13) o "disparate", sino que su contenido son palabras de ἀλήθεια, verdad (Cf. Jn 14:6). Dicha declaración junto al testimonio empoderado ante lo oposición hacia otros cristianos cumple lo que el Señor de Gloria había avisado a sus seguidores cuando sean enfrentados con oposición y se enfrenten a la élite religiosa judía y el concilio (Lc 12:11). A mayor abundamiento, en Hechos 17, Pablo en el areópago puede evocar a Sócrates antes de ser martirizado por su concepto de verdad al alejar a los jóvenes de los dioses, según relata Platón, sin embargo, a diferencia de él, presenta al verdadero No Conocido, el Dios de los judíos que levantó al Hombre con el cual habría de juzgar al mundo, dando fe a todos para que se arrepientan de sus caminos.

Bautizados en el Espíritu para la defensa y la inconformidad

Sale a resaltar entre nuestro interés la cuestión de la blasfemia del Espíritu Santo para los fines apologéticos de Lucas. Lo interesante en la narrativa lucana es que el autor tiene un diferente enfoque que Marcos 3:29 (enfoque que Mateo 12:31 comparte) en cuanto a que en el sinóptico tal blasfemia refleja la oposición al poder pneumático/milagroso de Jesús en sí mismo, oposición que se atreve a equiparar las hazañas carismáticas del Mesías con la obra satánica (Mc 3:22). En su lugar, el médico apostólico coloca el dicho tradicional en un contexto de testimonio ante la hostilidad:

> Os digo que todo aquel que me confesare delante de los hombres, también el Hijo del Hombre le confesará delante de los ángeles de Dios; mas el que me negare delante de los hombres, será negado delante de

los ángeles de Dios. A todo aquel que dijere alguna palabra contra el Hijo del Hombre, le será perdonado; pero al que blasfemare contra el Espíritu Santo, no le será perdonado. Cuando os trajeren a las sinagogas, y ante los magistrados y las autoridades; no os preocupéis por cómo o qué habréis de responder; o que habréis de decir; porque el Espíritu Santo os enseñará en la misma hora lo que debáis decir.[162]

Es obvio que para Lucas el testimonio proclamado cobra un papel destacado en su pneumatología. Las palabras proféticas que confrontan a los magistrados cegados deben proceder de inspiración divina. Esteban puede ser, con toda probabilidad, aquel que encarnó el papel testimonial o discurso *pneuma*, provocando la blasfemia contra el Espíritu por parte de aquellos que también miraban con desdén el ministerio de Jesús y lo nuevo que el Dios de Israel había traído a través de la resurrección de su Hijo.

Como antes mencionamos, Esteban al igual que Jesús ante la tentación, también es lleno (*pleres*) con el Espíritu para su encomienda y su discurso final. Como profeta bautizado en el Espíritu comparte la unción del Mesías y su sufrimiento. Tal como Jesús, el gran mártir fue difamado por falsos testigos (Lc 23:2, 5; Hch 6:13-14), curiosamente por el mismo cargo con el que se confrontaba al Señor: haber hablado del desplazamiento del Templo (Mt 26:61; Jn 2:19). Aunque Esteban en su defensa aceptará solo un cargo que le era imputado: el de hablar contra la ley (Hch 6:13), su pronunciación contra el mal entendimiento del templo por parte de la élite religiosa es claro y firme; aquellos judíos hacían con el movimiento de Jesús lo que sus padres con los profetas, perseguirlos y asesinarlos (7:52). Los líderes saduceos y fariseos pretendían dejar el *statu quo* intacto, la corrupción y la templolatría que había desdibujado la verdadera espiritualidad que YHWH esperaba de su pueblo; no por nada Isaías tocante al templo dice: *Jehová dijo así: El cielo es mi trono, y la tierra estrado de mis pies, ¿dónde está la casa que me habréis de edificar y dónde el lugar de mi reposo?* (Is 66:1; Cf. Hch 7:49-50).[163] Oponerse a los profetas del Mesías era oponerse al nuevo templo de Dios; las lenguas de fuego en el

---

[162] Lc 12:8-12.
[163] Isaías recapitula el mismo sentir de Salomón cuando el templo es edificado (1 R 8:27; 2 Cr 6:18). Aunque el Señor no se opuso al templo, al final, él no puede ser contenido. Su reposo se encontró en el séptimo día cuando miró el santuario que se había hecho: toda su creación. Si el fin es redimirla y llenarla de su gloria, ¿cómo pretender que el Templo fuera para siempre? El templo no es invencible, y es lo que Esteban quiere que entiendan sus oyentes: debieron haber percibido todo eso en la Ley.

santuario reflejan esa aprobación divina de aquellos que portarán ahora sus oráculos y el juicio sobre los impenitentes que no se sometieran a los designios divinos que se revelan a través del tiempo para cumplir los propósitos de Dios en la historia.

Se ha adjudicado la imagen del Hijo del Hombre tradicionalmente a Jesucristo es su manifestación o segunda venida, sin embargo, parece que muchos asiduos lectores han pasado de largo otro significado que *complementa* lo anterior: La reivindicación de Jesús al ser exaltado y poseyendo la autoridad por su resucitar de entre los muertos a la luz de Daniel siete, con su regreso al templo en el año 70 d. C; como N. T. Wright dice: "Cuando Jesús viene a Sion durante el primer siglo como el Señor en pleno derecho de Israel, sin lugar a dudas este evento apunta a su futuro subsiguiente como el verdadero y legítimo Señor de todo el mundo".[164]

Lo que parecía ser un nombre que el Mesías prefería para mostrarse como el "israelita común" cobra todo su significado escatológico cuando contesta al cuestionamiento del sumo sacerdote ante su supuesta sublevación en contra del templo: "Tú lo has dicho; y además os digo, que *desde ahora* veréis al Hijo del Hombre sentado a la diestra del poder de Dios, y viniendo en las nubes del cielo" (Mt 26:64). Jesús revela que aquel ser divino revindicado para poseer a su pueblo y reino sobre todas las bestias políticas temibles de Daniel 7:13-14, se trata de nada más y nada menos que él mismo; esto era blasfemia para aquellos servidores del sacro recinto y los guardadores de la ley, el Mesías se adjudicaba un título divino. No es casualidad entonces, que Esteban al proferir contra la mala interpretación templólatra de los religiosos hebreos, lleno del Espíritu Santo y puesto los ojos en el cielo, vea la gloria de Dios y al Hijo del Hombre vindicado a la diestra del Padre (Hch 7:55-56). El templo al final fue destruido en el año 70 a manos de Tito Vespasiano, dejando así, el testimonio y la advertencia profética de Jesús y los creyentes intacta y libre de mentira.

Mateo 24, como predicción, tiene temas a tratar que se entrelazan el uno con el otro para formar un mosaico de referencias que tienen toda una utilidad práctica para sus oyentes. Sin duda alguna las alusiones al final de la era (de los tiempos) están allí (v. 14), no obstante, también la advertencia a huir de la gran tribulación que los romanos traerían cuando sitiaran Jerusalén: *El que esté en la azotea, no descienda para tomar algo de su casa; y el que esté en el campo, no vuelva atrás para tomar su capa. Mas*

---

[164] N. T. Wright, *Sorprendidos por la esperanza: repensando el cielo, la* resurección *y la vida eterna*, (Miami Florida: Convivium, Press, 2011), 183.

¡ay de las que estén encintas, y de las que críen en aquellos días! Orad, pues, que vuestra huida no sea en invierno ni en día de reposo (v. 17-20). Una mujer encinta no tendría la facilidad de moverse rápido ante la situación. En un día de reposo, cuando los servicios de transporte escaseaban debido a su importancia sagrada haría que cualquier huida fuera imposible. La abominación desoladora (v. 15) seguramente no *solo* se trate de un anticristo final que se sentará en un templo reconstruido en Jerusalén en un futuro, sino de una advertencia a los discípulos. Cuando mirasen los sacrilegios en el templo, sabrían que les quedaba poco tiempo para batirse en retirada; una vez que la ciudad fuese sitiada, no habrá oportunidad para huir, ni escapar de la masacre que reflejará lo inútil que es tener la confianza en el sistema humano, en lugar que en el de Dios. Josefo relata como los zelotes derramaron la sangre de los sacerdotes en el lugar sagrado en el 66 d. C:

> Se trabó, la pelea, obedeciendo todos a sus sentimientos movidos por sus ánimos como a su capitán; al principio comenzaron tirándose piedras, los unos contra los otros en los alrededores del Templo. Cuando una de las partes huía, entonces, los vencedores con sus espadas los perseguían. Los heridos en ambas partes fueron muchos, como eran también muchas las muertes. Los del pueblo, cuando caían, eran llevados a sus casas por su gente; pero cualquiera de los zelotes que resultaba herido, se subía al Templo y mojaba la tierra y el suelo consagrado con su sangre, de tal manera, que podría bien decir alguno, que la religión había sido violada con la sangre de los zelotes.[165]

Toda esta señal de apostasía se consumó cuando el templo fue destruido y se colocaron las efigies en honor al emperador, desolando en impureza la religión del templo de Sion.

No obstante, por el bien de la discusión es necesario dar una breve aclaración. Tanto como N. T. Wright aclara delante de sus críticos, lo que quiero decir aquí es que no niego ni por poco la Segunda Venida gloriosa del Señor. Empero creo que los pentecostales hemos perdido el sentido político de lo que la destrucción del templo como vindicación de Jesús como Señor representa. El futurismo desmedido que olvide la injusticia en la realidad puede desprender a la exégesis evangélica de la apremiante labor de lo que implica manifestar el reino de Dios en un contexto

---

[165] Flavio Josefo, *Las guerras de los Judíos*, 219.

cultural específico en medio de la opresión y otros Césares que se levantan. Esto pasa mucho con, por ejemplo, el libro de Apocalipsis, donde olvidamos su mensaje oportuno para animar a una iglesia que sufría persecución y opresión y debía mantenerse firme hasta el fin como comunidad alternativa e inconforme. Algunos, malinterpretando el sistema dispensacional, piensan que la visión apocalíptica de Juan puede tener "principios aplicables" para la iglesia occidental acomodada en el bienestar moderno, pero nada más relevante que eso. Puesto que no se experimentará tanta aflicción sin que antes se sea arrebatado para estar en el cielo, uno no se debe preocupar o preparar por lo que se dice por Juan después de cierto capítulo en adelante. El fin de este material no es criticar el rapto pretribulacional, que, aunque en la academia pentecostal está siendo cuestionado y revisado, se debe aceptar que ha sido de gran ayuda a miles de pentecostales a poner sus ojos en la esperanza bienaventurada e inminente. Sin embargo, el *telos* de esta sección sí es llamar la atención a aquellos que han usado esa interpretación (o cualquier otra) para huir de la labor cristiana en servicio a la humanidad perdida y han aceptado la estructura del mal en su localidad observando tan infame fenómeno como irremediable y el cumplimiento de la inevitable voluntad de Dios. El teólogo pentecostal asambleísta brasileño, César Carvalho, no muestra falta de perspicacia cristiana cuando dice:

> Desafortunadamente, en el transcurrir de la historia, la escatología dejó de ser vista como la mayor esperanza de aquellos que creen y fueron alcanzados por el Evangelio, volviéndose una fuente de exploración sensacionalista... esto produce un sentimiento pesimista de acomodación "Nada puede hacerse". (...) Esto es, además de la famosa disculpa de que "si el mundo está destinado al caos, nada podemos hacer", hay otra peor, que es aquella que se pretende piadosa: "Es cumplimiento de la Palabra de Dios". (...) En esta lógica impera aquella idea de "cuanto peor, mejor". De la esperanza pasamos al individualismo y al egoísmo.[166]

Si bien el escapismo gnóstico no es propio del dispensacionalismo *per se*, muchos creyentes pentecostales que se adhieren a una mala interpretación de este han olvidado su labor profética en la sociedad por ver el reino de Cristo como algo inoperante y que tendrá lugar solo en el futuro por mil

---

[166] César Carvalho, *Pentecostalismo y posmodernidad*, (Miami, FL: Editorial Patmos, 2018).

años, cuando no se dan cuenta de la inconsistencia de lo que esto representa si sostenemos el bautismo en el Espíritu Santo como una experiencia capacitadora para ser luz a las naciones activamente. Probablemente hemos olvidado que la escatología del Nuevo Testamento es inaugurada. Aunque, siendo yo un premilenialista creo que el reino se consumará cuando Cristo regrese triunfante, no es menos verdad que esa realidad ya está besando al mundo y que todo aquel que ha puesto su lealtad en Jesús debe estar dispuesto a pasar tribulación si se amerita con tal de cumplir la voluntad de Dios.

Del otro lado de la compresión escatológica futurista he de decir que también percibo que existe un problema con una perspectiva "preterista" que sostenga que la profecía mateana, marcana y lucana dada en el Monte de los Olivos no puede tener un doble cumplimiento que apunte a una realidad profética cercana que se entrelace del fin de la era y que puede simplemente formular una teología de "escatología consumada" donde la venida del Señor se espiritualice, negando así, la literalidad de su poderosa manifestación y pretendiendo que los meros esfuerzos humanos estén "trayendo" el reino de Dios. Este extremo pierde de vista el anhelo que todo creyente debe tener y la esperanza en la verdad del cielo que restaurará toda la creación; este énfasis desmedido puede hacer a los creyentes activistas incompetentes, personas superficiales o idealistas ingenuos que pongan su mirada en las cosas visibles y perecederas en lugar de su esperanza celestial y la realidad primordial de lo que no se ve (Col 3:2) y en la apolocalíptica intervención divina/sobrenatural que traerá la paz genuina a las naciones una vez por todas. Mas bien, una visión premilenial consistente tiene una apertura a creer que la justicia aquí y ahora tiene sentido dado el reino literal que se consumará al final de la era y que renovará al mundo por mil años con el fin de la eternidad de la nueva creación. Como menciona el reconocido teólogo bautista y ex pentecostal Roger Olson:

> Algunos han argumentado en el pasado que el premilenarismo fomenta el quietismo... entre cristianos. No estoy de acuerdo. Si se entiende, el premilenarismo hace todo lo contrario. Si la pobreza, la injusticia, la opresión, la crueldad, etc., no serán parte del reino mesiánico de Cristo en la tierra, entonces mi tarea como cristiano, como ciudadano ante todo de ese reino, es hacer todo lo posible para abolir esas cosas aquí y ahora en previsión del futuro. Además, si Dios planea establecer su reino en la tierra, entonces se preocupa por todo el mundo, incluida la

naturaleza. Eso nos da un motivo para ser "guardianes del jardín" hasta que él venga.[167]

Como premilenialista, creo que N. T. Wright parece pecar de negar que las parábolas de Jesús de su regreso no se traten en absoluto de su Segunda Venida, y que el mensaje de Mateo 24, por ejemplo, no tiene nada que ver con el regreso del Señor. Sin embargo, él mismo busca refutar cualquier idea de que con esto esté negando el retorno literal del Mesías al mundo:

> Si bien los textos que hablan del "hijo del hombre que viene en las nubes" se refieren al año 70 d. C, como yo he sostenido que es el caso (en parte), esto no quiere decir que en el año 70 d. C tuvo lugar la "segunda venida" porque los textos del "hijo de Dios" no son los textos de la "segunda venida" en lo absoluto, a pesar de que se han interpretado frecuentemente de forma errónea y se les ve como si lo fueran. Más bien, son los textos sobre la reivindicación de Jesús. Y cabe mencionar que la reivindicación de Jesús, en su resurrección, ascensión y juicio en Jerusalén, aún requieren de un evento subsiguiente para estar completa. Permítanme decirles algo con todo el énfasis que esto se merece y en beneficio de aquellos que están confundidos con respecto a este punto (y, sin duda, para regocijo de aquellos que nunca lo estuvieron): todavía no ha ocurrido la "segunda venida".[168]

Aunque no estoy de acuerdo con Wright con que estos textos no tienen nada que ver "en lo absoluto" con la Segunda Venida, aprecio la contribución que ha dado a la teología cristiana en estos días: Dios derriba el *statu quo* haciendo brillar la realidad futura ahora. Cristo ha sido revindicado, y a través de su Iglesia sigue haciendo vislumbrar la realidad de una nueva creación a través de sus profetas que pueden transformar con el poder del Espíritu y el poder del reino de Dios, vidas y culturas atrapadas en el engaño de otros Césares y Satanás. Esto no es un activismo cándido y materialista, sino nada más y nada menos que la gran comisión y el mensaje de Pentecostés con sus lenguas de fuego a través del tiempo final del *ya pero todavía no*.

---

[167] Roger Olson, "Premillenalism revisted". *Patheos, 2011*. Revisado el 28 de Agosto del 2023. https://www.patheos.com/blogs/rogereolson/2011/05/premillennialism-revisited/

[168] Wright, Sorprendidos por la esperanza, 184.

Los cristianos que habían escuchado a su Maestro sobre el mal inminente de la destrucción del templo y el saqueo de Jerusalén sin duda poseían el Espíritu de profecía, y por ello pudieron huir de aquellos tan grandes males pues el discernimiento carismático vertido en ellos les pudo hacer notar los tiempos y sazones de cada circunstancia que su Señor les anticipó. Si Lucas, como dice Keener, pudo haber escrito Hechos al principio del año 70,[169] o antes como propone Darrell L. Bock,[170] existe un pronóstico profético/apologético que Esteban, la iglesia bautizada en el Espíritu e incluso Lucas escribiendo, encarnan. Lucas está siendo inspirado por el Espíritu Santo para instruir a Teófilo para recibir el poder de lo alto después de su arrepentimiento. Lucas después de haber experimentado las lenguas de fuego se prepara para dar un tratado que servirá a la Iglesia para sustentarse como una comunidad fidedigna ante la oposición judía, la *ekklesia* es una continuidad del plan redentor de Dios con Israel, asimilando correctamente lo que implica la misión mundial, labor que no pudo realizar el primero como nación. En su evangelio, al plasmar el testimonio del profeta por excelencia que iba a su muerte, coloca una predicción genuina de la gran matanza que tendrá lugar en breve y estaba pronto a suceder: *Hijas de Jerusalén, no lloréis por mí, sino llorad por vosotras mismas y por vuestros hijos. Porque he aquí vendrán días en que dirán: Bienaventuradas las estériles, y los vientres que no concibieron, y los pechos que no criaron* (Lc 23:28-29). Conforme el tiempo pasaba, el Espíritu mismo mostraba a todos estos creyentes que tal acontecimiento estaría cerca.

Como encarnación del profetismo mesiánico, Esteban le habla duramente al concilio: *¡Duros de cerviz, e incircuncisos de corazón y de oídos! Vosotros resistís siempre al Espíritu Santo; como vuestros padres, así también vosotros* (Hch 7:51). La blasfemia por el Espíritu para Marcos y Mateo, era el menosprecio al poder sobrenatural manifestado a través de la sanidad, la liberación, los portentos y los milagros; para Lucas en cambio (aunque no negando lo anterior) tiene que ver con la dureza de los líderes judíos a la voz del Espíritu y el testimonio de sus enviados, ignorando cada uno de sus llamados, llamado que comienza con Jesús y ahora es realizado por medio de su Iglesia. Por último, Esteban lleno (*pleres*) con el Espíritu, difamado por falsos testigos, y proclamando la vindicación del Hijo del Hombre, termina de parecerse a su Señor muriendo como mártir,

---

[169] Keener, *Comentario del contexto cultural del Nuevo Testamento*, 318.
[170] "Lucas podría incluso estar escribiendo cuando intuye que se acerca la derrota de Jerusalén a manos de Roma". Bock, *Acts*, 27.

entregando su espíritu (Lc 23:46; Hch 7:59) y clamando por misericordia y perdón de aquellos que tomaron su vida (Lc 23:34; Hch 7:60). Bruce tiene razón cuando dice:

> Así, la defensa de Esteban es el prototipo de la apologética cristiana en contra de los judíos, diseñada para demostrar que el cristianismo, y no el judaísmo, es el cumplimiento verdadero de la palabra de Dios hablada por medio de Moisés y los profetas, y que el rechazo que los judíos experimentan hacia el evangelio es coherente con su rechazo del mensaje divino que les trajeron mensajeros anteriores.[171]

Se debe entonces, tomar en cuenta como Lucas asocia el Espíritu profético con el testimonio y las señales sobrenaturales que energizan a la Iglesia para la misión, por medio de una apologética fresca y pneumática.

La perspectiva profética de nuestros días pienso que debería permitir algún componente predictivo cuando se necesite advertir a los cristianos por lo por venir para una apologética integral y testimonial. Lucas liga este derramamiento pentecostal del carisma de Dios con visiones y sueños, para jóvenes y para ancianos (Hch 2:17). Para los primeros cristianos, las visiones formaban parte natural de su experiencia para su *modus operandi* como testigos del Camino. La porción de Joel convirtiéndose en un *pesher* petrino en Hechos tiene el fin de ser programática para la agenda misional de todo el escrito, y no solo eso, de la Iglesia hasta el retorno glorioso del Mesías. Nuestra proposición no es insignificante en la medida de que cuando avanzamos en una lectura de Hechos encontramos a los apóstoles siendo guiados por la voz de Dios a través de visiones, verbigracia, Pablo encontrándose con el Señor quien le manda a predicar el evangelio (Hch 9:4-9); Pedro con el lienzo que lo prepara para recibir a los enviados de Cornelio (10:16-28); la visión del varón Macedonio que llevó al apóstol de los gentiles a Macedonia "dando por cierto que Dios lo llamaba allí a predicar el evangelio (16:6-10); Saulo siendo animado en Corintio (18:9-11) y avisado de la seguridad del bien de la embarcación para fortalecer el ánimo de todos los tripulantes cuando iban rumbo a Roma (27:23-25). Nuestra perspectiva visionaria no es un disparate (aunque sí para algunos ojos modernos) ni lo fue para la iglesia primitiva y los primeros padres apostólicos, quienes no tuvieron problema en afirmar que las visiones se presentaban ante el pueblo de Dios anunciándoles lo que habría de venir.

---

[171] F. F. Bruce, *Hechos*, 35.

Así Tertuliano, contra el hereje Marción, hace un lado la filosofía humana para defender la fe en base de la manifestación del Espíritu a la Iglesia de esta forma:

> Que Marción exhiba, pues, como dones de su dios, algunos profetas, que no hayan hablado por sentido humano, sino con el Espíritu de Dios, *que hayan predicho cosas que van de ocurrir* y hayan puesto de manifiesto los secretos del corazón; que él produzca un salmo, *una visión*, una oración, solo que sea por el Espíritu, en un éxtasis, esto es, en un rapto, toda vez que le haya ocurrido una interpretación de lenguas; que él me muestre también, que cualquier mujer de lengua jactanciosa en su comunidad haya profetizado alguna vez de entre aquellas hermanas especialmente santas que él tiene. Ahora, todas estas señales (de dones espirituales) se están manifestando de mi lado sin ninguna dificultad, y concuerdan, también, con las reglas, y las dispensaciones y las instrucciones del Creador.[172]

De igual manera, Cipriano, Obispo de Cartago presenta la misma realidad visionaria/profética que advirtió a la Iglesia de una persecución inminente, que ciertamente tuvo lugar:

> Pero, como vemos que se acerca el día de una nueva persecución y que se nos advierte con continuas señales que estemos armados y preparados para la lucha que nos prepara el enemigo [...] Pues hay que obedecer, en efecto, las señales y las advertencias [...] nos ha parecido bien, por inspiración del Espíritu Santo y después de habernos advertido el Señor en varias y claras visiones, que se nos anuncia y se nos manifiesta que el enemigo está inminente [...] que se acerca el día de la lucha, que muy pronto se alzará contra nosotros el enemigo violento, que viene una batalla, no como la pasada sino mucho más grave y violenta, que así nos lo ha dado a conocer Dios diversas veces y que hemos recibido sobre eso frecuentes advertencias de la providencia y misericordia del Señor». [Cipriano, Carta 57 a Cornelio – En esta carta Cipriano y 40 obispos más anuncian que Dios les ha revelado por visiones que se avecinaba una persecución más violenta que la anterior, la cual efectivamente sucedió].[173]

---

[172] Tertuliano, contra Marción 5:8.
[173] Cipriano, Carta 57 a Cornelio.

Pablo quien es el gran teólogo cristiano campeón de los protestantes históricos, despliega toda esta intuición carismática predictiva desde su despedida en Éfeso hasta su peregrinación a Jerusalén. Al preparar a la congregación efesina para su retirada, el apóstol sabía bien por el Espíritu que, ante su partida, gente malvada y embustera trataría de dañar al rebaño enseñando herejías y doctrinas erróneas (Hch 20:29-30); que esta intuición que discierne el futuro apóstata era común en Pablo puede notarse en la literatura pastoral, donde asegura que el Espíritu claramente ha avisado que "algunos en los tiempos postreros apostatarán de la fe, escuchando a espíritus engañadores" (1 Tm 4:1). Por supuesto, su evangelio traería oposición y mucho más en Palestina; Saulo era avisado por el Espíritu de las cadenas y dificultades que le esperaban cuando llegase a Jerusalén (Hch 20:23). Al final, Agabo confirma lo que Dios había revelado al apóstol: *Esto dice el Espíritu Santo: Así atarán los judíos de Jerusalén al dueño de este cinturón. Después lo entregarán a manos de extranjeros* (21:11). No cabe duda que para Lucas, el Espíritu de profecía pretende guiar a la iglesia hacia el futuro capacitándola y dándole discernimiento de los tiempos que se viven. Ello no se debe confundir con charlatanerías que anuncian a diestra y a siniestra tsunamis o caos nucleares como si se tratase de una competencia de anuncios apocalípticos para ver quién es el que presenta el escenario más oscuro para la Iglesia. Al contrario, la profecía bíblica puede tener un componente predictivo, pero también de consuelo y esperanza a pesar de la férrea oposición.

A lo largo de mi ministerio he visto los destellos de esta conciencia profética en mi propia vida, y aún más en mi labor de enseñanza de la Palabra. Como testimonio personal, siendo maestro, me ha sucedido que en algunas ocasiones puedo notar la falsedad y el trasfondo demoniaco de aparentes nobles postulantes teológicos que desean engañar a la Iglesia. Recuerdo haber comprado un libro de cierta editorial sudamericana que es conocida por la venta de material religioso progresista y muy controversial. La verdad es que suelo leer todo tipo de teólogos y no me escandalizo por algún pensamiento que pueda ir alejándose de los límites de la ortodoxia cristiana, sin embargo, en primera instancia, este libro me parecía interesante y útil. Yo esperaba del libro diferentes formas prácticas bíblicas para hacer evangelismo que tomen en cuenta el contexto social. Soy evangelista, amo predicar en las calles y en las áreas marginadas de mi ciudad. Leía cada sección de diferentes autores y no percibí nada extraño, aunque no me sentía cómodo con la reiterada acusación de la teoría de expiación de la sustitución penal por medio de hombres de paja, pero nada nuevo, estos tipos de materiales criticarán los cinco pasos, y la visión punitiva de la ira de Dios sobre los pecadores que es aplacada por el Hijo de Dios que se interpone al fuego de la santidad del Padre. Empero la gota que derramó el vaso de mi incomodidad fue el aporte de cierta reverenda americana. Al pasar las hojas de ese apartado, sentía al diablo hablándome y ridiculizando la cruz de una forma ingeniosa, persuasiva y sutil. Las náuseas en mí no tardaron en aparecer y yo mismo me decía: ¿Por qué me siento así de asqueado? Vamos, he leído cosas peores. Puedo decir que sentía a demonios rondando tras el espíritu de ese escrito. Dios me ha confirmado en mí el don de discernimiento de espíritus; digo esto porque, aunque nunca he visto un demonio en mi vida cotidiana, los he sentido, percibido. Realmente no conocía a la reverenda, pero en un arranque de curiosidad decidí visitar la página web en internet de su iglesia en Minnesota, aunque no noté nada extraño. Buscando en YouTube vídeos relacionados a sus servicios religiosos, llegó la tristeza a mi alma. Pude ver el púlpito de la congregación donde esta "reverenda" exhortaba a su comunidad y en ella la bandera LGBTQ. El servicio me causó escalofrío, y pude percibirlo como si fuera una burla a lo sagrado. Al momento quedé perplejo y me di cuenta de que realmente no me equivocaba, ese escrito tiene una influencia diabólica de gente que caricaturiza el sacrificio de nuestro Señor Jesucristo para dar rienda suelta a la falsa libertad y a la esclavitud de las pasiones humanas. El pueblo de Dios necesita maestros que sean firmes en sus compromisos doctrinales que honren la Palabra de Dios y la revelación bíblica, ¡necesitamos más maestros con discernimiento y con mente visionaria! No una visión de liderazgo al estilo secular y con agendas políticas o económicas de este mundo, sino una vida llena del Espíritu que sepa discernir los tiempos, las dificultades y lo que Dios quiere hacer a través de su Iglesia en medio del caos, la maldad y la inmoralidad. Watchman Nee tiene razón en el papel del discernimiento sobrenatural cuando el cristiano se enfrenta a malas enseñanzas que desvirtúan la pureza del evangelio y está de acuerdo con el *ethos* sobrenatural que Lucas presenta de los "analfabetos" teológicos llenos de poder del Espíritu para hablar la verdad:

> Si tuviéramos exclusivamente que fiarnos de buscar muchas citas bíblicas y referencias teológicas, y razonar e investigar, observar y pensar con nuestra mente para discernir lo que es verdad y lo que es mentira, solamente los cristianos muy inteligentes e instruidos podrían escapar del engaño. [...] El Espíritu de Dios que mora en el creyente le indicará

lo que es de Dios y lo que no lo es. Es por ello que muchas veces no podemos razonar lógicamente contra determinada enseñanza, pero en el fondo de nuestro ser se origina una resistencia. No podemos explicarlo, pero nuestro sentido interior nos dice que es un error. Por el contrario, podemos oír una enseñanza que es completamente opuesta a lo que normalmente admitimos, pero es la misma voz que nos dice que ese es el camino que debemos seguir. Aunque esgrimamos infinidad de argumentos y razones, esta pequeña voz insiste, de una manera obstinada, que nos estamos equivocando.[174]

¿Qué podemos hacer en México cuando incluso nuestros niños están siendo bombardeados mediáticamente con ideologías totalmente destructivas y movidas por el enemigo para quitarles su identidad como seres humanos creados a imagen de Dios? La literatura educativa de mi país está dando rienda suelta a enseñar a pequeños amados por Jesús confusión en su orientación sexual, para así, deshumanizarlos, pero eso no es todo. Recorriendo Facebook hace unos días noté que un usuario dentro de mi lista de amigos compartió algunas páginas de los nuevos libros de texto de la SEP para la educación primaria. En el material de "múltiples lenguajes" existe una sección que describe la brujería mexicana como parte de la cultura del país. "Bolas de fuego",[175] escrito por Carmen Leñero informa acerca de la leyenda de origen totonaca de las brujas que "surcan el cielo, saltan de cerro en cerro y acechan sobre los tejados en muchas zonas del país". Se aparecen en forma de pájaro y son consideradas "mujeres guajolote". Por si no fuera poco la descripción de la leyenda, que está de más decir que es innecesaria, la escritora también aporta el antídoto: "Colocar en casa crucifijos, palanganas de agua, espejos y objetos al revés; quemar las partes del cuerpo que se quitaron para transformarse, lanzarlas cuando son "bolas de fuego" o conjurarlas, rezando con palabras pronunciadas de atrás para adelante". No cabe duda de que la aplicación curativa a estos maleficios son la puerta de entrada a perpetrar la superstición por medio de la educación en las escuelas públicas. ¿Qué haremos como Iglesia? ¿Será suficiente aceptar las 'buenas intenciones' de la ignorancia santera que traerá más mal que bien? Si eso es lo que aceptamos, estamos lejos del

---

[174] Watchamen Nee, *El hombre espiritual, versión Scribd*, (Barcelona, España: Editorial Clie, 2005) 365.
[175] Puede consultarlo desde esta página que el gobierno mexicano proporciona: https://libros.conaliteg.gob.mx/2023/P3MLA.htm?fbclid=IwAR3Nxa8aTIdIlt8Fwf OnVk1aw7YNCWLmPz4Ks46CL1eGVO6zDzg2xgG7yLc#page/140.

sentir apologético de Pablo el apóstol, que ante la reiterada ovación de una muchacha poseída por un espíritu de adivinación que pretendía apoyar su ministerio llamándolo "hijo del Dios Altísimo", fue atajada por las palabras llenas de inspiración profética que reprendieron el maleficio: *Desagradando a Pablo, este se volvió y dijo al espíritu: Te mando en el nombre de Jesucristo, que salgas de ella. Y salió en aquella misma hora* (Hch 16:18). Con esto quiero decir que necesitamos sentir una incomodidad santa, que no se goce en la injusticia y en la destrucción de otros que quieren acercarse a la fe. Siendo bautizados con el Espíritu Santo, podemos ser llenos para detener la obra del mal profiriendo la Palabra de Dios, así como el apóstol lleno del Espíritu Santo, reprendió al mago Elimas confrontándolo con la verdad, y por consecuencia, dejándolo ciego un tiempo por su deseo de desviar la fe del procónsul Sergio Paulo (Hch 13:6-12). Por supuesto que esto no nos da la libertad para maldecir a la gente, esta percepción debe ser matizada por el gran mandamiento del Señor (Mt 22:34-40), sin embargo, si el patrón lucano es paradigmático, tenemos autoridad por el Espíritu Santo de ser usados para derribar los argumentos y pretensiones de aquellos que desean hacer mal a otros seres humanos y perpetrarlos en la esclavitud del mal, tanto espiritual como materialmente, a la par de tener un espíritu de oración y de paz para la comunidad en la que Dios nos haya puesto. Al final, el evangelio puede hacer que una ciudad entera destruya su pasado atado a la brujería, la maldad y el pecado, y quemar las explicaciones que pretender dar libertad a costa de su alma y yugo a Satanás (Hch 19:19). Pero no se logrará a través del adherirse a un partido político de derecha, o fomentando la izquierda, sino siendo una comunidad alternativa, una comunidad de exilio que proclame las buenas nuevas, y así como en el libro de los Hechos, ore por su nación y no se atreva a comprometer sus valores cristianos por alguna tendencia filosófica o política externa a la Palabra de Dios.

Una señal de precaución para los pentecostales

Con esta mirada apologética, puede existir la tentación de definir la obra del Espíritu pentecostal como simplemente un poder para predicar muy bonito y refutar a los contrincantes. Sin embargo, esta visión estrecha puede estar ciertamente equivocada. Robert Menzies, es un talentoso erudito que nos ha ayudado a los pensadores pentecostales a través de su brillante trabajo, a aprender más de una correcta interpretación de la monografía histórica de Lucas por medio de la crítica de la redacción, y a la vez, ha fortalecido nuestra convicción en el poder del Espíritu para todo el pueblo de Dios; sin embargo, este también puede equivocarse en sus tesis de un reduccionismo que no permite una visión más integral del bautismo en el Espíritu Santo. Pese a que el *ethos* pentecostal de leer a Lucas en términos proféticos de Menzies es muy cercano al de Stronstad, puede observarse una particularidad en su visión, que, aunque sigue siendo carismática, adjudica los efectos directos del bautismo en el Espíritu Santo *exclusivamente* a la inspiración profética, ya sean lenguas o profecía, lo que resulta en dar un discurso inspirado en medio de la oposición y dificultad. Por esta razón, el autor prefiere ver lo que el postula como el *donum superadditum*[176] como un don que más que carismático, es "profético".[177] A partir de esto, el erudito pentecostal postula que las obras prodigiosas como señales y milagros, son bien vistas por Lucas y pretende que la iglesia primitiva se caracterice por experimentarlas cotidianamente; no obstante, para Menzies, el evangelista y autor de Hechos, parece relacionar directamente las sanidades, exorcismos y portentos con el *dynamis* y no con *pneuma*, lo que implica que el bautismo en el Espíritu es una experiencia profética con miras puntualmente (o exclusivamente) con la misionología/proclamación kerigmática y no la ética y de una forma indirecta con los milagros. Lucas es cauteloso y prefiere no adjudicar directamente lo portentoso al Espíritu debido al abuso que alguien pudiera ejercer sobre ello. A la par, el autor llega a sostener que el bautismo en el Espíritu Santo no es la puerta de entrada a todos los dones carismáticos de 1 Cor 12, sino solamente a los de tipo profético.[178] Sin embargo, toda esta propuesta parece desmoronarse con Hechos 1:18, en donde el *dynamis* se recibe porque el Espíritu Santo llega a los discípulos (poder que logra grandes hazañas sobrenaturales y milagrosas) y resulta también en lenguas y profecía. Si este pasaje es programático para la agenda misional de Lucas, entonces es muy problemático concluir que el médico escritor no crea que los exorcismos, sanidades y portentos no vengan de la misma fuente de las lenguas y la profecía: el Espíritu Santo. Es verdad que los judíos del segundo templo, de la diáspora y palestinos en general, creían que el Espíritu otorgaba más prominentemente revelación profética;[179] sin embargo,

---

[176] Menzies, *Empowered for Witness*, 70.
[177] Menzies, *Espíritu y poder*, 109.
[178] *Ibid*, 245.
[179] Aunque el mismo Menzies cita una "excepción", El Salmo de Filón 27.9-10: Y Kenaz se levantó, y el Espíritu de Dios lo vistió, y sacó su espada... fue ves-

desde una comprensión muy temprana, la iglesia entendió que los portentos sobrenaturales como la sanidad y los exorcismos también eran gracias al ministerio del Espíritu (Mt 12:28). Lo que es más, tal como Stronstad postula, el ministerio profético de Jesús evoca inmediatamente a Elías y Eliseo con obras prodigiosas que incluyen la sanidad divina, el acercamiento a extranjeros, la resurrección y el control de la naturaleza:

> Jesús modeló este ministerio profético carismático y empoderado por el Espíritu según el patrón de los ministerios carismáticos de Elías y Eliseo. Por ejemplo, como Eliseo que limpió al leproso, Naamán el Sirio (Lc 4:27; 2 R 5:8-14), Jesús también limpia a los leprosos (Lc 5:12). Además, así como Elías y Eliseo controlaron la naturaleza por la manipulación milagrosa del agua (1 R 17:1; 2 R 2:8, 14, 19-22), así Jesús controla la naturaleza, ordenando incluso al viento y al agua que le obedezcan (Lc 8:22-25). Además, así como Elías y Eliseo multiplicaron un poco de comida en mucha comida (1 R 17:16; 2 R 4:3-7, 42-44), así Jesús multiplica cinco panes y dos peces en suficiente comida para alimentar a una multitud que cuenta con unos 5000 hombres (Lc 9:10-17). Lo más característico de todo, así como Elías y Eliseo resucitaron a los muertos (1 R 17:17-24; 2 R 4:34-37), así Jesús también resucita a los muertos (Lc 7:11-17; 8:49-56). De todas las obras poderosas que Jesús realizó, es la resurrección de los muertos lo que hace que la gente diga acerca de él: "¡Un gran profeta se ha levantado entre nosotros!" (Lc 7:16). Inevitablemente, es después de este milagro que Jesús tiene la repetición de ser Juan el Bautista o Elías o uno de los otros profetas de la antigüedad (Lc 9:7-8, 19).[180]

Otra imprecisión es que parece que este gran erudito siente seguridad en defender su tesis en base a que esta manera de entender el espíritu profético era también la comprensión rabínica y de los pensadores judíos más experimentados en las letras y la Torah. Así se apoya en Josefo:

> [El uso de "profeta" es utilizado] por Josefo en un sentido bastante amplio. Este uso parece sugerir que Josefo atribuía al Espíritu la realización

---

tido con *el Espíritu de poder* y se transformó en otro hombre, y bajó al campamento amorreo y comenzó a derribarlos.

[180] Roger Stronstad, *The prophethood of All Believers: A study in Luke's Charismatic Theology*, versión Kindle (Cleveland, TN: CPT Press, 2010), posición, 856-854.

de milagros y grandes proezas de fuerza. Sin embargo, la omisión del Espíritu por parte de Josefo en contextos en los que se mencionan milagros y hazañas especiales indica que no es así. Según Jueces 14:6, el Espíritu del Señor vino sobre Sansón y le permitió despedazar a un león. Sin embargo, en *Ant.* 5.287 no se menciona la actividad del Espíritu. De nuevo en Jueces 14:19 se dice que Sansón, inspirado por el Espíritu, mató a treinta filisteos; el registro de esta historia en *Ant.* 5.294 omite toda referencia al Espíritu... Otras hazañas, como el transporte milagroso de Elías (*Ant.* 8.33 = 1 R 18:12), la interpretación de sueños por José (*Ant.* 2.87 = Gn 41:38), y las habilidades especiales otorgadas a los artesanos (*Ant.* 3.200 = Éx 28:3; 31:3; 35:31), aunque atribuidas al Espíritu en los LXX, no son conectadas explícitamente con el πνεῦμα divino de Josefo.[181]

De igual manera reitera este alejamiento a lo milagroso en el desarrollo de la religión judía "oficial". A través de diferentes tradiciones rabínicas, Menzies demuestra el sentir escéptico judío hacia los que osaban decir que tenían al Espíritu al ejercer milagros y hazañas en el tiempo intertestamentario. Estas tradiciones en general, en su recopilación son tardías, sin embargo, pueden remontarse hasta una época precristiana. Por ejemplo, en base a *T. Sot. 13.2.* que declara que cuando los profetas Zacarías, Hageo y Malaquías murieron, entonces el Espíritu Santo "llegó a su fin en Israel", Menzies concluye acertadamente: "El texto equipara claramente *la profecía con la inspiración del Espíritu*: el cese de la profecía es el cese de la experiencia pneumática".[182] Empero la dificultad es creer que los primeros cristianos opinaban igual, o si Jesús creía en este supuesto "silencio profético" diciendo que los hijos de los fariseos "echan fuera demonios" (Mt 12:27; Mc 3:20-28). Desde luego, muchos de los carismáticos precristianos utilizaban métodos cuestionables para los exorcismos a diferencia de Jesús que por su autoridad dada por el Espíritu liberaba a los oprimidos por fuerzas oscuras; sin embargo, no hay evidencia de que Jesús negara la eficacia de muchos de ellos. También encontramos pruebas de sabiduría sobrenatural/carismática casi al inicio de Lucas; dos hombres que por el Espíritu (una siendo profetiza) fueron guiados por medio de revelación a conocer al Hijo de Dios que se encarnó (Lc 2:25-26; 36-38). Estos actos de sabiduría divina podían ser cuestionados por aquellos que querían

---

[181] Menzies, *Empowered for Witness*, 56.
[182] Menzies, *Empowered for Witness*, 84.

colocar a la Torah como el centro hermenéutico de la vida religiosa judía. Ruthven tiene razón al notar este cesacionismo temprano en la facción más erudita del judaísmo: "El judaísmo se convirtió en una religión basada en... la Torá escrita y su interpretación escolástica. Debido a eso, los milagros y las profecías, forzosamente, habían cesado".[183] Podría existir una piedad de algún rabino tan alta, pero debido a la perversidad del pueblo, este nunca sería usado con el Espíritu de profecía. Jesús, por el contrario, democratiza la energía divina sobre sus discípulos sin medida. Si los fariseos prefirieron una religión puramente interpretativa (como posteriormente se ve por la Mishná), entonces la oposición con Jesús y el movimiento carismático queda explicada. La alusión más clara a esta tensión es Juan 5:39, donde Jesús confronta la mala idea pre-rabínica de que las Escrituras por sí mismas ofrecen vida eterna sin la revelación mesiánica del Mesías como el clímax de esta revelación. Jesús se enfrenta a "una forma temprana de cesacionismo",[184] que según Ruthven, lo culpó y lo ejecutó por infringir Deuteronomio 13 y 18 que prohíben realizar maravillas o señales para conducir a la gente a la falsa religión (o hacia ¿Belcebú?).

Por lo tanto, es inconcebible interpretar que Lucas utiliza la comprensión extendida rabínica anti milagrosa para articular su pneumatología. Incluso parece que debiera ser todo lo contrario, habiendo hecho un análisis del sentir apologético del autor y su vindicación de la mano poderosa del Espíritu a través de la Iglesia con sus grandes prodigios y milagros, es difícil creer que Lucas estuviera de acuerdo con la opulencia intelectual judía. El Espíritu de profecía, según la visión mesiánica de Jesús, no se manifiesta exclusivamente por actos proféticos que habían cesado como los rabinos habían creído, sino a través de actos poderosos que son movidos por su compasión y amor. Lucas desde luego, sostiene que el Espíritu Santo a través de discurso inspirado, se manifiesta; sin embargo, esa no es la razón por su separación terminológica entre *pneuma* para el discurso profético y

---

[183] Ruthven, *On the Cessation of Charismata*, posición 618. Los judíos habían clasificado la actividad carismática en dos: 1) los profetas clásicos y los eventos milagrosos descritos en las Escrituras, y 2) Las diversas "formas atenuadas" de profecía y milagros, como el *bath qol* y los relatos milagrosos de los primeros rabinos. Ruthven dice también: "Persistió el sentimiento de que el nivel más alto de la actividad del Espíritu había terminado, de modo que para fines del primer siglo, un rabino inusualmente piadoso podría "merecer" el Espíritu Santo (es decir, los dones de profecía y milagros), pero no recibir porque las generaciones post-bíblicas no son dignas.

[184] *Ibid.*

dynamis para los poderíos sobrenaturales, más bien, lo más probable es que sea un caso polémico contra la oposición anti carismática saducea y farisea.

Hablando de los últimos, seguramente el médico al conocer su conocida posición de que el Espíritu Santo solo se manifestaría en alguien digno por inspiración profética, en lugar del entusiasmo con las visiones, portentos y exorcismos, sea la razón del por qué haya colocado el testimonio profético que esperaban contra ellos mismos al blasfemar y resistirse al Espíritu de profecía. En realidad, era el Señor Jesús prometido quien les llamaba a través de su mano sobrenatural para arrepentirse y conformar el remanente; pero su incredulidad en las grandes obras de Dios, comenzando desde la liberación de las personas oprimidas por Satanás en manos del Cristo, hasta el discurso poderoso de la Iglesia, los llevaban a tropezar y oponerse al Espíritu de profecía. El Espíritu Santo que hacía que los hombres profeticen, era el mismo que otorgaba el *carismata* de revelación, liberación y poder. Debemos entender que el bautismo en el Espíritu Santo es profético, pero evoca un profetismo sanador, donde la Iglesia se ve envuelta en la misión de santificar a otros a través del amor que ha sido derramado en sus corazones (Rm 5). Abordaré esto más tarde en el capítulo 3.

En síntesis, la apologética lucana nos ayuda a observar qué importante es el revestimiento del bautismo espiritual para la proclamación de la Palabra. En Hechos encontramos modelos que encarnan la unción profética de Jesús ante la oposición religiosa. Además, es claro que esta apologética tiene el fin de que la iglesia tenga como paradigma Pentecostés para poder ser eficaces ante la gran obra que tienen por delante, con una perspectiva visionaria llena de discernimiento guiándose de la voz del Espíritu. Robert Menzies nos ha ayudado a dilucidar el pensamiento rabínico y judío temprano para desentrañar la cosmovisión pneumatológica de Lucas, sin embargo, sus conclusiones no son del todo exactas y pueden llevarnos a un reduccionismo, por lo que es tiempo que los pentecostales vuelvan a tener un sentido integral del bautismo en el Espíritu Santo que les permita ver que aquella investidura puede repercutir en todo aspecto de su vida.

CONCLUSIÓN

En este capítulo nos hemos embarcado en el viaje de dar un breve vistazo a la semilla defensiva de los pentecostales, ante los cuestionamientos que han dado a luz sus críticos en un número discreto (pero suficiente) de material académico que ha surgido a lo largo de los años. Hemos usado una apologética pentecostal afirmando la continuidad del pentecostalismo con el movimiento cristiano en su proceso histórico de reflexión y diálogo, (al menos en Occidente). Desde el metodismo hemos notado que Fletcher, a diferencia de Wesley, empezaba a acercarse más a una pneumatología enraizada en la inminencia del Apocalipsis que repercutió en la visión del bautismo en el Espíritu que los movimientos de santidad ejercerían; a la par que el fundamentalismo empezaba a vislumbrar una experiencia enraizada en Lucas diferente a la regeneración salvífica que daba lugar a una energización del ministerio. Por si fuera poco, el revisionismo de algunos pensadores más liberales también supo dar un papel único a Lucas en su literatura, presupuesto que autores conservadores luego valorarían (véase Howard Marshall). Por otro lado, hemos reafirmado nuestra visión pneumatológica frente a los desafíos de la Tercera Ola, basados en Hechos 8 como claro pasaje que ejemplifica la separación de la conversión con el recibimiento del Espíritu notando así, las flaquezas en la exégesis del brillante erudito James Dunn y la aceptación acrítica que la mayoría del mundo evangélico tiene de ellas. Sam Storms, aunque es un brillante académico, un carismático que ama la obra del Espíritu y tiene una excelente comunión con sus hermanos pentecostales, también ha desdibujado la doctrina pentecostal clásica y la ha contemplado como incorrecta; también nos atrevimos a contestar sus objeciones más importantes. Por último, nos hemos dado a la tarea de analizar brevemente la apologética en Hechos como modelo para el testimonio cristiano energizado con palabra profética.

Sin embargo, una llamada de alerta suena entre nosotros. Es claro que hace falta algo por hacer, y es reflexionar a lo largo de la defensa, qué es lo que se ha perdido al señalar una verdad importante del libro de los Hechos, no observando otros matices que, de seguro, se nos han pasado de largo. Ninguna apologética cumple su tarea si no se atreve a cuestionar los propios presupuestos y énfasis doctrinales del pensamiento de cierta tradición. Hemos puntualizado que la visión de Menzies, puede ser estrecha, y ha sido el resultado de un arduo debate en que los pentecostales han insistido en no disolverse con la homogeneidad protestante o evangélica. Sin embargo, ¿a qué costo ha sucedido esto? Quizá sea hora de recuperar lo perdido con respecto a la obra del Espíritu Santo sobre su pueblo; no debemos temer a la santidad, no debemos temer a la reafirmación del llamado, mucho menos a la transformación ética *progresiva* y a la santificación. Todas estas aristas que formarán una visión más amplia del bautismo en el Espíritu Santo se tratarán en el siguiente capítulo, sin perder desde luego, nuestra visión tan amada de la llenura refrescante del Consolador.

CAPÍTULO 3

UNA INTEGRACIÓN PENTECOSTAL

El enemigo intentó mostrarme de nuevo cuánto dolor me causaría no saber cuánto tiempo pasaría antes de que me bautizaran [en el Espíritu Santo]. El enemigo dijo que tal vez no podría resistir. El Espíritu lo reprendió y dijo que el Señor podía hacerme estar firme y si no, yo sería un mentiroso. Y el Espíritu me hizo saber que yo estaba buscando en Dios y nada en mí mismo. El sonido de un viento poderoso estaba en mí y mi alma clamó: "Jesús, nada cómo tú" y mi alma lloró y pronto empecé a morir. Me pareció escuchar el gemido de Cristo en la Cruz, muriendo por mí. Toda la obra estaba en mí hasta que extinguió al viejo hombre.[1]

Obispo Charles H. Mason

El testimonio del obispo Charles H. Mason (1866-1961), fundador de la iglesia pentecostal de santidad COGIC (Church Of God in Christ) así como de otros pioneros pentecostales, me ha hecho reflexionar más a fondo de las dimensiones de la obra del bautismo en el Espíritu Santo sobre el creyente. Nuestros padres espirituales del siglo pasado, aun sin ser impactados por la erudición de la teología bíblica y la crítica de la redacción con todos

---

[1] C. H. Mason, en, Mary Mason, *The History and Life Work of Elder C.H. Mason Chief Apostle and His Co-laborers* (Memphis: Church of God in Christ, 1987), 35. El texto original dice "sin saber cuánto tiempo pasaría hasta que me bautizaran". El autor de este libro decidió agregar en el Espíritu Santo para explicar el contexto y sea más comprensible para el lector.

sus argumentos sofisticados, sino con una mentalidad práctica y ferviente, lograron apreciar la obra subsecuente del Espíritu y diferente a la salvación como un don escatológico con una trascendencia tremenda en sus vidas, su santidad y su propio discipulado. El bautismo en el Espíritu no solo equipaba al creyente para la misión y predicación del evangelio, sino era el eje central de la lluvia tardía antes de la consumación de los tiempos. El ejemplo antes presentado, muestra como para Mason, el bautismo en el Espíritu Santo fue una purgación de santidad en su interior que "extinguió al viejo hombre". Más importante aún, esta experiencia se le dio luego de ser santificado por primera vez después de su divorcio y utiliza el lenguaje de "la santificación completa"[2] que habría heredado de la comprensión de la santidad wesleyana. Mason no solo experimentó el poder de la presencia de Dios y su santidad, también degustó del cielo a través de las nuevas lenguas que salieron de su boca para sellar la experiencia carismática que estaba teniendo:

> Así que vino una ola de gloria en mí, y todo mi ser estaba lleno de la gloria del Señor. Así que cuando me puse de pie, vino una luz que encendió todo mi estado por encima del brillo del sol. Cuando abrí mi boca no paré de decir gloria, una llama tocó mi lengua que corrió dentro de mí. Mi idioma cambió y no podía hablar ninguna palabra en mi propio idioma. Oh, me llené de la gloria del Señor. Estaba satisfecho. Me regocijé en Jesús, mi Salvador, a quien amaba tanto. Ahora ha habido una gloria desbordante de la gloria del Señor en mi corazón.[3]

¿Cómo no mirar el gozo de este hombre al ser lleno del Espíritu cuando decidió a presenciar el gran avivamiento que estaba teniendo lugar en Azusa Street? Uno sin duda se conmueve y es desafiado a nunca desistir de pedir en oración un encuentro más con el precioso Espíritu de amor que el Padre da a sus hijos (Lc 11:13). Después de su experiencia de crisis en Los Ángeles, Mason se convirtió en un fiel predicador del don pentecostal

---

[2] Ivan L. Hartsfield, *Sanctified Imagination: Christian Holiness in Afro-Pentecostal Tradition* (Picwick *Publications*. Eugene, Oregon, 2023), 149. En una nota al pie de página, Hartsfield dice: "El lenguaje utilizado en esta experiencia es interesante, ya que Mason afirma haber "muerto del viejo hombre", lo que habla de una experiencia santificadora relacionada con su bautismo en el Espíritu. Como se mencionó anteriormente, Mason ya había sido santificado, y se consideraba "santo" a sí mismo cuando llegó a Azusa". (p.128).

[3] Mason, *History and Lifework*, 36.

con la evidencia de hablar en nuevas lenguas, lo que le costaría su amistad con su mentor y amigo C. P. Jones, un miembro de la comunidad afro-bautista que desafió los postulados teológicos que parecían dañinos para la vida práctica de la iglesia y enfatizó otros que apuntaban a una vida superior perfeccionada por la santidad de Dios.[4] Aunque Mason había tomado el mismo camino doctrinal de Jones, al escuchar que había abrazado la práctica de la glosolalia, Jones decidió quebrar toda relación con él y seguir un camino diferente. Mason por su lado, siguió pregonando aquella experiencia que le hizo escuchar el gemido de Jesús en la cruz por su propia vida y así, avivar aquella llama que tocó su lengua y llenó todo su interior.

Así como para Mason, los primeros pentecostales miraban que el don del Espíritu era un encuentro íntimo con Cristo para comprender más de cerca su obra expiatoria; podemos entender por ello cómo la comunidad pentecostal era transformada a través del poder estremecedor de Dios. La Iglesia de la Fe Apostólica, llena de entusiasmo y gozo por su encuentro con Jesús, también había superado las líneas de racismo que las leyes de Jim Crow y otros habían impuesto a la nación americana, cosa que humanamente, se veía imposible de lograr, ¡pero el Señor lo hizo! A través del Espíritu con el que fueron bautizados por Jesús podían decir: "La línea de color fue arrasada en la sangre".[5] Es una tristeza que algunas denominaciones se hubiesen fundado posteriormente para separarse del ala afroamericana del movimiento y así tener "cultos blancos" que no parecieran, probablemente, una desobediencia civil a lo muy conocido: "separados pero iguales". Cuando el pentecostalismo se rindió al fundamentalismo evangélico, el *statu quo* del presente siglo malo pudo más al permitirse ser indulgente ante la segregación con tal de una aprobación innecesaria. Los prejuicios derribados por la cruz se levantaron de nuevo para impedir la comunión cultural, racial y llena de gracia santificada en el Espíritu que caracterizaba los orígenes.

Así, William J. Seymour al haber experimentado la lamentable segregación y desprecio de su llamado (además de un menosprecio a la obra que había establecido en Los Ángeles) por parte de su mentor, Charles Fox Parham de quien recibió la enseñanza de la evidencia inicial de las lenguas

---

[4] "Específicamente [con] la santificación, [el concilio de bautistas afroamericanos], estaban en desacuerdo con la posibilidad de caer de la gracia, la sanidad divina, y una experiencia instantánea de santificación sobre la santificación progresiva y la confesión pública de los pecados". Hartsfield, *Sanctified Imagination*, 46-7.

[5] Frase del historiador y testigo del avivamiento, Frank Bartleman.

para tener el ímpetu necesario para predicarle al mundo de Cristo, empezó a darse cuenta, que el bautismo en el Espíritu Santo que tanto se predicaba y anhelaba, también obraba en lo ético y en el estilo de vida sometido a Jesús. Pareciera que Parham no estaba evidenciando al Espíritu en el que hace al cristiano templo del Espíritu (1 Cor 6:19; 2 Cor 6:16). El bautismo espiritual debía demostrarse, no solo por las lenguas, sino por otras evidencias:

> Amor divino, que es caridad. La caridad es el Espíritu de Jesús. Tendrán los frutos del Espíritu [referencia a Gálatas 5:22] […] Esta es la verdadera evidencia bíblica en su caminar y conversación diaria; y las manifestaciones externas; hablar en lenguas y las señales que siguen: echando fuera demonios, imponiendo las manos sobre los enfermos […] y el amor por las almas aumentado en sus corazones.[6]

Los historiadores Vinson Synan y Charles R. Fox, Jr. aciertan al decir que Seymour había ampliado su comprensión del bautismo en el Espíritu para incluir una dimensión ética probablemente por sus diferencias por Parham.[7] Se puede interpretar que posteriormente, el pionero por excelencia del pentecostalismo norteamericano había cambiado radicalmente su posición de las lenguas al dejar un lado la doctrina de Parham que con tanto denuedo predicó en sus inicios. Sin embargo, eso no quita de hecho, que Seymour tiene razón en sus palabras; no podemos simplemente decir que somos testigos por testificar con grandes hazañas, milagros, portentos, si nuestra vida no refleja lo que ha sucedido en el interior. Es verdad que, por todo Hechos, en efecto, es visible que la vida dinámica sobrenatural era parte de su ADN. De igual forma se presenta la proclamación inspirada como la forma más efectiva de evangelismo, sin embargo, esto no quiere decir que el papel encarnacional del bautismo espiritual queda eclipsado. El testimonio, las buenas obras y el buen comportamiento es importante para Lucas, así como para todos los escritores del Nuevo Testamento. Al fin y al cabo, debemos ser precavidos en equiparar la obra escatológica de la Tercera Persona de la Trinidad a simplemente un triunfalismo desmedido que descuide una relación íntima con el Hijo de Dios y una congruencia con lo que la Iglesia predica y vive. No por nada, Jesús

---

[6] William J. Seymour, ed., "Questions Answered", Apostolic Faith 1, no. 11 (October to January 1908): 2.

[7] Vinson Synan & Charles R. Fox, Jr., *William J. Seymour Pioneer of the Azusa Street Revival.* (Alachua FL: Bridge-Logos: 2012), 80.

nos mostró el peligro de confiar en el poder dado por gracia y olvidar lo más importante: vivir conforme a sus mandamientos (Jn 13:31). Recordemos las palabras del Maestro: *Muchos me dirán en aquel día: Señor, Señor, ¿no profetizamos en tu nombre, y en tu nombre echamos fuera demonios, y en tu nombre hicimos muchos milagros? Y entonces les declaré: Nunca os conocí; apartaos de mí; hacedores de maldad* (Mt 7:22).

En este capítulo, me aventuraré a proponer que, en efecto, el bautismo en el Espíritu Santo tiene una dimensión ética que gran parte de nuestros eruditos, ha negado una y otra vez. Irónicamente, mi denominación pentecostal, así como otras, han enfatizado este punto en sus declaraciones de fe. El documento de las 16 verdades fundamentales en Asambleas de Dios, dice que el bautismo en el Espíritu Santo hace que el creyente reciba experiencias como: "una reverencia más profunda para Dios (Hch 2:43; Hb 12:28)", "una consagración más intensa a Dios y dedicación a su obra (Hch 2:42)" y "un amor más activo por Cristo, por su palabra y para los perdidos (Mc 16:20)". La dimensión ética de este queda implícita con la referencia a la reverencia a Dios y el amor por Cristo y el prójimo. Creo que este camino es el que la denominación, y otras tradiciones pentecostales, deberían seguir; no debe perderse este énfasis en la doctrina cardinal del pentecostalismo.

Si algo nos enseña la doctrina ortodoxa e histórica trinitaria de la *pericóresis* (*perichoresis* en griego) es que la presencia de una persona de la Trinidad, también se encuentra en otra y así sucesivamente, envolviéndose la Deidad en un amor divino, eterno e inmanente; es decir, mora uno en el otro, o existe una cohabitación. Así, Juan Damasceno, un padre de la iglesia ortodoxa dice:

> Conocemos que Dios es uno y no dividido, por así decirlo, tanto porque entre las tres hipóstasis no hay composición ni confusión, como a causa de la consustancialidad por la cual las hipóstasis están unas en otras y tienen la misma voluntad y actividad, el mismo poder, autoridad y movimiento. Así pues, verdaderamente un solo Dios es Dios junto con el Verbo y su Espíritu.[8]

Pese a nuestro limitado entendimiento, no es posible comprender las diferentes obras divinas en la historia como propias de cada una de las

---

[8] Juan Damasceno, *exposición de la fe I ,8,* (Madrid, España: Editorial Ciudad Nueva, 2003), 56.

distintas Personas de la Trinidad tales como el Padre que envió a su Hijo, el Hijo que nos redimió por su muerte y resurrección, y el Espíritu Santo que nos santifica y aplica la obra de Jesús en nosotros. A esta perspectiva de la obra de Dios Trino se le conoce como "Trinidad económica". Por su puesto, tal visión no está alejada de lo que las Escrituras dicen y revelan acerca de Dios; sin embargo, deberíamos ser precavidos de llegar a concluir que las hipóstasis divinas no trabajan juntas en cada manifestación de Dios o "época". El error del dispensacionalismo más extremo fue presentar sus dispensaciones como administraciones con gran discontinuidad unas de las otras. Eso llevó a algunas personas a proponer que el Padre fue el que trabajó más prominentemente en el Antiguo Testamento, el Hijo en los evangelios y el Espíritu Santo en la era de la Iglesia. John Fletcher, el sucesor de John Wesley, y quien preparó teológicamente al metodismo para que de él se desprendieran los posteriores grupos de renovación, fue conocido por llevar esa interpretación, "desarrolló una teología de santidad que separaba la regeneración y la santificación, en la que el Padre era el Creador, el Hijo era el Redentor y el Espíritu Santo el Santificador".[9] Aunque teológicamente, es válido describir la "separabilidad" de las obras de Dios, puede ser un error con un precio muy alto restringir estas etapas a ciertos Miembros de la Trinidad y aplicar esa visión al desarrollo de cada individuo que se adhiera al Cuerpo de Cristo.

    El fruto de esa comprensión llevó, por ejemplo, a C. H. Mason, y en sus inicios a Seymour, a sostener una santificación poco ortodoxa que les empujó a "mover la pneumatología de la santificación a la obra del Espíritu en el bautismo en el Espíritu Santo. Esto se convirtió en un evento carismático experimentado como una tercera obra de gracia, mientras que

---

[9] Frank D. Macchia, *Baptized in Holy Spirit*. Versión Kindle (Grand Rapids, Michigan: Zondervan, 2006), 31. De igual manera Dayton dice algo parecido: Fletcher... veía la historia dividida en tres dispensaciones, cada una de ellas identificada con una de las personas de la Trinidad, y cada una de ellas caracterizada por una "gran promesa por parte de Dios". La primera de ellas es la "dispensación del Padre", que anticipa "la manifestación del Hijo". La "dispensación del Hijo" se inicia con Juan el Bautista, y anticipa "la promesa del Padre", o el derramamiento del Espíritu Santo en Pentecostés. La tercera dispensación, la del Espíritu, anticipa el regreso de Cristo. Estas dispensaciones no son solo una descripción del proceso salvífico, o *Heilsgeschichte*, o las etapas de la obra de Dios en la historia humana, sino también –y tal vez más basicamente– *una descripción de las etapas del crecimiento espiritual y el desarrollo por el cual debe pasar cada inviduo*. Donald W. Dayton, *Raíces teológicas del Pentecostalismo* (Grand Rapids, Michigan: Nueva Creación, 1991), 32.

la santificación se trasladó a Cristo como el Santificador".[10] Sin embargo, a pesar de su *ordo salutis*, ambos notaron que Dios incluso podía trascender y desafiar su teología (así como a nosotros). Mason por medio de su experiencia bautismal en el Espíritu dio testimonio de su "morir al viejo hombre" y Seymour por su decepción, reflexionó de la necesaria santidad que refleja el bautismo en el Espíritu Santo. Es lógico llegar a esta conclusión a través de la reflexión experiencial y teológica, porque, ¿acaso la santidad es ajena al Espíritu Santo? ¿No solo el nombre de la Tercera Persona de la Trinidad nos dice algo importante? Lo que es más, ¿el capítulo 8 de Romanos no nos enseña que los hijos de Dios son guiados por el Espíritu para la santidad? Pablo no observa una diferencia tangencial entre la justificación y la santificación. En 1 de Corintios 1:30-31, el apóstol dice que los creyentes están en Cristo, el cual Dios lo ha hecho para ellos, justificación, santificación y redención. Más adelante, les recalca su posición como cristianos para que caminaran en santidad y enmendaran sus malos pasos: *Mas ya habéis sido lavados, ya habéis sido santificados, ya habéis sido justificados en el nombre del Señor Jesús, y por el Espíritu de nuestro Dios* (1 Cor 6:11). Tradicionalmente, los evangélicos hemos entendido correctamente que todos los creyentes, aunque son ciertamente imperfectos (y algunos carnales peligrando en su vida espiritual), como los Corintios, son *santos*. Sería complicado, sino imposible, sostener que la Biblia espera una segunda obra de santificación entera para que la sangre de Jesús limpie al creyente y de esa manera Dios le llame y observe como "santo" para después esperar, por medio del bautismo en el Espíritu, recibir al Consolador. Pablo dice claramente que tanto el Verbo como el Espíritu se encuentran en el creyente actuando de forma integral desde que ellos confiesan que Jesús es el Señor. Los pentecostales de obra consumada como otros evangélicos, han sostenido que evidentemente se da una santidad posicional e inicial en la justificación de una persona, y esa santidad crece progresivamente; sin embargo, aunque esto es correcto, quizá hayamos perdido ese ímpetu de anhelar una experiencia de crisis que nos transforme radicalmente, por lo que este capítulo abordara el tema. Lamentablemente, esta interpretación teológica no tuvo su freno en ciertas perspectivas de la cadena de oro de la salvación y su proceso, que, hasta cierto punto, podrían ser periféricas sino de igual forma en cuestiones ontológicas de Dios reviviendo herejías del pasado como el Modalismo. Los pentecostales unicitarios, encontraron en ella un facilitador para

---

[10] Hartsfield, *Sanctified Imagination*, 255-6.

postular que su doctrina de la unicidad se encontraba enraizada en la historia de la salvación. Como el Padre se presentó en el Antiguo Testamento, el Hijo en los evangelios y el Espíritu Santo en la Iglesia, entonces, estos fueron tres *modos* en tres dispensaciones distintas en la que Cristo se manifestó a su pueblo y no Tres personas que conforman la Deidad. Estas señales de alarma del pasado y del presente, nos deberían indicar que una integración pentecostal es necesaria y urgente, aunque sin perder de vista y de la praxis eclesiástica, la experiencia de crisis tan potencializadora que caracteriza a los movimientos de renovación.

Queda claro entonces, que, aunque es totalmente válido adjudicar cierta obra a las diferentes Personas divinas, sería un error no reverenciar a la Trinidad inmanente, donde en amor eterno, una y otra participan del gran drama de redención. Existe un misterio trascendente delante de nuestras propias limitaciones que debemos adorar y venerar con toda nuestra alma. Karl Rahner, pudo haber tenido razón en su *Mysterium Salutis* al decir que "La Trinidad 'económica' es la 'Trinidad' inmanente, y viceversa". Sin embargo, pudo haber errado al agotar el significado de la vida intratrinitaria solo a su acción en la historia de salvación. Michael Bird no se equivoca al describir el desacuerdo de Karl Barth con Ranner:

> Barth está de acuerdo en gran medida con Rahner en que la Trinidad económica es la Trinidad inmanente. La unidad de Dios corresponde internamente a la unidad de Dios exteriormente en la medida en que la esencia y la operación de Dios son una. Sin embargo, vemos a Dios como actúa en las Escrituras y no directamente en su esencia oculta. Si equiparamos erróneamente la acción de Dios con su ser, invariablemente estaremos en peligro de triteísmo. Para Barh, entonces la Trinidad inmanente no puede ser completamente identificada, separada o sintetizada con la Trinidad económica, aunque Dios en su esencia y acción es uno.[11]

Por ello, el apóstol, a la luz del derramamiento pentecostal, pudo interpretar que Dios, a través del don del Espíritu, *derramó* su amor en los corazones de los (Rm 5:5),[12] por medio de lo que Jesús hizo para nuestra

---

[11] Bird, *Evangelical Theology*, 163.

[12] Craig Keener sostiene el evento de Pentecostés como auténtico en base a la literatura paulina. Pablo ve al creyente como "primicia del Espíritu" en Romanos 8:23, lo que puede evocar la mentalidad de la forma más tradicional de interpretar la fiesta de Pentecostés como una festividad de los primeros frutos.

justificación (5:1, 6-10). Juan el evangelista, por su parte, declara que este derramamiento es Trinitario, independientemente si como cristianos occidentales nos adherimos al *filioque*[13] o no: *Mas el Consolador, el Espíritu Santo, a quien el Padre enviará en mi nombre, él os enseñará todas las cosas, y os recordará todo lo que yo os he dicho* (Jn 14:26). Si el gran misterio del Dios oculto es manifestado en Jesucristo y experimentado por la Iglesia en el Espíritu Santo, es claro que la vivencia pentecostal tiene contacto con la insondable Trinidad inmanente. El bautismo en el Espíritu no puede ser menos que, como dice Macchia, un bautismo que permite que "la iglesia participe y de testimonio central de la santificación de la creación".[14] Si Isaías proclama que toda la tierra será llena del conocimiento de YHWH, así como los mares son cubiertos por las aguas (11:9; Cf. Hab 2:14), no podemos esperar menos del Espíritu escatológico, que renovará nuestro alrededor para dar pie a Cielos Nuevos y Tierra Nueva (Is 65:17; 2 P 3:13; Ap 21:1) y así develar el misterio Trinitario al ser derramado para la consumación de todas las cosas. Podemos sostener que la esperanza escatológica será que la Trinidad inmanente será "en todo en todos" (1 Cor 15:28); mientras tanto, la Iglesia bautizada en el Espíritu camina en los "últimos días" (Hch 2:17) manifestando el reino de Dios y haciendo correr su río de la nueva creación por medio de la proclamación poderosa del Evangelio. Esto puede tener lugar por un encuentro Trinitario de bautismo en el Espíritu.

A la luz de nuestro estudio de una antropología bíblica y pentecostal, es inimaginable que esta dinámica experiencia teofánica solo tenga que ver con poder para la misión. La visión del oriente próximo de la imagen de Dios que analizamos en el capítulo primero tiene mucho que decir al respecto de la vocación humana, del lugar del ser humano como administrador de la creación. Sin embargo en el relato de Génesis, tal concepto no niega la realidad intrínseca y ontológica de צֶלֶם *tsélem* y דְּמוּת *demút*; el ser

---

Por otro lado el lengue que muestra Romanos 5:5 (y Tito 3:6) es una análogo al "derramamiento" de Pentecostés (Hch 2:33). Veáse, Craig S. Keener, *Acts: An Exegetical Commentary: Introduction and 1:1-2:47*. Versión Scribd (Grand Rapids, Michigan: Baker Academic, 2012), 2241.

[13] El *filioque* es una cláusula añadida al Credo niceo-constantinopolitano que se traduce del latín como "Y el Hijo", esto, refiriéndose a la procedencia del Espíritu Santo. La proposición original decía: "Creemos en el Espíritu Santo, dador de vida que procede del Padre". Así la iglesia ortodoxa mantiene la posición original, mientras que en occidente se sostiene que el Espíritu procede tanto del Padre como del Hijo.

[14] Macchia, *Baptized in Spirit*, 132.

humano no es solo un capricho de los dioses ni su esclavo: es la criatura que representa al Único Dios Verdadero, y por ende, comparte características con él a diferencia de las demás criaturas. Queda claro que esta dignidad como una comisión cultural para que las naciones sean esparcidas fue atacada por el fiero Nimrod y la construcción de la Torre de Babel prescindiendo del llamado de la vocación del Creador, pero también oprimiendo a seres humanos valiosos que portaban la imagen divina. Con el Espíritu Santo devolviendo la dignidad perdida de hombres y mujeres que se someten al reino de Dios, no se puede separar drásticamente la obra del Consolador como si la regeneración, santificación y el empoderamiento estuviesen totalmente distantes. Es verdad, Lucas está enfatizando el papel vocacional del Nuevo Adán en su evangelio, y la iglesia que recibe su unción en Hechos que es reflejado a través de portentos cósmicos "en la tierra" como las lenguas, la profecía, las visiones, los sueños, las sanidades, etc., (Hch 2:9), en medio de un Babel Invertido; aunque Lucas parece evocar que existe una obra subsecuente, nada en el texto nos permite inferir que dicha acción no esté relacionada en lo más mínimo con el carácter de la persona y su vida moral. Separar la profecía de los milagros, como Menzies ha hecho, es una dicotomía reduccionista que parece no hacer justicia a las Escrituras. Pero también lo es separar drásticamente, las buenas obras de caridad, de las obras de los carismas y el fruto del Espíritu. Lo que es más, Lucas parece retratar que los que han sido bendecidos con la promesa de lo Alto llevan una vida más santa e íntima con Jesús avivando lo que les fue dado como argumentaré en este capítulo.

Definitivamente, los pentecostales debemos volver a mirar que es posible una transformación al experimentar el bautismo en el Espíritu; un acceso a una realidad nunca vista en la persona por la llenura saturante de la Tercera Persona de la Trinidad. Tal como se ha analizado el segundo capítulo, este bautismo no puede reducirse a "la iniciación cristiana" como si la salvación pudiese describirse solamente como una experiencia de crisis pasada como el evangelicalismo norteamericano ha planteado, en lugar de un proceso o *theosis* que puede evocar experiencias catárticas sin iguales y siempre nuevas. Para Lucas, si el Espíritu derramado de Hechos 1:8 es el Espíritu escatológico que apunta a la renovación de la creación, es claro que la venida de la promesa del Padre empodera a los creyentes para testificar y así, dar una apologética férrea irrefutable además de sobrenatural, pero, también, este poder los capacita para ser testigos experienciales que han palpado a Dios Trino. Aunado a ello citamos las palabras del teólogo pentecostal asiático Simon Chan: "Hechos 1:8 no se refiere únicamente a la capacidad de testificar como resultado del bautismo en el Espíritu; se trata ante todo de ser testigos, de que las vidas sean transformadas".[15]

Con esto en mente, me propongo en este tercer capítulo a, primero, describir que la "señal inicial" del bautismo en el Espíritu, a saber, la glosolalia, en base a una lectura canónica, puede interpretarse como una realidad escatológica de lo por venir como muestra de la irrupción de una nueva forma de vida lograda solamente por el Espíritu. Como segundo punto, abordaré la obra santificadora del bautismo en el Espíritu con base en Lucas y sus implicaciones éticas en el texto y también en la vida presente. Por último, buscaré sintetizar lo antes mencionado a través de una interpretación holística del bautismo en el Espíritu Santo a la luz de Lucas y Pablo, que son quienes describen esta realidad en la práctica de la Iglesia primitiva.

LA GLOSOLALIA, UNA DEGUSTACIÓN DE LO POR VENIR

Dos eras que se traslapan

El autor de Hebreos pormenoriza a los creyentes como aquellos que fueron iluminados, gustaron del don celestial, fueron hechos partícipes del Espíritu Santo y asimismo gustaron de la palabra de Dios y los poderes del siglo venidero (Hb 6:4-6). En especial esta última característica de los creyentes es esencial para entender la pneumatología bíblica. Estos *dunameis* o "poderes" (Gr. δύναμις dúnamis; sustantivo plural femenino) son manifestaciones visibles del poder de Dios. Es altamente probable que el autor de la homilía tenga en mente lo que antes mencionó acerca de la testificación de los apóstoles que tanto él y otros habían escuchado. La proclamación apostólica era conocida como un anuncio del Reino lleno de señales y milagros; el poder ejercido por ellos anunciaba a Cristo. Para el autor, todos estos fenómenos son "repartimientos del Espíritu según su voluntad" lo que evoca una comprensión de los dones del Espíritu en el escritor de Hebreos (2:4). El Nuevo Testamento describe de la misma forma a la fuerza dinámica y carismática de la Iglesia con la palabra *dúnamis* (Hch

---

[15] Simon Chan, *Pentecostal Theology and The Christian Spiritual Tradition* (Eugene, Or: Wipf & Stock, 2011), 10.

1:8; Rm 15:9; 1 Cor 2:4; 14:10; Gá 3:4; 1 Ts 1:5). Thomas Schreiner lo describe de la siguiente manera:

> Aquí el argumento particular es que los dones del Espíritu acreditan la revelación dada por Dios. En otros lugares, tanto Pablo (Gá 3:1-5) como Pedro (Hch 15:7-11) afirman que el don del Espíritu Santo demuestra que los creyentes gentiles pertenecen realmente al pueblo de Dios. En otros contextos, los dones del Espíritu se conceden para edificar a los creyentes (cf. Rm 12:3-8; 1 Cor 12:1-31; 14:1-40; Ef 4:11-16; 1 P 4:10-11), pero aquí el autor apela a los dones del Espíritu para apoyar la veracidad del evangelio.[16]

Esto no quiere decir que tales manifestaciones se reduzcan a solo una cuestión de "validación" de la obra cristiana que fue dada para cierto tiempo pasado y que no tenga nada que ver con nosotros en nuestros días. Tal interpretación está lejos de ser coherente con todo el relato del Nuevo Testamento donde la obra milagrosa de Jesús también tiene que ver con el amor y la caridad. Además, Pablo cree que la Iglesia disfruta de los carismas en espera de la Parousía (1 Cor 13:10); hasta ese momento, los dones del Espíritu siguen siendo importantes y necesarios para que la asamblea cristiana sea edificada. Si en algún modo el poder del Espíritu tiene la intención de validar la obra apostólica, entonces los creyentes de hoy también deben ser investidos con la promesa para ser profetas competentes de los últimos días desde la perspectiva de Lucas (Hch 2:39). Nada, entonces, nos debe llevar a inferir que este texto es una proposición a favor del cesacionismo pues de ninguna forma esta idea es concebida por el autor de Hebreos.

Sin embargo, aquellos *poderes* también son presentados aquí como pertenecientes al "siglo venidero" (Gr. μέλλοντος αἰῶνος; mellontos aionos). Los judíos en los tiempos de Jesús creían que en la historia existían dos eras diferentes: la era presente y la era por venir. La era venidera tenía lugar en el futuro cuando Dios interviniera resucitando a su pueblo y trayendo la eternidad. En su lugar, la era presente era caracterizada como un tiempo de maldad y de pecado, "de este modo, había una línea identificable entre dos periodos de tiempo: este siglo (en hebreo *olam-hazzeh*) y el siglo por venir (*olam-habba*) también llamado Gan Edén (huerto del

---

[16] Thomas R. Schreiner, *Hebreos*, ed. T. Desmond Alexander, Thomas R. Schreiner, y Andreas J. Köstenberger, Comentario Evangélico de Teología Bíblica (Bellingham, WA: Editorial Tesoro Bíblico, 2021), Hb 2:4.

Edén)".[17] Sin embargo, los cristianos comenzaron a comprender que las realidades escatológicas del Edén manifestado en el día de YHWH entendido como el día de Cristo, ya tenían lugar en la era presente debido a la resurrección del Mesías Divino. Los seguidores de Jesús habían experimentado en alguna medida los beneficios de lo porvenir. Una tensión se abre camino en la que el pueblo de Dios tiene lugar por la primicia del Espíritu Santo con miras a la consumación de la era venidera. En cierto sentido, el cristiano vive en la "última hora" (1 Jn 2:18) y ha alcanzado el fin de los siglos (1 Cor 10:11), aunque aún espera el actuar cósmico y apocalíptico de Dios por medio de Jesucristo y su manifestación.

Perspectiva judía

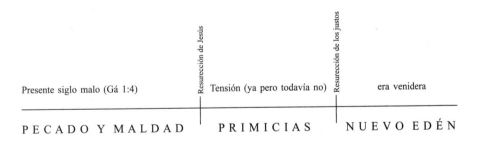

Perspectiva cristiana de "escatología inaugurada"

Los seguidores judíos de Jesús, a los que el escritor de Hebreos exhorta, verdaderamente habían "degustado" (Gr. γεύομαι geúomai) lo por venir a través de los dones del Espíritu Santo. Esta palabra incluso puede traducirse como "saborear", lo que encaja bien con la pneumatología de la

---

[17] Gary S. Shogren, *El don del Espíritu*, 55.

Iglesia primitiva donde empieza a comprenderse que el Espíritu dado como un pago inicial (Ef 1:14) es un efecto de la resurrección de Jesús que presagia la era venidera de *Gan Edén,* aunque no de manera completa o "consumada" sino inaugural. Con esto en mente podemos reconocer que Lucas en Hechos, asocia la "señal" del bautismo en el Espíritu Santo, a saber, las lenguas, como una manifestación escatológica que hace degustar a los discípulos del Mesías, parte de lo porvenir. La glosolalia siendo un discurso no convencional, por lo tanto, no tiene que encajar con las nociones modernas del "lenguaje" y su escrutinio racionalista pues su mira va hacia un nuevo orden que será establecido.

Las lenguas en Corinto; un mal entendimiento

Un lugar donde encontramos luz de lo que significa el don escatológico de la glosolalia es en la Primera Carta a los Corintios. Todo asiduo lector de Pablo sabe bien que los misterios de Dios que son mencionados por el hablante de las lenguas, ni él puede comprenderlos a menos que haya interpretación, pero a pesar de que la razón del individuo quede sin fruto, el beneficio no deja de recibirse, es decir, le lleva a beneficiarse de una realidad espiritual que se sobrepone a su corto entendimiento (1 Cor 14:14). Véase que tal noción no hace que Pablo relegue este don escatológico a lo inservible o que lo menosprecie, sino está dispuesto a ser bendecido de dos maneras, por medio de su entendimiento y por medio de su espíritu al orar en lenguas: *Oraré con el espíritu, pero oraré también con el entendimiento; cantaré con el espíritu, pero cantaré también con el entendimiento* (1 Cor 14:15). Si los corintios son reprendidos por el uso del don, no es por la naturaleza de este carisma, que en realidad es muy buena, sino por el móvil intransigente y carnal sentir de los destinatarios al querer mostrarse a sí mismos como superiores a los demás cuando se reunían usando de pretexto la glosolalia.

Ante lo anterior, Pablo seguramente evoca una pregunta en nosotros, ¿cómo es que las lenguas para los corintios representaban una oportunidad para reflejar la arrogancia y la autosuficiencia? Entre las respuestas, algo innegable es que la glosolalia sin interpretación es el carisma único mencionado por Pablo como auto-edificante para el individuo en lugar de forma comunitaria (1 Cor 14:4). Si esto es así, es probable que las lenguas tengan un efecto sacramental individual que otros dones no parecen reflejar. Como dice Simon Chan:

El cristiano que se siente abrumado por la presencia divina responde espontáneamente en lenguas. Al mismo tiempo, el glosolaliaco descubre un "idiolecto" que le ayuda a expresar lo inexpresable en la oración. Cuando las lenguas se ejercitan continuamente como el lenguaje de la oración, se convierten en la "ocasión" para una nueva teofanía y un nuevo nivel de intimidad con Dios. Las lenguas funcionan como un medio de gracia.[18]

Entonces, ¿por qué los corintios reflejan una vida totalmente diferente a la deseada por Pablo? Desde luego, la actitud al usar los carismas tiene mucho que ver. En lugar de que el apóstol omitiera la realidad edificadora de la glosolalia y la redujera a lo inútil, sostiene su valor sacramental en los individuos de la comunidad. Sin embargo, también se atreve a declarar que la oración en otras lenguas, sea ya practicada de manera privada o en el contexto eclesiástico, se vuelve inefectiva cuando el amor no tiene cabida al momento de ejercerla (1 Cor 13). Los corintios no están siendo edificados correctamente por su actitud altanera y caótica. Así como el bautismo requiere una fe justificadora y una actitud acorde a ella que amerite tal sacramento, o la comunión de la Eucaristía pide a gritos discernir el cuerpo de Cristo para evitar el juicio divino (1 Cor 11:29-30), la oración en lenguas precisa de un proceder ante el prójimo y ante Dios caracterizado por el amor y la mansedumbre para que sea totalmente efectiva.

El amor carente en los corintios puede que sea una consecuencia de la obsesión con las lenguas provocado por un mal entendimiento de ellas. Entre las construcciones teóricas que buscan analizar la actitud de los creyentes en Corinto, se encuentra una que sobresale postulando que estos habían tenido una visión escatológica pronunciadamente consumada (siguiendo a Fee, Barret, Conzelmann, entre otros). Esta interpretación no es improbable; Pablo les había acusado por estar *ya* "saciados" por ser *ya* "ricos" y vivir como prácticamente "reyes", cuando, a diferencia de ellos, los apóstoles se encuentran como "últimos" "sentenciados a muerte" y presentados en el drama divino ante los ángeles como "espectáculo al mundo" (1 Cor 4:8-9). Gordon Fee dice:

> Los tres verbos atacan no solo su orgullo en general, sino específicamente su modo de ver la espiritualidad, que refleja una escatología "superrealizada". La perspectiva de Pablo, que comparte con el resto de los autores del NT, es de ya pero todavía no en tensión; la de ellos es

---

[18] Chan, *Pentecostal Theology and The Christian Spiritual Tradition*, 78.

de "ya" con poco espacio para "todavía no". Por haber recibido el Espíritu, ellos ya han llegado; para ellos la espiritualidad significa haber sido transportados a toda una nueva esfera de existencia en la cual están "por encima" de la existencia terrenal, y especialmente "carnal", de los demás. Por eso, "ya estáis saciados", verbo que en griego como en español se refiere a haber comido hasta llenarse. No solo se jactan ellos en lo que es un don gratuito, sino que están "saciados" con sus dones, entre ellos la "sabiduría". "Ya estáis ricos" (cf[...]1:5), una segunda metáfora para referirse a los dones espirituales. En ambos casos realmente tienen esos dones, pero no en la forma en que creen.[19]

Si el don de lenguas estaba siendo usado de mala manera en asamblea, quizá tenía que ver con la escatología de los corintios. Al degustar de los bienes del mundo venidero, eso les pareció llevarlos a la conclusión que se encuentran en un nivel extra-mundo lejos de la decadencia del pecado y la maldad; lo que sería contraproducente implicando una excusa perfecta para vivir sin santidad (Véase el llamado moral de Pablo en 5 y 6). El apóstol en su represión prosigue irónicamente con una antítesis entre los corintios y los demás apóstoles: *Nosotros somos insensatos por amor de Cristo, mas vosotros sois prudentes en Cristo, nosotros somos débiles, más vosotros fuertes; vosotros honorables, más nosotros despreciados* (v. 10). Así, los servidores de Dios al mundo son conocidos por las tribulaciones propias de esta vida, una vida con fatiga, hambre, desnudez y desprecio de las personas (vv. 11-13), mientras que los corintios buscan evadir todo lo que tenga que ver con lo propio de este mundo como si se encontrasen ya en el cielo; evidentemente, un pensamiento protognóstico que pusiera en la cúspide de la vida cristiana el conocimiento despreciando al prójimo y la iglesia como cuerpo de Cristo, podría haber empezado a permear en la comunidad. Con todo, Pablo no busca hacerse la víctima al decir todo esto, sino llevar a sus hijos espirituales a la madurez y reflexión (v. 14).

Si existe una jactancia, porque aquellos creyentes carnales se sentían como reyes poderosos en medio de un mundo caído, la visión de que probablemente su escatología era extremadamente realizada, se refuerza con el discurso de Pablo de la resurrección del capítulo 15. Podría ser que los problemas para aceptar la idea judía de resurrección literal de los muertos en la iglesia de Corintio, se debiesen a que adoptaron una perspectiva más

---

[19] Gordon D. Fee, *Primera Epístola a los Corintios* (Grand Rapids, MI: Nueva Creación, 1994), 196–197.

"espiritualizada" de una resurrección que ya había tenido lugar en el hombre interior, en lugar de un levantamiento literal de los justos que dormían. Así el apóstol debe empezar hablando de la tradición petrina de Jerusalén del evangelio que recibió para esparcir El Evento Cristo por todas las naciones (15:1-3). Este evangelio incluye como un apartado importante, si no climático, la resurrección del Mesías (v. 14), lo que hace que sea inverosímil que algunos estén enseñando que no habría una resurrección literal como la Jesús (v.12), pues si esto es aceptado, entonces por consecuencia lógica, también se negaría que el Señor se haya levantado de los muertos (vv. 13, 16) y por lo tanto, la fe que todo cristiano ejerce es simplemente una fe vana, que no tiene efectividad en la trata con el pecado (vv. 14, 17). Pablo entonces, decide refutar la mala comprensión corintia explicando en que consiste la resurrección. En Adán todos mueren, pero en Cristo todos son vivificados (v. 22).[20] Inmediatamente prosigue a explicar la relación entre la resurrección de Cristo y la de los creyentes; todo se trata de un orden, la resurrección del Mesías "son las primicias" mientras que el levantamiento de los que están en él se da en la Parousía (v. 23). Ante el cuestionamiento de algún incrédulo de cómo se llevaría esto a cabo, el apóstol da un discurso detallado, usando las convenciones griegas para explicar su perspectiva judía de la resurrección (v. 35). ¿Podría Pablo seguir el pensamiento que recibió en su preparación como un fervoroso judío? Los saduceos, eran conocidos por negar este evento cataclísmico que dará nuevos cuerpos a los seres humanos, la mayoría de Fariseos (con sus contadas excepciones; algunos de ellos adoptaron la filosofía helenista) compartían la creencia de que las almas de los difuntos descansan en la presencia de Dios esperando la entrega de un cuerpo nuevo. Así Pablo, instruido en la escuela farisea, pudo haber tenido en mente usar metáforas entendibles para sus lectores griegos para describir los cuerpos que existen, tanto unos granos (v. 37), cómo las diferentes "carnes" (gr. σάρξ sárx) de hombres y de animales (v. 39). Incluso habla de cuerpos celestiales y terrenales (v. 40). Aunque algunos han visto aquí al apóstol como un platonista, un judío helenizado, que tal como el pensador Filón, evoca un mundo de las ideas como un plano existencial superior al terrenal, no se puede forzar tanto el significado para pensar que tuviese compromisos

---

[20] Es casi seguro que aquí, la "vivificación" no se esté refiriendo en primer plano al hecho regenerador que uno alcanza al ser justificado, sino al evento escatológico de la resurrección. Pablo habla de eso en el contexto. Sin embargo, puede estar implícito.

helenistas más que judíos, sino cómo simplemente una explicación del mismo evento: la resurrección literal de la perspectiva hebrea tradicional por medio de metáforas que sus destinatarios que eran griegos pudiesen comprender. Que aquí, la "carne y la sangre" no puedan heredar el reino de Dios (v. 50), no quiere decir que Pablo esté pensando en un lugar llamado "cielo" donde moran espíritus incorpóreos por la eternidad, sino en los cuerpos transformados que reciben todos los que participen en la resurrección de los muertos. No se destruye el cuerpo, sino se viste de incorrupción:

> He aquí, os digo un misterio: No todos dormiremos; pero todos seremos transformados. En un momento, en un abrir y cerrar de ojos, a la final trompeta; porque se tocará la trompeta y los muertos serán resucitados incorruptibles, y nosotros seremos transformados. Porque es necesario que esto corruptible se vista de incorrupción, y esto mortal se vista de inmortalidad. Y cuando esto corruptible se haya vestido de incorrupción, y esto mortal se haya vestido de inmortalidad, entonces se cumplirá la palabra que está escrita: Sorbida es la muerte en victoria. ¿Dónde está, oh muerte, tu aguijón? ¿Dónde, oh sepulcro, tu victoria? [21]

Por lo tanto, es inconcebible ver a Jesús descrito "Espíritu vivificante" (gr. πνεῦμα ζῳοποιοῦν; *pneuma zoopoioun*) como un fantasma etéreo que dejó a un lado su cuerpo (v. 45) como posteriormente se dio con los gnosticistas, πνεῦμα ζῳοποιοῦν tiene más que ver con la vida caracterizada por la nueva realidad alcanzada por la resurrección y librada del pecado y la condición natural almática propia que los seres humanos heredaron de Adán que una perspectiva platónica docetista. El Dr. Keener nos ayuda a dilucidar lo que quiere decir este pasaje:

> Un cuerpo "natural" o "físico" es literalmente un cuerpo "con alma", en contraste con un cuerpo "espiritual". Pablo no enseña que el cuerpo futuro esté hecho de "espíritu" [...], de la misma manera que el cuerpo actual no está hecho de "alma". Más bien, el cuerpo actual está adaptado para la existencia normal natural, y el cuerpo futuro para la vida incluso gobernada desde ahora por el Espíritu de Dios.[22]

---

[21] 1 Corintios 15:51-55.
[22] Craig S. Keener, *Comentario del contexto cultural de la Biblia: Nuevo Testamento*, 486.

De esta manera, Pablo aclara que los corintios no están del todo equivocados en lo que respecta a que han sido vivificados y en cierta medida, degustan de la era venidera. Sin embargo, sí refuta su visión que lleva la falta del componente esencial para el cumplimiento de la restauración completa: la resurrección de los cuerpos.

No obstante, algunos otros comentaristas han estado en desacuerdo con toda esta reconstrucción de la perspectiva de la Iglesia en Corinto sobre la escatología. Gary Shogren dice, por ejemplo: "El error de algunos corintios no era enfatizar demasiado el Espíritu Santo hasta una erosión de escatología, sino que menospreciaban su poder para iluminarlos, lo que la filosofía jamás logra".[23] Para él como para otros, en ninguna parte del texto se infiere que la evanescencia de los destinatarios sea motivo de una perspectiva escatológica sobre realizada. Este argumento contrario sostiene, en su lugar, que Pablo es irónico y antitético con ellos por su ética.[24] No tiene nada que ver con que aquellos hayan concluido que habían dejado atrás el juicio, sino que no han pensado en absoluto en el juicio de Dios.[25] Evaden la sabiduría divina que se demuestra con la cruz de Cristo, aquella misma que también era demostrada con poder del Espíritu (1 Cor 2:3-5). En cambio, se sentían reyes con una moralidad perfeccionada según la perspectiva del mundo y su filosofía y no la de la cruz que lleva a la ignominia y hasta hacer a aquellos que la predicaban "escoria" delante de los hombres (4:13). Pablo de manera sagaz utiliza a los filósofos que los griegos corintios conocían y con los que se fundamentaban para refutar su pensamiento. Quizá él sabía que sus destinatarios conocían a Diógenes y su "Sólo yo soy rico, sólo yo reino como rey",[26] de esta manera, como dice Leon Morris: Lejos de haber progresado los corintios en la fe cristiana, se aproximaban al ideal estoico de autosuficiencia.[27] Es bien sabido que los cínicos tenían la costumbre de insultar a quienes los escuchaban, por lo que eran tomados como la "basura" de la sociedad. El apóstol entonces invierte la actitud en su ministerio bajo la sabiduría de la cruz: *nos maldicen y bendecimos* (4:12 b), *nos difaman y rogamos* (4:13 a). Para variar, los estoicos creían que el soportar el sufrimiento les daba la dignidad de

---

[23] Shogren, *El don del Espíritu*, 132.
[24] David E. Garland, *Baker exegetical Comentary of the New Testament: 1 Corinthians. Versión Scribd* (Grand Rapids, Michigan: 2003), 252.
[25] *Ibid*, 252-53.
[26] Leon Morris, *1 Corinthians: an introduction and commentary*, vol. 7, Tyndale New Testament Commentaries (Downers Grove, IL: InterVarsity Press, 1985), 80.
[27] *Ibid*.

portar el título de "filósofos". Pablo entonces les demuestra que su vida refleja muy bien las aflicciones del mundo y por lo tanto, le da derecho de replicarles y cuestionar su actitud (4:12 b); además, el apóstol es totalmente diferente a los anteriores al ser un siervo de Dios que "trabajaba con las manos" (4:12 a), una actividad despreciada por la aristocracia y los filósofos griegos. Ganarse la vida de dicha manera no le generaba problema a Pablo, al fin y al cabo, prefería la sabiduría de Dios en lugar del fundamento de la sabiduría humana (1:21). Si esto sucedió así, las lenguas fueron mal entendidas como un don que generaría cierto estatus por encima de otros; los corintios opulentos, al haber sido en su propia perspectiva, totalmente perfeccionados por la "sabiduría" y el "conocimiento" tenían una razón para evitar a los pobres.

De esta manera se daría lugar a que los corintios marginados aprovecharan la glosolalia para reflejar que aquellos rechazados se encontraban en una posición superior a la élite pudiente y, por lo tanto, se encontrarían espiritualmente más arriba que los demás.

A pesar de que esta opción interpretativa parece hacer más justicia al contexto inmediato de 1 Corintios 1-4 donde Pablo da reiteradas alusiones a la filosofía, no obstante, no responde ante la cuestión del que los corintios descartaran una resurrección futura con miras más a una escatología espiritualizada como parece reflejar el capítulo 15. Además, no evade la reconstrucción especulativa que tanto acusa de la otra perspectiva. Se cree, en base al silencio, que dentro de la iglesia en Corinto había facciones por la posición económica. Se podría también deducir, por el contrario, que toda la asamblea estaba en oposición a Pablo con respecto a su entendimiento con las lenguas en lugar de solo un reducido número de creyentes pobres. Podría ver una comprensión escatológica sobre realizada a la par que un anhelo íntimo por la "gnosis" y, por ende, por la sabiduría. El gnosticismo que aparece en el siglo II apenas se encontraba tomando forma para la época en que Pablo escribe, pero es visible un pensamiento embrionario en las iglesias paulinas. Los seguidores de estos ideales religiosos y místicos enfatizaban los aspectos que luego caracterizaron al movimiento enemigo de la Iglesia: la inmortalidad del alma y su realización plena a través del conocimiento. Empero sea como sea, el problema era el mismo: facción, sectarismo y menosprecio los unos por los otros. No obstante, el apóstol sin denigrar las lenguas ni su realidad como don escatológico, les lleva a que estas se den en asamblea en un correcto contexto del amor, la humildad y la empatía; abordaré de manera más sustancial esta cuestión en breve en el análisis de los "gemidos indecibles" de Romanos 8:26.

En efecto, tales afirmaciones y conclusiones teológicas tienen que decir algo a un gran número de miembros de iglesias pentecostales y carismáticas que pueden describirse como "neo corintios". Me ha tocado encontrar en las redes sociales a predicadores carismáticos que no temen decir que todas las promesas del Nuevo Pacto están disponibles aquí y ahora mismo para todo los que tienen fe en Jesús. A *prima facie* pudiese estar de acuerdo con este pensamiento; ¿no creemos que Cristo salva, sana, bautiza y viene? ¿No en cada campaña cantamos y exclamamos que la sangre de Cristo tiene poder? ¿No anunciamos en las calles que el Señor Jesús ha hecho *todo* por medio de su sacrificio para que la casa del oyente pueda ser salva? No obstante, poniendo un poco más de atención, se puede notar que esta fe en las promesas, de hecho, puede ser algo que no tiene nada que ver con lo que las Escrituras enseñan. "No sufrirás ya nunca más si pones tu confianza en la obra consumada de Jesús", "tu enfermedad es reflejo del pecado, ¿no tienes fe?", "la depresión que cargas testifica de que sigues viviendo por las obras de la ley en lugar de abrazar la gracia", son unas de las respuestas y preguntas retóricas que algunos maestros de esta línea azotan sin empatía a gente que padece dificultades propias de un mundo caído y lleno de dolor en el que vivimos.

Excursus: una teología de la cruz en lugar de una teología de la gloria

Martín Lutero hizo la distinción entre una "teología de la gloria" y una "teología de la cruz". La primera pretende entender "las cosas invisibles de Dios (p. ej. su poder, justicia y bondad) mediante las creadas".[28] La segunda, en cambio, "denomina las cosas como en realidad son".[29] Confrontó a los proponentes de la teología de la gloria por proponer aquellas teodiceas[30] escolásticas que buscaban "justificar a Dios" con respecto a cuestiones que parecían difíciles de conciliar con su amor y entrega, tales

---

[28] Leopoldo Sánchez, *Teología de la santificación: La espiritualidad del cristiano* (Saint Louis, Missouri, Biblioteca Teológica Concordia, 2013), 155.
[29] *Ibid.*
[30] Parte de la metafísica que se ocupa de la existencia de Dios y de sus atributos e intenta ofrecer pruebas razonadas de ambas cosas.

como el problema del mal. Para el reformador alemán esta tarea especulativa y hasta racionalista, era totalmente irrelevante, si no pecaminosa. Lutero interpretaba este deseo de los teólogos de alcanzar la "grandeza" y de bajar el cielo a la tierra como algo alejado de la visión bíblica del "Dios oculto" (*Deus absconditus*) que se ha revelado en la cruz de Cristo. Así dice:

> Esto es evidente pues el humano, al ignorar a Cristo, no conoce al Dios escondido en los padecimientos. Así, prefiere las obras a los sufrimientos, y la gloria, a la cruz; la potencia, a la debilidad; la sabiduría, a la estulticia; y en general, lo bueno, a lo malo. Estos son los que el apóstol llama «enemigos de la cruz de Cristo», porque odian la cruz y los sufrimientos, y aman las obras y su gloria. Y así llaman al bien de la cruz, mal; y al mal de la obra lo declaran bien. Empero, como ya dijimos, no se puede hallar a Dios sino en los padecimientos y en la cruz. Por esto, los amigos de la cruz afirman que la cruz es buena y que las obras son malas, puesto que por la cruz se destruyen las obras y se crucifica a Adán, el cual por el contrario se edifica por las obras. Es imposible, pues, que no se hinche por sus buenas obras quien antes no sea anonadado y destruido por los sufrimientos y los males, al punto de saber que en sí mismo no es nada y que las obras no son suyas sino de Dios.[31]

Los corintios, ya sea con alguna "escatología exageradamente consumada" o con el deseo de reflejar la gloria de un rey, por medio de la sabiduría y la glosolalia, pecan de la misma manera que los "teólogos de la gloria". Así, los neo corintios de nuestros días, con una altivez por el don que Dios les ha dado, pretenden que el creyente puede escapar del sufrimiento de este mundo y lograr una utopía carismática que lo aleje de las vicisitudes. Cuando enseño clase de Teología Propia a mis alumnos, me encanta aclarar este punto luterano de que "la suprema revelación de Dios tiene lugar en la cruz de Cristo".[32] Hablamos de la cuestión de la teodicea y de los diferentes modelos que tratan de explicar por qué el mal puede coexistir con la vida de un Dios santo y bondadoso. Antes de terminar con el semestre, siempre les doy mi visión de las cosas: no sé por qué Dios siendo omnisciente y omnipotente optó por crear a seres humanos que tenía la posibilidad de pecar. Sin embargo, cuando miro a la cruz y la ira santa

---

[31] Martín Lutero, *El debate de Heidelberg*, 21.
[32] Justo L. González, *Historia del cristianismo: Tomo 2*, vol. 2 (Miami, FL: Editorial Unilit, 2003), 47.

derramada sobre el Cordero de Dios, mis dudas se disipan, no porque son respondidas como esperaba mi razón, sino porque veo al Mesías colgado donde yo debía estar. Es verdad que Dios no tiene el por qué darnos una respuesta a cada una de nuestras interrogantes existenciales. Ha hecho algo mejor: nos dio a su Hijo hecho hombre para recordarnos que no nos deja solos ante la muerte y el dolor. Dios empatizó con la raza humana y Cristo sufrió en nuestro lugar. No necesito otra justificación sino la cruz de Cristo que me muestre que el Padre no es indiferente ante mis necesidades y tragedias. El Señor llevó cada gota de desesperación al mar del castigo vicario a favor nuestro; se puso en nuestros zapatos. Esto, según Lutero, debería ser suficiente para mí.[33] Al final, siempre recuerdo a Lutero y su teología cruciforme en mi pensamiento pentecostal. Las lenguas de fuego, al fin y al cabo, expresan lo inexpresable y aquellas palabras no entendibles para nosotros mismos nos hacen ver que aún estemos situados en una era de la historia que no es la eternidad y en la que luchamos contra Satanás, tenemos la cruz de Cristo delante nuestro; tal como decía el apóstol Pablo: *Pues me propuse no saber entre vosotros cosa alguna sino a Jesucristo, y a este crucificado* (1 Cor 2:2).

He sido testigo que una teología de la cruz me ha llevado a crecer espiritualmente. Padecí por cinco años una depresión crónica y pasé noches horribles sin saber qué hacer, sudando ante el desasosiego que oprimía mi alma; hoy sé que algunos cristianos le llamaron "la noche oscura del alma". Busqué ayuda en diferentes creyentes que simplemente me dieron a entender que, en efecto, mi situación reflejaba que mi corazón no se había humillado ante Dios y mucho menos que confiaba en su obra consumada. Lejos de ayudarme, estas declaraciones me hacían entrar en una desesperación más profunda por no alcanzar el nivel de "plenitud" y "victoria" de estos maestros. La vara era alta, totalmente irreal y utópica. Oraba y oraba al Señor para librar mi alma del pecado, cuando en realidad, según el diagnóstico médico, mi cerebro no se encontraba funcionando en óptimas condiciones. Tuve que dejar a un lado la opinión evangélica de que las

---

[33] "[Para Lutero] Lo que tal teología [de la gloria] busca es ver a Dios, no donde nosotros quisiéramos verle, ni como nosotros quisiéramos que fuera, sino donde Dios se revela, y tal como se revela, es decir, en la cruz. Allí Dios se manifiesta en la debilidad, en el sufrimiento, en el escándalo. Esto quiere decir que Dios actúa de un modo radicalmente distinto a cómo podría esperarse. Dios, en la cruz, destruye todas nuestras ideas preconcebidas de la gloria divina". Justo L. González, *Historia del cristianismo: Tomo 2*, vol. 2 (Miami, FL: Editorial Unilit, 2003), 47.

pastillas antidepresivas eran obra de Satanás y empecé a ingerirlas viendo una notable mejoría, pero no sin lucha.

Al final, en todo ese caminar, aprendí a ser un creyente de lectura y de oración. Al pasar todo ese valle de sombra, recuerdo haber tomado en mis manos el primer libro de teología buscando respuesta a mis necesidades, era el de *Bases Teológicas* de Arminio y Wesley de una de mis teólogas favoritas de toda la vida, Mildred Bangs Wynkoop y algunos años y libros después, el fruto del esfuerzo es este material que usted está revisando. Esos momentos de soledad me ayudaron a devorar la Escritura y pasar horas analizando el texto bíblico. Además, lejos de que mi corazón pudiese ver a la oración como una práctica sin valor en ese momento tan oscuro, esas pláticas íntimas con el Señor se hicieron parte de mi cotidianidad, puedo decir, que las lenguas eran una herramienta poderosa del Señor para mantenerme en la fe; cuando no sabía qué hacer, oraba en lenguas. Cuando entraba en desesperación, oraba en lenguas; al llegar ataques de pánico por la falta de serotonina en mí, recurría a la glosolalia y la confianza en el poder del Espíritu permanecía. Nunca voy a olvidar que, al predicar por diferentes partes de mi país con el alma desgastada, vi milagros y el respaldo de Dios de una manera que no había experimentado antes y no sé si vuelva a contemplarlo. Entendí que Jesús, por el momento, no ha decidido sacarnos del mundo, sino que nos ha permitido vivir aquí para que anduviésemos en él con valor (Jn 17:15; Cf. 2 Tm 1:7-9), sabiendo que su presencia nos acompañaría, aunque hubiera aflicciones y dificultades (Mt 28:20; Jn 16:33). Desde luego, como buen pentecostal, no puedo negar que Dios me ha sanado, y ha hecho la obra en mí. Escribo estas palabras con un estado de ánimo que pensé que jamás volvería a alcanzar, casado con una excelente mujer, que ¡oh sorpresa!, la dificultad que pasé me hizo conocerla y enamorarme de ella. No obstante, mi sanidad no fue como muchos predicadores "neo corintios" querían que fuera. Llevó tiempo, aprendizaje, y no puedo negar que el sufrimiento que Dios permitió que tocara mi vida me ayudó a crecer; tengo fe y la Palabra y la oración ha sido lo máximo para mí, sin embargo, aun sigo tomando pequeñas dosis de medicamento para mantenerme en pie. Lamentablemente para aquellos maestros, no se puede aceptar que el sufrimiento pueda venir a la vida del hijo de Dios; debería de reprenderse y ordenar que no tenga cabida en nuestro andar. No creen que sea algo que pueda ayudar a crecer a aquel que ama el evangelio y sigue adelante pese a los óbices de la vida. Con esto, no quiero defender un "evangelio del sufrimiento" o un "ascetismo desmedido" sino simplemente reconocer que aún no reinamos con Cristo.

Aunque muchos efectos de la nueva creación tienen lugar en nosotros ahora, no todos ellos están disponibles. Jesús sigue sanando a través de sus siervos con sus dones, pero perfeccionando su obra en ellos a veces de maneras que las personas no esperan y eso incluye el sufrimiento (Col 1:24). Lamentablemente, también influye que nuestra raza caída está sujeta aún a las consecuencias del pecado de nuestros padres; la gente sigue muriendo por tragedias y enfermedades. Tarde o temprano, nuestro cuerpo se desgastará; pero eso no nos alejará de nuestro Señor (Rm 8:31-39).

Hace no mucho mi mejor amigo falleció después de una amistosa y relajada junta administrativa en la Iglesia donde pastoreamos. Tan solo tenía 30 años y acababa de ser electo para el cargo de líderes de jóvenes en la Iglesia Nueva Jerusalén; era líder de un grupo musical que tocaba alabanza para niños. Él se ganaba la vida como chófer de una plataforma digital y además era maestro de primaria y secundaria. Cansado por el estrés del día a día, al concluir la reunión de organización, decidió seguir trabajando en su auto a altas horas de la noche para poder sacar algo más que le ayudara en la semana. Lamentablemente, el cansancio le venció y terminó perdiendo la vida por un accidente de tránsito. La pregunta que circulaba alrededor de todo el grupo de amigos que le amábamos entrañablemente era la misma: ¿por qué Señor? Yeihson era un apasionado de Jesús como ningún otro; nunca daba una negativa cuando se requería ayuda en la casa del Señor. Hace poco miraba una foto de él con su batería musical encima de unas cajas de refresco. Se encontraba tocando en una terracería en algún lugar marginado de Yucatán ministrando a niños pobres a través de su instrumento musical. Esa foto describía como solía ser Yeihson, un joven como muy pocos, abnegado y servicial. Uno de los mejores hombres que conocí, había partido con su Maestro, a quien amó y sirvió con todo su corazón por medio de la música. Aunque esas preguntas acosaban la mente de cada uno de sus amigos más cercanos, nosotros entendimos que el tiempo apremiaba a *llorar con los que lloran* (Rm 12:15). Su madre llegó a mi casa una madrugada un poco después de mirar el cadáver de su hijo en el auto, la abrazamos y escuchamos. Permitimos que llorara y guardábamos silencio esperando que el Espíritu nos diera palabras exactas para ministrarla y apoyarla. Esa empatía preciosa que la Iglesia Nueva Jerusalén hacía sentir a su madre, sin embargo, fue claramente interrumpida por la imprudencia de una persona, que, con buenas intenciones, evocó posiblemente una reacción negativa en la familia y en todos nosotros. Esta persona era cristiana, pero no tenía una relación profunda con Yeihson y con su familia; era una vecina del vecindario donde el joven fallecido vivía. Al llegar el momento de dar palabras de ánimo después de un devocional en el funeral, aquella mujer, aunque quizá con buena intención, pasó para dar aliento a la asamblea reunida que se lamentaba. Nunca olvidaré las palabras crudas que pronunció. Para aquella mujer cristiana "empoderada", la madre y la abuela de este gran varón, hacían mal al estar de luto por su hijo y nieto muerto. Su actitud como cristianas debería ser diferente; "un corazón que tiene a Cristo no puede llorar por esto". La madre de mi amigo debía dejar el lamento y en su lugar adoptar una posición de victoria y de proclamación de: "no me dejaré vencer" y de "declarar" conquista sobre los sentimientos para continuar con la vida. Por demás está decir que esto fue imprudente y cruel. No puedo negar que esto me disgustó en gran manera y solo pude concluir cómo cierta facción de la iglesia carismática y pentecostal de nuestros días, tiene una escatología exageradamente consumada que hace que alguno de ellos pierda el piso y deje a un lado totalmente la empatía y la misericordia por aquellos que se encuentran en una situación complicada. Sin embargo, pude alegrarme cuando el Señor, respaldando la vida de mi amigo, llevó aproximadamente 30 jóvenes inconversos al funeral tocados por la muerte de su maestro de biología. Todos ellos escucharon el evangelio de salvación ese día, ese evangelio que su profesor vivía y que compartía con sus acciones y su gran amor por los demás. Pablo dijo a los Gálatas que una enfermedad fue la causa por la que ellos escucharon el evangelio de su boca y se convirtieron a Cristo (Gá 4:13); no cabe duda de que Dios se manifiesta en la sanidad portentosa e instantánea, ¡los milagros siguen sucediendo! Pero también, no puedo poner en tela de juicio que de que en medio de las pruebas y las dificultades el fruto de justicia en creyente sale a relucir (Hb 12:11). Sin esta teología de la cruz, la vida carismática será docetista, impertinente y arrogante. Las lenguas necesitan ser llevadas a la cruz de nuestro Señor Jesús.

Gemidos indecibles

Ante el panorama del sufrimiento actual encuentro que un entendimiento de los "gemidos indecibles" de Romanos 8:26 puede darnos luz de un ángulo del significado de la glosolalia y así también corregir cualquier mal uso de las lenguas como pretexto para la intención triunfalista utópica lejos de la realidad. A través de estos versos paulinos, podemos observar que el don escatológico de las lenguas, tiene el potencial de invitarnos a ser intercesores de oración por el mundo, que sufre la miseria del caos cósmico a causa del pecado y la desolación. Fíjese como Pablo describe la posesión del Espíritu en el contexto: deja ver que esta es "la primicia" de la nueva realidad que está por llegar (8:23). La creación, mientras tanto, aguarda intensamente que los hijos de Dios se "manifiesten" (8:19) para que también sea librada de la corrupción y la vanidad (8:20-21). Esto nos dice que solo a través de la resurrección del creyente, la creación empezará con su renovación. Al menos aquí, no se nos es permitido inferir que el día de Cristo tenga como fin destruir la tierra y el cosmos. Sucederá todo lo contrario; el mundo que conocemos será santificado y hecho nuevo, cuando tengamos "la adopción", la "redención" de nuestro cuerpo (8:23).

El concepto de *adopción* (gr. υιοθεσία, juiodsesía) fue usado por Pablo en sus epístolas posiblemente con el trasfondo greco romano conocido (Gá 4:1-7; Ef 1:5-6). Alguna persona de alto estatus social podía adoptar a cierto individuo para recibir su herencia; los gobernantes a menudo adoptaban a gente que no necesariamente compartiera lazo sanguíneo para que su legado continuara. Sin embargo, en Romanos, Pablo podría utilizar una idea más amplia y vetereotestamentaria del concepto. En la epístola, el apóstol mencionará "la adopción" de Israel en 9:4 como una característica que define a la nación de donde el Mesías salió. Pareciera ser que υιοθεσία (gr. juiodsesía) aquí se entiende como la adopción de Israel tras el Éxodo como "hijo de Dios" y "nación o pueblo de Dios" (Éx 4:22; Jr 31:9; Os 11:1) "efectuada por Dios en su gracia, como el comienzo de la larga historia de sus paternales tratos con ellos".[34] Es muy seguro entonces, que el capítulo 8 traiga a colación el tema del Éxodo. Cuando Pablo dice que tenemos el Espíritu de "adopción" (Rm 8:15) tiene en mente esta posesión como antitética a la de la "esclavitud" y el "temor" que todos padecen al estar en Adán (6:17-19). Tal concepto explica la filiación del creyente con Dios Padre siendo "hijo" y "heredero" como Cristo en la era actual (8:17). Luego en 8:22, el apóstol utiliza el concepto para describir que la υιοθεσία será completada cuando se resucite y la creación sea renovada. Como dice C. B. E. Cranfield:

> Ya somos hijos de Dios (vv. 14 y 16), solo que nuestro carácter filial no se ha manifestado aún. Hemos sido adoptados, pero esa adopción no ha sido anunciada públicamente todavía. La manifestación pública y

---

[34] C. E. B. Cranfield, *La Epístola a los Romanos* (Buenos Aires; Grand Rapids, MI: Nueva Creación; William B. Eerdmans Publishing Company, 1993), 209.

definitiva de nuestra adopción es lo que se quiere decir aquí con «nuestra adopción» (contrástese el uso de esta palabra en el v. 15). es decir, la redención de nuestro cuerpo interpreta «nuestra adopción». La plena manifestación de nuestra adopción es idéntica a la resurrección de nuestro cuerpo en la parusía, nuestra completa y final liberación de los efectos del pecado y la muerte.[35]

No puede ser coincidencia que en 8:23 la adopción no tenga este aspecto del "Éxodo" cuando encontramos otro término que hace eco de la gran salida del pueblo de Israel de Egipto; "la redención" (Gr. ἀπολύτρωσις, *apolútrosis*). Incluso en 8:15 "la esclavitud" puede ser un guiño al sometimiento egipcio de los israelitas en Gosén. Por tanto, lo que los hijos de Dios esperan es el Éxodo cósmico y liberación que traerá el reposo celestial al mundo.

Los *gemidos indecibles* que Pablo menciona en 8:26 posiblemente no escapen de la imaginería de un gran Éxodo. Cuando los hebreos fueron oprimidos por el faraón levantaron un gran clamor a causa de la servidumbre (Éx 2:23). Se dice que Dios escuchó "el gemido de ellos" ante su queja por la gran esclavitud que padecían (2:24). Pareciera que Pablo tiene la intención de definir los gemidos de la creación (Rm 8:22), de los creyentes (8:23) y del Espíritu (8:26) como muy parecidos a la de los israelitas subyugados. La LXX traduce la palabra hebrea de "gemido", נְאָקָה (*neacá*) de Éxodo 2:24 como στεναγμός (*stenagmós*), tal como se utiliza en referencia a los gemidos del capítulo ocho de Romanos. El clamor no es uno de triunfalismo ingenuo, sino de incapacidad y debilidad ante la magnitud de la desolación en que vivimos los creyentes en la presente era, a este sentir, el Espíritu mismo se une para ayudarnos. Así como Israel levantaba su voz a YHWH, la iglesia ora con gemidos que expresan necesidad de Dios y su intervención. Entonces el Espíritu viene en nuestro auxilio ante nuestra debilidad e ignorancia (8:26). Sus "gemidos indecibles" aunque evocan el dolor de la creación, son diferentes a los anteriores pues son inexpresables en palabras conocidas para el cristiano. Douglas Moo dice que "si bien, existe un paralelo literario entre "gemido" de la creación (v. 22), el cristiano y el Espíritu, la naturaleza y el objeto del gemido del Espíritu es muy diferente de los otros dos gemidos".[36] La palabra ἀλάλητος (aláletos) que se traduce como "indecible"

---

[35] Cranfield, Romanos, 189.
[36] Douglas J. Moo, *Comentario a la epístola de Romanos* (Barcelona, España: Editorial Clie, 2014), 582.

solo tiene su aparición aquí en todo el griego bíblico.[37] Siendo un *hápax legómenon* entonces puede definir la peculiaridad de su significado y efecto además de su diferenciación con los otros dos anteriores.

Un gran número de pentecostales ven aquí una posible alusión a la práctica de hablar en lenguas. El creyente habla palabras "inefables" por el Espíritu ante su necesidad, su incapacidad e ignorancia con un clamor reverente. Fee dice que los gemidos inarticulados es una expresión que posiblemente alude a hablar en lenguas.[38] Menzies sigue la misma línea: "Aunque a menudo no sabemos qué orar o incluso cómo orar, el Espíritu ora a través de nosotros y, en el proceso, inspira palabras que suenan como gemidos inarticulados [glosolalia]. Las oraciones del Espíritu, aunque ininteligible para nosotros, están llenas de significado, porque representan la propia intervención de su pueblo".[39] La idea se refuerza con la manera en que se expresa la adopción del creyente como poseedor del Espíritu, clamando (gr. Κράζω, *krázo*) al "Abba Padre" (Rm 8:15; Cf. Gá 4:6). El clamor filial del pueblo de Dios quizá sea paralelo a la idea de los gemidos de los creyentes; la intercesión celestial "externa" es plenamente realizada por Jesús (Rm 8:34),[40] pero la intervención del Espíritu es llevada a cabo a través de los hijos de Dios por su espíritu (Rm 8:16); así que no necesariamente este gemido espiritual sea solo de la Tercera Persona de la Trinidad sin el creyente, sino con él y junto a él. La sola palabra evoca la idea de un grito extático que rebasa la comprensión cotidiana del lenguaje. Es una expresión inspirada y de exultación.[41] James Dunn, por ejemplo, sostiene que κράζωm, normalmente se utiliza en el Nuevo Testamento como un grito llamativo, de tal manera que puede usarse para el grito y chillido de los demonios (Mc 5:5; 9:26; Lc 9:39). Es un grito de cierta intensidad, probablemente un grito fuerte y tal vez un grito extático.[42]

Ernst Käsemann, por su parte, definió los gemidos como glosolalia.[43] Reconstruyendo la relación entre el concepto paulino de la debilidad con

---

[37] Moo, *Romanos*, 584.
[38] Fee, *Pablo, el Espíritu y el Pueblo de Dios* (Miami, FL: Editorial Vida, 2007), 157.
[39] Robert P. Menzies, *Speaking in Tongues* (Clevelad, Tennessee: CPT Press, 2016), 140.
[40] James D. G. Dunn, *Jesús y el Espíritu. Versión Scribd* (Barcelona, España: Editorial Clie, 2014), 521.
[41] *Ibid*, 519.
[42] *Ibid*, 520.
[43] Ernst Käsemann, *Comentary on Romans* (Grand Rapids, MI: Eerdmans, 1980), 241.

alguna posible glorificación realizada por parte de alguna facción en Roma de cristianos helenistas, él llega a la conclusión que las lenguas tienen el fin de aterrizar a los entusiastas carismáticos a la realidad del mundo presente no redimido en lugar de elevarlos ya a las alturas celestiales:

> Para caracterizar la glosolalia de esta manera, [Pablo] habla de "suspiros inexpresables" en el presente pasaje. El discurso celestial se puede escuchar en la adoración como una obra del Espíritu. Pero lo que los entusiastas consideran como prueba de su glorificación lo ve como un signo de una falta. Orar en lenguas revela no el poder y la riqueza de la comunidad cristiana, sino su ασθένεια. El Espíritu mismo tiene que intervenir si nuestras oraciones van a tener un contenido que sea agradable para Dios. Lo hace de tal manera que incluso en la adoración nos lleva a ese gemido del que la creación no redimida está llena y que habla del anhelo de los agredidos por la redención del cuerpo. En las lenguas de la adoración suena de una manera singular, y de tal manera que nosotros mismos no comprendemos la preocupación del Espíritu que nos impulsa a la oración, el grito de libertad escatológica en el que los cristianos representan toda la creación afligida. En esto, el Espíritu se manifiesta como el intercesor de la comunidad ante Dios y lo toma en su intercesión. Con sus gritos extáticos se hace la oración por toda la creación esclavizada y oprimida. La intercesión del Cristo exaltado tiene lugar a la diestra de Dios. El Espíritu, sin embargo, es la presencia terrenal del Señor exaltado y hace su trabajo, incluida la intercesión, en la esfera y a través del ministerio de la comunidad. Si esta intercesión se considera posible solo en el mundo celestial... se pasa por alto el punto de que la referencia aquí es a la intercesión del Espíritu y que esto coincide con los gritos de aquellos que hablan en lenguas.[44]

Uno puede estar de acuerdo o en desacuerdo con la reconstrucción de Käsemann sobre la facción entusiasta en Roma en mayor o menor medida, pero se debería admitir que su punto acerca de la frustración en Pablo por la ambigüedad de la era corrupta presente y los efectos de la venidera y sus repercusiones en la oración de los creyentes, es mínimamente certero. Pablo es un apóstol místico que ha degustado las realidades celestiales en cuerpo (¿o en un rapto?; 2 Cor 12:1-4), y al mismo tiempo, ha padecido las debilidades de la era actual, incluso de manera intensificada (2 Cor

---

[44] Käsemann, *Romans*, 241.

12:6-10). Es un hombre de "dos mundos" que ha palpado ambas realidades y las ha vislumbrado con sus propios ojos. Si sostiene que aun las lenguas "inefables", "celestiales". "angélicas" se vuelven inútiles sin el amor y la abnegación (1 Cor 13:1) así como que su experiencia celestial no hubiese sido efectiva sin la debilidad y en la exaltación desmedida (2 Cor 12:1-10), entonces la tensión escatológica descrita en Romanos que evoca un clamor extático de filiación en su interior (Rm 8:15) y gemidos inarticulados por el Espíritu en momentos de oración donde las palabras no alcanzan, ni el entendimiento aprovecha (1 Cor 14:15 a; Rm 8:26 a), nos dice que la suposición de que este fenómeno sugiere, por lo menos en parte, que la glosolalia tenga cabida aquí. Lejos de que la oración en lenguas refleje en el individuo el triunfo desmedido, para Pablo esta era un signo de debilidad, un recordatorio de que aún no hemos sido liberados de la esclavitud de Adán, y, por lo tanto, dirige al creyente a mantenerse humilde, entregado y expectante a la voluntad de Dios. Ayuda al cristiano a ser un intercesor de Dios por el mundo, pues le recuerda su incapacidad y su solidaridad con la creación que gime como él. Esta consciencia frustrada se manifiesta en glosolalia, en un "ridículo" para sus semejantes, que lo lleva a la bajeza y a lo menospreciable a los ojos de los hombres, y a sus oídos, un tartamudeo que tiene el fin de elevar misterios al Padre para ayudar al orante en su debilidad. Definitivamente Dios no quiere super-hombres como Nietzsche planteó que serían el devenir de un mejor futuro, sino siervos humildes dispuestos a disfrutar de su poder carismático, que puedan hablar en lenguas no articuladas que lleven a fortalecer su confianza en Jesucristo y a llevar a los demás a mirar lo eterno. Así Jorge Canto Hernández dice sobre su "teoría del ridículo" en el ámbito carismático: Por ello las lenguas y las profecías, además de diversos dones, dejan en ridículo cada faceta de la élite almidonada evangélica, así como al propio individuo. Cuando el Espíritu Santo ha zarandeado el orgullo personal... existe arrepentimiento... cultos preciosos, sanidades, milagros... existe avivamiento".[45] Para Pablo, de la misma manera, los glosólalos no tienen nada de que jactarse, sino de reflejar su debilidad e inaptitud frente a un Dios grande, que como a israelitas bajo la mano del Faraón, esperan su redención y la manifestación de su Rey en un mundo caído lleno de maldad.

Con todo, como antes mencionamos, tampoco se puede negar que algún entusiasmo escatológico parecido al de Corinto no sucedía en la comunidad

---

[45] Jorge Canto, *En lengua de tartamudos: Doctrina del Espíritu Santo* (Mérida, Yucatán: Editorial Nueva Jerusalén, 2021), 97-98,

cristiana de Roma. Dunn dice que "Pablo parece aceptar que en Roma se daba algún grupo o fracción, que al menos, compartía ciertas actitudes y valoraciones de los gnósticos corintios (Cf. Rm 6:1 y 1 Cor 5-6; Rm 13:13 y 1 Cor 11:17-22; Rm 14:1; 15:6 y 1 Cor 8; 10:23-33; Rm 16:17 y 1 Cor 1-4)".[46] Puntualmente cita el ejemplo del capítulo seis donde Pablo se resiste a afirmar que los creyentes participan "ya" de la resurrección de Cristo, pero sí que "participan ya de su muerte". Así concluye diciendo:

> La reserva que muestra Pablo puede haberse debido, muy probablemente, al peligro, real o supuesto, de una idea gnóstica o entusiástica de la resurrección como la que vemos en 1 Cor 15:12. Podemos fijarnos también en Rm 8:26, que aunque no habla *expresamente* de la glosolalia... sí puede construir una seria advertencia para cualquiera que pensara que la inspiración del Espíritu era señal de salvación ya realizada, y no una especie de anhelo y suspiro de la creatura que sigue esperando la redención corporal, la realización plena de la nueva creación.[47]

Sin embargo, no es loable sostener que las lenguas no tengan cabida si existe esta relación proto gnóstica en ambas iglesias. Si el punto de Pablo es matizar estos aspectos perjudiciales en las dos comunidades, por lo tanto, "los gemidos indecibles" por lo menos podrían evocar una expresión semántica en que la glosolalia esté incluida. Resulta difícil ver cómo según esta construcción, algunos entusiastas hayan visto "la oración con el entendimiento" y "con palabras conocidas" como un fenómeno "celestial". Así, Käsemann, no está del todo errado al sugerir que la glosolalia tiene cabida aquí como una manifestación que los entusiastas aprovecharon para exaltarse y que Pablo corrige.

Queda claro, que, aunque quizá no podemos reducir la experiencia pneumática de los gemidos indecibles en Pablo a la glosolalia, tampoco podemos descartarla de ella. Sería ingenuo pensar que una práctica espiritual tan extendida en la iglesia primitiva no pueda ser aludida aquí, cuando la terminología ante muchos ojos modernos ha llevado a variados académicos y estudiosos a plantear la posibilidad. Para el magisterio reformado es difícil aceptar esta arista en el quid de la cuestión, por su hermética

---

[46] Dunn, *Jesús y el Espíritu*, 612.
[47] *Ibid.*

visión de la soberanía de Dios de que el don de lenguas no es accesible para todos. Sin embargo, si en Romanos 8:26, por lo menos puede haber una referencia a la glosolalia, entonces no queda más que motivar a los creyentes a experimentar el precioso don escatológico de la oración en el Espíritu, aunque no sin paciencia, amor y empatía. La vida cristiana no puede sustentarse en las lenguas, sino en el Espíritu que las da.

Las lenguas en Romanos 8, por tanto, tienen un papel fundamental para comprender más a profundidad la filiación del creyente con el Padre, teniendo a Jesús como modelo (Rm 8:15; Cf. Mc 14:36); también incentivan un papel intercesor por el mundo, lo que embona bien con el llamado profético de la Iglesia para ser testigos a toda nación (Hch 1:8); además, permite a los creyentes ver su experiencia de sufrimiento como temporal con miras a consumación de los tiempos y la nueva creación. Sin duda, ante esta perspectiva paulina de los gemidos inarticulados, la glosolalia puede ser la evidencia perfecta de que un cristiano ha sido bautizado con la realidad cósmica de la renovación de todas las cosas. Ha adquirido un lenguaje de oración que es más profundo y que le hace ver más de frente su propia necesidad; pone en práctica la tartamudez "insensata" para sí mismo y para los hombres, pero que tiene un significado preciso para Dios como intercesión del Espíritu Santo.

El *ya* pero *todavía no* es reflejado en su vida devocional con precisión por la glosolalia: El creyente habla lenguas angelicales, el idioma del cielo, pero sigue en la decadencia de la actual era, la ambigüedad es parte de su vida, pero esta paradoja, lo lleva a la humildad para que repose sobre poder de Cristo sobre él (2 Cor 12:9). Sin embargo, este lenguaje celestial es un presagio de que recibirá un peso de gloria incomparable (Rm 8:18) y de que su salvación está más cerca de cuando creyó (Rm 13:11). J. K. Smith lo resume bien:

> Tal oración no tiene la intención de comunicar contenido proposicional, sino más bien de expresar la profundidad de un deseo cuando "no sabemos orar como conviene" (Rm 8:26). Tal oración glosolálica expresa una profunda dependencia de Dios y, por lo tanto, una humildad ante lo divino. También indica una dependencia del Espíritu Santo en particular, ya que se piensa que el Espíritu es el que "intercede" a través de tales gemidos (Rm 8:26) que no se ajustan a las convenciones de un lenguaje dado. Se podía decir que tal oración en tal contexto es una especie de práctica sacramental de vaciamiento, reconociendo el fracaso

incluso del lenguaje... la oración glosolálica es un medio para hacerse receptivo y conducto a la obra del Espíritu.[48]

Los corintios hacían mal al pensar que la glosolalia les hacía ver "fuertes" "sabios" y competentes por sí mismos, de hecho, bajo la comprensión paulina, tal don refleja todo lo contrario. Tal vez la posición de último lugar en la que Pablo coloca a los hablantes lenguas en su lista de dones (1 Cor 12:28) tenga una doble intención. En primer lugar aterrizar a los corintios a la realidad mitigando su obsesión carismática, pues las lenguas en asamblea, al menos sin interpretación, son las menos útiles en cuanto a la edificación corporativa; pero también, puede reflejar esta idea paulina, de que al reconocer que uno habla misterios a través de ellas y pueden ser "un medio de gracia" que haga que el hombre de Dios sea beneficiado a sí mismo, su pequeñez delante de otras grandes obras portentosas como los milagros y las sanidades, describe su carácter como instrumento del Espíritu para evocar la humildad y la dependencia a Cristo en el hijo de Dios.

El avivador escocés Edward Irving (mucho antes que los pentecostales norteamericanos), interpretó esta "pequeñez" paulina como el inicio de una obra más grande de Dios con los demás carismas: "El don de lenguas es la raíz y el tallo de todos ellos, de los cuales todos crecen, y por los cuales todos son nutridos".[49] No es de extrañar que los pioneros pentecostales se beneficiaran de la comprensión irvingnita que había sido desarrollada antes de que ellos salieran en escena. El bautismo en el Espíritu Santo sería la puerta de entrada a la vida carismática más profunda para los adherentes de la fe apostólica. Muestra de ello es que, en tal bautismo espiritual, un don escatológico de oración es concedido al individuo para avivar la sujeción a Cristo y así ser alguien que puede edificar a otros. Ervin dice también, que, aunque las lenguas bendicen al individuo, tiene un "final al que apuntar... que es que [los creyentes] puedan profetizar y edificar a la iglesia cuando ellos mismos hayan sido edificados".[50] El punto de Ervin de "ser edificado primero" para "edificar a lo demás" no es carente de razón y plausibilidad. Al recrear la glosolalia un encuentro sobrenatural que tiene lugar en privado para ser edificado en el Señor sin la

---

[48] Smith, *Thinking in Tongues,* 144.
[49] Citado por David W. Dorries en: Gary B. McGee, ed, *Initial Evidence: Historical and biblical perspectives on the Pentecostal doctrine of spirit baptism* (Peabody, Massachusetts: Hendrickson Publishers, 1991), 49.
[50] McGee, ed, *Initial evidence,* 51.

intervención del entendimiento de la razón humana tiene un papel de preparación en lo espiritual para bendecir a otros con una actitud correcta, benevolente y confiada en la intervención de Dios de manera expectante por el mismo Espíritu que expresa gemidos indecibles en él.

Por lo tanto, la glosolalia puede ser fácilmente la bisagra que une a Pablo y a Lucas en su comprensión carismática. Si Lucas había sido expuesto a la literatura paulina o, por lo menos, a la perspectiva del apóstol de aquel don, entonces ha decidido enfatizar en su escrito que esta actividad de inspiración profética es una parte importante de la agenda misional por la nueva creación venidera, la transformación del bautismo en el Espíritu también tiene como resultado un don de oración y de intercesión por el mundo y las naciones. La descripción paulina encaja de una manera natural con la señal externa del bautismo en el Espíritu Santo lucana, una señal que no es arbitraria para el escritor de Hechos, sino con un significado misional tal como propone Keener: "El énfasis en las lenguas que Lucas hace no es arbitrario, sino que refleja una conexión con la misión intercultural... Esta forma particular de habla profética proporciona el símbolo más obvio de personas facultadas para cruzar barreras culturales y lingüísticas con el evangelio, que se ajusta al énfasis de Lucas".[51]

Es evidente que tal fenómeno profético debía facilitar la caída de prejuicios raciales y étnicos (Hch 10:46; 11:18). Al pasar de los años, los críticos de la doctrina pentecostal de la evidencia inicial han argumentado una y otra vez que dicha perspectiva tiene connotaciones racistas y separatistas debido a su promulgador, Charles Fox Parham. No hace falta decir que esto es una "falacia genética". Por si fuera poco, la misma perspectiva lucana intercultural nos debería hacer ver que no hace falta asociar la evidencia inicial pentecostal con el racismo, pues esta fue prueba suficiente para que los de la circuncisión vieran que Dios había aceptado a los gentiles en la comunidad escatológica (Hch 10:46). Agregando, como antes hemos mencionado, Edward Irving sostenía esta interpretación (aunque no tan desarrollada como Parham) y parece no tener tintes racistas en sus escritos u opiniones. William Seymour pudo haber negado este énfasis en la parte tardía de su ministerio a causa de sus diferencias con Parham, pero otro gran pentecostal del ala afroamericana del movimiento, y quien se opuso con entrega y pasión al racismo, C. H. Mason, no tuvo problema

---

[51] Keener, *Hermenéutica del Espíritu* (Salem, Oregon: Publicaciones Kerigma, 2017), 81.

en sostenerla y enseñarla, hasta sufrir rechazo por su denominación y sus amigos de ministerio.

Así, el don de la glosolalia, que nos permite hablar idiomas no conocidos, o el lenguaje de los ángeles, nos deja ver que Cristo ha unido el cielo con la tierra, y que toda nación debajo del cielo es importante para el Creador. Si uno desea ser un testigo eficaz de Cristo, puede deleitarse con la expresión profética que le muestra su incapacidad por sí mismo y la necesidad de salvación de todos los pueblos. En el Antiguo Testamento, y antes de la ascensión de Jesús, la prueba irrefutable de que uno estaba lleno del Espíritu era que podía profetizar. Hechos no pretende cambiar del todo este panorama tradicional judío, pero sí agrega el componente de las lenguas como signo de inspiración profética. Es claro que el propósito de esta nueva manera de expresar las realidades cósmicas desatadas por el reino es reflejar la misión mundial que la iglesia tiene para con las culturas y las naciones. Sin embargo, ante la explicación paulina del don de lenguas, podemos complementar como pentecostales nuestra visión de Hechos. Es indudable que el crecimiento espiritual puede darse en algún sentido al practicar la glosolalia. La santidad, aunque no de forma exclusiva, puede desarrollarse con la ayuda de la oración privada en lenguas en la intimidad con Dios. Tiene ciertamente, como Chan y Smith nos ha dicho, un papel sacramental en nuestra vida. No podemos negar que Dios pueda usar con sus dones a alguien que no ha hablado en lenguas (hemos visto por la experiencia que esto puede pasar, hasta con más frecuencia de lo que pensamos), sin embargo, el bautismo con el Espíritu potencializa esta vida carismática y otorga un don de oración que lleva al cristiano a una perspicacia profética más profunda. Si el testigo de Cristo quiere ser eficaz en su osadía evangelizadora y misionera, no puede hacerlo sino ha interiorizado esta vida carismática dialéctica en el Espíritu. La glosolalia tiene un papel importante en este desarrollo interno del creyente como sacramento que refleja el cambio interior. Los evangélicos carismáticos pueden "dejar abierta la puerta" para todos los dones, pero los pentecostales llevamos un camino glosolálico que pretende darnos una profundidad especial en nuestra relación con Dios; Simon Chan nos aclara ello:

> Supongamos que alguien tuvo una experiencia de glosolalia. El consejo dado por el evangélico probablemente sería así: "Acabas de recibir uno de esos 'refrigerios' que Dios ocasionalmente envía sobre nosotros... Gracias a Dios por el don de lenguas, pero no te limites a él, busca también los otros dones, especialmente aquellos que edificarán la iglesia"

El pentecostal, por otro lado, probablemente aconsejaría así: "Tu experiencia indica que Dios tiene la intención de guiarte a un caminar más profundo con él. Pero esto es solo el comienzo. Si usas el don fielmente como parte de tu vida de oración, encontrarás que es una vía para profundizar aún más tu caminar con Dios. Habrá otras sorpresas a medida que avances, como una nueva audacia para compartir tu fe, o el descubrimiento de la capacidad de ministrar a otros que nunca pensaste que fuera posible. Pero no te preocupes por los regalos. Continúa cultivando tu caminar con Dios usando el camino que Él ha abierto para ti".[52]

Los gemidos indecibles se dan en oración con un trasfondo trinitario, a saber, la petición auxiliada por el Espíritu que sube al Padre según su voluntad (Rm 8:27 b), bajo el derecho ganado para todos los cristianos a través de la filiación de Cristo (8:15) quien escudriña los corazones (8:27 a), con sonidos inarticulados que se solidarizan con el sufrimiento del mundo y la necesidad de los creyentes bajo la guía de la Tercera Persona de la Trinidad (8:22, 26).

Así podemos sostener que las lenguas tienen un papel sacramental en la vida de los creyentes que bien entendidas, los mentalizan para obrar valerosamente en un mundo caído dependiendo del poder de Dios. Sin duda, un papel "transformativo" en el bautismo en el Espíritu Santo no puede ser desechado si este es el caso. A continuación hablaremos de ello.

EL BAUTISMO EN EL ESPÍRITU SANTO COMO EXPERIENCIA SANTIFICADORA

Los efectos más inmediatos del bautismo en el Espíritu Santo en el relato lucano, según el consenso académico, apuntan más a la misión por inspiración profética y al poder para testificar.[53] Howard Marshall dice que

---

[52] Chan, *Pentecostal Theology and the Christian Spiritual Tradition*, 62–63.
[53] "Con respecto a la visión general de Lucas sobre el Espíritu, hay un consenso erudito de que el Espíritu es el agente principal que legitima la misión, que en Hechos es en gran medida la obra profética del Espíritu, que implica un 'poder para el testimonio', que domina, y que Lucas muestra poco interés en el Espíritu como la fuente de la espiritualidad, renovación moral o religiosa en el individuo como tal". Robert Banks, «The Role of Charismatic and Noncharismatic Factors in Determining Paul's Movements in Acts», en *The Holy Spirit and Christian Origins: Essays in Honor of James D. G. Dunn*, ed. Graham N. Stanton,

"Lucas guarda un silencio *casi* completo acerca del Espíritu en el crecimiento cristiano".[54] No obstante, para los pentecostales nacientes esta visión estaba acompañada de una proyección ética en la vida moral del creyente. Al menos este legado, se debe seguramente a la influencia del movimiento de Santidad que sostenía una "Segunda obra de santificación completa" después de la conversión y a los movimientos de Keswick que veían esta experiencia como "poder" y "victoria sobre el pecado". De hecho, esta perspectiva de la santidad acompañada en el bautismo, o al menos sugerida de forma implícita por él, fue la manera en que los primeros y posteriores reconocidos teólogos pentecostales clásicos proyectaban su doctrina. Podemos decir amén a lo que el consenso académico dice, pero esto no infiere que ese *casi ético* de Lucas no deba ser analizado.

Opinión de algunos teólogos pentecostales

Donald Gee, un antiguo escritor pentecostal, cuidadosamente advierte el no confundir el bautismo en el Espíritu con el "caminar en el Espíritu" que refleja su fruto, sin embargo, creía que las evidencias de que uno había sido bautizado con el Espíritu Santo eran, "testimonio desbordante", "quebrantamiento y humildad", "un espíritu dócil" y "consagración".[55] Myer Pearlman sostuvo que la llenura del Espíritu ayudaba al cristiano en varios aspectos, uno de ellos era en revelar "el fruto del Espíritu": "Una condición habitual es referida por las palabras "llenos de Espíritu Santo" (Hechos 6:3; 7:55; 11:24), palabras estas que describen la vida diaria de una persona espiritual, o uno cuyo carácter revela los frutos del Espíritu".[56] Howard Ervin en su brillante libro "El bautismo en el Espíritu Santo" dice que, aunque no se puede equiparar la llenura del Espíritu con el caminar del Espíritu (como acción sinérgica y dada en la nueva ontología del converso), sin duda, el bautismo en el Espíritu, "no niega que las consecuencias prácticas de la influencia del Espíritu Santo en la vida del cristiano se reflejen

---

Bruce W. Longenecker y Stephen C. Barton (Grand Rapids, MI; Cambridge, U.K.: William B. Eerdmans Publishing Company, 2004), 117–118.

[54] Marshall, *Teología del Nuevo Testamento*, 150.
[55] Donald Gee, *Pentecost* (Springfield, Mo: Gospel Publishing House, 1932), 27-39.
[56] Myer Pearlman, *Teología Bíblica y Sistemática* (Miami, FL: Editorial Vida, 1992), 231.

en impulsos y aspiraciones santos que lo lleven al crecimiento espiritual".[57] Guy P. Duffiel y Nathaniel M. Van Cleave interpretaron que esta obra sobre los creyentes los hacía hábiles para usar los dones espirituales, predicar el evangelio con vehemencia y también "para amar divinamente como amó Jesús... [y] para vivir una vida santa por encima de las sórdidas normas del mundo".[58] Stanley Horton, de manera inesperada, liga la declaración paulina de Romanos 5:5 sobre el "derramamiento del amor" por el Espíritu con el don pentecostal: "El don del Espíritu se refiere al bautismo en el Espíritu Santo. El amor de Dios es el amor que Él derramó supremamente en el calvario".[59] Junto con su colega William Menzies, también asevera que el bautismo en el Espíritu, además de otorgar poder para servir, es una "obra continua del Espíritu que profundiza la experiencia de los creyentes y su amor a Dios, su Palabra, uno por otros y hacia los perdidos".[60] El Dr. Anthony D. Palma recalca que es irresponsable desligar el don pentecostal de la santidad y advierte el peligro de solo enfatizar el lado profético del don: "Los pentecostales deben tener cuidado de no identificar el bautismo del Espíritu solo con hablar en lenguas y con la evangelización mundial. Hacerlo así es excluir o restringir la obra del Espíritu en otros aspectos".[61] Palma, en base a la declaración de fe de las Asambleas de Dios, al referirse al bautismo espiritual para la "vida", remarca que este concepto tiene miras a la santidad y a vivir de forma que agrade a Dios. Es verdad, dice Palma, que el bautismo en el Espíritu Santo no es equiparable a la obra santificadora del Espíritu a la que todo creyente tiene acceso al venir a Cristo, no obstante, como otros, cree que la experiencia empuja al creyente a anhelar la santidad de una manera más profunda: "El bautismo en el Espíritu no resulta en santificación instantánea (¡no hay nada que lo haga!), pero sí deberá proveer ímpetus adicionales para que el creyente busque una vida que agrade a Dios".[62] La síntesis ideal de esta

---

[57] Howard M. Ervin, *El bautismo en el Espíritu Santo: Una investigación bíblica* (Miami, FL: Editorial Vida, 1992), 76.

[58] Guy P. Duffiel y Nathaniel M. Van Cleave, *Fundamentos de teología Pentecostal* (Bogotá, Colombia: Editorial Desafío, 2006), 337.

[59] Stanely M. Horton, *El Espíritu Santo revelado en la Biblia: Edición revisada* (Miami, FL: Editorial Vida, 1982), 170.

[60] William W. Menzies y Stanley M. Horton, *Doctrinas bíblicas: Una perspectiva Pentecostal* (Miami, FL: Editorial Vida, 1987), 108.

[61] Anthony D. Palma, *El Espíritu Santo: Una perspectiva pentecostal* (Miami, FL: Editorial Vida, 2005), 170.

[62] Palma, *El Espíritu Santo*, 170.

pequeña muestra de opiniones pentecostales son las siguientes palabras de John W. Wyckoff:

Los pentecostales sostienen en general que el conjunto de cualidades de la personalidad cristiana, o fruto del Espíritu, no constituye una evidencia prolongada del bautismo en el Espíritu, pero que estas *cualidades pueden y deben quedar resaltadas en aquellos que tengan esta experiencia.*[63]

Una pequeña encuesta en Yucatán

Asael Cardos, un compañero del programa de la maestría en divinidades de Facultad de Teología de las Asambleas de Dios de América Latina, quien vive y pastorea en donde su servidor actualmente radica, me permitió analizar una pequeña encuesta que hizo para su monografía de la materia Pneumatología Lucana.[64] En ella, preguntó a algunos pastores locales de la denominación cuál era la relación entre el bautismo en el Espíritu Santo y la santidad. La síntesis de sus respuestas es la siguiente:

I. Como Asambleísta (Ministro de Asambleas de Dios) en tu opinión ¿Cuál crees que es la relación que existe entre el bautismo con el Espíritu Santo y la santidad?

Es muy real (en la iglesia primitiva según el libro de los Hechos) el testimonio de vida de aquellos hombres y mujeres que recibieron el bautismo en el Espíritu Santo. Una iglesia consagrada, una iglesia con amor y con el Fruto del Espíritu. No cabe duda que también fueron capacitados por el Espíritu para llevar a cabo la tarea de la evangelización. La santidad y cumplimiento de la encomienda, a través del obrar de los hombres por medio de los dones espirituales se ven manifestadas y tomadas de la mano.

II. ¿Cuál crees que es la importancia de ese tema?

Como pentecostal es la forma de vida natural de una iglesia en la que el Espíritu ejerce su ministerio. Es importante conocer esta bendición para poder anhelarla en nuestras iglesias el día de hoy.

---

[63] Stanley M. Horton, ed., *Teología sistemática: Una perspectiva pentecostal* (Miami, FL: Editorial Vida, 1996), 445.

[64] Agradezco a mi hermano Asael Cardos por permitirme presentar estos datos de su trabajo.

Esto motiva a la iglesia a buscar la llenura de Espíritu Santo, pero además que ejerza su señorío en las visas de manera individual y en la iglesia de manera corporativa.

Aunque muy breve, comparto con el pensamiento del autor de la encuesta de que esta visión sigue permeando en la vida de los ministros y feligresía en general de la iglesia pentecostal. Al menos en Yucatán, México, es muy común que aún se conserve el papel de consagración que trae el bautismo en el Espíritu Santo. Aunque la perspectiva más tradicional puede que se resista a desaparecer se deba a la forma en que muchos pastores de la vieja escuela fueron enseñados, no cabe duda de que el papel experiencial también tiene una gran importancia para que esta comprensión se mantenga en pie. La mayoría de los pastores que fueron entrevistados no son académicos, aunque tienen estudios teológicos. Sin embargo, trabajan activamente en la obra del Señor. La esposa de uno de ellos, Gabriela Cutz, es pastora titular de una misión de la Iglesia donde nos encontramos pastoreando por gracia de Dios y donde se predica el bautismo en el Espíritu y la santidad de manera rutinaria. Cada vez que voy a predicar a la misión "La Nueva Jerusalén Oriente" donde "Gaby" sirve, encuentro a nuevos miembros que son fervientes para trabajar en la obra de Cristo. Puede que esta experiencia de crecimiento se deba al fuerte impacto que el bautismo con el Espíritu ha traído en la vida de la Iglesia. Hasta hace poco visité su iglesia por una reunión de jóvenes y el predicador, un miembro de la congregación ofreció una cátedra de la doctrina del Espíritu Santo a través de su exposición de la Palabra. Este marco experiencial de la gente que no es académica es sumamente importante para una articulación teológica. No puede definirse una "epistemología perfecta" del cristianismo en base a los ideales iluministas y racionalistas. La fe cristiana no puede encajarse a un documento con una lista de proposiciones que alguien debe creer para ser llamado "hijo de Dios" y así, solo los académicos y escolásticos beban realmente de su riqueza y grandeza de las profundidades del Espíritu. La experiencia tiene un papel importante (aunque no primario) en la epistemología cristiana. Smith tiene razón cuando dice:

> Nuestros relatos filosóficos de la naturaleza de la creencia cristiana serán apropiados y esclarecedores solo en la medida en que pueden ayudarnos a comprender cómo cree la gente "común", es decir, personas sin doctorado o títulos universitarios, que no comparten la fijación de los filósofos por la epistemología. Con demasiada frecuencia, nuestro

filosofar cristiano traiciona el hecho de que tendemos a pintar a todos los creyentes a nuestra propia imagen racionalista, como si todos los creyentes pasaran su tiempo preocupándose por relatos coherentes de la verdad, o se sintieran molestos por cuestiones de orden que plagan el testimonio, o que estuvieran persistentemente obsesionados por el espectro del antirrealismo. Hacemos bien en que se nos recuerde lo contrario en disciplinar nuestra reflexión teórica confrontándola regularmente con los creyentes "ordinarios" con los que adoramos en domingo.[65]

Solo puedo hablar de mi propio contexto, pero es claro que para la mayoría de los laicos pentecostales que conozco, el bautismo en el Espíritu es una efusión de poder para vivir de una manera más santa. Esta forma de pensar me confronta y me lleva por unos momentos a dejar el marco teórico de algunos eruditos de la pneumatología lucana, para ver el horizonte "laico" con el fin de permitirme observar el panorama de una manera más amplia. No somos *tabula rasa*, ni tampoco Dios nos diseñó como "mentes autómatas y neutrales" para hacer teología. No aprendemos Biblia del "vacío" sino desde una comunidad de fe y la experiencia, aunque desde luego, la fuente primaria para la teología debe ser la Escritura y su exégesis. Que un número de creyentes tenga una perspectiva que pueda ser menos reduccionista, debe hacernos valorar su aportación no académica pero sí llena de dinamismo y cotidianidad. Recuerdo que sometí mi teología cuando buscaba confrontar mi articulación de la "evidencia inicial" con la opinión de las personas de la iglesia para llevar este equilibrio; al cabo de esa misma semana, un muchacho que no lleva casi nada de tiempo en la iglesia y como cristiano me dijo: "Leí Hechos, y veo que las lenguas son una parte importante cuando uno recibe el Espíritu, deseo con mi alma vivir ello, ¿es posible?". Lo mismo he escuchado con respecto a la santidad y cientos de comentarios que dicen: "nunca más volví a ser igual desde que fui bautizado con el Espíritu Santo". Esta percepción experiencial es válida e incluso puede abogar para hacer una mejor exégesis del texto. Creo que hay base bíblica y exegética, además de un trasfondo en base al Antiguo Testamento que puede explicar que esta dimensión se encuentra en Hechos; sin embargo, permítame el lector dar una breve historia de la cuestión "de la santidad" en el pentecostalismo, como ante sala a abordar las cuestiones del texto.

---

[65] Smith, *Thinking in tongues*, 121.

Breve historia de la perspectiva de la santificación en el pentecostalismo clásico

Si, aparentemente, la perspectiva de la santidad en el don pentecostal por lo menos era sugerida en el pensamiento de muchos pentecostales, queda la interrogante de, ¿qué fue el catalizador para que ellos vayan perdiendo esta noción tan importante? Sin duda la exposición de hacer teología bíblica desde la perspectiva de la crítica de la reducción llevó a nuestros eruditos como Stronstad y Menzies a delimitar la obra del Espíritu en Lucas/Hechos como una efusión carismática y profética (testificadora). Ante el desafío de Dunn y otros, se demostró que no se debe imponer a Pablo al interpretar la lectura lucana y que Lucas ve al Espíritu como el agente que unge a la Iglesia para el ministerio en lugar de injertar al creyente al Nuevo Pacto. No exageramos cuando decimos que nuestros eruditos llegaron a un grado de sofisticación académica importante; aun hoy, sus libros de pneumatología son consultados y valorados no solo en el ámbito pentecostal sino cristiano en general. Sin embargo, esta no es la única explicación de la causa de la pérdida de esta visión. Una breve historia de los dos pentecostalismos de Norteamérica nos ayudará a delimitar las posibles razones del porqué se dejó de asociar la santificación al bautismo en el Espíritu Santo en las iglesias pentecostales "más clásicas".

El pentecostalismo desde su origen no ha sido un grupo monolítico en cuanto a lo doctrinal. Aunque existen distintivos claves para saber que algún movimiento es pentecostal, también se encuentran diferencias visibles que han hecho que el movimiento se divida en diferentes denominaciones sin perder su espiritualidad característica. En la actualidad, el interés en el estudio del movimiento pentecostal ha crecido por parte de estudiosos de la religión, sociólogos, historiadores, teólogos y eruditos.[66] Se habla de

---

[66] Se le llama al pentecostalismo "la tercera fuerza" del cristianismo. Allan Anderson, por ejemplo, dice que el pentecostalismo junto a otros movimientos carismáticos "se han convertido en la fuerza numérica más grande del cristianismo mundial después de la Iglesia Católica Romana y representan la cuarta parte de todos los cristianos" (Allan Anderson, *El pentecostalismo: El cristianismo carismático mundial.* (Madrid, España: Ediciones Akal, 2007), 11). El teólogo anglicano Michael Bird da fe del crecimiento pero reducido al propio pentecostalismo: "Ahora hay 280 millones de pentecostales en todo el mundo y representan alrededor del 12 por ciento de la población cristiana. Y esas cifras no incluyen a carismáticos evangélicos y a los católicos carismáticos. El crecimiento es particularmente pronunciado en África y América Latina" (Michael F. Bird, *Evangelical Theology, Second Edition.* (Grand Rapids, Michigan: Zondervan, 2020,87).

una visión de un pentecostalismo global que pretende "aportar una perspectiva mundial, no excluyente, y contextual de la historia y la teología del pentecostalismo".[67] Sin embargo, dado el propósito de este libro está enfocado al contexto mexicano, la pentecostalidad característica del evangelicalismo norteamericano de Obra Consumada es uno de los que ha tenido más impacto en los grupos pentecostales de México.

Es posible observar dos tipos de tendencias en las iglesias pentecostales mexicanas en cuanto al nacimiento del movimiento y su desarrollo: el *pentecostalismo de santidad* (con distintivos del Movimiento de Santidad tales como la Iglesia de Dios del Evangelio Completo) y el de *Obra Consumada*, con distintivos más "bautistas" como, por ejemplo, las Asambleas de Dios.

Pentecostalismo de Santidad

John Wesley y la perfección cristiana

El pentecostalismo de Santidad es heredero de los movimientos del final del siglo XIX y del siglo XX con énfasis en la completa santificación y con un trasfondo claramente wesleyano (aunque John Wesley no postulaba exactamente lo mismo que este movimiento). Estos grupos no conformistas sostenían una segunda bendición diferente a la regeneración a lo que se puede resumir como una experiencia de crisis que traía la erradicación del pecado. Es innegable la influencia de John Wesley con respecto a sus herederos espirituales, su visión de la perfección cristiana en manos de sus sucesores dio lugar a su particular comprensión erradicalicionista de la obra del Espíritu en el creyente. Para Wesley, la perfección cristiana quería decir que "aquellos que son justificados, que nacen de nuevo en el sentido más común, no perseveran en el pecado".[68] El predicador inglés afirmaba que tal implicación es que todos los creyentes son liberados del pecado externo: "El cristiano es tan perfecto como para no cometer pecado".[69] Sin embargo, la perfección cristiana no quería decir una total depuración de la debilidad y una ingenuidad ciega con respecto al mundo caído donde el

---

[67] Anderson, *El pentecostalismo*, 9.
[68] John Wesley, *La perfección cristiana*. Ed. Justo L González, Sermones de Juan Wesley: Tomo II (Lima, Perú: Instituto de Estudios Wesleyanos: 2018), 11.
[69] *Ibid.*, 20.

santificado camina; el cristiano puede ser tentado. El padre del metodismo afirmaba que no hay libertad de tentación en esta era, o en sus palabras: "Tal perfección no pertenece a esta vida".[70] No obstante, quien ha nacido de Dios, no peca por pecado habitual, ni por deseo pecaminoso, ni pecado por debilidad.[71]

Uno de los pasajes bíblicos donde más sustenta su argumentación con respecto al tema es 1 de Juan 3:9: *Todo aquel que es nacido de Dios, no practica el pecado*. Aunque no encontramos una obra "separada" que luego surgirá con los movimientos de santidad, existe una relación de la pureza moral con la promesa del Padre en Pentecostés: "Y, cuando llegó el día de Pentecostés, sucedió que primeramente aquellos que esperaban la promesa del Padre fueron hechos más que vencedores sobre el pecado mediante el Espíritu Santo que les fue dado".[72] Con todo, a diferencia de los movimientos sucesores más extremos, en Wesley aún queda la perspectiva gradual clásica protestante de la santificación. Con respecto a ello declara: "Desde el momento de nuestro nuevo nacimiento tiene lugar la obra gradual de la santificación".[73]

Los críticos de la Perfección cristiana no esperaron en condenar a su exponente por "legalista" o "pelagiano". La defensa de Wesley fue apelar al poder del amor sobrenatural de Dios para la santidad y la perfección; el énfasis recae en el amor y un perfeccionamiento en él para llegar a ser perfecto como el Padre (Mateo 5:48). Más polémica aun entre el espectro protestante sería su opinión negativa de la "imputación de la justicia" tan característica de los movimientos protestantes calvinistas y luteranos. En su sermón "la justificación por fe" indirectamente rechaza la posición más tradicional de imputación de la justicia activa de Cristo al creyente:

Menos aún que lo anterior, la justificación significa que Dios se engañe con aquellos a quienes justifica; que los crea ser lo que en verdad no son; que los considere diferentes de lo que son. No significa que Dios forme de nosotros una idea contraria a la verdadera naturaleza de las cosas; que nos crea mejores de lo que realmente somos, o que nos crea justos cuando en realidad somos injustos... No puede de esta manera confundirme más

---

[70] Wesley, *La perfección cristiana*, 9.
[71] Wesley, *La salvación por fe. Semones de Juan Wesley, Tomo I* (Lima, Perú: Instituto de Estudios Wesleyanos, 2016). 27-28.
[72] Wesley, *La perfección cristiana*, 15.
[73] Wesley, *El camino de la salvación, en Semones de Juan Wesley II*, 51. Veáse el sermón "el nuevo nacimiento" donde declara que "un cristiano crece gradual y lentamente hasta la medida de la estatura de la plenitud de Cristo", 82.

con Cristo que con David o con Abraham… tal concepto de la justificación es contrario a la razón y a las Escrituras.[74]

La justificación para Wesley, no se trata de una imputación que viste al creyente de Cristo a los ojos del Padre, aunque este verdaderamente sea injusto, sino de simplemente el perdón de pecados pasados y el rescate de la ira.[75] En otras palabras, el dicho tan conocido de Martín Lutero *Simul iustus et peccator* es negado por el predicador inglés, seguramente por la influencia pietista, que veía tal proposición teológica como un obstáculo para la santidad y las buenas obras. Esta comprensión será parte del perfeccionismo de la Santidad que se diferenciará de la posición de la obra consumada.

El replanteamiento de la perfección en los Movimientos de Santidad y su impacto en el pentecostalismo temprano.

Es conocido el alejamiento teológico del amigo y sucesor de Wesley en el metodismo. John Fletcher, a quien antes mencionamos, tenía una comprensión distinta a su colega fundador; la pneumatología tomó el eje central en su visión de la santificación y la eclesiología. Para Fletcher, dado que la presente dispensación representa ese poder santificador, los énfasis escatológicos salieron a relucir en su teología. Las dispensaciones tomaron un papel importante para la interpretación bíblica; las eras distintas en el plan de redención que remarcaban cierta discontinuidad serían apoyo para su acento pneumatológico. Tal como describe Donald Dayton sobre Fletcher: "Bajo la dispensación del Padre, la gran promesa era aquella que presentaba la manifestación visible del Hijo. Bajo la dispensación del Hijo, se dio otra promesa para el ejercicio de la fe y la esperanza… con relación a la plena manifestación del Espíritu Santo… bajo la presente dispensación del Espíritu, tenemos la segunda venida de Cristo".[76]

La esperanza del advenimiento del reino de Dios escatológico que surgiría de manera inminente en Fletcher sienta las bases para un

---

[74] Wesley, *Semones de Juan Wesley I*, 74-75.

[75] Sin embargo esta nota debe matizarce con comentarios de estudiosos de Wesley que afirman que él no niega la imputación del todo. Por ejemplo, J. Steven Harper dice: "Wesley integró en su teología algunos elementos de la teoría expiatoria de la satisfacción pe- nal y, sin duda, creía que la imputación tenía algún papel en nuestra Justificación". J. Mathew Pinson, *La seguridad de la salvación: Cuatro puntos de vista* (Barcelona, España: Editorial Clie, 2006), 216.

[76] Donald Dayton, *Raíces teológicas del pentecostalismo* (Buenos Aires, Argentina: Nueva Creación, 1991) 106.

apocalipticismo característico que el pentecostalismo heredaría, y antes de eso, que los movimientos de santidad retomaron alejándose del metodismo más ortodoxo: "Las ideas de Wesley habrían de dominar el metodismo durante un siglo. Pero cuando el patrón pentecostal de Fletcher se hizo más notorio hacia finales del siglo XIX, su doctrina de las dispensaciones también comenzó a pesar".[77] Mas disruptivo sería el tema de Pentecostés en el sucesor metodista. Un punto de apertura a la dispensación actual del Espíritu estaría dando forma a la comprensión temprana de los primeros pentecostales y sobre todo la terminología del bautismo en el Espíritu Santo.

El movimiento de Santidad del siglo XIX había adoptado la visión de una experiencia como segunda obra de la gracia, o mejor llamada "segunda bendición" que traería una santificación total en el creyente receptor. Esta segunda bendición tenía como efecto la erradicación del pecado original (aun en esto, puede verse por lo menos, la intención de Wesley de la perfección cristiana). La pureza era el tema central en estos grupos, la abstinencia del mundo, su pompa y los vicios eran uno de sus temas predilectos en el púlpito. Sin embargo, como apunta Vynson Synan, después de la guerra civil un cambio empezó a producirse en la terminología de esta "segunda bendición":

Durante más de un siglo antes de la Guerra Civil, la mayoría de quienes habían recibido "la segunda bendición" posterior a la conversión llamaron a esta experiencia "santificación". (...) Pero después de la guerra hubo una creciente tendencia a hablar de la segunda obra de la gracia como "el bautismo en el Espíritu".[78]

Cada vez más el lenguaje pentecostal que Wesley no solía asociar con la santificación empezaba a reflejarse en los movimientos de Santidad. La palabra santidad empezaba a reemplazarse con "poder". Phoebe Palmer, una líder de la Santidad era cautelosa al enseñar que el "poder" era sinónimo de "santidad". Incluso, la obra carismática de la profecía, para ella era equiparable a la predicación.[79] Asa Mahan, otro autor de renombre de la Santidad, publicó en 1870 su famoso tratado *The Baptism of the Holy Ghost* (que era una edición de un libro anterior de la santidad), donde empieza a romper el molde del bautismo en el Espíritu como santificación espontánea a una vida empujada por el poder y la permanencia cristiana; los temas carismáticos si bien están en el libro, la cautela por tales tópicos

---

[77] Dayton, *Raíces*, 107.
[78] Synan, *El siglo del Espíritu*, 38-39.
[79] Dayton, *Raíces*, 61.

se dejaba entrever en los autores. En todo esto, el legado de Fletcher parece que permanecía mucho más que la visión perfeccionista de Wesley.

Sin embargo, con el gran interés que empezaba a surgir por la persona del Espíritu Santo a finales del siglo XIX y la interpretación que Pedro hace en el tratado lucano en Hechos sobre Joel 2:28-30, la sanidad divina y los dones espirituales empujaron al movimiento de Santidad a empezar a observar tres obras de la gracia diferentes: la conversión, la segunda bendición de erradicación del pecado, y, por último, el bautismo en el Espíritu Santo con la evidencia inicial de hablar en otras lenguas. En especial, este último asunto doctrinal de la glosolalia surge por lo que es llamado la "iluminación de Topeka". Como narra Walter Hollenweger, la praxis pneumatológica de su grupo estudiantil que tras el análisis de Hechos los llevó a concluir que las lenguas eran la señal de identificación del Bautismo en el Espíritu, los hizo "organizar grandes reuniones en muchas ciudades en las cuales, según la información de la prensa, los participantes se convirtieron, se santificaron, se bautizaron en el Espíritu Santo y se curaron de enfermedades".[80] Parham tenía la convicción de estas tres obras separadas que eran accesibles a todo hijo de Dios, convicción que William Seymour, estudiante de Parham, llevaría a Los Ángeles, a la calle Azusa. A sus inicios él mantendría la convicción pentecostal inicial: "Seymour llegó a Los Ángeles... y predicó sobre Hechos 2:4, en esta forma: quienes no se ponen a hablar en lenguas todavía no están bautizados por el Espíritu Santo. Cabe señalar que Seymour mismo no había recibido aún esta forma del Bautismo en el Espíritu Santo,[81] pero la sostenía como gratuita y accesible al inicio de su ministerio. Así, Wesley con su perfeccionismo; la aportación de Fletcher de la dispensación del Espíritu en el metodismo; la apertura del Movimiento de Santidad a una efusión de crisis de pureza y poder; la convicción carismática de Parham con la glosolalia en el bautismo en el Espíritu; y la exposición fiel de esta enseñanza por parte de Seymour –como catalizador de un gran avivamiento–, fueron todos, componentes que le darían forma al pentecostalismo moderno de nuestros días. Sin embargo, mientras el pentecostalismo temprano de Seymour se expresaba con la justificación, la segunda bendición de santidad y el bautismo en el Espíritu Santo, un predicador ansioso del poder de Dios se atrevió a cuestionar estos postulados.

---

[80] Walter Hollenweger, *El pentecostalismo: Historia y doctrinas* (Buenos Aires, Argentina: Asociación Editorial La Autora, 1976), 8.
[81] *Ibid*, 9.

Pentecostalismo de Obra Consumada

Durante el avivamiento de la calle Azusa, en 1910, un ex pastor bautista que llegaría a ser el padre teológico de las Asambleas de Dios[82] empezó a predicar una nueva enseñanza en Los Ángeles; William H. Durham tenía el deseo de que el pueblo pentecostal regresara a confiar en la obra poderosa del Espíritu Santo a través de la consumación de la salvación por medio de la cruz de Jesús. El mensaje evangélico de la "salvación por sola fe y gracia" hacía retumbar en las paredes del lugar donde el fuego de Dios se había manifestado. Frank Bartleman describe la enseñanza de Durham de la siguiente manera:

El Señor estaba con el hermano Durham con gran poder. Dios pone su sello especialmente para que se establezca la verdad presente. Él predicaba un evangelio de salvación por fe. Fue usado con poder para marcar nuevamente la línea de separación entre la salvación por obras y la que es por fe, entre la ley y la gracia. Esto se había vuelto *muy necesario,* aun entre pentecostales. Y es seguro que tal revelación y reforma son necesarias hoy en las iglesias casi tanto como en la época de Lutero.[83]

La enseñanza del predicador era revolucionaria, tanto así, que algunos llamaron el derramamiento del Espíritu a través de ella como "la segunda lluvia tardía", que en palabras de Bartleman sería una renovación del avivamiento: "el fuego caía como al principio".[84] Durham había rechazado el erradicalicionismo de la Santidad como una segunda obra de crisis; su pasado bautista posiblemente influyó en su teología con una posición de la santificación más cercana a la reformada[85] que a la visión tan característica de los movimientos wesleyanos. Allen L. Clayton, aunque no está de acuerdo, lo describiría de la siguiente manera: "tradicionalmente, ha sido percibido como el hombre que habló en nombre de una serie de pentecostales cuyas raíces estaban en las tradiciones bautistas o reformadas, y cuya doctrina de la santificación estaba en conflicto con el esquema de tres

---

[82] Synan, *El siglo del Espíritu,* 153.

[83] Frank Bartleman, *Azusa Street, el avivamiento que cambió el mundo* (Buenos Aires: Editorial Peniel, 1996), 219.

[84] *Ibid,* 218.

[85] Aunque autores como Allen L. Clayton creen que tiene una dirección más morava o luterana. Concuerdo en cierto aspecto con esto; para la teología luterana la santificación no es lograda aparte del calvario, sino es la manifestación de la vida divina en el Espíritu por la obra consumada de Cristo. La teología puritana, por ejemplo, daba énfasis en el fruto de las obras para reflejar la elección de Dios.

etapas".[86] La santidad del creyente es obtenida en el calvario por la obra consumada de Jesús, y esta es dada en la conversión y al mismo tiempo progresiva. Como diría Bartleman: Durham tenía una preocupación válida al observar el legalismo en el pentecostalismo por el extremo que podría llegar la enseñanza de la Santidad que afirmaba que el pecado original no se eliminaba en la regeneración y necesitaba una experiencia diferente para erradicarlo. El revolucionario predicador se expresó, sobre tal doctrina, de la siguiente manera:

Yo... niego que Dios no se ocupe de la naturaleza del pecado en la conversión. Niego que un hombre que se convierte o nace de nuevo esté exteriormente lavado y limpiado, pero que su corazón queda inmundo, con enemistad contra Dios en él... esto no sería la salvación. Salvación... significa un cambio de naturaleza... Significa que toda la vieja naturaleza, que era pecaminosa y depravada... fue condenada, es crucificada con Cristo.[87]

Desde luego esto no quería decir que toda la plenitud de la santificación se alcanzaba al nacer de nuevo, aunque es verdad que algunos, malentendieron este mensaje llevándolo a tal extremo del antinomianismo.[88] Sin embargo el *ethos* de la enseñanza de Durham apunta más a la confianza entera en lo que Cristo logró por la humanidad, incluyendo su santificación. No es necesario el esfuerzo, ni la espera en una experiencia para poder alcanzar la victoria contra el pecado (aunque no quiere decir esto que una experiencia de parte de Dios no sirva para tal propósito) sino que la naturaleza de la salvación tiene con ella la mortificación de la carne y sus pasiones.

A la par de William Durham, se encontraba un autor que es menos famoso en la actualidad como pionero de esta enseñanza en el pentecostalismo. Tras su bautismo en el Espíritu Santo en el año 1906, A. S. Copley escribió de la obra consumada de una manera más teológica y articulada doctrinalmente. Por la influencia de la teología de Keswick y trabajando con la denominación "La Alianza Misionera Cristiana" su comprensión reformada de la santificación como posicional y progresiva no dudó en

---

[86] Allen L. Clayton, "The significance of William H. Durham for Pentecostal histography" *Pneuma: The Journal of the Society for Pentecostal studies* (Springfield, Mo.: Society for Pentecostal Studies,1979), 28.

[87] Clayton, *Pneuma*, 30.

[88] Vale la pena preguntarse cual caricaturización de una enseñanza apunta a que un entendimiento claro de ella es la correcta. La caricaturización del legalismo o del antinomianismo. Creo que una lectura a las cartas de Pablo nos dice que lo segundo era por lo que se le acusaba. Con Durham pasó exactamente lo mismo; razón por la que William Seymour rechazó su enseñanza y decidió cerrar la misión de la fe apostólica.

llevarle a ver la pureza del cristiano como un acto ganado por Cristo en la cruz del calvario, lo que quiere decir una identificación con él. El movimiento de santidad al dejar a un lado la doctrina de la doble imputación en la justificación, parecía hacer ver para Copley, que la cruz de Cristo solo lograba el perdón pasado de los creyentes, pero no su santificación. Copley era reacio a permitir que la santidad deba venir después por esfuerzo humano y como una erradicación total del pecado en una persona. El pecado aún puede verse en un creyente justificado, sin embargo, por la fe y la declaración forense de Dios sobre el pecador, el viejo hombre ha muerto y el cristiano participa en Cristo. En sus palabras: "No esperemos ningún bien más de nosotros mismos y no nos decepcionemos ni nos sorprendan nuestros propios fracasos... Hacemos lo correcto, pero su vida hace que eso suceda. Dios no dejará espacio para una pizca de gloria propia".[89] Así como Pablo menciona en Romanos 6:10, Copley menciona que los cristianos deben *considerarse* muertos al pecado y vivir con una fe firme en que tal realidad ha sido lograda en un suceso en el calvario hace dos mil años. Además, Copley diferencia entre la santidad y la justificación:

La consagración no es para salvación sino para servicio. La salvación es solo por fe... como creyentes en el Señor Jesucristo, somos conscientes de una esclavitud al pecado... el abandono *continuo* no nos santifica, sino que nos mantiene en una actitud hacia Dios en la que Él puede mantenernos en victoria y desarrollar las *gracias* del Espíritu en nosotros y usarnos para su gloria.[90]

Un cristiano puede claudicar en las disciplinas espirituales y caer en pecado, no obstante, eso no significa que su naturaleza como hijo de Dios haya cambiado; solo basta en someterse de nuevo a la fe en la obra consumada para progresivamente crecer para el Señor y tener la victoria sobre el pecado.

Toda esta comprensión ajena a los movimientos de la Santidad le dio un enfoque misional al bautismo en el Espíritu Santo; ya no se trataba de una tercera gracia que tenía que ser precedida por una instantánea entera santificación, sino que era un empoderamiento para el ministerio y el testimonio cristiano tal como se registra en Hechos 1:8 disponible para todos

---

[89] A. S. Copley, "Pauline Santification", Living Waters Tabernacle, consultado el 15 de marzo del 2023. http://livingwaterstabernacle.com/uploads/G&GPamphlets/PaulineSanctification.pdf
[90] *Ibid.*

los nacidos de nuevo. Otros autores evangélicos fundamentalistas aportaron –junto con la teología de Keswick y la doctrina de la obra consumada– una interpretación del bautismo en el Espíritu como una obra separada a la regeneración y el nuevo nacimiento.

Evaluación de ambos puntos de vista

Ambas posturas, de algún modo, han separado el papel de la santificación del bautismo en el Espíritu Santo. El pentecostalismo de santidad, a pesar de enfatizar más la crisis que debe traer la santificación completa y activa en la vida de los cristianos, sin embargo, parece no relacionar, al menos directamente, su segunda obra de la gracia de "entera santificación" con el bautismo en el Espíritu Santo que sigue siendo el poder para llevar a los pecadores a Cristo. Sin embargo, hemos visto el ejemplo de C. H. Mason y William J. Seymour para demostrar que algunos, en su experiencia y en el transcurso de su vida, experimentaron un encuentro poderoso con Jesús que trajo una fuerza ética en su llenura divina. Por otro lado, los de Obra Consumada, han llegado a una conclusión más sustentada en las Escrituras de considerar al individuo que confiesa a Jesús como santificado por el Espíritu Santo posicionalmente (1 Cor 6:11) y con la posibilidad de seguir creciendo en la santificación (Rm 6:22), no obstante, el pensamiento de los primeros maestros pentecostales influenciado del movimiento de Keswick, que enfatiza el poder y la victoria sobre el pecado que se alcanza con la experiencia del Espíritu, ha quedado casi ausente en su lenguaje teológico en su erudición actual en el tema de la santificación del bautismo pneumatológico. Al menos, teóricamente, la santificación ha quedado relegada como telón de fondo para la experiencia escatológica de la llenura del Espíritu en ambas tradiciones, ya sea que se trate de un requisito para que el cristiano totalmente purificado reciba el bautismo espiritual (Pentecostalismo de Santidad), o, que ya ha sido dada por gracia por la imputación de la justicia de Cristo por su obra consumada en la cruz del calvario (Pentecostalismo de Obra Consumada) con la que el creyente se identifica día a día en su caminar, sometiéndose a ella. Sin embargo, ambas posturas tienen algo que ofrecer para nuestra síntesis teológica.

El pensamiento inclinado a la Santidad tiene razón al proponer que el creyente debe crecer en santidad para ser investido del poder pentecostal. Creemos que esto es demasiado claro en el libro de los Hechos; la obediencia, tiene un papel importante para Lucas con respecto a la actitud que

Dios espera para recibir el don del Espíritu. En su introducción, Lucas dice que antes de que Jesús ascendiera, les había dado instrucciones muy importantes: "hasta el día en que fue recibido arriba, después de haber dado mandamientos por el Espíritu Santo a los apóstoles que había escogido" (Hch 1:2).[91] Esta porción demuestra que antes del día de Pentecostés, la Iglesia establecida por Cristo ya se sujetaba a una serie de reglas de la comunidad en la espera de recibir al Espíritu Santo. Tal como menciona Lucas 24:47-48, Jesús les ordena que prediquen en su nombre el arrepentimiento y perdón de pecados en todas las naciones, no sin antes, ser investidos de poder. Es claro que el mandamiento de Hechos 1:2 (en griego se encuentra en singular) era el de predicar el evangelio, pero al ser anterior al día de Pentecostés, hubo un proceso de discipulado que no solo incluía a los apóstoles, sino a muchos más a quienes Jesús se les apareció (Hch 1:3; Cf. 1 Cor 15:1-7). Lucas lleva esta promesa al campo de la paciencia al decir que estando todos juntos les mandó que no se fuesen de Jerusalén y esperasen la promesa del Padre, o, en otras palabras, el bautismo en el Espíritu Santo predicado por Juan (Hch 1:4-5).

Dado que habían escuchado lo dicho por Juan el Bautista y habían entendido que la efusión del Espíritu, podría traer la restauración mesiánica de Israel, no pudieron evitar en preguntarle a Jesús, insistiendo como Juan en la cárcel, si restauraría el reino de Israel en ese momento. Aunque no llegaron a tener las mismas dudas que Juan, quien tuvo la osadía de preguntarse si efectivamente Jesús era el Cristo o si esperaban a algún otro (Lc 7:20), su interrogante demuestra que aún estaban perplejos por qué el Mesías no actuaba de la manera que Israel esperaba, a saber, el traer la victoria política al monte de Sion (Hch 1:6) El Señor no ignora su pregunta, pero tampoco la responde; su actitud ante el cuestionamiento de los discípulos es para reenfocarlos en su misión principal, en salir de Jerusalén

---

[91] Existe un debate sobre la mejor lectura de este texto en base a la evidencia de manuscritos. La partícula διά (por) puede interpretar al caso genitivo del Espíritu Santo de dos maneras: 1) Jesús por medio del Espíritu, da el mandamiento a sus apóstoles, o 2) Jesús por medio del Espíritu escogió a los apóstoles. La segunda lectura es entendida en el texto occidental donde dice: "hasta el día en que, por el Espíritu Santo, comisionó a los apóstoles que había elegido, y les encargó que proclamasen el evangelio". Sin embargo, Bock tiene razón cuando propone que "la clave aquí es Lucas 6:13, que carece de cualquier mención del Espíritu con la elección de los Doce, mientras que a lo largo de Hechos el Espíritu está conectado con la predicación y la actividad misionera (Hechos 1:8, 16; 2:4, 17-18; 4:8)" Darrell L. Bock, *Hechos*, Comentario exegético de Baker sobre el Nuevo Testamento (Grand Rapids, MI: Baker Academic, 2007), 54.

y expandir la Palabra, esto solo sería logrado por el poder del Espíritu que los haría testigos mundiales (Hch 1:7-8).

Como antes hemos señalado, Lucas y Hechos son uno de los escritos del Nuevo Testamento que reiteran una y otra vez la necesidad de la oración. Jesús en su bautismo oró para recibir el Espíritu (Lc 3:21-22); además, les enseña a sus discípulos a orar para que el Espíritu sea dado (Lc 11:1-13). Estos mandamientos de la comunidad se ven por medio de la ferviente perseverancia en la oración de los que se encontraban en el aposento alto, que no eran solo los discípulos, sino un número más amplio, como de ciento veinte (Hch 1:14-15). Incluso, en medio de este contexto de petición, súplica y de obediencia, Pedro se levanta para hablarle a los demás de la necesidad de encontrar un reemplazo para Judas (Hch 1:16). Algunos eruditos creen que la acción de Pedro fue apresurada y lejos del discernimiento. En realidad, los creyentes debían esperar a Pablo en su salida a escena para que tome el lugar de Judas y por fin llenara ese vacío. Sin embargo, esto es improbable. Hemos mencionado antes el contexto de sujeción a Cristo y de obediencia esperando la promesa, no parece reflejar que la intención de Lucas sea desaprobar dicha acción. Además, se da a entender que Pedro está en sintonía con el Espíritu de profecía que dirige a la iglesia al señalar a las Escrituras y en su descripción del Espíritu en boca de David con respecto al destino del traidor (Hch 1:16; Cf. Sal 69:25) y el lugar que debía tomar otra persona (Hch 1:20; Cf. Sal 109:8).

Con todo, Lucas no reduce el grupo apostólico en su totalidad a doce personas; él llama junto con Pablo a Bernabé "apóstol" (Hch 14:4; 14:14), lo que nos da a entender perfectamente que la labor de Pablo (junto con Bernabé) era una tarea muy distinta a las columnas de Jerusalén, y era predicar a los gentiles. Empero eso no quita que el escritor no valore y ponga en alta estima el establecimiento de los doce. Ciertamente Lucas conoce la tradición anterior a él de la necesidad de doce personas para gobernar sobre los doce tronos de Israel (Lc 22:30). Estos doce tienen un significado teológico importante. Refleja que, por la intervención del Espíritu, el Israel escatológico se estaba levantando, o como dice Conzelman: "No *todos los* apóstoles deben ser reemplazados, sino solo este *que* ahora se ha perdido, para que el número necesario de doce pueda ser llenado nuevamente. Los apóstoles son considerados como representantes del Israel escatológico".[92] Es obvio que lo que la narración nos indica es que la

---

[92] Hans Conzelmann, *Acts of the Apostles: a commentary on the Acts of the Apostles*, ed. Eldon Jay Epp y Christopher R. Matthews, trad. James Limburg, A.

nueva comunidad necesitaba llenar ese espacio sí o sí para así recibir el Espíritu de la promesa como el levantamiento de un nuevo pueblo. Lo que es más, ellos oraron para que el Señor eligiera quien ocuparía el puesto tan importante y quien tuviera el corazón indicado para tal privilegio (Hch 1:24) entre los dos candidatos, a saber, José Barsabás y Matías. De hecho "el echar suertes" tiene también un punto importante que hacer aquí. La acción de un "sorteo" no implica en realidad nada negativo como si la elección se pusiera en las manos del azar, esta era una práctica judía muy común y antigua para la toma de decisiones. Una referencia anterior en el Nuevo Testamento se trata de los soldados que echan suertes por las ropas de Jesús, (Mateo 27:35; Marcos 15:24; Lucas 23:34 b; Juan 19:24, en alusión al Salmo 22:18). "Sin embargo, el término aquí es positivo, rodeado como está de piedad, oración, unidad y Escrituras".[93] Bock dice:

> En el Antiguo Testamento se pueden examinar textos como Levítico 16:8 y Josué 18:6 y 19:51, donde la asignación a las tribus de la nación se hacía echando suertes. También se puede ver el uso de suertes en Josué 23:4; 1 S 14:42; 1 Crónicas 6:65; 24–26; Nehemías 10:34; 11:1; Isaías 34:17; y Jon 1:7... Estos textos de Josué y 1 Crónicas muestran que tal acto está ligado a elementos de la fundación de Israel.[94]

Entonces, la imaginería y la narración da pauta a poder observar la reconstrucción de la comunidad apostólica fundada como representante del remanente de Israel ante los tiempos mesiánicos. Si la oración y las Escrituras han sido los medios de gracia que Cristo ha permitido que la comunidad administre, el fin es que los prepare para el descenso del Espíritu de profecía y así sean testigos del fin de los tiempos. No podían ser iguales al Israel étnico quien pareciese habían rechazado al Mesías. En su lugar, debían reflejar obediencia y consagración para que puedan ser los "testigos" de todas estas cosas. Es por ello que Pedro predicó que el Espíritu es dado a todos los que obedecen (Hch 5:32). Este pasaje sirve como telón de fondo para remarcar el sometimiento a Dios a través de Cristo para poder recibir la bendición escatológica.

Thomas Kraabel, y Donald H. Juel, Hermeneia—a Critical and Historical Commentary on the Bible (Philadelphia: Fortress Press, 1987), 12.

[93] Darrell L. Bock, *Acts*, Baker Exegetical Commentary on the New Testament (Grand Rapids, MI: Baker Academic, 2007), 89–90.

[94] *Ibid*, 90.

Sin embargo, Lucas es tan cuidadoso para no solo enseñar en su narrativa a judíos piadosos y obedientes que esperan los tiempos del levantamiento de su pueblo y que reciben al Espíritu. En cambio, en medio del anonimato, Cornelio es presentado como un centurión piadoso y temeroso de Dios con toda su casa (Hch 10:2 a). Se enfatiza esta imagen positiva del militar diciendo que *hacía muchas limosnas, y oraba a Dios siempre* (10:2 b). Lejos de que Dios mostrara desagrado por él, manda a un ángel para que le revele lo que tendría que hacer, no sin antes reiterar sus buenas acciones: *Tus oraciones y limosnas han subido para memoria delante de Dios* (10:4). El mandato fue dado y pronto lo llevó a cabo. De nuevo, al llegar los varones que designó por la orden del ángel para llegar a Pedro, le explican quién era este hombre: *Cornelio el centurión, varón justo y temeroso de Dios y que tiene buen testimonio en toda la nación de los judíos* (10:22). Pero no solo eso, Pedro es confrontado para tener la misma visión que Dios tiene de un gentil, alguien que pudiese tener una casa "abominable" para cualquier judío de aquel tiempo (10:28): *Entonces Pedro, abriendo la boca, dijo: En verdad comprendo que Dios no hace acepción de personas, sino que en toda nación se agrada del que le teme y hace justicia* (10:34-35). Al final, este recibe al Espíritu Santo como los judíos (10:44-47; 11:15).

Algo que muy pocos han tenido en cuenta en el debate es la experiencia visionaria del centurión (10:3-4, 30). Según la agenda profética de Lucas, estas visiones son dadas a los que pertenecen de alguna manera a Dios, no solo israelitas, sino de toda carne (2:17). No podemos decir que Cornelio haya sido cristiano en toda la extensión de la Palabra antes de haber escuchado el evangelio, puesto que no conocía hasta ese momento, la revelación de Cristo, aunque sí del Dios judío. Stanley Horton, dice, por ejemplo:

> En aquellos días, algunos gentiles estaban cansados de las cosas absurdas, la idolatría y la inmoralidad de las religiones de Roma y Grecia. Muchos, entre ellos Cornelio, habían encontrado algo mejor en las enseñanzas de las sinagogas, y habían aceptado la verdad del único Dios verdadero. Lucas dice que Cornelio era un hombre piadoso. En otras palabras, era recto en sus actitudes hacia Dios y hacia los hombres, y por gracia, vivía una vida correcta ante Dios... No obstante, Cornelio era generoso en las limosnas que le hacía al pueblo (los judíos) y oraba a Dios siempre... Dicho de otra forma, buscaba realmente al Señor para que lo guiara en todas las cosas. Por lo que se deduce del versí-

culo 37, es evidente también que Cornelio conocía el Evangelio. Muchos eruditos bíblicos creen que Cornelio quería aceptar a Cristo y recibir la plenitud del Espíritu Santo, pero se le había dicho que tendría que comenzar por hacerse judío. Es muy posible que en aquella misma circunstancia estuviera pensando en dar aquel paso.[95]

Aunque la apreciación de Horton es plausible, su conclusión con respecto a que Cornelio fuera "ya cristiano" utiliza una evidencia en base del silencio e ignora que el arrepentimiento "para vida" fue dado hasta que fueron expuestos al mensaje del evangelio (10:18). La narración parece llevarnos a creer que fue gracias a Pedro que este escuchó de quién era Jesús el Cristo. No obstante, algo que hay que aclarar es cómo el flujo de la historia se nos revela en los detalles y cuestiones importantes. Cornelio era obediente, y por eso agradaba a Dios, aunque desde luego, debía rendir su lealtad al Mesías para completar su fe. Sin embargo, Pedro ni siquiera había terminado de dar su mensaje y ya el Espíritu había caído sobre ellos (10:44). Quizá la simultaneidad con la que se da la conversión y al mismo tiempo su bautismo en el Espíritu Santo es para enfatizar la intención de obediencia de Cornelio y su falta de titubeo junto a los que había discipulado. No requirió escuchar todo el mensaje. Él sabía con toda fe, que Pedro venía de parte del Señor de Israel, y por ello, creyó en Jesús con prontitud y sin engaño. Su oración, sus limosnas y su búsqueda eran reflejo del deseo de pertenecer al verdadero pueblo de Dios; estatus que no se alcanza por la circuncisión, sino por creer y ser leal a Jesucristo. Este relato nos hace ver como la gracia trabaja en la revelación general y permite que las personas respondan a ella, aunque no entiendan a todo detalle la Palabra de Dios. El Creador llevará a los hombres piadosos a su Hijo por medio de instrumentos humanos para su redención. Con todo, el ejemplo de Cornelio es estremecedor para todos los que ya conocemos el evangelio de Jesucristo. Si él no conocía al Hijo del Dios que adoraba, pero buscaba diligentemente un acercamiento con el Señor más profundo, nosotros con más razón, deberíamos orar y obrar para recibir al Espíritu profético como él lo hizo con un compromiso convincente. Los pentecostales de Santidad no se equivocan al enfatizar la santidad, la obediencia y la consagración para así recibir al Espíritu, sin embargo, sí erran al decir que una "perfección y erradicación total del viejo hombre" es necesaria.

---

[95] Stanley M. Horton, *El libro de los Hechos* (Deerfield, FL: Editorial Vida, 1990), 112.

Nada hará, al menos en esta era, que alguna persona esté libre de pecado. Aquí puedo encontrar una justificación para alejarse de los énfasis wesleyanos más extremos.

Los pentecostales de Obra Consumada tienen razón cuando dicen que el don del Espíritu es dado por gracia. No se puede ganar, ni merecer. Esta es la enseñanza de toda la Biblia. Empero a veces la gracia, en Occidente, es mal entendida como una que ejerce en nosotros simplemente el "quietismo". Esta interpretación ha llevado a muchos creyentes de fe pentecostal a enfatizar tanto, la iniciativa de Dios en el regalo del bautismo en el Espíritu Santo, que se han olvidado de ver el panorama bíblico de la obediencia y la oración. Desde luego se exige santidad para recibir el don pentecostal; la gracia, como dijimos en el capítulo dos (vea los comentarios de John Barclay con respecto a las tesis de Storms), no mitiga el papel de la consagración y la correspondencia de parte del receptor de dichos beneficios. Es necesario que el creyente ponga manos a la obra y empiece a buscar a Dios, orando y ofrendando obediencia al Señor. De esta manera, quizá haríamos bien en recuperar nuestro "evangelio quíntuple" en lugar de "cuádruple", a saber, "Cristo Salva, Cristo Santifica, Cristo Bautiza, Cristo Sana y Cristo Viene". No podemos dejar de lado "la santificación", ganada en la cruz, que crece progresivamente, antes del bautismo en el Espíritu Santo, en el bautismo en el Espíritu Santo y después de él.

Ya habiendo delimitado las posibles razones del poco énfasis en la santificación en la erudición actual del pentecostalismo clásico, proseguiremos a explicar cómo Lucas, puede tener en mente al bautismo en el Espíritu Santo como una experiencia santificadora.

El Espíritu de Santidad en los Evangelios y en Hechos

El "bautismo" en fuego anunciado por Juan el Bautista, ¿juicio o bendición?

- Marcos

Marcos es dinámico y se encarga de describir las acciones portentosas del Mesías a través del Espíritu. Empero, claramente la segunda mitad ensalza la realidad inevitable de la oscuridad y el sufrimiento que el Siervo entregado tuvo que atravesar. Es muy posible que el interés teológico del autor estuviera en un llamamiento narrativo al discipulado para aquellos que se enfrentan a pruebas, persecución, confusión y sufrimiento.[96]

Debido a que la tradición marcana puede ser la más "rudimentaria", sirvió tanto conceptualmente como intencionalmente para articular una doctrina del Espíritu más robusta para la Iglesia según las necesidades y contextos. Marcos omite el juicio escatológico inferido en el juicio con respecto al Espíritu en boca de Juan (1:8), por lo que, para él, es más importante modelar a los creyentes a la luz de Jesús como el guerrero espiritual que destruye las intenciones satánicas en el mundo y trae el reino de Dios de una forma más dinámica y directa. Debido a que es escrito a una audiencia romana, el sumar al testimonio el "arrodillarse lo más bajo posible" por parte de Juan (aunque ni de eso era digno) ante Jesús cobra todo el sentido (1:7). Así como los centuriones romanos ante el César, uno debe someterse a la voluntad de Dios cueste lo que cueste, incluso si eso quiere decir el sufrimiento y la persecución. Pero al mismo tiempo rompe con toda la jerarquía estructural de la época, enseñando que todo aquel que es moldeado por el mismo Espíritu que bautizó a Jesús, debe estar en servicio de los demás (Mc 10:42-43). Marcos también puede estar mirando a Pentecostés como el lugar donde se entregó el Espíritu de profecía, pues todo el ethos del evangelio es el reino de Dios irrumpiendo por el profeta carismático Jesús liberando a la gente y trayendo sanidad.

- Mateo

Como Marcos, Mateo esboza la predicación de Juan con una descripción de su ministerio en el desierto de Judea y predicando (Mt 3:1): Ἰωάννης ὁ Βαπτιστὴς κηρύσσων ἐν τῇ ἐρήμῳ τῆς Ἰουδαίας, que es sintetizada por medio de un verbo activo participio λέγων que en el versículo 2 detalla el contenido de su predicación: el mensaje es de arrepentimiento, y a diferencia de Marcos, Juan el Bautista no solo habla de la superioridad del Señor Jesucristo, sino que se une al ethos kerigmático del Mesías: "el reino de los cielos se ha acercado", "Μετανοεῖτε, ἤγγικε γὰρ ἡ βασιλεία τῶν οὐρανῶν!", tal como Jesús predica después de remarcar su dignidad ante la tentación del desierto (4:17). Aquí sale a relucir una pregunta interesante, ¿por qué Marcos habla de este reino como el reino de Dios y

---

[96] Strauss, Mark L. Strauss, *Marcos*, ed. Clinton E. Arnold y Jonathan Haley, trad. Beatriz Fernández Fernández, 1ª edición., Comentario exegético-práctico del Nuevo Testamento (Barcelona, España: Andamio, 2017), 24.

Mateo como el reino de los cielos? A lo que hay una excelente respuesta del erudito N. T. Wright:

> Muchos creyentes se desconciertan cuando leen en Mateo que Jesús [y en este caso Juan el Bautista] habla del reino de los cielos, mientras Marcos y Lucas del reino de Dios. En realidad, para los judíos esto quiere decir lo mismo, como a menudo eran reverentes al no decir "Dios" con demasiada frecuencia, a veces decían "cielo" cuando se referían a Dios.[97]

Juan prepara a la gente para la venida del reino de Dios que es inaugurada por la presencia del Mesías y su obra carismática. Además, se utiliza la misma reminiscencia isaítica de la voz que clama en el desierto (Is 40:3) empero la referencia de Malaquías, brilla por su ausencia.

Mateo, a diferencia del relato marcano, como antes mencionamos, hace referencia a la élite religiosa queriéndose lavar en las aguas bautismales (3:7), sin embargo, el versículo 6 deja en claro una antítesis de actitud de dos tipos de personas: mientras la gente "común" se bautiza, entendiendo que este lavamiento debe llevar la intención de confesar los pecados, los fariseos y saduceos, parecen estar confiando en su estatus étnico y elección al ser τέκνα τῷ Ἀβραάμ como prueba suficiente de ser aceptados por Dios (v. 9). Se necesitan frutos de arrepentimiento (καρπὸν ἄξιον τῆς μετανοία) para poder degustar del reino de los cielos que ha irrumpido. No solamente eso, en Mateo, Juan ve la aparición del Ungido como el día del Señor anunciado en la ley y los profetas, lo que traería juicio y limpieza a Israel de las inmundicias de las hijas de Sion (Is 4:4), esto es claro en su referencia a la "hacha puesta" (3:10) y el aventador en la mano del Mesías para limpiar lo que le pertenece, quemando la paja en un fuego que nunca se apagará, πυρὶ ἀσβέστῳ (3:12; Cf. Is 34:10; 66:24). Debido al contexto mateano de los corazones impenitentes ante la aparición mesiánica, se puede inferir de manera natural que el Maestro de justicia bautizaría con Espíritu Santo a los que se arrepientan, y con fuego a los rebeldes y orgullosos; el fuego tiene toda la connotación de juicio escatológico en el γέεννα.

---

[97] Otra interpretación , "N. T. Wright: El cielo no es (toda) la esperanza cristiana". Youtube, 7 de mayo del 2020. Vídeo, 4:41. https://www.youtube.com/watch?v=r-uuC3dMDI0.

Que Juan tiene a la vista este escenario apocalíptico se hace mucho más evidente cuando se encontraba encarcelado. Su pregunta llevada por sus discípulos a Jesús refleja la decepción del profeta ante la falta de juicio de los malvados y enemigos de Israel y su propia vindicación al ser apresado por un gentil: εἶπεν αὐτῷ, "Σὺ εἶ ὁ ἐρχόμενος ἢ ἕτερον προσδοκῶμεν" (Mt 11:3). Jesús llama a el Bautista al sentido común: "los ciegos ven, los cojos andan, los leprosos son limpiados, los sordos oyen, los muertos son resucitados, y a los pobres es anunciado el evangelio", τυφλοὶ ἀναβλέπουσι καὶ χωλοὶ περιπατοῦσι, λεπροὶ καθαρίζονται καὶ κωφοὶ ἀκούουσι, νεκροὶ ἐγείρονται καὶ πτωχοὶ εὐαγγελίζονται (11:5). El Señor, por lo tanto, con su obra refleja que, de hecho, cumple toda la agenda misional del Mesías como aquel que sanaría a Israel por medio del poder del Espíritu al hacer bien a los oprimidos por Satanás. Sin embargo, el juicio del γέεννα (Gr. Geenna) no es pasado por alto de ninguna manera. Hay una serie de pasajes donde Jesús todavía asegura que, en el fin de la era, los malvados serán condenados al horno de fuego preparado para el diablo y sus ángeles (Mt 25:41); además que la predicción en el Monte de los Olivos del capítulo 24 deja ver esta connotación de juicio próximo, comparando la venida del Hijo del Hombre como en los días de Noe, cuando el diluvio llegó y se los llevó a todos (24:39), y también advierte de aquellos que no velan y en su lugar menosprecian la venida de su Señor, "los castigará duramente, y pondrá su parte con los hipócritas, allí será el lloro y el crujir de dientes" (v. 51).

- Lucas
Lucas sigue muy de cerca a Mateo en su descripción de Juan el bautista, su predicación de arrepentimiento, y de nuevo en el fundamento de su labor a la luz de Isaías omitiendo a Malaquías (3:5-6). Lo interesante es que el médico escritor agrega un componente universalista de Isaías como fundamento de la predicación del bautista: "y verá toda carne la salvación de Dios (v. 6; Cf. Is 40:3-5)". Esto es reiterado en 3:7, donde no solo los fariseos y escribas son llamados "generación de víboras" sino a las ὄχλοις (multitudes). Por lo tanto, parece la agenda misional del evangelio que se predica para "el perdón de pecados a todas las naciones" (Lc 24:47). Lucas quien es conocido por demostrar que Jesús invierte el *statu quo* estructural judío y greco romano, llama a un arrepentimiento lleno de altruismo y misericordia por los pobres, por ello, es relatado que el llamamiento de Juan a arrepentirse tiene que ver con bendecir a otros y vivir de una manera adecuada al reino de Dios, a saber, dar túnica al que no tiene (3:11),

301

los publicanos no deberían exigir más de lo que deben (v. 13), y los soldados no hacer extorsión y tener contentamiento (v. 14). Aquí William A. Simons tiene razón:

> Lucas describe el ministerio de Juan el Bautista como el que llama a un cuidado a los pobres e impotentes. Aquellos que tienen un excedente deben compartir con los necesitados. Los que están en el poder deberían promulgar impuestos justos. Nadie debería usar el poder para extorsionar a los inocentes. Para Jesús, el reino se ha acercado cuando se predica la buena nueva a los pobres (Lc 4:18; 7:22). Mateo dice "Bienaventurados los pobres de espíritu", pero Lucas simplemente dice: "Bienaventurados los pobres" (Mt 5:3; Lc 6:20). Dos veces en Lucas, Jesús ordena a alguien que venda todo y se lo dé a los pobres (Lc 12:33; 18:22). Por otro lado, los ricos deben llorar porque el juicio está llegando. Simplemente no puedes servir a Dios y al dinero. Solo Lucas tiene la parábola del rico necio y la lamentable pero aterradora historia del hombre rico y Lázaro. Las riquezas materiales no significan nada si eres espiritualmente pobre (Lc 12:21). Aquellos que acumulan riqueza y no se preocupan por los pobres pueden esperar juicio. Donde esté el tesoro de uno, allí estará también el corazón de uno (Lc 12:34). Debemos dar a las personas que no pueden pagarnos. Son los pobres e impotentes quienes se sentarán a la mesa del banquete de Dios. Para Lucas, la benevolencia hacia los pobres cumple todas las normas de pureza (Lc 11:41). En resumen, Lucas empodera a los pobres y pone patas arriba los valores de este mundo (Lc 9:57-62). [98]

Como Mateo, también añade el bautismo en πῦρ (fuego) que tiene toda la connotación de juicio en la boca del Bautista. Sin embargo, como el evangelista mateano, esta condenación de los impíos tampoco acontece de manera abrupta y apocalíptica como Juan esperaba. Encontramos la misma pregunta que en Mateo 11 acerca de si Jesús era el verdadero Mesías y la respuesta sigue siendo la misma (Lc 7:18-23). Sin embargo, vale la pena resaltar que esta era la agenda del Señor al ser ungido por el Espíritu en su bautismo (3:22); después de la tentación del desierto y la victoria sobre Satanás por medio del Espíritu y la Palabra, Jesús explica de que trata su unción en la sinagoga de Nazaret abriendo el rollo del profeta Isaías (Lc

---

[98] William A. Simmons, *The Holy Spirit in the New Testament; A pentecostal guide* (Downers Grove, Illinois: InterVarsity Press, 2021), 39-40.

4:16-21). Basado en Isaías 61:1-2, Jesús detalla su ministerio como uno de liberación, sanidad y salvación carismática, sin embargo, omite la frase "el día de la venganza" (וְיוֹם נָקָם). Lo anterior demuestra inequívocamente que esta aparición de Jesús encarnada tiene que ver más con respecto a la salvación del pecado y la sanidad, con miras a la consumación del reino, y que el juicio es postergado al día escatológico donde se juzgarán a las naciones (Hch 17:30-31; 24:25; Hb 9:28); esto se deja entrever fácilmente cuando los Hijos del Trueno, con la intensión de evocar a Elías en el Monte Carmelo, sugieren al Señor clamar por fuego del cielo para que destruya a los samaritanos mestizos (Lc 9:54). Lo que lograron realmente fue que el Maestro los reprenda por su ignorancia y reciban una cátedra de lo que se trata su ministerio mesiánico en ese momento: no perder las almas de los hombres, sino salvarlas (v. 56).

- Hechos

El concepto del bautista "bautizará con Espíritu Santo" es reiterado en el segundo tomo del tratado lucano a Teófilo conocido como "Hechos de los apóstoles". Después de la efusión del Espíritu a Cornelio y su casa en Cesarea, Pedro reflexiona de lo que teológicamente había acontecido, recordando así, a la promesa del Padre que Jesús les había dado: "Entonces me acordé de lo dicho por el Señor, cuando dijo: Juan ciertamente bautizó en agua, más vosotros seréis bautizados con el Espíritu Santo" (Hch 11:16). El don concedido a los gentiles era el mismo dado en Pentecostés (v. 17), lo que quiere decir que el acontecimiento de Hechos 2:4, 10:44-46 y 19:6 es el bautismo espiritual que Juan había anunciado y que Jesús prometió a los que creyesen en él (Hch 1:5). El término del "fuego" brilla por su ausencia, por lo que parece que es loable creer que Jesús ha modificado la comprensión bautista del don, aunque no ha negado la realidad del juicio de este fuego. Así, Macchia tiene razón cuando dice que "el bautismo en fuego" seguramente es llevado por el Mesías en su obra expiatoria por todo su pueblo. "Habiendo pasado por nuestro bautismo de fuego en la cruz, Cristo se levanta victorioso de él en la plenitud del Espíritu para la redención de la humanidad".[99]

Sin embargo, Lucas puede ligar el juicio del bautismo doble al don del Espíritu cuando las lenguas aparecidas fueron "ὡσεὶ πυρός" (como de fuego) lo que evoca una teofanía, el juicio y la santidad de Dios. Se puede inferir de manera orgánica que el fuego sobre la cabeza de los

---

[99] Macchia, *Tongues of fire*, 11.

discípulos apunta al juicio escatológico a los que aún no se someten a la salvación de YHWH, como a la experiencia santificadora/profética de los seguidores que hablaban en lenguas. En el discurso *pneuma* de Pedro en Hch 2:16-21, asegura que la profecía de Joel 2:28-30 se cumple con lo acontecido en Pentecostés. El derramamiento del Espíritu es evidenciado con habla inspirada y con las lenguas de fuego que podrían evocar el ambiente apocalíptico al ver un sol transmutado de color por el humo saliente del templo apuntando a la presencia de Dios. Sin embargo, esto no niega la futura destrucción de los impíos (Hch 17:31 24:25), mucho menos el paisaje apocalíptico del fin de la era, por lo que es necesario el arrepentimiento para que los pecados sean lavados y el Espíritu sea dado a Israel (2:38-39).

Lucas es el único autor que va más allá, incluso que Pablo (1 Cor 12:13), y describe lo que significa el bautismo en el Espíritu profetizado por Juan. Esta es la promesa del Padre para todo aquel miembro del Nuevo Pacto y claramente es una experiencia de empoderamiento profético con una agenda misional (Hch 1:8). El testificar de Cristo con osadía, ser equipado con dones carismáticos y tener una reverencia a Dios más profunda, parece ser la evidencia extendida de esta llenura que puede refrescarse con otras de la misma especie. La santidad, también, puede verse, aunque de manera más implícita, a lo que nos adentraremos en breve.

- Juan

Por último, Juan es muy diferente a los sinópticos, pero no desaprovecha en plasmar algo de la tradición evangélica en sus propios intereses teológicos. Menciona la referencia de Isaías 40:3 (1:23) y la comparación con el que ha de venir, negando así, que él mismo sea el Cristo (vs. 26-28). Juan Bautista es quien describe el bautismo de Jesús, y no el evangelista, uniendo así de manera directa, la unción de Jesús recibida en el Jordán con la promesa del bautismo en el Espíritu Santo de los creyentes (1:32-34). Para Juan, el Espíritu Santo es el que vivifica y regenera a las personas, trae el nuevo nacimiento (3:5-8), agua de vida y ríos de agua "viva" (4:10-14; 7:37-39) y hace a los discípulos en creyentes del Nuevo Pacto con las promesas de la nueva creación (Jn 20:22). Sin embargo, siendo el evangelio de Juan uno de los escritos más tardíos, parece relacionar los dichos del *Paráclito* (14-16) en un contexto forense, lo que permite entender que esta venida del Espíritu acontece cuando Jesús está en los cielos y es enviado de parte del Padre para la testificación de la Iglesia ante la dificultad. Por lo tanto, posiblemente comparte la idea de Lucas que "el bautismo espiritual de 1:33" es el Espíritu de profecía entregado en Pentecostés, aunque une a la Iglesia con el Espíritu antes de eso como una comunidad viva que espera la promesa de lo alto.

- Síntesis del "bautismo en fuego"

Tal parece que la alusión al fuego de parte de Juan el Bautista tiene una referencia muy evidente al juicio. Que Mateo y Lucas se tomen la molestia de agregar al relato marcano la explicación de lo que simboliza el fuego quizá no nos permite otra explicación interpretativa. Ambos evangelios dicen que se trata de la limpieza de la era por parte del Ungido (Mt 3:12; Lc 3:17). Esto puede significar que el Rey Davídico venidero quitará de Israel a los que estorban la devoción de la nación santa y bendecirá al remanente fiel. La evidencia interna de Lucas parece querer darnos a entender esto con la perspectiva de Simeón cuando tomó en sus brazos al Mesías: algunos caerán y otros serán levantados en Israel por la presencia del Cristo esperado (Lc 2:34). La "puesta de cabeza" del Magníficat cobra sentido (1:51-54): Israel es socorrido por Dios que es fiel a sus promesas al traer por medio de su Siervo la vindicación de los justos y la caída de los impíos. El caminar de Jesús entre su pueblo, dejó entrever los corazones malos y que no se habían arrepentido de corazón; el Mesías con su testimonio encarna la vivencia vocacional de Isaías: *Engruesa el corazón de este pueblo, y agrava sus oídos, y ciega sus ojos, para que no vea con sus ojos, ni oiga con sus oídos, ni su corazón entienda, ni se convierta, y haya para él sanidad.* (Is 6:10; Cf. Mc 4:12-14). Además, según la visión esperada del ungido, este quitaría las inmundicias de Israel por el Espíritu: *Cuando el Señor lave las inmundicias de las hijas de Sion, y limpie la sangre de Jerusalén de en medio de ella, con espíritu de juicio y con espíritu de devastación* (Is 4:4).

Que Juan el bautista presente a Jesús como más "poderoso" que él (Mc 1:7; Mt 3:11; Lc 3:16), puede ser intencional por parte de los autores para describir lo portentosa y violenta que será la obra mesiánica. La palabra "poderoso" en Mateo puede describir la fuerza de un fuerte viento, ἄνεμος (Mt 14:30), así como en la literatura intertestamentaria como Testamento de Salomón 6:1. Parece que aquí podría encontrarse un sentido espiritual al poder de Jesús como "el viento recio" que trae la ráfaga del Espíritu del Mesías con el que acaba con sus enemigos. En Salmos de Salomón 17:37 se describe al Mesías capacitado por el Espíritu para ser "poderoso" y tener "fuerza". Por otro lado, 1 de Enoc 6:2 describe al "Elegido" mesiánico como aquel de donde "fluye" el Espíritu de la palabra de su boca para eliminar a los enemigos de Israel. Parece plausible sostener, que esta ráfaga de justicia era una característica del ungido que vendría a congregar a las tribus dispersas e instaurar el reino de Dios. Por lo tanto, esta tradición marcana como fuente primaria se puede entender en el desarrollo teológico de escritores como Mateo y Lucas al sumar a la fórmula del bautismo en el Espíritu, el "fuego". Añadido a que en la LXX esta palabra caracteriza al "Todopoderoso" (Dt 10:17) y dada la nota introductoria que refiere a Jesús como el YIOY TOY ΘEOY (hijo de Dios), es altamente posible que este adjetivo coloquial conjugado con la actuación del Espíritu tenga en mente en colocar al Señor, no solo como el Mesías escatológico lleno del Espíritu para el juicio, sino Dios mismo en carne con la autoridad de bautizar con él. Si este ministerio predicho por Juan acerca de Jesús es recibido por la Iglesia, Menzies tiene razón en su tesis:

> Lucas, escribiendo a la luz del Pentecostés... aplica la profecía al Espíritu-inspirado testigo de la iglesia primitiva (Hch 1:4-5). A través de su testimonio, el trigo es separado de la paja (Lc 3:17; compárese 2:34). (...) Lucas ve la profecía, al menos con referencia a la obra escudriñadora del Espíritu, cumplida en la misión Espíritu-inspirada de la iglesia.[100]

Así ya hemos visto como el ministerio de los seguidores de Jesús confrontan a las autoridades religiosas judías y demuestran quienes son los que conformarán parte del remanente escatológico y los que serán bautizados en fuego eterno dentro del pueblo de Israel. Según Menzies, separar el trigo de la paja no quiere decir una purificación interna de cada miembro del pacto de parte del Mesías, sino la limpieza de su pueblo en términos corporativos. Sin embargo, ¿acaso el testimonio inspirado puede evadir que tal obra en el creyente no tenga en mente una transformación ontológica? Menzies piensa que sí: "El punto esencial es que aquí Lucas presenta al Espíritu no como la fuente de purificación para el individuo, sino más bien como la fuerza impulsora que está detrás del testimonio de la Iglesia".[101] Si bien esto es verdad en parte, un análisis cuidadoso de los paralelismos veterotestamentarios de las "lenguas de fuego" y su posible trasfondo de la tradición del Sinaí (véase el capítulo uno), puede apuntar hacia una dirección complementaria de esta visión pentecostal clásica académica.

---

[100] William W. Menzies y Robert P. Menzies, *Espíritu y poder*, (Miami, Florida: Editorial Vida, 2004), 114.
[101] Menzies, *Espíritu y poder*, 114.

Realmente los creyentes pueden disfrutar de una experiencia transformadora al ser bautizados con el Espíritu Santo.

Lenguas de fuego en Isaías. Una teofanía santificadora

Aunque hemos notado que la frase "lenguas de fuego" aparecen en la literatura intertestamentaria como 1 de Enoc, y en el Nuevo Testamento con Lucas, también se debe saber que el término hace aparición en el Antiguo Testamento. Isaías 30:27-30 menciona la "lengua de fuego" (וּלְשׁוֹנוֹ כְּאֵשׁ) que sale de la boca llena de ira de YHWH para juzgar a las naciones trayendo así el monte de Sion de salvación para el remanente. Además, aparece al principio del oráculo en 5:24 teniendo el mismo énfasis de la destrucción de los impíos quemados como paja. G. K. Beale propone que toda esta imaginería humeante y del fuego consumidor tiene en mente al Sinaí; el monte reflejaba la santidad de YHWH que aquel que la presenciara indigno, sería destruido. Él dice:

> La "lengua como un fuego consumidor" connota juicio de Dios y podría ser diferente de la misma imagen en Hechos 2 (glossai hosei puros), ya que allí parece ser solo un signo de bendición. Sin embargo, el hecho de que la misma imagen llameante, incluso en Hechos, puede aludir tanto a la bendición como al juicio es evidente en el contexto del Sinaí, donde la teofanía ardiente se asociaba tanto con la bendición (la entrega de la ley) como con el juicio (para aquellos que se acercaban demasiado a la teofanía o se rebelaban: Cf. Éx 19:12-24; 32:25-29).[102]

Esta perspectiva sinaítica, como hemos mencionado antes, puede verse en 1 de Enoc y también en Hechos. Podría ser que el término, antes de Lucas, sea conocido por reflejar la inspiración profética, la presencia de Dios, la santidad y el juicio de Dios. Así YHWH se revela de esta manera en el Templo para describir a la Iglesia como el Nuevo Templo donde su presencia habitaría para siempre.

Hasta ahora la evidencia nos ha llevado a ver que Lucas conocía muy bien el texto del profeta Isaías de principio a fin; de hecho, toda su comprensión profética surge de Jesús como el profeta ungido isaítico de los tiempos del fin (Lc 4: 18-19). Aunque la LXX no contiene el término

---

[102] Beale, *Temple*, 275.

griego de "lengua de fuego" (*glossa puros*) en Isaías, los textos de Aquila, Símaco y Teodoción siguen esta lectura evocando la tradición temprana del Sinaí que Lucas muy seguramente conocía. Aunado a eso, es muy interesante ver la descripción de Isaías de la "lengua de fuego" en 5:24 que tiene el fin de consumir el rastrojo y quemar "la paja". No podemos ignorar la similitud cercana con lo dicho por Juan el Bautista; el Mesías limpiará su era y quemará la paja inservible en fuego inextinguible (Lc 3:17), fuego propio de la literatura isaítica (Is 33:14; 66:24). Por si fuera poco, el contexto de la "lengua de fuego" que devora a los adversarios revela que Israel siendo una viña, no dio los frutos correctos y en su lugar uvas silvestres (Is 5:4). El juicio se da por la falta de lealtad a YHWH, tal como el Bautista pregonaba de su pueblo, esperando "frutos de arrepentimiento" que demuestren la elección (Lc 3:8).

Por otra parte, la LXX prefiere leer la "lengua de fuego" de 5:24 en el griego como ἄνθρακος πυρός (*antrakos puros*) que puede describir un "carbón encendido". Este término reaparece en 6:6 en el relato de la visión de Isaías que refleja una experiencia de crisis en el profeta ante la teofanía de Dios ante su majestad y su santo templo. Si esto es así, parece que Lucas, intencionalmente coloca a la Iglesia investida de lenguas de fuego teofánicas en el templo, como la comunidad profética que ha sido convencida de pecado y con una experiencia que ha consagrado su interior a la misión, pues el carbón encendido sale del fuego del altar cerca del trono de Dios, que al tocar los labios del profeta lo purifica para hablar el mensaje divino (6:7).

Esto no necesariamente implicaría una experiencia de iniciación "cristiana" en Pentecostés como muchos han pensado, es posible que Isaías ya haya comenzado su ministerio profético anteriormente de su visión vocacional, pero una renovación de su llamado se hizo pertinente tras la muerte del rey Uzías (6:1) y un posible desánimo, como dice el Dr. Samuel Pagán: "Aunque con el relato de la visión de la gloria de Dios el profeta legitima su vocación y presenta sus auténticas credenciales del llamado de Dios y envío ante el pueblo, posiblemente Isaías ya había comenzado su ministerio profético antes de tener la experiencia descrita en el capítulo seis de su libro",[103] lo que quiere decir que su mensaje en 1-5 es certero y aceptado por Dios. No obstante, esta experiencia le hizo solidarizarse con su pueblo, al ver su necesidad de santidad y una revitalización de su

---

[103] Samuel Pagan, *El Mesías: Un estudio sobre Cristo en el libro de Isaías* (Miami, FL: Editorial Patmos, 2021), 47.

convicción como profeta e hijo de Dios. A pesar de los efectos transformadores, la teofanía manifiesta al profeta tiene el fin de que hable la palabra dura a su pueblo, no es en vano la referencia a sus labios siendo limpios para hablar la palabra de esperanza y de juicio, tal como la Iglesia fue empoderada e inaugurada como una compañía de profetas, sin embargo, profetas santificados. Así como el carbón encendido quema el rastrojo no arrepentido y toca los labios de Isaías al salir del altar del sacrificio que agradaba a Dios y con miras a lo que el Siervo Sufriente haría (Is 53), también la iglesia recibe del Cristo resucitado y de su poder expiatorio a través de su sangre, el Espíritu prometido para llevarlos a dar un mensaje, que incluso podía costarles la vida por el rechazo reiterado de su pueblo, anunciando el juicio escatológico del fuego eterno a los que se mantengan sin arrepentimiento.

El reflejo ético de "los llenos del Espíritu" de Hechos

La iglesia, luego de ser llena de poder, se esforzó en tener una comunión de amor y de koinonía como una comunidad alternativa. Vendían sus propiedades para que otros no padeciesen necesidad (Hch 2:44-45). Esta parte de la narrativa de Hechos es temida por muchos académicos norteamericanos, porque parece indicar alguna semejanza con el comunismo. Sin embargo, debemos entender que la Escritura está repleta de justicia social y ayuda a los necesitados. Aunque quizá en algún contexto capitalista o actual no pudiéramos evocar exactamente esta "comunidad sin propiedad privada", podemos hacer con nuestros esfuerzos lo que podamos para ayudar a nuestros hermanos que pasen algún tipo de necesidad económica y financiera. La iglesia guiada por el Espíritu y con líderes llenos de él deben ser los primeros en reflejar el carácter ético de caminar en el Espíritu. Sus lenguas son reflejo de la intercesión por el mundo.

Si la iglesia disfrutó del bautismo en el Espíritu y luego recibió una constante ola de nuevas llenuras, Lucas no desaprovecha en mostrar que tales vivencias continuas, al menos, llevaban a los receptores a una moralidad más alta. El autor de Hechos de repente, en 6:5, nos muestra a personajes llenos del Espíritu Santo continuamente. La terminología de "llenado" *pleres* es diferente a la que Lucas normalmente acostumbra a usar para las efusiones de equipamiento descritas en aoristo que apuntan a unas llenuras refrescantes, repetitivas y acontecidas con alguna muestra de inspiración profética, ya sea lenguas o profecía. En lugar de eso, el adjetivo *pleres* parece describir la condición de una persona que ha sido ungida o consagrada para la labor profética lo que demuestra la singularidad del evento inaugural donde el Espíritu es recibido, pero también una perseverancia responsable para seguir continuando lleno, y según el testimonio de Esteban y Felipe, una continua receptividad a la inspiración profética ante las recepciones del Espíritu. Keener dice: Estar "lleno del Espíritu" [aquí] puede indicar un empoderamiento especial y más continuo que el más común "lleno con el Espíritu".[104] Esteban junto a otros seis judíos griegos son descritos como llenos (*pleres,* πλήρης) del Espíritu lo que les permite ser candidatos para la labor de cuidar a las viudas griegas (Hch 6:3), aunque después el autor nos llevará a darnos cuenta de que el ungimiento inaugural de Esteban fue por una causa más amplia, por lo que cumple el programa de Hechos 1:8: predicar, hacer milagros y hasta morir por Cristo (6:8, 10; 7:55); Felipe también obraría señales y prodigios por medio de su predicación (8:4-14); Bernabé es retratado de esta forma (11:24). La iniciación del profetismo fue dada a estos hombres que perseveraron en ella y era un requisito para algún cargo de liderazgo en la comunidad.

Sin embargo, la iniciación del profetismo no agota el significado de ser "lleno del Espíritu" sino un carácter de integridad y benevolencia. Algunos eruditos pentecostales diferirían con esto, pero es innegable que, para Lucas, estar lleno del Espíritu también tiene implicaciones éticas y no solo de poder para proclamar. El cuidado de las viudas es ejercido por estos varones elegidos como muestra de que la Iglesia es una comunidad pneumática/escatológica que abriga al débil y a los oprimidos con amor. Sin embargo, obras extraordinarias también fueron llevadas a cabo a manos de dos de ellos con una sabiduría imparable. Bernabé que luego es mencionado como continuamente lleno del Espíritu Santo se caracteriza por ser "bueno" (11:24). Esto quiere decir que, aunque las lenguas pueden ser una señal inicial para Lucas, estas no son suficientes. El creyente bautizado en el Espíritu tiene más responsabilidad, y también el deber de una vida íntegra y misericordiosa. Se trata entonces, de un llamado de atención para entender que las implicaciones del bautismo en el Espíritu no solo son el hablar en lenguas con regularidad, sino también el ser buenos y ayudar al prójimo; el líder pentecostal no solo debe practicar la glosolalia, sino también el dar un buen testimonio. Lucas aquí nos ayuda para desechar una

---

[104] Craig S. Keener, *Acts, Volume 2: An exegetical commentary. Versión Scribd* (Grand Rapids, MI: Baker Academy, 2015), 1292.

posible dicotomía entre "el fruto del Espíritu" y los "dones espirituales" (dones que reflejan tanto Jesús, como los siete y Bernabé). Incluso Pablo, en su llamado a ser "llenos del Espíritu" en Efesios 5:18-21 (usa una palabra diferente, sin embargo, recordemos que es otro escritor) tiene en mente aspectos éticos, pero también *carismáticos:* "hablando entre vosotros con salmos, con himnos y cánticos espirituales, cantando y alabando al Señor en vuestros corazones". Es innegable que para el apóstol "cantar en el espíritu" tiene una relación con la glosolalia (1 Cor 14) en un contexto de adoración y alabanza (como Lucas retrata la efusión del Espíritu) por lo que Pablo no está tan lejos de Lucas como se piensa. Para Pablo las lenguas son reflejo de la llenura del Espíritu al igual que para Lucas, pero también el amor y la koinonia, como asimismo en Hechos.

Como pentecostales que quieren dejar en alto la continuidad de los dones y el aspecto sobrenatural de la presencia de Dios, no pueden darse el lujo de ser igual a los corintios y andar en la carne. He visto líderes que son levantados porque "hablan lenguas" sin embargo, ¿será suficiente que manifiesten el don pero no el resultado de su papel sacramental? Si queremos que la iglesia busque el bautismo en el Espíritu no será suficiente dar un buen curso de escuela dominical sobre la subsecuencia y la evidencia inicial, sino reflejar que uno ha sido sumergido en dicha experiencia con obras de amor y de justicia. Donald Gee bien nos advierte: "Los que muestran de forma externa los dones del Espíritu, pero que al parecer tienen muy poco del fruto... le hacen más daño al testimonio pentecostal que todos los escritores y predicadores que han escrito y hablado contra este".[105]

No hace falta, por otro lado, andar separando la santificación de la unción profética, por ejemplo, William M. Menzies y Stanley Horton van demasiado lejos al describir el símbolo de la sangre (santificación) y el aceite (apartamiento) sobre ciertos utensilios consagrados en el Antiguo Testamento:

> En el Antiguo Testamento se simbolizaba esto con el hecho de que la sangre se aplicaba primeramente en el acto de purificación y luego se aplicaba aceite sobre la sangre (Lv 14:14, 17). Es decir, después de la purificación venía una unción simbólica que representaba la obra del Espíritu, que preparaba al que se purificaba para el servicio. Así también

---

[105] Donald Gee en, ed David A. Womack, *La experiencia Pentecostal, escritos de Donald Gee* (Miami, FL: Editorial Vida, 1995), 65.

nosotros somos ungidos, tal como lo fueron los profetas, los reyes y los sacerdotes de la antigüedad.[106]

Empero, ¿qué hacemos con los pasajes que reflejan que el ser profeta, de hecho, es una consagración que implica santificación o apartamiento para el ministerio? Jeremías describe que Dios le revela que antes que naciera le santificó para que sea profeta a las naciones (Jr 1:5). Luego Pablo, hace eco de Jeremías al aplicarse este "ungimiento" a él mismo como apartado desde el vientre de su madre (Gá 1:15). Aunque en efecto, tal terminología parece evocar más la cuestión de "consagrar" que dar una sabiduría ética, la verdad es que los términos se usan intercambiablemente. Los profetas son consagrados y santificados, y reciben una actualización de ello en el tiempo oportuno. Sin embargo, a la luz de la obra del Espíritu en el tiempo escatológico del "ya pero todavía no", parece improbable que la efusión del bautismo en el Espíritu Santo que unge a profetas del fin no tenga nada que ver con un cambio interno que lo empuje para la tarea asignada, hemos dado las razones por las que creemos que la efusión pneumatológica de Lucas puede incluir una dimensión ética sobre la comunidad escatológica de Israel y los gentiles.

Muchos pudiesen objetar que un gran número de personas que hablan en lenguas reflejan todo menos el amor de Dios; aunque esto puede ser una falacia de generalización apresurada, no es nada nuevo; la cristiandad en general recibe esta acusación por fallas morales de cientos de creyentes. ¿Podemos decir que no tienen al Espíritu Santo? Creo que sería disparatado sabiendo que aún no hemos sido redimidos de nuestros cuerpos mortales. Sin embargo, también incitamos a hacernos cargo de nuestra responsabilidad como hijos de Dios y a caminar en el Espíritu para dar un excelente ejemplo a los demás. Lo mismo pasa con los bautizados en el Espíritu Santo; es necesario que sean responsables con lo que Dios les ha dado y anden en integridad haciendo uso de la herramienta que les fue entregada.

CONCLUSIÓN.
EL BAUTISMO EN EL ESPÍRITU SANTO, UNA REALIDAD INTEGRAL EN TODO CREYENTE

Hasta aquí hemos descrito la obra del "bautismo en el Espíritu Santo" desde una perspectiva lucana (e implícita en el evangelio de Juan), que

---

[106] Horton y Menzies, *Doctrinas bíblicas*, 106.

siendo uno de los dos autores que describe este fenómeno en los fieles, nos dice que puede venir en algún punto después de la conversión para empoderar al creyente para testificar y potenciar su vida de santidad. Juan ve al Espíritu primariamente como aquel agente vivificador y regenerador pero también el que aplica una experiencia profética en los creyentes, sin embargo, en su uso cuidadoso del *Paráclito* se puede ver una diferenciación, pero no una separabilidad completa de ambas obras, una y la otra se comunican mutuamente, por lo que un creyente dotado por el don pentecostal, también puede encontrar en esa experiencia una convicción enérgica de su conversión, o un testimonio directo de la seguridad de su salvación, tal como algunos puritanos "selladores" creyentes de una subsecuencia sostenían, e incluso reformados como el Dr. Martyn Lloyd Jones y R. T. Kendall.[107] Además, la visión isaítica del encuentro divino, el trabajo del Mesías y la transferencia de su unción a su iglesia nos permite ver que las lenguas de fuego, siendo concomitantes con el bautismo espiritual, permiten que el alma sea revitalizada y como experiencia subsecuente, una santificación y convicción de pecado pueda ejercer su actuar en el creyente.

Por último, las implicaciones éticas del bautismo en el Espíritu Santo también son mencionadas por Lucas. Esteban, Felipe y Bernabé, reflejan el hombre lleno del Espíritu que es capaz de hacer grandes hazañas en nombre de Dios pero que también se encuentran en una posición de reconciliación, amor y cuidado hacia los débiles. Desde luego, esta "obra de la gracia" trae santificación moral y ética en los cristianos, muy parecida a la creencia de los grupos de santidad wesleyana, pero sin pretender que esto erradique la naturaleza pecaminosa (eso es hasta la *Parusía*), lo que nos puede llevar a colocar la santificación en nuestra visión pentecostal del "evangelio completo" como al principio del movimiento: Cristo salva; Cristo santifica; Cristo sana; Cristo bautiza y Cristo viene.

---

[107] R. T. Kendall, *Fuego Santo: Una mirada equilibrada y bíblica a la obra del Espíritu en nuestras vidas* (Lake Mary, Florida: Casa Creación, 2014), 44-49. Kendall dice que los puritanos basaban su seguridad de la salvación en un "silogismo práctico o acto reflejo" las obras y el fruto debían evidenciar la elección, llevando a muchos de ellos a caer en el legalismo. En su lugar, otros pensadores de este movimiento, como John Cotton, veían el "sello del Espíritu" como una experiencia subsecuente que traía seguridad en Cristo: "Aunque todos los que son salvos están objetivamente sellados con el Espíritu Santo, no todos los que son salvos han experimentado el sello consciente del Espíritu Santo. Esta distinción es igualmente relevante cuando se trata del bautismo en el Espíritu Santo". En otra parte dice: El sello del Espíritu Santo es el propio testimonio del Espíritu, y que llegaba *después,* de la conversión de la persona". Martyn Lloyd Jones decía: "El sello del Espíritu y el bautismo del Espíritu es lo mismo siendo posterior a la regeneración".

En cuanto al papel primordial del don del Espíritu en Hechos, los pentecostales también tienen razón al proclamar esta experiencia como una promesa energizante para la evangelización mundial y un crecimiento en la vida carismática. Esta es una visión holística que es compatible con las demás interpretaciones cristianas del bautismo en el Espíritu Santo como un acto posterior a la salvación. Solo queda seguir enseñando a la Iglesia que toda obra de Dios nos debe traer una aceptación de nuestra incapacidad y, por lo tanto, confiar en su amor y voluntad que nos llevará a cumplir su propósito en nosotros.

Sin embargo, antes de concluir con este material, es importante mencionar a Pablo y lo que tiene que decir con su visión de "bautismo en el Espíritu". Conocemos bien cuando el apóstol alude a esta realidad en 1 Corintios 12:13: *Porque por un solo Espíritu fuimos todos bautizados en un cuerpo, sean esclavos o libres; y a todos se nos dio a beber de un mismo Espíritu.* Pablo sin duda describe que este accionar divino recae sobre todo miembro del Nuevo Pacto incorporándolos a la Iglesia que es cuerpo de Cristo. Además, la preposición en griego ἐν (gr. en) es la misma que Lucas utiliza cuando habla del bautismo "en" el Espíritu Santo (Hch 1:5). Es improbable (aunque no imposible) que aquí Pablo haga una diferenciación semántica como un "bautismo por el Espíritu Santo" en lugar de "bautismo en el Espíritu Santo". Esta posibilidad no está descartada inmediatamente, ya que el agente que lleva a cabo el bautismo podría ser el Espíritu Santo *en* el cuerpo (la Iglesia). Si esto es así, se entiende la repetición de las preposiciones ἐν y hasta da un mejor sentido. No obstante, es difícil creer que Pablo no haya conocido las palabras de Juan Bautista sobre el bautismo en el Espíritu Santo y podría entenderlo, al menos *semánticamente*, como Lucas lo hizo.[108] Sea como sea, la perspectiva del apóstol es más sofisticada que la de Lucas, concluyendo que el bautismo en el Espíritu Santo es recibido en la conversión de cada creyente. Por lo tanto, creo que es viable ver dos dimensiones del bautismo en el Espíritu Santo como obra completa según el Nuevo Testamento: la conversión y el

---

[108] Los comentaristas no se equivocan cuando dicen que el bautismo en el Espíritu Santo, para Juan, es recibido en la conversión, como contra parte al fuego de juicio, que los impenitentes reciben. Puede ser que las ideas del Qumram de sabiduría vivificante pudieran hacerle ver a Juan esta forma de actuar del Espíritu Santo que el Mesías traería. Pablo también tiene en mente esta perspectiva. Lucas por su parte, desarrolla de forma diferente este concepto, llevándolo al plan misionológico y que todo creyente debe esperar después de ser salvo. Ambas cosas son verdad.

don pentecostal. Aquí es donde la terminología "diferenciación" mencionada antes, cobra sentido, en lugar de la "separabilidad".

Desde nuestra perspectiva antropológica pentecostal, el bautismo escatológico de la nueva creación renueva al ser humano a una *Imago Dei* restaurada para hacerlo ontológicamente una nueva criatura, y además, le otorga la autoridad por el mismo Espíritu para llevar a cabo la comisión. Lo inicia y lo empodera como profeta del fin. Ambas dimensiones están relacionadas con la misma obra del bautismo en el Espíritu Santo. Aunque son dimensiones diferentes, parten de la misma realidad. Separar como "segunda obra de gracia" el bautismo en el Espíritu ha traído problemas y desánimo hacia mucha gente porque no se sienten "cristianos completos". Creo que esto es un error, Pablo nos ayuda a los pentecostales a sostener que todo creyente que ha proclamado a Jesús ha participado del bautismo escatológico de alguna forma, aunque aún le queda mucho por descubrir de él. Así, para el creyente que está siendo discipulado, una apertura a lo nuevo que Dios hará está disponible, y también, un espíritu dócil para su enseñanza por parte de aquellos que han disfrutado la dimensión profética hacia los que no, sabiendo que todos fuimos bautizados con el Espíritu en un cuerpo vivo pero que aún necesitamos "el bautismo en el Espíritu Santo" que el Padre ha prometido a los que le buscan y aman. De alguna forma, como un ser humano regenerado, el cristiano puede descansar en que el mismo Espíritu de Pentecostés, se mueve en su interior, y que, en cualquier momento, puede recibir del cielo un nuevo bautismo con Espíritu Santo para ser un testigo eficaz y dinámico en la vida cristiana. Termino así con las palabras de Macchia:

> El bautismo en el Espíritu es algo ambiguo como metáfora y fluido en su significado a lo largo del Nuevo Testamento, porque es una metáfora escatológica que representa las diversas formas en que participamos a través del Espíritu en las ricas bendiciones de Cristo ubicadas en lugares celestiales (Ef 1:3; 12).[109]

Sin embargo, que esta diferenciación parte de la misma realidad de la era que trae una poderosa nueva creación no debe hacer a los pentecostales dejar su lenguaje teológico al mirar "el bautismo en el Espíritu Santo" como una "obra subsecuente" y que trae dinamismo a la obra misional. Me resisto a los intentos pentecostales actuales de dejar de llamar a la experiencia

---

[109] Macchia, *Baptized in Spirit*, 87.

profética posterior como bautismo en el Espíritu. Creo que la Escritura permite esta tensión, aunque nuestro deber es entender esta maravillosa obra como algo que envuelve a todo creyente. Aquí Menzies, basándose en "dos bautismos en el Espíritu" e incluso citando al reformado Ulrico Zuïnglio quien creía lo mismo,[110] alude a esta importancia de diferenciar dos obras del Espíritu, la regeneración y la dotación de poder:

> Los pentecostales... reconocen que el Nuevo Testamento habla de dos bautismos en el Espíritu... uno... soteriológico e inicial al creyente en el cuerpo de Cristo... y uno que es misionológico e inviste de poder al creyente para el servicio. Sin embargo, los pentecostales sienten que es en particular adecuado adoptar el lenguaje de Lucas y hablar del don pentecostal como un "bautismo en el Espíritu Santo".[111]

Quizá decir que existen "dos bautismos" es ir demasiado lejos, pero algo es claro, el Espíritu Santo ya habita en nosotros, sin embargo, en cada culto pentecostal pedimos que "venga una vez más". Esta tensión que entiende que el Señor está con nosotros, pero puede venir de nuevo, es perfecta para la hermenéutica y vivencia pentecostal. Qué tal si por un momento, matizamos un poco el *ordo salutis* lógico/escolástico, y nos permitimos asombrar por la soberanía del Señor para hacer cosas que a nosotros parecen imposibles. Todo bautizado en la nueva era e injertado en la iglesia, necesita de nuevo, "el bautismo en el Espíritu Santo" para ser un obrero eficaz que refleje la gloria admirable que Cristo ha traído a su iglesia para toda nación y ser humano creado. Oremos por ello.

---

[110] Según Mezies, Züinglio sostenía dos bautismos, uno regenerativo y otro con lenguas (aunque creía que ya no sucedía en su tiempo, sin embargo su marco hermenéutico lo llevó a ello): "El bautismo del Espíritu Santo, entonces, es doble. En primer lugar, hay un bautismo por el cual todos quienes confían en Cristo son inundados por dentro... en segundo lugar, hay un bautismo externo del Espíritu Santo, tal como hay un bautismo en agua. Empapado con este, hombres piadosos comenzaron inmediatamente a hablar lenguas extranjeras [Hch 2:4-11]... Este último bautismo del Espíritu Santo no es necesario, pero el [primero] es tan necesario que nadie puede ser salvo sin él... Ahora no todos estamos dotados de la señal de lenguas, pero todos nosotros que somos piadosos hemos sido hechos fieles por la iluminación y persuasión del Espíritu". (Ulrich Zwingli, *Commentary on True and False Religion*, eds. S. M. Jackson and C. N. Heller. Durham, NC: The Labyrinth Press, 1981).

[111] Robert P. Menzies, *Pentecostés: Esta historia es nuestra historia*, versión Kindle (Springfield, Missouri: Gospel Publishing House, 2013). Posición 1078.

Que en nuestro caminar imperfecto hacia la consumación de todas las cosas estemos atentos a la guía del Espíritu, y que no tengamos ningún temor de recibir lo nuevo que quiere hacer con nuestras vidas. Si hemos sido bautizados con Espíritu Santo en fuego de santidad, andemos en el amor de Cristo hasta el final.

CONCLUSIÓN

El pentecostal clásico ve la teología de una manera, quizá, diferente a los demás. Para un glosólalo el libro de Hechos sigue existiendo vigente y lo que allí se describe no solo es algo que sucedió hace dos mil años, simplemente es una narrativa de lo que debe ser una vida de milagros en plena vigencia en una congregación cristiana, viva, el día de hoy. El sentimiento de participar de un milagro narrado en este libro, tal como la glosolalia, inmediatamente contextualiza todas las demás historias bíblicas afianzándolas en su corazón y praxis eclesiológica.

El simple hecho de hablar en lenguas hace que el pentecostal crea con mucha fuerza en todos los milagros del Antiguo y Nuevo Testamento. La historia del Génesis y el evento del gran pez de Jonás no son mitos o enseñanzas folclóricas, sino que son la realidad fehaciente de la Biblia que ahora marcará la vida del creyente pentecostal del siglo XX. Nadie puede cuestionar esa actitud como negativa o ingenua, la vida de la Iglesia cristiana, especialmente en la actualidad, depende medularmente de cómo mira al Texto Sagrado, pues si se debilita la credibilidad de la Biblia el fundamento de las congregaciones sufrirá las nefandas consecuencias de esta actitud; todo lo contrario sucede del lado de los pentecostales, como frontera ante el liberalismo, el racionalismo y la persecución se levanta en primer lugar la Palabra de Dios, sobre todas las cosas, esto repercute instantáneamente en su epistemología y fe, las cuales, sostienen al edificio de su doctrina. La duda pentecostal sobre el texto bíblico y los milagros allí descritos es prácticamente nula y se sienten sustentados por el mismo Dios quien inspiró esas mismas Sagradas Escrituras.

Se le acusa al pentecostal actual de vivir el libro de Hechos más que de observarlo, se critica esto como su mayor debilidad, es decir, los detractores del pentecostalismo moderno pretenden tachar a la fe pentecostal de hacer de la *pura experiencia* teología. Obviamente, este libro, "En Espíritu Santo y Fuego" demuestra que se puede hacer teología académica y profunda desde la trinchera del pentecostalismo. La vida de consagración y santidad que manifiestan los pentecostales, así como el hambre de evangelizar es común denominador de estas iglesias, la experiencia de estos creyentes les hace compartir el texto bíblico, buscar ganar almas, orar por los perdidos, esperar la Segunda Venida de Cristo como una realidad.

El "Síndrome de Himeneo" es un fenómeno que se está viviendo también en este siglo contra la fe. En 1 Timoteo 1:20 y luego en 2 Timoteo 2:17 se nos muestra que este personaje, Himeneo, era un ser pernicioso, dañaba a la iglesia y su herejía laceraba como un cáncer a la congregación de aquellos tiempos. Himeneo enseñaba que la resurrección ya había ocurrido, que no habría que esperarla. Nos podemos imaginar los argumentos que habría usado Himeneo para afirmar tal herejía que, según el ojo experto de Pablo era "gangrena". Al parecer Himeneo no creía en la resurrección física, pues era ante su opinión, algo imposible. Algunos creen que Himeneo pensaba que cada vez que nacía un bebé o se bautizaba alguien como cristiano, se cumplía un simbolismo de la resurrección de Cristo[1] anunciada por los predicadores y maestros piadosos; su oposición a lo milagroso le hacía levantar una supuesta superioridad exegética, ya que, su propio análisis, demostraba que no existe más lo milagroso, todo ello, según parece insinuar Himeneo, era imposible. Hasta ese momento no había suficiente literatura del Nuevo Testamento, así que se contaba más con los testimonios orales de los hermanos que afirmaban habían visto a Jesús resucitado y que él mismo había enseñado esta bienaventuranza. Pero, para Himeneo, la experiencia de sus maestros no era suficiente, no habría ya resurrección, los muertos no resucitaban hoy y tampoco resucitarían en el futuro.

Bastaría mostrarle a Himeneo las resurrecciones del Antiguo Testamento, las que sucedieron a través de Elías, Eliseo. Las resurrecciones del Nuevo Testamento, el hijo de la viuda de Naín, de Lázaro, de Jesús mismo, de los santos que estuvieron apareciendo a la muerte de Jesús, luego la de Pablo después de ser apedreado o la de Eutico y la de Dorcas, todo ello apuntando al final maravilloso de la resurrección de los santos, al final

---

[1] T., Desmond Alexander; Thomas R. Schreiner y Andreas J. Köstenberger, *1, 2 Timoteo y Tito, Comentario Evangélico de Teología Bíblica* (Bellingham, WA: Editorial Tesoro Bíblico, 2021), 2 Tm 2:17-18.

glorioso, según las promesas del Señor. Quizá Himeneo las rechazaría, puesto que estos eventos, en su hermenéutica, aunque sí están descritos en la Palabra, no por ello significaría su repetición una doctrina, o peor aún, que tales narrativas sean simplemente mitos. Para una mente como la de Himeneo todo sería inútil, si él había concluido que no existía la resurrección futura eso habría que enseñarse en las iglesias, y con gran maldad seguiría esparciendo su herejía. Del mismo modo que el milagro de la resurrección, los pentecostales ven manifestaciones del Espíritu en Génesis uno, en las profecías de los santos del Antiguo Testamento, en Saúl cuando profetizó, en David. La glosolalia da un impulso y arrojo sin precedentes en la vida de los que lo experimentan. Pero ante los ojos de los detractores, eso ya pasó a la historia. En un nuevo "Síndrome de Himeneo" se enseña que la glosolalia es un equívoco, una herejía e incluso, una obra del mismo Diablo.

La "Teología que Mira", es aquella que sucede en la experiencia, pero emanada de la realidad bíblica; aquella que se plasma realmente reflejada en las Sagradas Escrituras, no herejías inventadas y forzadas con textos fuera de todo contexto. Si el libro de Hechos marcó milagros reales: ¿es posible que esos eventos sean para nuestros días? La "Teología que Mira" es bíblica, pues es aquella que si ve muertos resucitar es porque encuentra que en el Nuevo Testamento los muertos sí resucitan, aquella que ve que la oración ferviente en la vida personal se ve contestada por un Dios vivo y que el Sagrado Texto está lleno de ejemplos de ello, y que, efectivamente existe la doctrina de la oración, entonces, ¿ello implicaría que podrían tener ahora oraciones contestadas? La buena teología es la que emana del texto sagrado, la teología pentecostal en cuanto a la glosolalia simplemente es teología bíblica llevada a la práctica. Esa teología es la que los himeneos contemporáneos pretenden cercenar, pero, al igual que el concepto de la resurrección, está cimentada perfectamente en la sana doctrina.

Los pentecostales ven la actividad sobrenatural en la iglesia como la actividad más natural de la iglesia. Ven la liberación demoníaca en la Palabra pues Jesús sacaba demonios y además él nos dio autoridad contra serpientes y escorpiones; además, Pablo expulsó el demonio de la niña con espíritu de adivinación. La liberación de demonios era tan común en la Iglesia primitiva que los hijos de Esceva la quisieron imitar con nefastos resultados. Entonces, si eso enseña la Palabra, ¿será posible que sucedan liberaciones hoy? Para el pentecostal la respuesta es positiva pues la puede vivir en sus cultos. Pero aún más que la liberación de demonios se le dedica mayor extensión escritural a narrar la experiencia de la glosolalia.

El libro de Hechos está lleno de referencias a ella. Pablo le dedica 1 Corintios 12 y 14 para que la iglesia haga uso correcto de ella y tengan los discípulos doctrina y praxis adecuada. El apóstol Pedro exige que en la iglesia todos deben usar sus dones (*káritos*) para ministrar a los demás (1 Pedro 4:10). Por cierto, respecto a la posesión demoníaca cualquiera que estudie la Biblia podrá entender que nunca los demonios dejarán de atacar a la iglesia e intentar seguir poseyendo a los impíos: es así que tampoco la glosolalia desapareció para siempre del panorama eclesiástico histórico. Jesús pone ese énfasis en ambos milagros como señal de la iglesia militante, la liberación de demonios y la glosolalia en el final de Marcos 16, al que llaman "el final largo".

Si somos bíblicos, entonces, ¿cómo capacitar a una iglesia que posee un nacimiento sobrenatural, con creyentes investidos por un Espíritu Santo sobrenatural, creyendo que su Señor resucitó de manera sobrenatural si ahora se cree que no existe un enemigo sobrenatural, tal como Satanás? Enfrentar a Satanás con armas intelectuales ofrece escasos resultados, es exclusivamente por el "dedo de Dios" (Lucas 11:20) que el enemigo sobrenatural se sujeta y termina expulsado de un cuerpo que aprisiona. Pero si la iglesia ya no cree en la actividad fuerte del Espíritu Santo, ¿qué armas puede utilizar contra las fuerzas de Satán en un poseído?, o podríamos ampliar la pregunta al decir que al igual que los que enseñan que las lenguas cesaron, ¿también creen que el Diablo cesó de atacar a las personas?

Es notoria la tensión de la labor teológica cuando se enfrenta a la lógica humana. Las preguntas que emanan día a día respecto a lo milagroso, a la revelación, al Espíritu Santo ofrecen un estrés al teólogo de todos los tiempos, incluidos los de hoy. Para muchos estudiosos simplemente la actividad glosolálica es ahora inexistente, que fue útil para que la iglesia se cimentara y, posteriormente, ya concluida su labor, entonces desapareció. Si somos honestos no podremos hallar esta afirmación cesacionista en el texto bíblico pues en verdad no existe nada que indique que algo como la glosolalia y los dones carismáticos deberían de desaparecer, de hecho, aún hoy tenemos a un Dios que labora, que sigue activo y con un Jesucristo que es el mismo ayer, hoy y por todos los siglos (Hebreos 13:8). Millones de pentecostales, por otro lado, no tienen ninguna tensión hermenéutica en ellos pues su teología sigue siendo bíblica, pero con el poder experimental en sus venas. Nadie puede observar una relación con la Biblia y fe más profunda que alguien que ha vivido en carne propia un milagro, alguien que antes era ciego y ahora puede ver, aunque esa persona fuese presionada para no creer; en su bendición espiritual solo dirá "una cosa sé, que habiendo yo sido ciego, ahora veo" (Juan 9:25), una "Teología que mira", una teología que ya no es ciega, es, entonces, una verdadera teología bíblica integral.

Si es difícil creer en la glosolalia como práctica escritural y vigente para estos días, entonces, ¿cómo creer en la resurrección de Jesús? Si aplicamos una actitud incrédula ante un aspecto milagroso, ¿podrían sostenerse los demás aspectos milagrosos que narra la Escritura? Muchos de los que han endurecido su corazón y se han alejado de la fe tienen problemas exactamente en seguir creyendo en el factor sobrenatural de la Palabra. Los liberales fuertes, como Bultmann, tenían tal reticencia a lo sobrenatural en la Biblia que se sintieron con la obligación de *desmitificarla* para hacerla adecuada al hombre moderno: *Es preciso desmitologizar el mensaje, despojándole del ropaje sincretista, propio de la cultura grecorromana, de que está revestido.*[2] Al parecer, la tarea de *desmitologizar* le tocó, entre otros, al propio Bultmann. Meter las manos en la Revelación para que "diga la verdad", cortar aquí y allá las porciones consideradas "mitos" son tan subjetivas y arrogantes que no se pueden creer como benéficas y reales. La Biblia es Palabra de Dios y contiene el resultado de la revelación a los hombres por el Espíritu Santo. Pero el teólogo liberal que se sienta suficientemente preparado terminará ofreciendo los retazos que queden después de su necropsia bíblica.

El pentecostal, por lo contrario, al encontrarse con la maravillosa experiencia de la glosolalia siente que cada página de la Palabra es real. Lo sobrenatural toma un matiz familiar, no ajeno. El milagro y el hablar en lenguas no son experiencias extranjeras a su contexto eclesiológico y, por si fuera poco, se sienten protagonistas vivientes de una historia como la leída en la Biblia, tan palpablemente real que siempre buscan manifestar el gozo de esa realidad, logra el pentecostal adquirir una Teología Bíblica Integral.

Es innegable que la verdadera norma de fe y conducta es la Palabra, pero la Palabra no prohíbe la expresión en lenguas. La afirmación de la cesación glosolálica viene de conclusiones externas al texto, puesto que no existe afirmación sobre tal cesación en el Nuevo Testamento. Pedro, al contrario, indica que tal expresión espiritual es "para vuestros hijos" (Hechos 2:39), para aquellos descendientes del Pentecostés que habría de manifestarse en "los postreros días" (Hechos 2:17). Negar esta experiencia

---

[2] Leonardo Boff, *Jesucristo el liberador, ensayo de cristología bíblica para nuestro tiempo*, (Santander, Esp. Sal Terrae, 1987), 22.

como anacrónica es negar la afirmación petrina en su aspecto escatológico, soteriológico y pneumático. Vivimos tiempos finales, postreros, y esa promesa viene a avivar a un mundo de creyentes para estar listos ante un mundo de perdidos.

La poderosa expresión de Génesis uno: "y el Espíritu de Dios se movía sobre la faz de las aguas..." utiliza un verbo que solo aparece tres veces en el Antiguo Testamento (Génesis 1:2; Deuteronomio 32:11, Jeremías 23:9) es del heb. *rajep*, en sentido de "temblar, flotar, excitar" y denota entre Génesis y Deuteronomio un aspecto similar. Dios envía su Espíritu antes de crear, de avivar, de realizar una labor de poder; el aguilucho se transforma de un ser terrestre a uno aéreo, de un ente que se arrastra a uno que vuela. El pentecostal ve en esto algo cierto, pues en su experiencia, en su "Teología que Mira", la que mira la Palabra, se hace comprensible esta labor. No se puede agredir esta simple interpretación por el hecho de que alguien no lo haya vivido en su propia experiencia personal. Es cierto que Dios, antes de entrar en la Creación, envío su Espíritu a moverse, a excitar, por decirlo de alguna manera, los átomos esparcidos que yacían totalmente inertes y que luego formaron las cosas hechas. Un águila lo es de verdad si vuela y surca los aires, esa es su verdadera naturaleza, no permanecer anclada en un nido deprimente. Para el pentecostal todo ello no es una narrativa extranjera, es una expresión doméstica, cotidiana, pues ha sentido eso mismo, lo que el átomo sintió al ser tocado por el Espíritu Santo, lo que el águila despierta en sus polluelos, es sentir al Santo Espíritu moverse en su fuero interno excitando la nidada. Ya no es la lectura de un maestro de Pentateuco que arrastra sus palabras como memorizadas por un autómata, es la mismísima experiencia con el Espíritu. Ahora el pentecostal encuentra en el texto bíblico lo que ha vivido en carne propia con el Espíritu Santo y eso lo impulsa a compartir y evangelizar. El kerigma pentecostés es activo y gozoso buscando que esa experiencia carismática la tengan las demás personas.

La doctrina está allí, siempre ha estado allí. Para predicar sobre el retorno de Jesús nadie mejor que un pentecostal, pues espera esa venida tan ciertamente como que la experiencia de hablar lenguas es genuina en su ser, así que, si la glosolalia es un milagro maravilloso recibido, todas las restantes doctrinas de la fe se hacen también tan palpables como la luz del sol.

Es difícil explicar lo que se siente cuando uno habla lenguas la primera vez. Aquellos que hemos sido bendecidos con la evidencia inicial de ser bautizados con el fuego del Espíritu no tenemos palabras para expresar con precisión tal experiencia, pero es maravillosa y hace que toda la Biblia tome forma. Solo podemos invitar a cada persona a creer en las promesas de la Biblia, de que son vigentes y reales, instruir a todos de que Dios tiene control siempre y que cada uno experimente en carne propia y a viva voz, su propio avivamiento, pues el don de las lenguas es gratis, es abundante y es para todos.

BIBLIOGRAFÍA

Alexander, T. D., Schreiner, T. R. y Köstenberger, A. J. (2021). *Comentario Evangélico de Teología Bíblica*. Bellingham, WA: Editorial Tesoro Bíblico.

Anderson, A. (2007). *El pentecostalismo: El cristianismo carismático mundial*. Madrid, España: Ediciones Akal.

Arndt, J. (2014). *Cristianismo Auténtico*. Barcelona, España: Editorial Clie.

Asambleas de Dios. (2015). «Una respuesta de las Asambleas de Dios a la teología reformada». *Assemblies of God.org*. https://ag.org/es-ES/Beliefs/Position-Papers/Reformed-Theology-Response-of-the-AG-Position-Paper (último acceso: 9 de marzo, 2023).

Atkinson, W. P. (2011). *Baptism in the Spirit: Luke-Acts and the Dunn Debate*. Eugene, Oregón: Pickwick Publications.

Barclay, J. M. G. (2020). *Paul & the power of grace*. Grand Rapids, Michigan: William B. Eerdmans Publishing Company.

Bartleman, F. (1996). *Azusa Street. El avivamiento que cambió el mundo*. Buenos Aires: Editorial Peniel.

Bates, M. W. (2017). *Salvation by allegiance alone: Rethinking faith, works and the Gospel of Jesus the King*. Grand Rapids, Michigan: Baker Academic.

Beale, G. K. (2004). *The temple and the Church's Mission: A biblical theology of dwelling place of God*. Downers Grove, Illinois.

Beale, G. K. (2020). *Una teología bíblica del Nuevo Testamento, Volumen 1: El desarrollo del Antiguo Testamento en el Nuevo*. Salem, Oregón: Publicaciones Kerigma.

Berkhof, L. (2018). *Teología Sistemática*, trad. Cristian Franco. Bellingham, WA: Editorial Tesoro Bíblico.

Bird, M. F. (2020). *Evangelical Theology: A biblical and systematic introduction, Second Edition*. Grand Rapids, Michigan: Zondervan Academic.

Bock, D. L. (2007). *Acts*, Baker Exegetical Commentary on the New Testament. Grand Rapids, MI: Baker Academic.

Boff, L. (1987). *Jesucristo el liberador, ensayo de cristología bíblica para nuestro tiempo*. Santander, España: Sal Terrae.

Brand, C. O., ed. (2004). *Five views perspectives on Spirit Baptism*. Nashville, Tennessee.

Brenton, L. C. L., ed. (1870). *The Septuagint Version of the Old Testament: English Translation*. London: Samuel Bagster and Sons.

Bruce, F. F. (2002). *La epístola a los Hebreos*. Grand Rapids, MI: Libros Desafío.

Bruce, F. F. (2007). *Hechos de los Apóstoles: Introducción, comentarios y notas*. Grand Rapids, MI: Libros Desafio.

Bruce, F. F. (2011). *Los Manuscritos del Mar Muerto*. Barcelona, España: Editorial CLIE.

Bruce, F. F. (1985). *Romans: an introduction and commentary*, vol. 6, Tyndale New Testament Commentaries. Downers Grove, IL: InterVarsity Press.

Bruce, F. F. (2004). *Un comentario de la Epístola a los Gálatas: Un comentario basado en el texto griego*, ed. Nelson Araujo Ozuna et al., trad. Lidia Rodríguez Fernández, Colección Teológica Contemporánea. Viladecavalls, Barcelona: Editorial CLIE.

Bruce, F. F., ed. (2017). *Comentario Bíblico Bruce: Antiguo y Nuevo Testamento*. Buenos Aires, Argentina: Editorial Peniel.

Brumback, C. (1987). *¿Qué quiere decir esto?* Miami, Florida: Editorial Vida.

Canto, J. (2021). *En lengua de tartamudos: Doctrina del Espíritu Santo*. Mérida, Yucatán: Editorial Nueva Jerusalén.

Carson, D. A. (1991). *The Gospel according to John*, The Pillar New Testament Commentary. Leicester, England; Grand Rapids, MI: Inter-Varsity Press; W.B. Eerdmans.

Carvalho, C. (2018). *Pentecostalismo y posmodernidad*. Miami, FL: Editorial Patmos.

Cendoya, Cristina. «¿Qué es el Sacramento de la Confirmación?». *Catholic.net*. https://es.catholic.net/op/articulos/12395/que-es-el-sacramento-de-la-confirmacin.html#modal (último acceso: 4 de abril de 2023).

Chan, S. (2011). *Pentecostal Theology and the Christian Spiritual Tradition*. Eugene, OR: Wipf & Stock.

Charles, R. H. (2020). *El libro de los Jubileos: O el pequeño Génesis*, trad. Verónica Valero. Bellingham, WA: Editorial Tesoro Bíblico.

Charlesworth, J. H. (1983). *The Old Testament pseudepigrapha*, vol. 1. New York; London: Yale University Press.

Clayton, A. L. (1979). «The significance of William H. Durham for Pentecostal histography» *Pneuma: The Journal of the Society for Pentecostal studies*. Springfield, Mo.: Society for Pentecostal Studies.

Collins, K. J. & Tyson, J., eds. (2011). *Conversion in the Wesleyan Tradition*. Nashville: Abingdon.

Conzelmann, H. (1987). *Acts of the Apostles: a commentary on the Acts of the Apostles*, ed. Eldon Jay Epp y Christopher R. Matthews, trad. James Limburg,

A. Thomas Kraabel, y Donald H. Juel. *Hermeneia—a Critical and Historical Commentary on the Bible*. Philadelphia: Fortress Press.

Cooper, J. W. (2021). *Antropología escatológica: el debate dualismo y monismo*. Salem, Oregón: Publicaciones Kerigma.

Coplay, A. S. (1996). «Pauline Santification» Living Waters Tabernacle. *Azusa Street*, Buenos Aires, Argentina: Editorial Peniel. http://livingwaterstabernacle.com/uploads/G&GPamphlets/PaulineSantification.pdf (último acceso: 23 de marzo del 2023).

Craig, W. (2021). *El Adán histórico: Una exploración bíblica y científica*. Salem, Oregón: Publicaciones Kerigma.

Craig, W. L. (2017). *Fe razonable: Apologética y veracidad Cristiana*. Salem, Oregón: Publicaciones Kerigma.

Cranfield, C. E. B. (1993). *La Epístola a los Romanos*. Buenos Aires; Grand Rapids, MI: Nueva Creación; William B. Eerdmans Publishing Company.

Damasceno, J. (2003). *Exposición de la fe*. Madrid, España: Editorial Ciudad Nueva.

Dayton, D. (1991). *Raíces teológicas del pentecostalismo*. Buenos Aires, Argentina: Nueva Creación.

De Aquino, T. (1880–1883). *Suma Teológica*. ed. R. P. Manuel Mendía y R. P. Pompilio Diaz, trad. Hilario D. Abad de Aparicio, vol. 1, Summa Theologica (Español). Madrid: Nicolás Moya.

De Hipona, A. (1963). *La Trinidad*. ed. Hermigild Dressler, trad. Stephen McKenna, vol. 45, The Fathers of the Church. Washington, DC: The Catholic University of America Press.

De Hipona, A. (1844–1845). *Sermons on Selected Lessons of the New Testament*, vol. 2, A Library of Fathers of the Holy Catholic Church, Anterior to the Division of the East and West. Oxford; London: John Henry Parker; J. G. F. and J. Rivington; J. and F. Rivington.

Descartes, R. (1987). *Principia Philosophiae*. Trans, Nicole Ooms. Ciudad de México: Universidad Autónoma de México.

Duffield, G. P. y Van Cleave, N. M. (2006). *Fundamentos de Teología Pentecostal*. San Dimas, CA: Foursquare Media.

Dunn, J. D. G. (1977). *El bautismo del Espíritu Santo*. Buenos Aires, Argentina: Editorial La Aurora.

Dunn, J. D. G. (2014). *Jesús y el Espíritu: La experiencia carismática de Jesús y sus apóstoles*. Barcelona, España: Editorial Clie.

Elbert, P. (2021). *The Lukan Gift of the Holy Spirit: Understanding Luke's Expectations for Theopilus*. Canton, GA: The Foundation for Pentecostal Scholarship, Inc.

Elders, L. J. (2008). *Conversaciones teológicas de Santo Tomás de Aquino*. San Rafael: Argentina.

Erickson, M. J. (2008). *Teología sistemática*, ed. Jonatán Haley, trad. Beatriz Fernández, Segunda Edición, Colección Teológica Contemporánea. Viladecavalls, Barcelona: Editorial Clie.

Ervin, H. M. (1992). *El bautismo en el Espíritu Santo: Una investigación bíblica*. Miami, FL: Editorial Vida.

Estrada Carrasquillo, W. (2021). *Beyond the Temple: Pentecostal Spirituality as a Lived Ecclesiology*. Cleveland, Tennessee: CPT Press.

Fee, G. (1994). *Epístola a los Corintios*, Grand Rapids, MI: Nueva Creación.

Fee, G. (2007). *Pablo, el Espíritu y el Pueblo de Dios*. Miami, FL: Editorial Vida.

Fernández Marcos, N. y Spottorno Díaz-Caro, M. V. eds. (2006). *La Biblia griega Septuaginta I: El pentateuco*. Salamanca, España: Ediciones Sígueme.

Fernández Marcos, N. y Spottorno Díaz-Caro, M. V., eds. (2008). *La Biblia griega Septuaginta II: Libros históricos*. Salamanca, España: Ediciones Sígueme.

Garland, D. E. (2019). *Lucas*, ed. Clinton E. Arnold y Jonathan Haley, trad. Beatriz Fernández Fernández, 1a edición. Comentario exegético-práctico del Nuevo Testamento. Barcelona, España: Andamio.

Garland, D. E. (2013). *1 Corinthians*. Grand Rapids, Michigan: Baker Academic.

Gee, D. (1932). *Pentecost*. Springfield, Mo: Gospel Publishing House.

Gentry, P. J. & Wellum, S. J. (2015). *God's Kingdom trough God's Covenants: A concise Biblical Theology*. Wheaton, Illinois: Crossway.

Kittel, G., Bromiley, G. W. y Friedrich, G., eds. (1964). *Theological dictionary of the New Testament*. Grand Rapids, MI: Eerdmans.

González, J. L. (2003). *Historia del cristianismo: Tomo 2*, vol. 2. Miami, FL: Editorial Unilit.

Gonzalez, J. L, ed. (2018). *Sermones de John Wesley: Tomo II*. Lima, Perú: Instituto de Estudios Wesleyano.

Grudem, W. A., ed. (2004). *¿Son vigentes los dones milagrosos?: Cuatro puntos de vista*. Barcelona, España: Editorial Clie.

Harari, Y. N. (2020). *Breve historia del mañana*. Miguel Hidalgo, Ciudad de México: Penguin Random House Grupo Editorial.

Harari, Y. N. (2014). *Sapiens, de animales a dioses: Breve historia de la humanidad*. Barcelona, España: Penguin Random House.

Hartsfield, I. L. (2023). *Sanctified Imagination: Christian Holiness in Afro-Pentecostal Tradition*. Eugene, Oregón: Picwick Publications.

Haynes, T. A. (2021). «Voices of fire: Sinai imaginary in Acts 2 and rabbinic midrash». *Nordisk judaistik: Scandinavian Jewish Studies, Vol. 32, No. 2*.

Heiser, M. S. (2021). *Demonios: Lo que la biblia realmente dice sobre los poderes de las tinieblas*. Bellingham, WA: Editorial Tesoro Bíblico.

Heiser, M. S. (2017). *Sobrenatural: Lo que la Biblia enseña sobre el mundo ignoto—Y porqué es significativo*. Lynden, WA: Miqlat.

Hollenweger, W. (1976). *El pentecostalismo: Historia y doctrinas*. Buenos Aires, Argentina: Asociación Editorial La Aurora.

Horton, S. M. (1982). *El Espíritu Santo revelado en la Biblia: Edición revisada*. Miami, FL: Editorial Vida.

Horton, S. M. (1990). *El libro de los Hechos*. Deerfield, FL: Editorial Vida.

Horton, S. M., ed. (1996). *Teología sistemática: Una perspectiva pentecostal*. Miami, FL: Editorial Vida.

Imes, C. J. (2019). *Bearing God's Name: Why Sinai Still Matters*. Downers Grove: InterVarsity Press.

Imes, C. J. (2023). *Being God's Image: Why Creation Still Matters*. P.O. BOX, Downers Groove: InterVarsity Press.

Jiménez, M. A. (2017). *La justicia de Dios revelada: Hacia una teología de la justificación*. Salem, Oregón: Publicaciones Kerigma.

Josefo, F. ed. Alfonso Ropero Berzosa, (2013). *Antigüedades de los Judíos*. Colección Historia. Barcelona, España: Editorial Clie.

Josefo, F. ed. Alfonso Ropero Berzosa (2013). *Las guerras de los Judíos*. Colección Historia. Barcelona, España: Editorial Clie.

Käsemann, E. (1980). *Comentary on Romans*. Grand Rapids, MI: Eerdmans.

Keener, C. S. (2015). *Acts, Volume 2: An exegetical commentary*. Grand Rapids, MI: Baker Academy.

Keener, C. S. (2012). *Acts: An Exegetical Commentary: Introduction and 1:1-2:47*. Grand Rapids, Michigan: Baker Academic.

Keener, C. S. (2017). *Hermenéutica del Espíritu: Leyendo las Escrituras a la luz de Pentecostés*. Salem, Oregón: Publicaciones Kerigma.

Keener, C. S. (2010). *The Spirit in the Gospels and Acts: Divine Purity and Power* Grand Rapids, MI: Baker Academic.

Keener, C. S. (2003). *Comentario cultural de la Biblia: Nuevo Testamento*. El Paso, Texas: Mundo Hispano.

Keil, C. F. y Delitzch, F. J. (2016). *Comentario al texto hebreo del A.T.: Isaías*. Barcelona, España: Editorial Clie.

Kendall, R. T. (2014). *Fuego Santo: Una mirada equilibrada y bíblica a la obra del Espíritu en nuestras vidas*. Lake Mary, Florida: Casa Creación.

Kesley, M. (1981). *Tongue Speaking: The history and meaning of charismatic experience*. Lexington, Avenue, NY: The Crossroad publishing Company.

Kürzinger, J. (1974). *Los Hechos de los apóstoles, tomo primero*. Barcelona, España: Editorial Herder.

Laurito, T. (2021). *Speaking in tongues: a Multidisciplinary Defense*. Eugene, Oregón: Wipf & Stock.

Llerena, J., ed. (2016). *Sermones de Juan Wesley, Tomo I* (Lima, Perú: Instituto de Estudios Wesleyanos – Latinoamérica.

Llerena, J., ed. (2016). *Sermones de Juan Wesley, Tomo II* (Lima, Perú: Instituto de Estudios Wesleyanos – Latinoamérica.

López Muñoz, F. y Pérez Fernández, F. «El legado neurofísico del cartesianismo».: Scielo, 2022. https://scielo.isciii.es/scielo.php?script=sci_arttext&pid=S0211-57352022000100003 (último acceso: 3 de marzo del 2023).

López Rodríguez, D. (2014). *Pentecostalismo y misión integral: Teología del Espíritu, teología de la vida*. Lima, Perú: Ediciones Puma.

Lutero, M. (1904). *Luther on the creation: Commentary on Genesis Vol. I*. Minneapolis, Minn: Lutherans in all lands Co.

Macchia, F. D. (2006). *Baptized in the Spirit: A global Pentecostal Theology*. Grand Rapids, Michigan: Zondervan.

Macchia, F. D. (2008). *Bautizado en el Espíritu: una teología pentecostal global*. Miami, Florida: Editorial Vida.

Macchia, F. D. (2023). *Tongues of Fire: A systematic Theology of the Christian Faith*. Eugene, Oregón: Cascade Books.

Marshall, I. H. (1980). *Acts: an introduction and commentary*, vol. 5, Tyndale New Testament Commentaries. Downers Grove, IL: InterVarsity Press.

Marshall, I. H. (2016). *Teología del Nuevo Testamento: Muchos testigos un solo Evangelio*. Barcelona, España: Clie.

Mason, M. (1987). *The History and Life Work of Elder C.H. Mason Chief Apostle and His Co-laborers*. Memphis: Church of God in Christ.

McCall, T. H. (2021) *¡Pecado! En contra Dios y la naturaleza: La doctrina del pecado*. Salem, Oregón: Publicaciones Kerigma.

McCall, T. H., Friedeman, C. T. & Friedeman, M. T. (2023). *The doctrine of good works: Reclaiming a Neglected Protestant Teaching*. Grand Rapids, Michigan.

McDowell, J. y S. (2018). *Evidencia que demanda un veredicto: Edición ampliada y revisada*. El Paso, Texas: Editorial Mundo Hispano.

McGee, G. B., ed. (1991). *Initial evidence: Historical and biblical perspectives on the Pentecostal doctrine of Spirit Baptism*. Peabody, Massachusetts: Hendrickson Publishers.

McGrath, A. (2009). *Christianity's Dangerous Idea: The protestant revolution*. NY: HarperCollins e-books.

Menzies, R. P. (2013). *Pentecostés: Esta historia es nuestra historia*. Springfield, Missouri: Gospel Publishing House.

Menzies, R. P. (2020). *"Christ-centered: The evangelical nature of Pentecostal theology"*. Eugene, OR: Cascade Books.

Menzies, Robert P. «A Fitting Tribute: A Review Essay of the Holy Spirit and Christian Origins: *Essays in Honor of James D. G. Dunn*» Asian Center for Pentecostal Theology, 2016. https://pentecost.asia/articles/a-fitting-tribute-a-review-essay-of-the-holy-spirit-and-christian-origins-essays-in-honor-of-james-d-g-dunn/?fbclid=IwAR0Nivv6zTJY8btjJthblvTUY2kN_48O0eH1fLR0DnFfgJ9wgiz2kjo1Ox4 (último acceso: 27 de junio del 2023).

Menzies, R. P. (2004). *Empowered for Witness: The Spirit in Luke-Acts*. London, NY: T & T Clark International.

Menzies, R. P. (2016). *Speaking in Tongues: Jesus and the Apostolic Church as Models for the Church Today*. Cleveland, Tennessee: CPT, Press.

Menzies, W. W. y Horton, S. M. (1987). *Doctrinas bíblicas: Una perspectiva pentecostal*. Miami, FL: Editorial Vida.

Menzies, W. W. y R. P. (2004). *Espíritu y poder: fundamentos de una experiencia pentecostal*. Miami, Florida: Editorial Vida.

Middleton, J. R. (2014). *A New Heaven and New Earth: Reclaiming Biblical Eschatology*. Grand Rapids, Michigan: Baker Academic.

Moo, D. J. (2014). *Comentario a la epístola de Romanos*. Barcelona, España: Editorial Clie.

Moo, D. J. (2009). *Comentario de la Epístola de Santiago*. Miami, Florida: Editorial Vida.

Morris, L. (1985). *1 Corinthians: an introduction and commentary*, vol. 7, Tyndale New Testament Commentaries. Downers Grove, IL: InterVarsity Press.

Morris, L. (1988). *The Epistle to the Romans*, The Pillar New Testament Commentary. Grand Rapids, MI; Leicester, England: W. B. Eerdmans; Inter-Varsity Press.

Nee, W. (2005). *El hombre espiritual*. Barcelona, España: Editorial Clie.

Nolland, J. (2005). *El Evangelio de Mateo: un comentario sobre el texto griego*, New International Greek Testament Commentary. Grand Rapids, MI; Carlisle: W.B. Eerdmans; Paternoster Press.

Núñez, M. (2013). «América Latina necesita ser re-evangelizada». *Coalición Por el Evangelio*, https://www.coalicionporelevangelio.org/articulo/latinoamerica-necesita-ser-revangelizada/ (Último acceso: 27 de marzo de 2023).

Oden, T. C, ed. (2003). *La Biblia comentada por los padres de la Iglesia, Antiguo Testamento 1: Génesis 1-11*. Madrid, España: Editorial Ciudad Nueva.

Oden, T. C., ed. (2007). *Ancient Christian Commentary on Scripture*. Downers Grove, IL: InterVarsity Press.

Oden, T. C., ed. (2011). *La Biblia comentada por los Padres de la Iglesia: Hechos de los Apóstoles*. Madrid, España: Editorial Ciudad Nueva.

Olson, R. (2011). «Premillenalism revisted». *Patheos*. https://www.patheos.com/blogs/rogereolson/2011/05/premillennialism-revisited/ (último acceso: 28 de agosto del 2023).

Olson, R (2022). «The First Real Pentecostal Systematic Theology?». *Patheos*. https://www.patheos.com/blogs/rogereolson/2022/09/the-first-real-pentecostal-systematic-theology/ (último acceso: 2 de marzo del 2023).

Or, J., ed. (1915). *The International Standard Bible Encyclopaedia*. Chicago: The Howard-Severance Company.

Pagan, S. 2021). *El Mesías: Un estudio sobre Cristo en el libro de Isaías*. Miami, FL: Editorial Patmos.

Palma, A. D. (2005). *El Espíritu Santo: Una perspectiva pentecostal*. Miami, Florida: Editorial Vida.

Pearlman, M. (1992). *Teología Bíblica y Sistemática*. Miami, Florida: Editorial Vida.

Peterson, D. G. (2009). *Los Hechos de los Apóstoles*, El Comentario del Nuevo Testamento del Pilar. Grand Rapids, MI; Nottingham, Inglaterra: William B. Eerdmans Publishing Company.

Philo. (1929–1962). *Philo*, trad. F. H. Colson, G. H. Whitaker, y J. W. Earp, vol. 7, The Loeb Classical Library. London; England; Cambridge, MA: William Heinemann Ltd; Harvard University Press.

Piper, J. (1990). «Carta a un amigo, concerniente a la así llamada 'salvación por señorío'», *DesiringGod*. https://www.desiringgod.org/articles/letter-to-a-friend-concerning-the-so-called-lordship-salvation?lang=es (último acceso: 17 de abril del 2023).

Rodkinson, M. L. trad. (1918). *The Babylonian Talmud: Original Text, Edited, Corrected, Formulated, and Translated into English*, vol. 1. Boston, MA: The Talmud Society.

Rosen, A. P. (2022). *The Meaning and Redemptive-Historical significance of John 20:22*. NY, Broad Street: Peter Lang Publishing.

Ruthven, J. M. (2011). *On the Cessation of the Charismata: The protestant polemic on post-biblical miracles, revised & expanded edition*. Tulsa: Word & Spirit Press.

Sánchez, L. (2013). *Teología de la santificación: La espiritualidad del cristiano*. Saint Louis, Missouri, Biblioteca Teológica Concordia.

Secretaria de Educación del Estado de Coahuila. «Enuma Elish». https://web.seducoahuila.gob.mx/biblioweb/upload/enuma-elish.pdf (Último acceso: 15 de marzo del 2023).

Seymour, W. J. ed. (1908). «Questions Answered» Apostolic Faith 1, no. 11. October to January.

Shogren, G. S. (2023). *El don del Espíritu Santo y su poder en la Iglesia: Ensayos de investigación exegética. Teológica e histórica*. Barcelona, España: Editorial Clie.

Shogren, G. S. (2021). *Primera de Corintios*. Barcelona, España: Editorial Clie.

Simmons, W. A. (2021). *The Holy Spirit in the New Testament: a Pentecostal Guide*. Downers Grove, Illinois: InterVarsity Press.

Smith, J. K. A. (2010). *Thinking in Tongues*. Rapids, Michigan: Wm. Eerdmans Publishing Co.

Stanton, G. N, Longenecker, B. W. & Barton, S. C., eds. (2004). *The Holy Spirit and Christian Origins: Essays in Honor of James D. G. Dunn*. Grand Rapids, MI; Cambridge, U.K.: William B. Eerdmans Publishing Company.

Storms, S. (2019). *El lenguaje del cielo: preguntas cruciales sobre hablar en lenguas*. Lake Mary, Florida: Casa Creación.

Stott, J. (2010). *El mensaje de Hechos*, ed. Adriana Powell, trad. David Powell, 1a. ed. Barcelona; Buenos Aires; La Paz: Ediciones Certeza Unida.

Strauss, M. L. (2017). *Marcos*, ed. Clinton E. Arnold y Jonathan Haley, trad. Beatriz Fernández Fernández, 1ª edición. Comentario exegético-práctico del Nuevo Testamento. Barcelona, España: Andamio.

Stronstad, R. (2016). *A Pentecostal Biblical Theology: Turning Points in the Story of Redemption*. Cleveland, Tennessee: CPT Press.

Stronstad, R. (2012). *La teología carismática de Lucas: Segunda edición*. Grand Rapids, Michigan: Baker Academic.

Stronstad, R. (1994). *La teología carismática de Lucas*. Miami, Florida: Editorial Vida.

Bibliografía

Stronstad, R. (2010). *The Prophethood of All Believers: A Stydy in Luke's Charismatic Theology.* Cleveland, TN: CPT Press.

Swamson, J. (1997). *Dictionary of Biblical lenguajes with Semantics Domain: Hebrew (Old Testament).* Oak harbor: Logos Research Systems, inc.

Synan, V. (2006). *El siglo del Espíritu Santo.* Buenos Aires, Argentina: Editorial Peniel.

Synan, V. & Fox Jr, C. R. (2012). *William J. Seymour Pioneer of the Azusa Street Revival.* Alachua FL: Bridge-Logos.

The Lexham Analytical Lexicon to the Greek New Testament. Logos Bible Software, 2011.

Torrey, R. A. (2018). *Baptism of the Holy Spirit: How to Receive This Promised Gift.* E. Birch Street: Aneko Press.

University Of Oxford. «Enki and Ninhmah». https://etcsl.orinst.ox.ac.uk/section1/tr112.htm (Último acceso: 17 de marzo del 2023).

Uribe Villegas, E. (2020). *Pentecostés, el nuevo Sinaí: La revelación que marcó la teología del Nuevo Testamento.* Salem, Oregón: Publicaciones Kerigma.

Vondey, W. (2019). *Teología pentecostal: viviendo el evangelio completo.* Salem, Oregón, Publicaciones Kerigma.

Wagner, C. P. (1994). *Spreading the Fire.* Ventura, California: Regal Books, Gospel Light.

Walton, J. H., Matthews, V. H. y Chavalas, M. W. (2018). *Comentario del contexto cultural de la Biblia: Antiguo Testamento.* El Paso, Texas: Editorial Mundo Hispano.

Walton, J. H. (2006). *Ancient Near Eastern Thought and the Old Testament.* Grand Rapid, Michigan: Baker Academic.

Whitacre, R. A. (2010). *John: The IVP New Testament Commentary Series.* Downes, Grove: IVP Academic.

Witherington III, B. (1998). *The Acts of the apostles: A Socio-Rhetorical Commentary.* Grand Rapids, Michigan: Wm. B. Eerdmans Publishing Co.

Womack, D. A. ed. (1995). *La experiencia Pentecostal, escritos de Donald Gee.* Miami, FL: Editorial Vida.

Wright, N. T. (2020). *Justificación: El plan de Dios y la visión de Pablo.* Miami, Florida: Juanuno1 Publishing House LLC.

Wright, N.T. (2011). *Sorprendidos por la esperanza: repensando el cielo, la resurrección y la vida eterna.* Miami Florida: Convivium, Press.

Wright, T. (2004). *Luke for Everyone.* London: Society for Promoting Christian Knowledge.

Wynkoop, M. B. (1973). *Bases teológicas de Arminio y Wesley.* Kansas City, Missouri: Casa Nazarena de Publicaciones.

Como muestra de gratitud por su compra,

visite www.clie.es/regalos
y descargue gratis:

"Los 7 nuevos descubrimientos sobre Jesús que nadie te ha contado"

Código:

DESCU24